राजपाल

लोकोक्ति कोश

राजपाल
लोकोक्ति कोश

हिन्दी और उर्दू की प्रचलित ढाई हज़ार से अधिक लोकोक्तियों का संग्रह, सरल अर्थ तथा साहित्य में प्रयुक्त उद्धरणों सहित

हरिवंशराय शर्मा
एम. ए. (अंग्रेज़ी), साहित्यरत्न

राजपाल

स्थापित 1912
100 वर्षों की
श्रेष्ठ प्रकाशन परम्परा
राजपाल

₹ 450
ISBN : 9788170280095

RAJPAL LOKOKTI KOSH (Rajpal Dictionary of Proverbs)
by Harivanshrai Sharma
मुद्रक : जी. एस. ऑफसेट, दिल्ली

राजपाल एण्ड सन्ज़
1590, मदरसा रोड, कश्मीरी गेट, दिल्ली-110006
फोन : 011-23869812, 23865483, 23867791
e-mail : sales@rajpalpublishing.com
www.rajpalpublishing.com
www.facebook.com/rajpalandsons

आमुख

अनेक वर्ष हुए मन में एक प्रबल आकांक्षा जाग्रत हुई कि हिन्दी लोकोक्तियों का एक ऐसा कोश तैयार किया जाए जिसमें उनके प्रामाणिक अर्थ के अतिरिक्त उनके प्रयोग-वाक्य लब्धप्रतिष्ठ कवियों, लेखकों या विद्वानों द्वारा लिखे गए हों।

लोकोक्ति का अर्थ है लोक या समाज में प्रचलित उक्ति। इसी को कहावत कहते हैं। अंग्रेज़ी में इसे Proverb 'प्रॉवर्ब' कहते हैं। जब हम उपर्युक्त परिभाषाओं तथा लोकोक्तियों के विन्यास तथा प्रकृति पर विचार करते हैं तो हम इस निष्कर्ष पर पहुंचते हैं कि वे बोलचाल में बहुधा आने वाले ऐसे बंधे हुए चमत्कारपूर्ण वाक्य होते हैं जिनमें किसी अनुभव या तथ्य की बातें कही गई हों अथवा कुछ उपदेश या नैतिक शिक्षा दी गई हो, और जिनमें लक्षण या व्यंजना का प्रयोग किया गया हो, जैसे 'आंख के अन्धे नाम नयनसुख', 'यहां के बाबा आदम ही निराले हैं', 'हंसे तो हंसिए अड़े तो अड़िए', आदि।

लोकोक्ति को वाक्य और मुहावरे को खंड-वाक्य, वाक्यांश या पद माना जाता है। लोकोक्ति में उद्देश्य और विधेय रहता है। उनका अर्थ समझने के लिए किसी अन्य साधन की आवश्यकता नहीं होती। यह सच है कि कुछ लोकोक्तियों में कभी-कभी क्रियापद लुप्त होता है, परंतु उसको समझने के लिए किसी प्रकार की विशेष कठिनाई नहीं होती। परंतु मुहावरों में उद्देश्य और विधेय का विधान नहीं होता। इस कारण जब तक उनका प्रयोग वाक्यों में नहीं किया जाता, तब तक उनका सम्यक् अर्थ समझ में नहीं आता।

लोकोक्तियों के रूप सामान्यतः अपरिवर्तनीय होते हैं। यदि उनमें शब्दान्तर कर दिया जाए, तो उनकी प्रकृति विकृत हो जाएगी, और श्रोता अथवा पाठक उनके अर्थ को नहीं समझ पायेंगे। उदाहरणार्थ, 'यह मुंह और मसूर की दाल' लोकोक्ति है। इसके स्थान पर यदि हम कहें 'यह मुख और चने की दाल', तो लोकोक्ति का रूप विकृत हो जाएगा और श्रोता हमारा आशय न समझ सकेगा या हमारी हंसी उड़ाएगा। इसी प्रकार हम 'राम नाम में आलसी, भोजन में होशियार' का प्रयोग इस प्रकार नहीं कर सकते कि वहां अनेक लोग ऐसे आए थे जो 'भगवान के नाम में आलसी परंतु खाने में चतुर' थे। इसके विपरीत व्याकरण की दृष्टि से मुहावरों के रूप में परिवर्तन होता रहता है। उदाहरणतः, 'जूते से बात करना' एक मुहावरा है। इसका प्रयोग हम इस प्रकार से कर सकते हैं : वह अपने

नौकरों से जूते से बात करता था या बात करता है या बात करेगा। परन्तु हम यह नहीं कह सकते कि वह अपने नौकरों से पद-त्राण से वार्ता करता था।

हम अपने भावों और विचारों को भाषा में व्यक्त करते हैं। जब हम उन्हें साधारण भाषा में प्रकट करते हैं, तो उनकी अभिव्यक्ति बहुत आकर्षक नहीं होती, परंतु जब हम लोकोक्तियों का प्रयोग करते हैं, तब हमारी भाषा आकर्षक, रोचक, प्रभावोत्पादक, हृदयग्राहिणी तथा चित्रमय हो जाती है। उसमें प्रवाह आ जाता है। लोकोक्तियों का प्रयोग करके हम थोड़े शब्दों में अपेक्षाकृत अधिक भावों तथा विचारों को समाविष्ट कर सकते हैं।

इस संस्करण में उर्दू की लोकोक्तियों को भी सम्मिलित किया गया है जो समस्त हिन्दी क्षेत्र में भी खूब प्रचलित हैं। इससे पुस्तक की उपादेयता और भी बढ़ गई है।

—हरिवंशराय शर्मा

क्रम

हिन्दी लोकोक्तियाँ 9-240

उर्दू लोकोक्तियाँ 242-264

अ

अंडा सिखावे बच्चे को कि चीं-चीं मत कर : जब कोई छोटा बड़े को उपदेश दे तब इस लोकोक्ति का प्रयोग होता है।

रमेश ने कहा—पिताजी गर्म कपड़े पहन लीजिए, नहीं तो ठंड लग जाएगी। उसकी माता ने कहा—बहुत ठीक। वही कहावत हुई कि 'अंडा सिखावे ...कर।'

अंडे सेवे कोई, बच्चे लेवे कोई : जब एक व्यक्ति परिश्रम करता है और दूसरा उससे लाभ उठाता है तब इस कहावत का प्रयोग करते हैं।

वह सदा अपने काम में परिश्रम करता रहा, लेकिन जब लाभ का समय आया, तब उसे कोई दूसरा ही झटक ले गया। यह तो वही मसल हुई कि 'अंडे सेवे कोई, बच्चे लेवे कोई।'

अन्त बुरे का बुरा : जो लोग बुरे कर्म करते हैं, उनको अन्त में दुःख भोगना पड़ता है।

हम तो बच गए, पर भाई, 'अन्त बुरे का बुरा'। वे तो अब भी जेल में हैं।

अन्त भले का भला : जो भले काम करता है, अन्त में उसे सुख मिलता है।

उसने बड़ी ईमानदारी से काम किया; कभी कोई चोरी-बेईमानी नहीं की। अब वह सुखपूर्वक जीवन व्यतीत कर रहा है। सच कहा है, 'अन्त भले का भला।'

अंधा क्या चाहे, दो आंखें : आवश्यक या अभीष्ट वस्तु अचानक या अनायास मिल जाती है, तब ऐसा कहते हैं।

कुंअर ने कहा—बुढ़िया, यहां चली आ। वहां बेटे की धौंस क्यों सहती है? 'अन्धा क्या चाहे, दो आंखें'। बुढ़िया मान गई। (सुदर्शन)

अंधा बांटे रेवड़ी फिर-फिर अपने को ही दे : अधिकार पाने पर स्वार्थी मनुष्य अपने कुटुम्बियों और इष्ट-मित्रों को ही लाभ पहुंचाते हैं।

इस दफ्तर के अधिकांश बाबू लोग इलाहाबाद के हैं। जानते नहीं सुपरिंटेंडेंट साहब भी तो वहीं के हैं। ठीक है अंधा बांटे...दे।

अंधा सिपाही कानी घोड़ी, विधि ने खूब मिलाई जोड़ी : जहां दो व्यक्ति हों और दोनों ही एक समान मूर्ख, दुष्ट या अवगुणी हों वहां ऐसा कहते हैं।

महाराज को दिन-रात शिकार की ही रट लगी रहती है और महामंत्री को शतरंज से फ़ुरसत नहीं मिलती। रियासत बरबाद हुई जा रही है। हमें

तो वही कहावत याद आती है कि 'अन्धा सिपाही...जोड़ी।'

अंधी पीसे, कुत्ते खायें : मूर्खों की कमाई व्यर्थ नष्ट होती है।

अंधी पीसे पीसना, कूकर धस-धस खात।
जैसे मूरख जनों का, धन अहमक लै जात। (गिरिधर कविराय)

अंधे के आगे रोवे, अपना दीदा खोवे : मूर्खों को सदुपदेश देना या उनके लिए शुभ कार्य करना व्यर्थ है।

पूछो, सिगरेट के बग़ैर चाय की पहली प्याली कहीं पी जाती है, मगर कौन समझाए इस बुड्ढे तोते को ? वही मसल है, 'अंधे के आगे रोवे, अपने दीदा खोवे।'

अंधे को अंधा कहने से बुरा मानता है : कड़वी बात सत्य होने पर भी बुरी मालूम होती है। सच्ची बात अप्रिय होती है।

मैं मानता हूं कि वह बिलकुल मूर्ख है पर तुम भी तो लगे उसके मुंह पर ही कहने। तुम्हें इतना तो ध्यान रखना चाहिए कि 'अंधे को...है।'

अंधे को अंधेरे में बहुत दूर की सूझी : जब कोई मूर्ख मनुष्य बुद्धिमानी की बात कहता है तब ऐसा कहते हैं।

वह था तो अनपढ़, लेकिन उसने ऐसे पते की बात कही कि सबको एक साथ ही आ जाना पड़ा। इसमें सन्देह नहीं कि उस दिन उस 'अंधे को अंधेरे में बहुत दूर की सूझी' थी।

अंधे को आरसी : किसी मूर्ख को कोई उत्तम चीज़ देना जिसका उपयोग वह न जानता हो।

मूरख को पोथी दई, वाचन को गुणगाथ।
जैसे निर्मल आरसी, दई अंध के हाथ॥ (वृन्द)

अंधेर नगरी चौपट राजा, टका सेर भाजी टका सेर खाजा : जहां मालिक मूर्ख होता है वहां गुण का आदर नहीं होता।

यह स्कूल अद्भुत है। वहां जिस वेतन पर हाई स्कूल उत्तीर्ण अध्यापक रखे जाते हैं उसी पर बी.ए. और एम.ए. रखे जाते हैं। वहां यह कहावत चरितार्थ होती है कि 'अंधेर नगरी...खाजा।'

अंधों में काना राजा : मूर्खों या अज्ञानियों में अल्पज्ञ लोगों का भी बहुत आदर होता है।

शहर में तो मक्खी मारा करते थे, लेकिन इस गांव में रमेश बाबू की डॉक्टरी खूब चली। क्यों न चले ? कहावत भी तो है कि 'अंधों में काना राजा।'

अकेला चना भाड़ नहीं फोड़ सकता/फोड़ता : अकेला आदमी कोई बड़ा काम नहीं कर सकता; उसे अन्य लोगों के सहयोग की आवश्यकता होती है।

जानता हूं कि 'अकेला चना भाड़ नहीं फोड़ता' मगर फिर भी जो कुछ अपने करने का है, वह मैं चुपचाप किए जाता हूं।

अकेला चले न बाट, झाड़ बैठे खाट : अकेले यात्रा नहीं करनी चाहिए और चारपाई

झाड़कर उस पर बैठना चाहिए।

पिछले महीने मुझे एक काम से दिल्ली जाना पड़ा। मेरा कोई साथी नहीं था। रास्ते में बीमार पड़ गया, बहुत कष्ट हुआ। बड़े-बूढ़ों ने सच कहा है : 'अकेला चले...खाट।'

अकेला से दुकेला भला : अकेले यात्रा करने या कोई काम करने में बहुत कष्ट होता है। यदि दो आदमी साथ हों तो बहुत सुविधा होती है।

चलो, 'अकेली से दुकेली भली।' वह चाय की चुस्कियां लेती श्रीधर के पैरों के पास खिसक आई।

अक्ल के अंधे, गांठ के पूरे : निर्बुद्धि धनवान्।

जगन्नाथ 'अक्ल का अंधा परन्तु गांठ का पूरा' था। इसलिए गांव वाले उससे खूब रुपये ऐंठते थे।

अक्ल बड़ी कि भैंस : बुद्धि शारीरिक शक्ति से श्रेष्ठ होती है।

लोमड़ी ने शेर से कहा कि जब मैं आपके पास आ रही थी तब एक दूसरे शेर ने मुझे रोक लिया था। क्रुद्ध शेर ने कहा कि मुझे वह दूसरा शेर दिखाओ। लोमड़ी उसे एक कुएं के पास ले गई और कहा कि वह इसी में रहता है। कुएं में झांकने पर शेर को अपनी परछाईं दिखाई पड़ी। उसे दूसरा शेर समझकर वह कुएं में कूद पड़ा और डूबकर मर गया। लोमड़ी की जान बच गई। मसल मशहूर है कि अक्ल बड़ी कि भैंस।

अक्लमंद के लिए इशारा काफ़ी है : समझदार व्यक्तियों को कोई भी बात समझाने की जरूरत नहीं होती।

हां, मियां शरत् ! 'अक्लमंदारां इशारा काफ़ी अस्त।' 'अक्लमन्दों के लिए इशारा काफ़ी है।' समझ जाओ कि मेरी आहों ने इनके मन पर भी असर किया था। (जी.पी. श्रीवास्तव)

अक्लमंद को इशारा, मूर्ख को तमाचा : बुद्धिमान् ज़रा-से इशारे से समझ जाता है, किन्तु मूर्ख बिना मार के नहीं समझता।

रमेश ने मनोहर से कहा—'अब मेरा रुपया दे दो, नहीं तो...।' मनोहर ने पूछा—'नहीं तो क्या करोगे ?' रमेश ने उत्तर दिया—'अब यह मत कहलवाओ। 'अक्लमंद को इशारा काफ़ी है, तमाचा तो मूर्ख के लिए होता है।'

अटका बनिया दे उधार : जिस बनिये का मामला फंस जाता है, वह उधार सौदा देता है।

अति नहीं अच्छी होती : किसी चीज़ का मर्यादा से अधिक करना या होना बुरा होता है।

अति का भला न बरसना, अति की भली न धूप।
अति का भला न बोलना, अति की भली न चूप॥

अति भक्ति चोर के लक्षण : यदि कोई अति भक्ति का प्रदर्शन करे तो समझना चाहिए कि वह कपटी और दम्भी है।

अति सर्वत्र वर्जयेत् : किसी काम में मर्यादा का उल्लंघन नहीं करना चाहिए।

सालभर तो तुम गलछर्रे उड़ाते रहे, किताबें छूई तक नहीं। जब परीक्षा समीप आई, तब रात-दिन एक कर दिया। इसी से बीमार पड़ गए। लोकोक्ति है—'अति सर्वत्र वर्जयेत्।'

अधजल/अधभर गगरी छलकत जाय : जिसके पास थोड़ा धन या ज्ञान होता है, वह उसका प्रदर्शन करता है।

सिद्धनाथ को हिन्दी का भी अच्छा ज्ञान नहीं था। परन्तु वह भाषण देते समय प्रायः संस्कृत के अशुद्ध उद्धरण दिया करता था जिससे लोगों पर उसकी विद्वत्ता की धाक जम जाय। सच है—'अधजल गगरी छलकत जाय।'

अधेला न दे, अधेली दे : भलमनसाहत से कुछ न देना पर दबाव पड़ने पर या फंस जाने पर आशा से अधिक चीज़ दे देना।

पहले मैंने उससे हारमोनियम मांगी, लेकिन उसने नहीं दिया। परन्तु जब उसका काम पड़ा तब मेरे घर पर अपने आप ग्रामोफ़ोन पहुंचा गया। इसी को कहते हैं—'अधेला न दे अधेली दे।'

अनदेखा चोर बाप बराबर : जिस मनुष्य के चोर होने का कोई प्रमाण न हो, उसका अनादर नहीं करना चाहिए।

मित्र, मेरे घर का बहुत-सा सामान चोरी चला गया। किन्तु मैंने किसी को चोरी करते हुए नहीं देखा। इसलिए किसी का नाम नहीं बता सकता। कहावत प्रसिद्ध है कि 'अनदेखा चोर बाप बराबर।'

अनमांगे मोती मिले मांगे मिले न भीख : सन्तोषी और भाग्यवान् को बैठे-बिठाये बहुत कुछ मिल जाता है परन्तु लोभी और अभागे को मांगने पर भी कुछ नहीं मिलता।

बार-बार सेठजी के यहां जाकर अपनी इज़्ज़त क्यों खोते हो ? देना होगा तो वह स्वयं ही भेज देंगे। सुना नहीं कि 'अनमांगे मोती...भीख।'

अन्नदान महादान : अन्न का दान देने से बहुत पुण्य होता है।

अपना घर दूर से सूझता है : 1. अपने मतलब की बात कोई नहीं भूलता।

तुम अजीब बुद्धू हो। वहां रहते हुए भी अपना काम न कर सके। आखिर 'अपना घर तो दूर से सूझता है।'

2. प्रियजन सबको याद रहते हैं।

तुम अपने भाई की तरफ़ से क्यों न बोलोगे ? आखिर 'अपना घर तो दूर से सूझता है।'

अपना दीजै, दुश्मन कीजै : किसी को उधार देना, उसको दुश्मन बनाना है।

यह दुनिया बड़ी विचित्र है। चीज़ लेते समय तो लोग बड़ी चिरौरी-विनती करते हैं पर उसे लौटाना नहीं चाहते। मांगने पर झगड़ा बढ़ता है। कहावत प्रसिद्ध है कि 'अपना दीजै...कीजै।'

अपना पैसा/सिक्का खोटा तो परखैया का क्या दोष ? : यदि अपने सगे-सम्बन्धी में कोई दोष हो और कोई अन्य व्यक्ति उसे बुरा कहे, तो उससे नाराज़ नहीं होना चाहिए।

आपका लड़का शराबी और जुआरी है। इसलिए यदि कोई उसके अवगुण बताता है तो आपको क्रोध नहीं करना चाहिए। कहावत है–'अपना पैसा ...दोष ?'

अपना लाल गंवाय के दर-दर मांगे भीख : अपना धन खोकर दूसरों से छोटी-छोटी चीज़ें मांगने पर ऐसा कहते हैं।

वह नशीली वस्तुओं में अपनी सम्पत्ति बरबाद करके इधर-उधर भीख मांग रहा है। इसी को कहते हैं–'अपना लाल...भीख।'

अपना वही जो आवे काम : मित्र वही है, जो समय पर काम आवे।

जब तक वह सम्पन्न था तब तक बहुत-से लोग उसके साथी थे। पर जब वह विपत्ति में पड़ा तब केवल इने-गिने लोग उसके सहायक रह गए। सच कहा है–'अपना वही...काम।'

अपना हाथ जगन्नाथ का भात : दूसरे की वस्तु का निर्भय और उन्मुक्त उपभोग।

सेठजी के यहां भोज था। सुरेश उसमें एक कार्यकर्त्ता था। वह अपने परिवार के सदस्यों, सम्बन्धियों तथा इष्ट-मित्रों को अच्छी-से-अच्छी चीज़ें खिला रहा था। रघुनाथ ने हंसते हुए कहा–सुरेश इसी को कहते हैं, 'अपना हाथ...भात।'

अपनी अक्ल और पराई दौलत सबको बड़ी मालूम पड़ती है : मनुष्य स्वयं को सबसे बुद्धिमान समझता है और दूसरे की संपत्ति उसे ज्यादा लगती है।

उसने मुझसे कहा–आप इतने दिनों से नौकरी कर रहे हैं। आपके पास तो बहुत काफ़ी रुपया होगा। एक अच्छा-सा बंगला क्यों नहीं बनवा लेते ? मैंने उत्तर दिया–ठीक है, 'अपनी अक्ल...है।'

अपनी-अपनी गरज को अरज करै सब कोय : सब लोग अपने-अपने स्वार्थ की प्रार्थना करते हैं।

अपनी-अपनी गरज सब, बोलत करत निहोर।
बिन गरजै बोलै नहीं, गिरिवरहू को मोर॥ (वृन्द)

अपनी-अपनी डफली अपना-अपना राग : सब लोगों के अपनी-अपनी धुन में मस्त रहने पर लोकोक्ति है।

मेरे घर का क्या हाल पूछना है ? कोई किसी से सलाह-मशविरा नहीं करता। जो जिसके मन में आता है, वह करता है। इसी को कहते हैं–'अपनी-अपनी डफली...राग।'

अपनी करनी, अपनी भरनी : जो जैसा काम करता है, उसको वैसा फल भोगना पड़ता है।

'अपनी करनी अपनी भरनी' पर अटल विश्वास होने के कारण वह लड़के को कुछ न कहकर बहू को सती और सुगृहिणी बनकर स्वर्ग में राजरानी होने का उपदेश देता है। (महादेवी वर्मा)

अपनी करनी अपने आगे : जो जैसा करता है, उसको वैसा फल मिलता है।

बालि ने जब रामचन्द्रजी से यह प्रश्न किया कि आपने मुझे क्यों मारा तब उन्होंने उत्तर दिया–'अपनी करनी अपने आगे' तुमने जैसा किया वैसा

पाया।

अपनी गली में कुत्ता भी शेर होता है : अपने घर या मुहल्ले आदि में सब लोग बहादुर बनते हैं।

बाहर तो तुम भीगी बिल्ली बने रहते हो। मैं तुम्हारे मोहल्ले में आया हूं तो बहुत शेखी बघारते हो। दूसरी जगह चलो तो तुम्हें बताऊं कि बहादुरी किसे कहते हैं। यों तो 'अपनी गली में...है।'

अपनी पगड़ी अपने हाथ : अपनी इज़्ज़त अपने हाथ होती है।

दुर्योधन ने श्रीकृष्णजी से कहा—आप चले जाइए क्योंकि 'अपनी पगड़ी अपने हाथ होती है।'

अपनी फूटी न देखे दूसरे की फूली निहारे : अपना बड़ा दोष न देखकर दूसरे के छोटे अवगुण पर ध्यान देना।

अपने घर में दीया जलाकर तब मस्जिद में जलाते हैं : पहले स्वार्थ पूरा करके तब परमार्थ या परोपकार किया जाता है।

दुनिया का दस्तूर है कि पहले 'अपने घर में...हैं।' (प्रेमचन्द)

अपने दही को कोई खट्टा नहीं कहता : अपनी चीज़ को कोई बुरा नहीं कहता।

हलवाई ने आज तुम्हें धोखा दे दिया। उसने अपनी मिठाई की बहुत तारीफ़ की और तुम उसकी बातों में आ गए। याद रखो—'अपने दही ...कहता।'

अपने मरे बिना स्वर्ग नहीं दीखता : अपने किये बिना काम नहीं होता।

बेटी, तुमने यह काम नौकरानी पर छोड़ दिया था। उसने उसे नहीं किया। स्मरण रखो—'अपने मरे...दिखता।'

अपने मुंह मियां मिट्ठू : अपने मुंह से अपनी बड़ाई करने वाला व्यक्ति।

उसके पास है तो कुछ नहीं, पर बातें वह लखपतियों जैसी करता है। इसी प्रकार के मनुष्यों के लिए कहा गया है कि 'अपने मुंह मियां मिट्ठू।'

अब पछताए होत क्या जब चिड़ियां चुग गईं खेत : काम बिगड़ जाने पर पछताने और अफ़सोस करने से कोई लाभ नहीं होता।

आछे दिन पाछे किए, किया न हरि सों हेत।
अब पछताए होत क्या जब चिडियां चुग गईं खेत॥

अभी तो तुम्हारे दूध के दांत भी नहीं टूटे हैं : अभी तो तुम बहुत कम उम्र के हो।

रुस्तम ने सोहराब से कहा—लड़के, तुम मुझसे क्या लड़ोगे, 'अभी तो तुम्हारे दूध के दांत...टूटे हैं।'

अभी दिल्ली दूर है : (हनोज़ दिल्ली दूर अस्त) अभी काम पूरा होने में देर है।

वह दर्शन का धुरन्धर विद्वान् है। तुम उसके सामने बहुत नगण्य हो। वर्षों तक अध्ययन करो तब उसे पराजित करने की बात सोचना। 'अभी दिल्ली दूर है।'

अमानत में खयानत : यदि कोई मनुष्य किसी के पास अमानत के रूप में कुछ रुपया रखे और वह उसमें से कुछ खर्च कर दे तब उसके लिए इस कहावत का प्रयोग

करते हैं।

अमीर को जान प्यारी, फ़कीर/ग़रीब एकदम भारी : अमीर विषय-भोग के लिए बहुत दिन जीना चाहता है, लेकिन खाने की कमी के कारण ग़रीब आदमी जल्द मर जाना चाहता है।

भई, तुम मेरी क्या सोचते हो ? अपनी सोचो। यश-अपयश की मुझे कुछ चिन्ता नहीं है। जान तो अमीर की प्यारी होती है। मुझ जैसे ग़रीब को क्या ? सुना नहीं है–'अमीर को जान...भारी।'

अरध तजहिं बुध सरबस जाता : जब सर्वनाश की नौबत आती है तब बुद्धिमान् लोग आधे को छोड़ देते हैं और आधे को बचा लेते हैं। 'सर्वनाशे समुत्पन्ने अर्द्धं त्यजति पंडितः।'

सकुचऊं तात कहत इक बाता। अरध तजहिं बुध सरबस जाता।

(गोस्वामी तुलसीदास)

अरहर की टट्टी गुजराती ताला : किसी छोटी वस्तु की रक्षा के लिए उससे अधिक बहुमूल्य वस्तु खरीदने पर उक्ति।

वाह ! तुमने दो आने की ज़ंजीर रखने के लिए पांच रुपए का डिब्बा खरीद लिया। इसी को कहते हैं–'अरहर की टट्टी...ताला।'

अलख पुरुष की माया, कहीं धूप कहीं छाया : भगवान् की माया विचित्र है। कहीं कोई सुखी है तो अन्यत्र कोई दुखी है।

उस वैभवशाली नगर में कोई समारोह था। बहुमूल्य वस्त्राभूषण धारण किए हुए लोगों का गमनागमन हो रहा था। वहां उस स्त्री का करुण-क्रन्दन सुनकर मेरे मुंह निकल पड़ा–'अलख पुरुष...छाया।'

अशर्फियों की लूट और कोयलों पर छाप/मोहर : बहुमूल्य पदार्थों की परवाह न करके छोटी-छोटी वस्तुओं की रक्षा के लिए विशेष चेष्टा करने पर उक्ति।

गायत्री भी सदैव किफ़ायत पर नज़र रखती थी, पर उसकी किफ़ायत 'अशर्फियों की लूट और कोयलों पर मोहर' को चरितार्थ करती थी।

(प्रेमचन्द)

अशुभस्य काल हरणम् : जहां तक हो सके, अशुभ समय टालने का प्रयत्न करना चाहिए।

बस 'अशुभस्य काल हरणं' के तत्त्व के अनुसार आज की मौत कल पर टालने का प्रयत्न भी इस तरह विफल हुआ।

अस्सी की आमद चौरासी का खर्च : आमदनी से खर्च अधिक होने पर उक्ति।

उसका वेतन बहुत अच्छा है परन्तु उसका खर्च वेतन से कहीं अधिक है। वही कहावत उस पर लागू होती है कि 'अस्सी की आमद...खर्च।'

अहमक से पड़ी बात, काढ़ो सोटा तोड़ो दांत : मूर्खों के साथ कठोर व्यवहार करने से काम चलता है।

यह मूर्ख है। समझाने से न समझेगा। इसका इलाज और ही है। 'अहमक से पड़ी...दांत।'

अहिंसा परमो धर्मः : अहिंसा सबसे ऊंचा धर्म है।

धर्म के नाम पर केवल जिह्वा की लोलुपता के लिए अगणित प्राणियों का वध होने लगा तब गौतम बुद्ध ने दयार्द्र होकर 'अहिंसा परमो धर्मः' इस अन्तिम सत्य की नींव पर बौद्ध धर्म की स्थापना की।

(हरिभाऊ उपाध्याय)

आ

आंख ओट, पहाड़ ओट : सामने होने पर प्रेम करना, दूर हो जाने पर भूल जाना।

तुमने यह सारी आफ़तें झेलीं, पर हमें एक पत्र तक न लिखा। क्यों लिखते, हमसे नाता ही क्या था? मुंहदेखे की प्रीति थी। 'आंख ओट, पहाड़ ओट।' (प्रेमचन्द)

आंख का अन्धा, गांठ का पूरा : मूर्ख धनवान्।

आप इस कार का बहुत दाम मांग रहे हैं। इसे वही खरीदेगा जो आंख का अंधा और गांठ का पूरा हो।

आंख के अन्धे नाम नयनसुख : नाम और गुण में विरोध होना, गुणहीन को बहुत गुणी कहना।

आग लगे तुम्हारे हाथों में। 'आंख के अन्धे नाम नयनसुख।' कमल के फूल को क्या सिलबट्टे से कुचला जाता है? (वृन्दावनलाल वर्मा)

आंखों के आगे पलकों की बुराई : किसी के भाई-बन्धुओं या इष्ट-मित्रों के सामने उसकी बुराई करना।

पिता के सामने पुत्र की बुराई करते हुए देखकर मैंने उसे चेताया कि 'आंखों के आगे पलकों की बुराई' करना ठीक नहीं है।

आंख न दीदा काढ़े कसीदा : अपनी योग्यता से कहीं बढ़कर काम करने की डींग मारना।

वह कविता के नियमों को तो जानता ही नहीं, किन्तु लोगों से कहता है कि आजकल मैं महाकाव्य लिख रहा हूं। 'आंख न दीदा काढ़े कसीदा।'

आंखों पर पलकों का बोझ नहीं होता : (1) अपने कुटुम्बियों को खिलाना-पिलाना नहीं खलता।

इस महंगाई के ज़माने में एक भी अतिथि आ जाता है तो बहुत कष्ट होता है, परन्तु घर में अधिक परिवार होने पर भी भोजन का प्रबन्ध किया ही जाता है और किसी प्रकार का कष्ट नहीं मालूम होता, क्योंकि 'आंखों पर...होता।'

(2) काम की चीज़ महंगी नहीं जान पड़ती।

कातिक का महीना है, मुझे बैल की बहुत ज़रूरत थी। इसलिए इसे 2000

रु. में खरीदा है, क्योंकि 'आंखों पर...होता।'

आंख फूटी, पीर गई : जिससे बराबर कष्ट मिले, उसे त्यागना ही अच्छा है।

हमसे तो भाई, अंग्रेज़ियत नहीं देखी जाती, क्या करें, सन्तान की ममता है, नहीं तो यही जी चाहता है कि रमा से साफ़ कह दूं, भैया, अपना घर अलग लेकर रहो। 'आंख फूटी पीर गई।' (प्रेमचन्द)

आंख बची, माल दोस्तों का : अपनी असावधानी के कारण जब माल चला जाता है तब ऐसा कहते हैं।

मैं वेटिंग-रूम में बैठा था। ज़रा-सी झपकी आई कि किसी ने मेरा सूटकेस ले लिया। इसी को कहते हैं कि 'आंख बची...का।'

आंखों देखी, कानों सुनी : निश्चित बात।

जो मैं कह रहा हूं इसको असत्य मत समझना। यह बात 'आंखों देखी, कानों सुनी' है।

आंखें हुई चार तो दिल में आया प्यार : जब देखादेखी होती है, तब दिल में प्यार पैदा होता है।

आंत भारी तो माथ भारी : जिस आदमी का पेट साफ़ नहीं रहता है, उसके सिर में दर्द रहा करता है।

आंसू एक नहीं और कलेजा टूक-टूक : दिखावटी रोना।

वह बड़ा कपटाचारी है। वह अपने भाई की मृत्यु पर दिखावटी रोना रोता है। उस पर वह कहावत लागू होती है, जो कहती है कि 'आंसू एक ...टूक।'

आई है जान के साथ जाएगी जनाज़े के साथ : वह विपत्ति या बीमारी जो आजीवन बनी रहे।

तुम्हें दमा की बीमारी है। यह तुम्हारा पिण्ड कभी नहीं छोड़ेगी। 'आई है. ..साथ।'

आ गई तो ईद बारात नहीं तो काली जुम्मेरात : पैसे पास हुए तो अच्छा खाना खायेंगे, नहीं तो रूखा-सूखा ही सही।

रामप्रसाद बहुत मस्त आदमी है। उसका जीवन-दर्शन है—'आ गई... जुम्मेरात।'

आई तो रोज़ी, नहीं तो रोज़ा : कमाया तो खाया, नहीं तो भूखों मरे।

उसकी आर्थिक दशा अच्छी नहीं है। जिस दिन काम करता है उस दिन खाता है, नहीं तो फाक़ा करता है। 'आई तो...रोज़ा !'

आई मौज़ फ़क़ीर को, दिया झोंपड़ा फूंक : विरक्त पुरुष मनमौज़ी होते हैं।

उस साधु प्रकृति वाले मनुष्य ने जब अपनी सारी सम्पत्ति दे दी, तब उसकी प्रशंसा करते हुए लोगों ने कहा—'आई मौज़...फूंक।'

आए थे हरि भजन को, ओटन लगे कपास : जिस काम के लिए गए थे, उसे छोड़कर दूसरे काम में लग गए।

वह बहुत मेधावी बालक था। गांव से प्रथम श्रेणी में इण्टरमीडिएट पास

कर प्रयाग में उच्च शिक्षा प्राप्त करने के लिए आया। परन्तु यहां पर सिनेमा देखने आदि दुर्व्यसनों में फंस गया। पढ़ाई-लिखाई भूल गया। 'आए थे हरिभजन...कपास।'

आगे कुआं, पीछे खाई : दोनों तरफ़ विपत्ति होना।

यदि मैं अदालत में मुकदमा दायर करूं तो मुझे वहां बहुत रुपया खर्च करना पड़ेगा। यदि मुकदमा न दायर करूं तो मेरा मकान निकल जाएगा। बड़ी विपत्ति में फंसा हूं। 'आगे कुआं, पीछे खाई।'

आगे जाएं घुटने टूटें, पीछे देखें आंखें फूटें : दोनों तरफ़ विपत्ति होना।

यदि मैं आपकी आज्ञा न मानूंगा तो आप मेरी छात्रवृत्ति रोक देंगे। यदि मैं विद्यार्थियों का साथ न दूंगा तो उनसे नक्कू बनूंगा। समझ में नहीं आता कि क्या करूं ? 'आगे जाएं...फूटें।'

आगे नाथ न पीछे पगहा, सबसे भला कुम्हार का गदहा या (खाय मोटाय के हुए गदहा) : जिस मनुष्य के कुटुम्ब में कोई न हो और जो स्वयं कमाता और खाता हो और सब प्रकार की चिन्ताओं से मुक्त हो।

सुरेश को ज़रा देखो, 2000 रुपये मासिक वेतन पाता है, अकेला है, मौज़ से जीवन व्यतीत करता है, किसी प्रकार की चिन्ता नहीं है। इसी को कहते हैं–'आगे नाथ...गदहा।'

आज किधर (से) चांद निकला है : जब कोई बहुत दिनों के बाद दिखाई पड़े तब उसके लिए ऐसा कहते हैं।

अविनाश कई महीनों के बाद अपनी ससुराल गया। उसे देखकर उसकी सलहज ने कहा, 'आज किधर...है।'

आज नगद, कल उधार : यहां नकद पर सौदा दिया जाता है, उधार सौदा नहीं दिया जाता।

अपना यह जो सुखदाई मिलन आज हो रहा है वह भी दो घड़ी का है। फिर हम कहां और तुम कहां ? इसलिए बड़े भाई, 'आज नगद कल उधार'–पहले दाम रख दो फिर माल की बात करो। (अमृतराय)

आज मरे कल दूसरा दिन : मर जाने के बाद किसी की चिन्ता नहीं रहती।

राम के पास जितने पैसे बचे थे, उनको भी दोस्तों के सामने पटककर उसने कहा–लो दोस्तो, मौज़ उड़ाओ। यहां क्या है ? 'आज मरे कल दूसरा दिन।' (लक्ष्मीसागर वार्ष्णेय)

आज़माए को आज़माना मूर्खता है या (आज़माए को आज़मावे नामाकूल कहावे) : जिस आदमी को कई बार आज़मा चुके हैं उसको फिर आज़माना मूर्खता है।

'आज़माए को आज़माना मूर्खता है' इस कहावत के अनुसार यदि हम अब भी धर्म और नीति का दामन पकड़कर समानता के ऊंचे लक्ष्य पर पहुंचना चाहें, तो विफलता ही मिलेगी। (प्रेमचन्द)

आज हमारी, कल तुम्हारी, देखो लोगो फेराफारा : विपत्ति सभी पर पड़ती है।

यद्यपि उसके घर के कई आदमी मलेरिया से बीमार थे तथापि उसके

मोहल्ले वाले आमोद-प्रमोद करते थे। एक दिन उसने अपने पड़ोसियों से कहा—आप लोग इस समय खुशी मना लें, पर याद रखें कि समय सदा बदलता रहता है। 'आज हमारी...फेराफारी।'

आटे/गेहूं के साथ घुन भी पिसता है : दोषी आदमी के साथ निर्दोष भी दण्ड पाता है।
चोरों की संगति से तुम पकड़े गए। याद रखो, 'आटे के...है।' (गुलाबराय)

आठ/आठों पहर चौंसठ घड़ी : हर समय, दिन-रात।
दो खिदमतगार आठों पहर चौंसठ घड़ी उनकी खिदमत में हाज़िर रहते थे। (चतुरसेन शास्त्री)

आठ बार नौ त्योहार : सर्वदा आनन्द-मंगल मनाना।
काफ़ी बड़ी ज़मींदारी थीं। कितने ही लोग बाबू साहब की चाटुकारिता में लगे रहते थे। तरह-तरह के आमोद-प्रमोद होते थे। उनके यहां 'आठ बार नौ त्योहार' लगे ही रहते थे।

आठों गांठ कुम्मैत : पूरा धूर्त, घुटा हुआ।
यदि उसके चक्कर में पड़ोगे तो एक-न-एक दिन अवश्य धोखा खाओगे। वह 'आठों गांठ कुम्मैत' है।

आत्मा सुखी तो परमात्मा सुखी : पेट भरता है तो ईश्वर की याद आती है।
लाला ने कहा—आजकल कुछ बिक्री-बट्टा होता नहीं, रोटी के लाले पड़े हैं, परमार्थ कहां से करें ? 'आत्मा सुखी...सुखी।'

आदमी अपनी संगत से पहचाना जाता है : आपके साथी अच्छे हैं तो आपको भी अच्छा गाना जायेगा, बुरे हैं तो बुरा।
पुरानी कहावत है कि 'आदमी अपनी संगत से पहचाना जाता है।' (अमृतराय)

आदमी आदमी अन्तर, कोई हीरा कोई कंकर : सब आदमी एक समान नहीं होते। कोई सज्जन होते हैं तो कोई दुष्ट।
तुम एक बार किसी पंजाबी द्वारा ठगे गए हो। इसलिए समझते हो कि सब पंजाबी ठग होते हैं पर ऐसा नहीं है। 'आदमी आदमी...कंकर।'

आदमी की पेशानी, दिल का आईना है : आदमी का चेहरा देखने से उसके हृदय के भाव मालूम हो जाते हैं।
मैंने जब उसे देखा तो समझ लिया कि यह कोई अपराधी है जो वेश बदलकर साधु बन गया है, क्योंकि 'आदमी की पेशानी...है।'

आदमी कुछ खोकर सीखता है : धोखा खाए बिना अक्ल नहीं आती।
तुम्हारी जेब कट गई। इस पर तुम्हें बहुत अधिक अफ़सोस नहीं करना चाहिए। दुनिया में ऐसे ही कई धोखे तुम्हें खाने होंगे। कहावत है—'आदमी कुछ खोकर...है।'

आदमी को मन्दिर से पहले अपने घर में दीया जलाना चाहिए : अपनी भलाई करने के बाद दूसरों की भलाई करनी चाहिए।
अगर लीडर पहले अपनी भलाई की बात सोचता है तो इसलिए कि

'आदमी को...चाहिए।' (अमृतराय)

आदमी जानिए बसे, सोना जानिए कसे : मनुष्य की पहचान पास रहने पर होती है और सोने की कसौटी कसने से।

अभी तो आए हैं। उनके बारे में अभी से क्या कहा जाए, क्योंकि 'आदमी जानिए...कसे।' (गुलाबराय)

आदमी में नउवा, जानवर में कउवा : आदमियों में नाऊ और जानवरों में कौवा बहुत चतुर होते हैं।

आधा तजे पण्डित सर्वस तजे गंवार : आपत्ति काल आने पर बुद्धिमान् लोग आधा भाग खर्च करके शेष को बचा लेते हैं, परन्तु मूर्ख लोग सब खो देते हैं।

जब उसने देखा कि गेहूं घुनने लगा है तो उसे सस्ते दामें पर बेच दिया, 'क्योंकि 'आधा तजे...गंवार।'

आधी छोड़/तजि सारी को धावे, आधी रहे न सारी पावे या (ऐसा डूबे थाह न पावे) : अधिक लालच करना अच्छा नहीं होता; जो मिले उसी से सन्तोष करना चाहिए।

गांव की दुकान से जो लाभ होता था, उससे उसे सन्तोष नहीं हुआ। उसने गांव की दुकान बेचकर शहर में इस आशा से दुकान खोली कि अधिक लाभ होगा, परन्तु उसका दिवाला निकल गया। वही कहावत चरितार्थ हो गई कि 'आधी छोड़...पावे।'

आप करे सो काम, पल्ले पड़े सो दाम : अपने हाथ से जो काम किया जाता है, वह ठीक होता है और अपने पास जो रुपया होता है, वही मौके पर काम आता है।

जो लोग अपना काम स्वयं न करके दूसरों पर छोड़ देते हैं, उनका काम प्रायः बिगड़ जाता है और बाद में वे लोग बहुत पछताते हैं। इसीलिए कहा गया है कि 'आप करे...दाम।'

आप काज, महा काज या आप काम महा काम : अपना काम अपने हाथों से ठीक होता है।

मैं अपना काम दूसरों पर नहीं छोड़ता। उसे स्वयं करता हूं, क्योंकि मेरा विश्वास है कि 'आप काज, महा काज'।

आपको न चाहे ताके बाप को न चाहिए : जो आपका आदर न करे आपको भी उसका आदर नहीं करना चाहिए।

वह बड़ा अभिमानी मनुष्य है। किसी की धौंस नहीं सह सकता। यदि आप उसका आदर नहीं करेंगे तो वह भी आपका आदर नहीं करेगा। उसका नियम है कि 'आपको...चाहिए'।

आप जाय नहिं सासुरे, औरन को सिखि देत : आप स्वयं कोई काम न करके दूसरों को वही काम करने का उपदेश देना।

वह स्वयं सब प्रकार का भ्रष्टाचार करता है, पर दूसरों को अनेक सदुपदेश देता है। उस पर वह कहावत लागू होती है जो कहती है कि 'आप जाय...देत।'

आप तो मियां हफ्तहज़ारी, घर में रोवें कर्मों मारी : जब कोई मनुष्य स्वयं तो बड़े ठाट-बाट से रहता है पर उसकी स्त्री बड़े कष्ट से जीवन व्यतीत करती है तब ऐसा कहते हैं।

इनके ठाठ-बाट को देखकर भ्रम में मत पड़ना। इनके घर की दशा बड़ी सोचनीय है। इनकी स्त्री दाने-दाने को तरसती है। यह उस कहावत को चरितार्थ करते हैं जो कहती है कि 'आप तो....मारी।'

आप धनी तो जग धनी : जब कोई आदमी यह समझे कि मेरी तरह सब लोग धनी हैं तब यह कहावत कहते हैं। आप अच्छा खाना खाते हैं और अच्छे कपड़े पहनते हैं। इसलिए आप समझते हैं कि सब लोग सुखी हैं। कहावत मशहूर है कि 'आप धनी...धनी।'

आप भला तो जग भला : यदि हम भले हैं तो सब हमें भले दिखाई पड़ते हैं या हमारी भलाई करते हैं।

भाई, रामू को ही क्यों बुरा कहते हो ? हम तो कहते हैं कि आप भला तो जग भला। (गुलाब राय)

आप मरे जग परलय : मृत्यु के पश्चात् की चिन्ता नहीं करनी चाहिए।

मैं मज़े में कमाता-खाता हूं। सम्पत्ति जोड़ने के बखेड़े में मैं क्यों पड़ूं ? मेरे मर जाने के बाद मेरी सम्पत्ति किस काम आवेगी ? मैं तो इस आदर्श को मानता हूं कि 'आप मरे जग परलय।'

आप मरे बिना स्वर्ग नहीं मिलता : अपना काम स्वयं करने से ठीक होता है। दे. 'आप काज, महा काज।'

दुकान पर तीन-चार नौकर हैं फिर भी वह अपने आप काम करता है, क्योंकि आप मरे...मिलता। गुलाब राय

आप मियां मांगते दरवाज़े खड़ा दरवेश : जो मनुष्य स्वयं दरिद्र है वह दूसरों की क्या सहायता कर सकता है ?

वह बेचारा तो स्वयं किसी प्रकार अपने परिवार का खर्च चला रहा है। तुम्हें रुपया कहां से देता ? 'आप मियां मांगते...दरवेश।'

आप मियां सूबेदार, घर में बीबी झोंके भाड़ : जब कोई मनुष्य स्वयं तो बड़े ठाट-बाट से रहता है परन्तु उसके कुटुम्बी कष्टपूर्वक जीवन-यापन करते हैं तब उस पर यह व्यंग्योक्ति कही जाती है।

वह खूब सज-धज कर बाहर निकलता है। परन्तु उसके बीवी-बच्चे बहुत कष्टपूर्वक रहते हैं। वह उस कहावत को चरितार्थ करता है जो कहती है कि 'आप मियां सूबेदार...भाड़।'

आप सुखी जो जग सुखी : जब मनुष्य स्वयं सुखी होता है तब वह सारे संसार को सुखी समझता है।

आपको भगवान ने धन-धान्य से सम्पन्न किया है। इसलिए आप समझते हैं कि सारा संसार सुखी है। कहावत प्रसिद्ध है, 'आप सुखी...सुखी।'

आप हारे बहू को मारे : अपना क्रोध किसी निरपराध व्यक्ति पर उतारने पर उक्ति।

रोज़ शीशा मेज़ पर रखा रहता था। पर आज बाबूजी से टूट गया है तो सबेरे से हमारे सिर हो रहे हैं कि शीशा मेज़ पर क्यों रखा था ? यह तो वही हुआ कि 'आप हारे बहू को मारे।'

आ बैल मुझे मार : जान-बूझकर विपत्ति में पड़ना।

मैं चुप रही। किसे पड़ी थी जो कहती–'आ बैल...मार।'

आम ईख नीबू वणिक, गारे ही रस देत–स्पष्ट।

तुम बनिया हो, सीधे रुपये न दोगे। मैं जानता हूं कि 'आम ईख...देत।'

आम के आम गुठलियों के दाम : किसी काम में दोहरा लाभ होना। सब प्रकार की पुस्तकें हमारे यहां से खरीदिए, और परीक्षा में पास होने पर आधे मूल्य में बेच दीजिए। आम के आम...दाम। (गुलाब राय)

आम खाने से काम, पेड़ गिनने से क्या काम ? (आम खाने से मतलब कि पेड़ गिनने से ?) : जब कोई मतलब का काम न करके फ़जूल बातें करता है तब इस कहावत का प्रयोग करते हैं।

इस वस्तु से अपना काम निकालो, इसके विषय में निरर्थक प्रश्न करने से क्या लाभ ? मैं सेठजी से साफ़ कह दूंगा, 'आपको आम खाने से मतलब कि पेड़ गिनने से ?' (अमृतराय)

आमों की कमाई, नीबुओं में गंवाई : एक काम की आमदनी के दूसरे काम में खर्च हो जाने पर उक्ति।

पुस्तकें लिखने से मुझे जो कुछ रुपया मिला, वह खेत के मुकदमे में खर्च हो गया और मेरे पास कुछ भी न बचा। इसी को कहते हैं–'आमों की ...गंवाई।'

आया कुत्ता खा गया, तू बैठी ढोल बजा : किसी की आंखों के सामने ही सारा-का-सारा लुट जाना।

खीर पकाई जतन से, चरखा दिया जला।
आया कुत्ता खा गया, तू बैठी ढोल बजा॥

आया है सो जायेगा, राजा रंक फ़क़ीर : अमीर-ग़रीब सभी को मरना है।

तुम्हारे पिता वृद्ध होकर मरे हैं। इसलिए शोक करना व्यर्थ है। एक-न-एक दिन सभी को मरना है। यह सोचकर धैर्य धारण करो कि 'आया है... फ़कीर।'

आए की खुशी, न गए का गम : हर हालत में सन्तोष होना।

वह बहुत सन्तोषी आदमी है। लाभ और हानि दोनों होने पर वह प्रसन्न रहता है। उसके ही जैसे लोगों के लिए कहा जाता है कि 'आये की खुशी ...गम।'

आरत काह न करै कुकरमू : दुःखी मनुष्य को भले और बुरे कर्म का विचार नहीं रहता।

सुक्खू भूख से छटपटाते हुए अपने बच्चों को न देख सका। वह अंधेरी रात में उठा और महाजन के घर से थोड़ा आटा, चावल और दाल चुरा लाया। सच कहा है–'आरत काह न करै कुकरमू।'

आस पराई जो तके, जीवित ही मर जाए : जो दूसरों पर निर्भर रहता है, वह जीवित रहते हुए भी मृतप्राय होता है।

भगवान ने मनुष्य को हाथ-पांव दिए हैं जिससे वह अपना काम स्वयं कर ले। जो व्यक्ति दूसरे पर निर्भर रहता है उसका कहीं आदर नहीं होता। सच कहा है—'आस पराई...जाए।'

आस-पास बरसे, दिल्ली पड़ी तरसे : जिसे ज़रूरत हो, उसे न मिलकर किसी चीज़ का दूसरे को मिलना।

कोई तो पैसे-पैसे को तरस रहा है और कोई दौलत उड़ा रहा है। भगवान् का न्याय ही ऐसा है—'आस-पास बरसे...तरसे।'

इ

इक तो बुढ़िया नाचनी दूजे घर भा नाति : खुशी-पर-खुशी होना।

वह कलाकार तो था ही, उसकी स्त्री भी कलाकार मिली। बस 'एक तो बुढ़िया...नाति।'

इक नागिन अस पंख लगाई : किसी भयंकर चीज़ का किसी कारणवश और भी भयंकर हो जाना।

लल्लन लड़ाकू और दुष्ट तो पहले ही से था; उसे दुष्ट लोगों का साथ मिल गया। बस फिर क्या था, 'इक नागिन...लगाई।'

इतनी-सी जान गज़ भर की ज़बान : जब कोई लड़का या छोटा आदमी बहुत बढ़-बढ़ कर बातें करता है।

बच्चे को लम्बी-चौड़ी बातें करते देखकर हम सबको बड़ा आश्चर्य हुआ। रमेश ने कहा—'इतनी-सी जान गज़ भर की ज़बान।'

इधर के रहे न उधर के रहे : दोनों तरफ़ से जाना, दो बातों में से किसी में भी सफल न होना।

निर्मल ने गृहस्थ आश्रम छोड़कर संन्यास ले लिया, पर वह भी उससे नहीं निभा। उसे एक स्त्री से प्रेम हो गया। इस प्रकार वह 'न इधर का रहा न उधर का।'

इधर खाई, उधर पर्वत : कठिन परिस्थिति, दो कठिनाइयों या विपत्तियों के बीच।

सुवासिनी ने पूछा—अब उपाय क्या है ? चलोगे ? राक्षस ने उत्तर दिया—कहां सुवासिनी ? 'इधर खाई, उधर पर्वत !' कहां चलूं ?

(जयशंकर प्रसाद)

इधर कुआं, उधर खाई : दो विपत्तियों के बीच में।

बुराई है आज बोलने में, न बोलने में भी है बुराई। खड़ा हूं ऐसी विकट

जगह पर, 'इधर कुआं है, उधर है खाई।'

इधर न उधर, यह बला किधर : जब कोई न मरे, न उसे आराम हो, तब कहते हैं।
बेचारा सालभर से चारपाई पर पड़ा हुआ है। कोई दवा उसे लाभ नहीं पहुंचाती। सेवा करते-करते घरवाले ऊब गए हैं। उसका तो वही हाल है कि 'इधर न उधर...किधर।'

इन तिलों में तेल नहीं निकलता : ऐसे कंजूसों से कुछ प्राप्ति नहीं होती।
तुम यहां व्यर्थ आए हो। मैं तुम्हें विश्वास दिलाता हूं कि यह तुम्हें कुछ न देंगे। 'इन तिलों...निकलता।'

इब्तिदा-ए-इश्क़ है, रोता है क्या, आगे-आगे देखिए, होता है क्या : अभी तो कार्य का आरंभ है; इसे ही देखकर घबरा गए, आगे देखो क्या होता है।
मेरा रुपया वसुन्धरा बैंक (गड़हे में मकान की गहरी नींव डालने) में जमा होने लगा। मेरे एक मित्र ने मुझे घबड़ाते हुए देखकर कहा–'इब्तदा-ए इश्क़...क्या।'

इराकी पर ज़ोर न चले गधी का कान उमेठे : बलवान् से हार कर कमज़ोर पर क्रोध उतारने पर लोकोक्ति।
गणेश से जब उसकी कुछ न चली तब अपना क्रोध उतारने के लिए वह मेरे दरवाज़े पर चढ़ आया। इसी को कहते हैं–'इराकी पर...उमेठे।'

इसके पेट में दाढ़ी है : इसकी अवस्था बहुत कम है तथापि यह बहुत बुद्धिमान् है।
यद्यपि यह अल्पायु है तथापि ऐसे-ऐसे काम कर देता है कि दांतों तले उंगली दबानी पड़ती है। 'इसके पेट में दाढ़ी है।'

इस हाथ दे, उस हाथ ले : दान से बहुत पुण्य और लाभ होता है।
जो मनुष्य दीन-दुखियों को दान देता है, वह सदैव सम्पन्न रहता है, उसे कभी किसी वस्तु का अभाव नहीं होता। इसीलिए कहा गया है कि 'इस हाथ दे, उस हाथ ले।'

इहां कुम्हड़ बतिया कोउ नाहीं, जो तर्जनि देखत मरि जाहीं : जब कोई झूठा रोब दिखाकर किसी को डराना चाहता है।
कमलाकान्त की क्रोधपूर्ण बातें सुनकर गोपीकृष्ण बोला–तुम रोब किसे दिखाते हो ? हम तुम्हारे दबैल नहीं हैं। तुम्हारे जैसे कितने रोज़ आते-जाते रहते हैं। यदि हम इस प्रकार सबसे डरते चलतें तो हमारा काम ही न चले। 'इहां कुम्हड़ बतिया...नाहीं।'

इहां न लागहि राउरि माया : यहां कोई आपके धोखे में नहीं आ सकता।
सुनि मृदु वचन कुमति अति जरई। मनहु अनल आहुति घृत परई।
कहइ करहु किन कोटि उपाया। इहां न लागिहि राउरि माया॥ (तुलसीदास)

ई

ईंट की लेनी, पत्थर की देनी : कठोर बदला चुकाना, मुंहतोड़ जवाब देना।
आधुनिक काल में सीधा होना भी एक अभिशाप है। सीधे आदमी को लोग अनेक विशेषणों से विभूषित करते हैं, जैसे भोंदू, घोंघा बसन्त आदि, किन्तु जो व्यक्ति 'ईंट की लेनी, पत्थर की देनी' वाली कहावत चरितार्थ करता है, उससे लोग डरते रहते हैं।

ईश रजाय सीस सबही के : ईश्वर की आज्ञा सभी को माननी पड़ती है।
ईश्वर को यही मंजूर था कि हमारे देश में सूखा पड़े। हम इस विषय में कर ही क्या सकते हैं ? भगवान् की इच्छा के सामने हमें सिर झुकाना ही पड़ता है। गोस्वामी जी ने ठीक ही कहा है—'ईश रजाय...के।'

ईश्वर की माया, कहीं धूप कहीं छाया : भगवान् की माया विचित्र है। संसार में कोई सुखी है तो कोई दुःखी, कोई धनी है तो कोई निर्धन।
ईश्वर की माया समझ में नहीं आती। संसार में कोई सुन्दर है तो कोई कुरूप, कोई स्वस्थ है तो कोई रुग्ण, कोई करोड़पति है तो कोई अकिंचन। इसीलिए कहा गया है कि 'ईश्वर की माया...छाया।'

उ

उखड़े न टिड्डी के पर, नाम वीरसिंह : गुण के विपरीत नाम होना।
यह बहुत ही दीन है, इसे दोनों वक्त भोजन भी नहीं मिलता; किन्तु नाम है लक्ष्मीपति। ऐसे ही लोगों पर वह कहावत लागू होती है कि 'उखड़े न ...सिंह।'

उगले तो अंधा निगले तो कोढ़ी : कठिन परिस्थिति होने पर उक्ति। कहते हैं कि जब सांप छछूंदर को पकड़ता है तब वह बड़ी कठिन परिस्थिति में पड़ जाता है। यदि वह उसे उगल दे तो अन्धा हो जाता है और निगल जाए तो कोढ़ी हो जाए।
तुमको अपने घर में रखकर मैंने बड़ी ग़लती की। यदि तुम्हें निकाल दूं तो सगे-सम्बन्धियों में मेरी बदनामी होगी। यदि घर में रहने दूं तो तुम मेरी सब पुस्तकें बेच डालोगे। मेरी तो वही दशा है कि 'उगले तो अंधा ...कोढ़ी।'

उघरे अन्त न होहिं निबाहू। कालनेमि जिमि रावण राहू॥
जब किसी कपटी आदमी की पोल खुल जाती है, तब उसका निर्वाह नहीं होता। उस पर अनेक विपत्तियां आती हैं, जैसे—कालनेमि, रावण और राहू की पोल खुल जाने पर उनकी हत्या कर दी गई।

उतावला सो बावला, धीरा सो गम्भीरा : अर्थ स्पष्ट है।

उत्तम को उत्तम मिले, मिले नीच को नीच : जो आदमी जैसा होता है, उसको वैसा ही साथी भी मिल जाता है।
पर भाई, ऐसा रूप तो न आंखों देखा, न कानों सुना। यह तो राजकन्या के योग्य ही है। इसमें उसने अनुचित क्या किया, क्योंकि जैसी सुन्दर वह है ऐसा ही यह भी है। 'उत्तम को उत्तम...नीच।'

उत्तम खेती मध्यम बान, निकृष्ट चाकरी भीख निदान : खेती सबसे श्रेष्ठ व्यवसाय है, व्यापार मध्यम है, नौकरी करना निकृष्ट है, और भीख मांगना सबसे बुरा है।
यह बुद्धिमानों का महानुभूत सिद्धांत है कि 'उत्तम खेती...निदान' पर आज कल कृषिजीवी ही लोग अधिक दरिद्री पाए जाते हैं।

उत्तम विद्या लीजिए, जदपि नीच पै होय : छोटे व्यक्ति के पास यदि कोई ज्ञान है, तो उसे ग्रहण करना चाहिए।
उत्तम विद्या लीजिए, जद्पि नीच पै होय।
परयो अपावन ठौर में, कंचन तजत न कोय॥ (वृन्द)

उतर गई लोई तो क्या करेगा कोई : जब इज़्ज़त ही नहीं है तो डर किसका ?
जब लोगों ने मुझे बिरादरी से खारिज़ कर ही दिया है तो अब मैं खुले आम अंग्रेज़ी होटल में खाना खाऊंगा। 'उतर गई...कोई।'

उत्तर जाव कि दक्खन, यही करम के लक्खन (लच्छन) : झूठे आदमी का कभी विश्वास नहीं करना चाहिए।
तुम्हारा पुत्र बहुत झूठ बोलता है। कभी कोई बात सच कहता ही नहीं। उसके लक्षण अच्छे नहीं दिखाई पड़ते। कहावत प्रसिद्ध है—'उत्तर जाव... लक्खन।'

उदधि रहै मर्याद में, बहै उल्टी नद नीर : श्रेष्ठ लोग मर्यादा नहीं छोड़ते परन्तु ओछे लोग थोड़े ही में इतराने लगते हैं।
कामता बाबू के पास अतुल धनराशि है पर वे सबसे नम्रतापूर्वक मिलते हैं। परन्तु जब से रामू का व्यापार चल निकला है तब से वह सीधे मुंह किसी से बात नहीं करता। किसी ने सच कहा है—'उदधि रहै...नीर।'

उदर निमित्तं बहुकृत वेषा : पेट के लिए मनुष्य अनेक प्रकार के स्वांग रचता है।
शंकर जी का रूप बनाकर एक मनुष्य एक दुकान से दूसरी दुकान को जाता था और अपना भिक्षा-मात्र दुकानदार की ओर बढ़ा देता था। दुकानदार उसमें दस-पांच पैसा डाल देता था। उसे देखकर श्याम ने मुझसे कहा—'उदर निमित्तं...वेषा।'

उधार का खाना और फूस का तापना बराबर है : फूस की आग बहुत देर तक नहीं ठहरती। इसी प्रकार कोई व्यक्ति बहुत दिनों तक उधार लेकर अपना खर्च नहीं चला सकता।

भाई, कोई नौकरी तलाश करो, नहीं तो मज़दूरी का ही कोई काम करो। उधार लेकर कहां तक काम चलाओगे ? 'उधार का खाना...है।'

उधार दीजै, दुश्मन कीजै : यदि किसी को रुपया उधार दिया जाए तो वह अपना शत्रु हो जाता है।

मैं न तो किसी से उधार लेता हूं और न किसी को उधार देता हूं, क्योंकि कहावत प्रसिद्ध है—'उधार दीजै...कीजै।'

उधार देना, झगड़ा लेना : यदि किसी मनुष्य को उधार दिया जाए तो उसे लौटाता तो नहीं, उल्टे झगड़ा करता है।

उपजहिं एक संग जल माहीं, जलज जोंक जिमि गुण बिलगाहीं : दो भाई एक ही माता-पिता ही संतान होते हैं पर उनकी प्रकृति भिन्न-भिन्न होती है।

यदपि सहोदर होय तउ, प्रकृति और की और।
विष मारै ज्यावै सुधा, उपजहिं एकहिं ठौर॥ (वृन्द)

राधे और मोहन सहोदर भाई हैं, पर उनकी प्रकृति एक-दूसरे से बिल्कुल भिन्न हैं। एक तो दूसरों का उपकार करता रहता है और दूसरा दूसरों को लूटता फिरता है। कहावत प्रसिद्ध है—'उपजहिं एक संग...बिलगाहीं।'

उमादास जोतिष की नाई, सबहिं नचावत राम गोसाईं : मनुष्य का किया कुछ नहीं होता। जैसे कठपुतली का तमाशा दिखाने वाला कठपुतलियों को अपनी इच्छा के अनुसार नचाता है, उसी प्रकार मनुष्य को ईश्वर की इच्छा के अनुसार काम करना पड़ता है।

उल्टा चोर कोतवाल को डांटे : अपना अपराध स्वीकार न करके पूछने वाले को डांटने-फटकारने या दोषी ठहराने पर उक्ति।

आज़ एक ग्राहक ने मेज़ पर से किताब उठा ली। उससे पूछा तो लगा शरीफ़ बनने और धौंस जमाने कि तुम मुझे चोरी लगाते हो। उसने तो वही किया कि 'उल्टा चोर...डांटे।'

उल्टे बांस बरेली को : बरेली में बांस बहुत पैदा होता है। इसी से उसको बांस बरेली कहते हैं। यहां से बांस दूसरी जगह को भेजा जाता है। दूसरे स्थानों से वहां बांस भेजना मूर्खता है। इसलिए इस कहावत का अर्थ है, स्थिति के विपरीत काम करना; जहां जिस वस्तु की आवश्यकता न हो, उसे वहां ले जाना।

वह एक गाड़ी अनाज शहर से देहात को ले जा रहा था। मैंने उससे कहा—क्यों, भाई, अनाज तो देहात से शहर को आता है। यह 'उल्टे बांस बरेली को' कैसे ले जा रहे हो ?

उसी की जूती उसी का सिर : किसी को उसी की युक्ति से बेवकूफ़ बनाना।

दो-एक बार धोखा खा के धोखेबाज़ों की हिकमतें सीख लो और कुछ अपनी ओर से जोड़कर 'उसी की जूती उसी का सिर' कर दिखाओ।

ऊ

ऊंच निवास नीच करतूती, देखि न सकहिं पराई विभूति : नीच लोग चाहे कितने ही ऊंचे पद पर हों, दूसरों की उन्नति नहीं देख सकते।

तुम समझते होंगे कि पूंजीपति बहुत उदार होते हैं, परन्तु वास्तविकता बिल्कुल उल्टी है। उन पर यह कहावत लागू होती है—'ऊंच निवास...विभूति।'

ऊंची दुकान फीका पकवान : जिसका नाम तो बहुत हो, पर गुण कम हो।

नाम-ही-नाम है, गुण तो ऐसे-वैसे ही हैं। बस 'ऊंची दुकान फीका पकवान' समझ लो।

ऊंचे चढ़ के देखा तो घर-घर याही लेखा : विचार करके देखने पर मालूम होता है कि सब घरों या सर्वत्र यही हाल है।

यह दासत्व-प्रथा कहां नहीं है ? सारे संसार में तो छाई पड़ी है। 'ऊंचे चढ़ के...लेखा।'

ऊंट के गले में बिल्ली : अनुचित, अनुपयुक्त या बेमेल संबंध—या विवाह।

वह तीस वर्ष का पट्ठा है और तुम्हारी लड़की मात्र बारह वर्ष की है। उसके साथ अपनी लड़की का विवाह करके तुमने 'ऊंट गले में बिल्ली' बांध दी है।

ऊंट के मुंह में जीरा : बहुत अधिक आवश्यकता वाले या खाने वाले को बहुत थोड़ी-सी चीज़ देना।

एक लड्डू से मुझे कुछ पता ही न चला। अच्छे लगने की वजह से वह बिल्कुल वैसे ही लगा जैसे 'ऊंट के...ज़ीरा।'

ऊंट-घोड़े बहे जाए, गधा कहे कितना पानी : जब किसी काम को शक्तिशाली लोग न कर सकें और कोई कमज़ोर आदमी उसे करना चाहे, तब ऐसा कहते हैं।

जब बड़े-बड़े विद्वान् उस कविता को न समझा सके तब एक साधारण छात्र ने कहा—मैं इसका अर्थ बता सकता हूं। उसके इस दुस्साहस को देखकर उसके एक सहपाठी ने व्यंग्य किया—ऊंट-घोड़े...पानी।'

ऊंट जब तक पहाड़ के नीचे नहीं जाता तब तक जानता है कि मुझसे ऊंचा कोई नहीं है : जब तक कोई अहंकारी अपने से श्रेष्ठ व्यक्ति को नहीं देखता तब तक उसका अहंकार दूर नहीं होता।

तुमने सौ-पचास पुस्तकें पढ़ लीं तो समझने लगे कि तुम अद्वितीय विद्वान् हो। काशी-प्रयाग जाकर विद्वानों से बातें करो तो तुम्हें अपनी अल्पज्ञता का ज्ञान हो जाएगा। 'ऊंट जब तक...है।'

ऊंट दूल्हा गधा पुरोहित : एक मूर्ख या नीच द्वारा दूसरे मूर्ख या नीच की प्रशंसा पर उक्ति।

एक बार एक आदमी ने हमारे विद्यालय में भाषण दिया। भाषण तो कुछ

ऊल-जलूल ही था परन्तु विनय बाबू ने उसकी बहुत प्रशंसा की। यह सुनकर माया बाबू ने कहा कि किसी ने बहुत सच कहा है कि 'ऊंट दूल्हा ...पुरोहित।'

ऊंट बर्राता ही लदता है : काम करने की इच्छा न रहने पर डर के मारे काम भी करते जाना और बड़बड़ाते भी जाना।

मैंने पाठक जी से पूछा, "आपका नौकर क्यों बड़बड़ा रहा था ?" उन्होंने उत्तर दिया कि वह बड़ा कामचोर है। जब मैं उससे कुछ करने को कहता हूं तो वह बड़बड़ाने लगता है। मसल मशहूर है कि 'ऊंट बर्राता...है।'

ऊंट बिलाई ले गई, हां जी, हां जी कहना : जब कोई बड़ा आदमी कोई असम्भव बात कहे और दूसरा उसकी हामी भरे।

कहै जाट सुन जाटनी, यहीं गांव में रहना।
ऊंट बिलैया ले गई, हां जी हां जी कहना॥

ऊंट रे ऊंट तेरी कौन-सी कल सीधी : जिस मनुष्य में कोई अच्छाई, गुण या सौन्दर्य न हो, उसके लिए ऐसा कहते हैं।

तुम क्या बोलते हो ? तुमने अपने छोटे भाई की सम्पत्ति छीनकर अपने लिए यह चरितार्थ कर दिया कि 'ऊंट रे ऊंट...सीधी।'

ऊधो का लेना न माधो का देना : जो अपने काम से काम रखता है, किसी के झगड़े में नहीं पड़ता, उसके विषय में उक्ति।

प्रोफेसर शर्मा का काम था अध्ययन और अध्यापन। वह गुटबन्दी से बहुत दूर रहते थे। उन्हें न तो 'ऊधो के लेने से मतलब था और न माधो के देने से।'

ऊधो बन आए की बात : यह कहावत ऐसे आदमी के विषय में कही जाती है जिसे अत्यधिक या आशातीत लाभ होता है।

मोहि मोहि हरि मधुपुर जाई। मिलि कुब्जा मोहि जोग पठाई॥
लोग उक्ति ज्यों जग विख्यात। ऊधो बनि आए की बात॥

ऊसर बरसे, तृण नहिं जामे : मूर्ख को पढ़ाने-लिखाने की चेष्टा करना व्यर्थ है।

तुम व्यर्थ उसके पीछे पड़े हो। बहुतों ने उसे शिक्षा दी पर कोई फल न हुआ। मसल मशहूर है कि 'ऊसर बरसे, तृण नहिं जामे।'

ए

एक अंडा वह भी गंदा : एक ही पुत्र, वह भी निकम्मा।

आप बड़े भाग्यशाली हैं। आपके तीन पुत्र हैं; वे सब सुयोग्य तथा सुशिक्षित हैं। मेरे ऊपर तो वह कहावत लागू होती है, जो कहती है—'एक

अंडा वह भी गंदा।'

एक अनार सौ बीमार : एक चीज़ के बहुत चाहने वाले।

जितने लोग हैं उनके उतनी तरह के काम हैं, और एक बेचारी गांधी टोपी है जिसे सबको पार लगाना है। वही मसल—'एक अनार सौ बीमार।'

एक आंख से रोना और एक आंख से हंसना : हर्ष और विषाद एक साथ होना।

भारत को स्वतंत्रता प्राप्त हो गई, इसलिए मैं बहुत प्रसन्न हूं। परन्तु उसका विभाजन हो गया, इसलिए मुझे बहुत दुःख है। इस प्रकार मैं 'एक आंख से हंसता हूं और एक आंख से रोता हूं।'

एक आवें के बरतन : एक प्रकार के मनुष्य।

किस पूंजीपति को अच्छा कहें और किसे बुरा। सब मज़दूरों का शोषण करते हैं। सब 'एक ही आवें के बरतन' हैं।

एक और एक ग्यारह होते हैं : मेल में बड़ी शक्ति होती है।

यदि तुम दोनों भाई मिलकर काम करोगे तो कोई तुम्हारा सामना न कर सकेगा। मसल मशहूर है कि 'एक और एक...है।'

एक कहो न दस सुनो : यदि हम किसी को बुरा-भला न कहेंगे तो दूसरे भी हमें कुछ न कहेंगे।

यदि मैं किसी की आलोचना करूंगा तो वह मेरी प्रत्यालोचना करेगा। अतएव मैं उस कहावत का सदा ध्यान रखता हूं, जो कहती है—'एक कहो ...सुनो।'

एक चना भाड़ नहीं फोड़ सकता : दे. 'अकेला चना भाड़ नहीं फोड़ सकता।'

एक चुप हज़ार को हरावे : जो मनुष्य चुप अर्थात् शान्त रहता है, उससे हज़ार बोलने वाले हार मान लेते हैं।

तुमसे बार-बार कहा कि वसुमती के मुंह न लगा करो। एक चुप हज़ार वक्ताओं को हरा देता है। (प्रेमचन्द)

एक जान दो कालिब या (एक प्राण दो शरीर) : बहुत घनिष्ठ मित्र।

श्रद्धा और रेखा में प्रगाढ़ प्रेम था। दोनों 'एक जान दो कालिब' थीं।
(चतुरसेन शास्त्री)

एक ज़िन्दगी हज़ार नियामत है : जीवन बहुत बहुमूल्य होता है।

जीओगे तो भीख मांगकर खाओगे। प्राण देना तो कायरों का काम है। क्या हुआ जो धन-मान सब गया। 'एक ज़िन्दगी हज़ार नियामत है'।

एक तन्दुरुस्ती हज़ार नियामत : स्वास्थ्य बहुत बहुमूल्य चीज़ है, स्वास्थ्य धन से श्रेष्ठ होता है।

बहुत-से लोग धन कमाते समय स्वास्थ्य का ध्यान नहीं रखते। यदि स्वास्थ्य ठीक रहेगा तो मनुष्य अधिक परिश्रम करके अधिक धन कमा सकेगा। कहावत प्रसिद्ध है—'एक तन्दुरुस्ती हज़ार नियामत।'

एक तरकश के तीर : सभी लोगों के एक तरह के होने पर प्रयुक्त कहावत।

इस गांव के सब निवासी चोर हैं। यहां पर ईमानदार आदमी मिलना मुश्किल है। सभी 'एक तरकश के तीर' हैं।

एक तवे की रोटी, क्या पतली क्या मोटी : एक कुटुम्ब के मनुष्यों में या एक पदार्थ के कई भागों में बहुत कम अन्तर होता है।

पांचों भाई गुण-शील में समान हैं। ऐसे ही लोगों के विषय में कहा जाता है। 'एक तवे की...मोटी।'

एक तो करेला (कड़ुवा) दूसरे नीम चढ़ा : कटु या कुटिल स्वभाव वाले मनुष्य कुसंगति में पड़कर और बिगड़ जाते हैं।

एक तो अजातशत्रु स्वभाव से अटल था, दूसरे उसका साथ हुआ देवदत्त का। देवदत्त ने स्वार्थ के लिए उसे बहकाना आरम्भ किया। 'एक तो करेला...चढ़ा।'

एक तो चोरी दूसरे सीनाज़ोरी : जब कोई बुरा काम करके आंख दिखाता है, तब इस लोकोक्ति का प्रयोग करते हैं।

उसने मेरी किताब चुरा ली, और ऊपर से मार-पीट करने को तैयार है। इसी को कहते हैं–'एक तो चोरी दूसरे सीनाज़ोरी।'

एक दिन का पाहुना दूसरे दिन अनखावना : एक दिन तो अतिथि का आदर-सत्कार होता है, दूसरे दिन वह समाप्त हो जाता है।

एक नारी, सदा ब्रह्मचारी : जो मनुष्य केवल अपनी पत्नी से यौन सम्बन्ध रखता है, उसे सदा ब्रह्मचारी समझना चाहिए।

महात्मा जी ने कहा–प्रत्येक मनुष्य को श्रम और संयम करना चाहिए। जो मनुष्य केवल अपनी पत्नी से यौन सम्बन्ध रखता है, वह ब्रह्मचारी ही समझा जाता है। कहावत प्रसिद्ध है–'एक नारी, सदा ब्रह्मचारी।'

एक तो तीत लौकी, दूसरे नीम पर चढ़ी : दे. 'एक तो करेला (कड़ुआ), दूसरे नीम चढ़ा।'

एक (ही) थैले के चट्टे-बट्टे : एक ही प्रकार के लोग।

लो और सुनो, 'सब एक ही थैले के चट्टे-बट्टे हैं।' (चतुरसेन शास्त्री)

एक न शुद, दो शुद : एक विपत्ति तो है ही दूसरी और सही।

पता लगा कि पिता का देहान्त हो गया है, अब दोनों मां-बेटियां यहीं रहेंगी। गृहिणी पर गाज पड़ी। 'एक न शुद, दो शुद।' (चतुरसेन शास्त्री)

एक पंथ दो काज : एक युक्ति या साधन से दो कार्यों की सिद्धि।

अन्त में एक सखी ने उसे राय दी, भरतनाट्यम सीख डालो–'एक पंथ दो काज,' शरीर भी छंट जाएगा और कलाकारों में गिनी जाने लगोगी। (शिवानी)

एक पापी सारी नाव को डुबाता है : यदि घर का एक आदमी दुराचारी होता है तो घर-भर की होनी होती है।

यों तो उसके घर के सब आदमी अच्छे थे, केवल वही जुआरी और व्यभिचारी था। उसी के कारण सारे परिवार का पतन हो गया। कहावत है--'एक पापी...है।'

एक पेड़ हर्रे सब गांव खांसी : दे. 'एक अनार सौ बीमार।'

एक प्राण, दो देह (तन) : अभिन्न मित्र, दे. 'एक जान दो कालिब।'

हम एक होंगे—'एक प्राण, दो तन।' कोई हमें जुदा नहीं कर सकेगा। (जैनेन्द्र कुमार)

यह तत वह तत एक है, एक प्रान दुइ गात।
अपने जिय से जानिए, मेरे जिय की बात॥

एक मछली सारे तालाब को गंदा करती है : यदि किसी घर या समूह में एक व्यक्ति दुष्चरित्र होता है तो सारा घर या समूह बुरा या बदनाम हो जाता है।

मेरी कक्षा में श्याम देव नामक एक छात्र बड़ा चोर था। उसने कई लड़कों की किताबें चुरा लीं। इससे पूरी कक्षा बदनाम हो गई। 'एक मछली.. है।'

एक म्यान (खोल) में दो तलवारें नहीं समा सकतीं : जहां दो मनुष्य किसी काम या घर के मालिक बनते हों और दोनों अपना पूरा अधिकार चाहते हों, वहां इस कहावत का प्रयोग होता है।

पीया चाहे प्रेम रस, राखा चाहै मान।
एक म्यान में दो खड़ग, देखा सुना न कान॥ (कबीर)

यह राज्य-कार्य है और इसे करने के लिए राजा से अन्य कोई नहीं हो सकता। 'एक ही खोल में दो तलवारें नहीं समा सकतीं।' या तो आप पूर्ण रूप से राजा बन जाइए अथवा इसे छोड़कर वन में रहने चले जाइए।

एक लख पूत सवा लख नाती, तो रावण घर दीया न बाती : किसी अत्यन्त ऐश्वर्य-शाली व्यक्ति के पूर्ण विनाश हो जाने पर इस लोकोक्ति का प्रयोग किया जाता है।

एक से दो भला : दो व्यक्तियों का साथ रहना या यात्रा करना अकेले रहने या यात्रा करने से अच्छा रहता है।

'एक से दो भली।' सुख में, दुःख में साथ रहेंगी। कोई उंगली न उठा पाएगा। (रांगेय राघव)

एक हाथ से ताली नहीं बजती : जब तक दोनों पक्ष मेल या झगड़ा नहीं करना चाहते तब तक मेल या झगड़ा नहीं होता। दे. 'दोनों हाथों से ताली बजती है।'

तुमने हरी को कुछ कहा होगा, इसलिए उसने तुमको मारा होगा, क्योंकि 'एक हाथ से...बजती।'

एकान्त बासा, झगड़ा न झांसा/हांसा : एकान्त में रहना अच्छा होता है; किसी से झगड़ा-झंझट नहीं होता।

गोविन्द एक कमरे में अकेला रहता है। मैंने उससे पूछा—तुम अकेले क्यों रहते हो ? उसने उत्तर दिया—'एकान्त बासा, झगड़ा न झांसा।'

ऐ

ऐरा-गैरा नत्थू खैरा : मामूली आदमी।

कोई 'ऐरा-गैरा नत्थू खैरा' महल के अन्दर नहीं जा सकता था।

ऐसे-गैरे पंच कल्यान/कल्यानी : जाति में हीन, मुफ्तखोर या बेकार आदमी। ऐसे मनुष्य जिनकी कहीं इ़ज़्ज़त न हो।

यहां पर 'ऐसे-गैरे पंच कल्यान' लोग ही एकत्र हैं।

ऐसी की तैसी (किसी की) : सभ्य पुरुषों द्वारा प्रयुक्त एक प्रकार की गाली।

'ऐसी की तैसी' उनकी, बरात लौटा के ले जाना कोई हंसी-खेल है?

(अमृतलाल नागर)

ऐसे बूढ़े बैल को कौन बांध भुस देय : बूढ़े और बेकार मनुष्य को कोई भोजन और वस्त्र नहीं देता।

कमाते-धमाते तो कुछ हैं नहीं, केवल खाने और बच्चों को डांटने-फटकारने से मतलब है। 'ऐसे बूढ़े बैल...देय।'

ओ

ओठों निकली कोठों चढ़ी : जो बात मुंह से निकल जाती है, वह फैल जाती है, गुप्त नहीं रहती। दे. 'होंठों निकली कोठों चढ़ी।'

वह बहुत विवेकशील पुरुष है और सदा सोच-विचार कर बातें करता है, क्योंकि वह जानता है कि 'ओठों निकली कोठों चढ़ी।'

ओखली में सिर दिया तो मूसलों का क्या डर : कष्ट सहने पर उतारु होने पर कष्ट का डर नहीं रहता।

बेचारी मिसेज़ बेदी ओखली में सिर रख चुकी थी। तब मूसलों से डरकर भी क्या कर लेतीं? (शिवानी)

ओछे की प्रीति, बालू की भीति : बालू की दीवार की भांति ओछे लोगों का प्रेम अस्थायी होता है।

वह बहुत ओछा आदमी है। इसलिए जब उसके साथ तुम्हारी मित्रता हुई थी तभी मैंने समझ लिया था कि वह बहुत दिनों तक नहीं निभेगी, क्योंकि 'ओछे की प्रीति, बालू की भीति' होती है।

ओस चाटे/चाटने से प्यास नहीं बुझती : किसी को इतनी थोड़ी चीज़ मिलना कि उसकी

तृप्ति न हो।

तुम्हें कोई काम तो करना ही होगा। इस तरह सम्बन्धियों के यहां रहकर कब तक गुज़र करोगे ? तुम्हें यह जानना चाहिए कि 'ओस चाटे प्यास नहीं बुझती।'

औ

औंघते को ठेलने का सहारा : किसी के कहने से असमंजस दूर हो जाने पर उक्ति।

मुहर्रिर के शब्दों ने इर्फ़ान अली की दुविधाओं को दूर कर दिया। औंघते को ठेलने का सहारा मिल गया। (प्रेमचन्द)

औंधी खोपड़ी उल्टा मत : मूर्ख का विचार उल्टा ही होता है।

वह महामूर्ख है। वह जो कुछ कहता है, वह सब बुद्धि के विपरीत होता है। इसी को कहते हैं–'औंधी खोपड़ी उल्टा मत।'

और बात खोटी, सही दाल-रोटी : संसार की सब चीज़ों में भोजन ही मुख्य है।

मनुष्य की सबसे बड़ी आवश्यकता भोजन है। जब पेट भरता है तब अन्य वस्तुओं की सूझती है। जब पेट खाली रहता है तब और कुछ अच्छा नहीं लगता। किसी ने सच कहा है–'और बात खोटी, सही दाल-रोटी।'

औसर चूकी डोमनी, गावे ताल बेताल : जो मनुष्य अवसर से चूक जाता है, उसका कामं बिगड़ जाता है और केवल पश्चात्ताप उसके हाथ आता है।

क

कंगाली में आटा गीला : मुसीबत-पर-मुसीबत आना।

पहले परीक्षा में फेल हुआ, फिर नौकरी छूटी और घर जाते समय रेल में संदूक़ रह गया। इस बार मेरे साथ बुरी बीती, 'कंगाली में आटा गीला' हो गया।

ककड़ी के चोर की गर्दन नहीं नापी जाती : साधारण अपराध के लिए कठोर दंड नहीं दिया जाता; अपराध की गुरुता के अनुसार दंड दिया जाता है।

चाहिए कठोरता न एती बरजोर ऊधो,
ककरी के चोर न कटारी मारियतु है। (सूरदास)

कड़ाही से गिरा, चूल्हे में आ पड़ा : एक विपत्ति से छूटकर दूसरी में आ पड़ना।
महेश अभी-अभी चोरी के मुकदमे से बरी हुआ था तब तक पुलिस ने उस पर डाके का मुकदमा चला दिया। बेचारा 'कड़ाही से गिरा चूल्हे में आ पड़ा।'

कद्र गौहर शाह दानद या विदानन्द जौहरी : गुणवानों का सम्मान गुणज्ञ ही करते हैं।
मुझे यकीन है कि आप मेरी इन आज़ादियों को पसंद करेंगे, क्योंकि कद्र गौहर (अपनी तरफ इशारा करके) शाह (मुसीबत मल की तरफ़) दानद या विदानन्द जौहरी (दर्शकों की तरफ़)।

कन-कन जोड़े मन जुड़े : थोड़ा-थोड़ा इकट्ठा करने से राशि हो जाती है।
कन-कन जोरे मन जुरै, खाते निबरै सोय।
बूंद-बूंद ज्यों घट भरै, टपकत रीतो होय॥ (वृन्द)

कपटी की प्रीत, मरन की रीत : कपटी मनुष्य से मित्रता करना मौत को बुलाना है।
वह बड़ा कपटी मनुष्य है। उससे मित्रता न करो, नहीं तो अन्त में धोखा खाओगे। किसी ने सच कहा है—'कपटी की प्रीत...रीत।'

कपड़े फटे ग़रीबी आई : फटे कपड़े देखने से मालूम होता है कि यह मनुष्य ग़रीब है।
बहुत आश्चर्य है कि तुम मुझे धनवान समझते हो। ज़रा मेरी हालत तो देखो। मसल मशहूर है—'कपड़े फटे...आई।'

कफ़न सिर से बांधे फिरता है : सदैव मरने के लिए तैयार रहता है।

कभी घी घना, कभी मुट्ठी चना, कभी वह भी मना : जो मिल जाए उसी पर संतुष्ट रहना चाहिए।
वह सच्चा साधु है; लोभ तो उसमें लेश-मात्र भी नहीं है। जो कुछ पाता है वही खाकर संतुष्ट हो जाता है। 'कभी घी घना...मना।'

कभी नाव गाड़ी पर, कभी गाड़ी नाव पर : समय पर एक-दूसरे की सहायता की आवश्यकता पड़ती है।
डॉक्टर ने कहा—पण्डित जी, रोज़ आप मेरे लड़के को पढ़ाने मेरे घर पर आया करते थे। आज आपको बुखार आ गया है, तो मैं आपके घर आया हूं। 'कभी नाव...पर।'

कमज़ोर की जोरू सबकी सलहज : कमज़ोर आदमी को कोई गौरव प्रदान नहीं करता, सब उसकी स्त्री से हंसी-मज़ाक करते हैं।
राजेन्द्र ग़रीब आदमी है। इसलिए सभी मनुष्य उसकी स्त्री से हंसी-मज़ाक करते हैं। यह लोकोक्ति बहुत सच है कि 'कमज़ोर की जोरू सबकी सलहज़' होती है।

कमर में लंगोटी, नाम पीताम्बर दास : गुण अथवा हैसियत के विरुद्ध गुण होना।
उसका नाम तो है हरिश्चन्द्र परन्तु है वह बहुत झूठा। सचमुच वह 'कमर में...दास' वाली कहावत को चरितार्थ करता है।

कमरी थोरे दाम की, आवै बहुतै काम : कम्बल होता तो सस्ता है पर बहुत ही उपयोगी होता है।

कमरी थोरे दाम की, आवै बहुतै काम।
खासा मलमल बाफता, उनकर राखै मान॥ (गिरधर कविराय)

कमला काहू की न भई : धन सदैव किसी के पास नहीं रहता। (कमला=लक्ष्मी)
आप अपनी पुरानी स्थिति का स्मरण कीजिए। ईश्वर की कृपा से आज आप करोड़पति हो गए हैं। अपने ऐश्वर्य पर आपको गर्व नहीं करना चाहिए। मसल मशहूर है–'कमला काहू...भई।''

कमाऊ पूत की दूर बला : कमाऊ मनुष्य सुखी रहता है।
घिराऊ ने अपने बाप का सब कर्ज़ चुका दिया और कुछ खेत भी खरीद लिए। कहावत प्रसिद्ध है–'कमाऊ पूत...बला।'

कमान से निकला तीर और मुंह से निकली बात फिर हाथ/वापस नहीं आती : बिना सोचे-समझे कोई बात नहीं कहनी चाहिए, क्योंकि जो बात हमारे मुंह से निकल जाती है, वह वापस नहीं आती।
तुम्हें सदैव सोच-विचार कर बातें करनी चाहिए। ऊल-जलूल नहीं बकना चाहिए। याद रखो–'कमान से निकला...आती।'

कमावे धोती वाला, उड़ावे टोपी वाला : परिश्रमी लोग धनोपार्जन करते हैं और शौक़ीन लोग उसे व्यय करते हैं।
उसके बाप ने कठोर परिश्रम करके धन जोड़ा था। परन्तु वह बड़ा शौक़ीन है। थोड़े ही दिनों में उसने सब धन उड़ा दिया। सच कहा है–'कमावे धोती वाला, उड़ावे टोपी वाला।'

कर कंगन को आरसी : प्रत्यक्ष वस्तु को सिद्ध करने के लिए प्रमाण की आवश्यकता नहीं होती; दे. 'हाथ कंगन को आरसी क्या ?'
आप चारों तरफ़ घूम-घूमकर मेरी शिकायत करते हैं। मेरे सामने ही आप बारातियों से मेरी निन्दा कर रहे थे। 'कर कंगन को आरसी' की आवश्यकता नहीं पड़ती।

कर भला, होगा भला : जो दूसरों की भलाई करता है, भगवान् उसका कल्याण करते हैं।
सन्त ने मूंड शाह से कहा, ''कर भला, होगा भला।'' (चतुरसेन शास्त्री)

कर् खेती परदेश को जाय, वाको जन्म अकारथ जाय : जो किसान अपनी खेती छोड़कर परदेश चला जाता है, उसकी खेती चौपट हो जाती है।
आप किसी प्रकार अपने खेतों को जुतवा-बुआ कर बाहर चले जाते हैं। ठीक तरह से उनकी सिंचाई और रखवाली नहीं हो पाती है। इसलिए पैदावार अच्छी नहीं होती। क्या आपने सुना नहीं है कि 'कर खेती... जाय।'

कर ले सो काम, भज ले सो राम : जो कुछ करना हो उसे शीघ्र कर लेना चाहिए, उसमें आलस्य नहीं करना चाहिए।
यह तुम्हारी बड़ी बुरी आदत है कि हर काम को टालते रहते हो। इसी से तुम्हारा हर काम पिछड़ा रहता है। जीवन का कोई ठिकाना नहीं है।

इसलिए जो कुछ काम हो जाये, वह अच्छा है। 'कर ले सो काम...राम।'

कर सेवा, खा मेवा : जो बड़ों की सेवा करते हैं, वे सुखी रहते हैं।

यदि तुम जीवन में सुखी रहना चाहते हो, तो तुम्हें गुरुजनों की सेवा करनी चाहिए। मसल मशहूर है—'कर सेवा, खा मेवा।'

करे कारिन्दा नाम बरियार का, लड़े सिपाही नाम सरदार का : छोटे लोग काम करते हैं परन्तु नाम उनके सरदार का होता है।

इस वर्ष हम लोगों ने बड़े परिश्रम से पढ़ाया था। फलतः हाई स्कूल और इण्टरमीडिएट परीक्षाओं के परिणाम इतने अच्छे हुए हैं। परन्तु सब लोग प्रिंसिपल साहब को बधाई देते हैं। हमें कोई पूछता भी नहीं। मसल मशहूर है—'करे कारिन्दा...का।'

करे कोई, भरे कोई : एक आदमी अपराध करे परन्तु दण्ड दूसरे को मिले। दे. 'करे कल्लू...भले लल्लू।'

चोरी तो की थी नरेश ने और दण्ड मिला सुरेश को, पुलिस की लीला विचित्र है। 'करे कोई, भरे कोई।'

करे सरपंच कहलावे पंच : अपने को न्यायी कहकर अन्याय करना।

कोई उस पर विश्वास नहीं करता, क्योंकि वह बातें तो सदाचार की करता है पर उसके काम बड़े नीच होते हैं। वह 'करे सरपंच कहलावे पंच' वाली कहावत को चरितार्थ करता है।

करेगा सो भरेगा : जैसा काम करोगे वैसा फल पाओगे।

वह दिनभर ताश खेलता है, बहुतेरा मना किया, पर नहीं मानता। फेल होगा तो रोएगा। हमारा कहना फर्ज़ था, कह दिया। अब उसकी मर्ज़ी, 'करेगा सो भरेगा।'

करनी खाक की, बात लाख की : जब कोई निकम्मा आदमी बढ़-बढ़कर बातें करता है।

वह यों ही डींग मारा करता है; उससे करते-धरते कुछ नहीं बनता। ऐसे ही लोगों के लिए कहावत कही गई है कि 'करनी खाक की बात लाख की।'

करनी न करतूत, लड़ने को मज़बूत : जो व्यक्ति काम तो कुछ न करे पर लड़ने-झगड़ने में तेज़ हो।

वह बड़ा दुष्ट है; घर का कुछ भी काम-धंधा नहीं करता। परन्तु जब अपनी ज़रूरत की चीज़ें नहीं पाता, तब घरवालों से लड़ाई-झगड़ा करता है। उसका भाई उसके विषय में कहा करता है—'करनी न करतूत... मज़बूत।'

करगह/करघा छोड़ तमाशे जाय, नाहक चोट जुलाहा खाय : जो आदमी अपना काम छोड़कर व्यर्थ झगड़े में पड़ता है और उससे हानि उठाता है।

दो सिपाही आपस में किसी शहर की गली में लड़ रहे थे। एक जुलाहा यह समाचार सुनते ही अपना काम छोड़कर उस गली में गया और तमाशा

देखने लगा, संयोग से एक तलवार जुलाहे के सिर में आ लगी। कहावत प्रसिद्ध है—'करघा छोड़...खाय।'

करम गति टरे नाहिं टारे : जो भाग्य में बदा होता है, वह होकर रहता है।
भाग्य बड़ा प्रबल होता है। जिसके भाग्य में जो बदा रहता है उसको कोई टाल नहीं सकता। हमारे भाग्य में यही बदा था कि हमारा घर लूट लिया जाए। 'करम गति...टारे।'

करम प्रधान विश्व रचि राखा, जो जस करै सो तस फल चाखा : मनुष्य जैसा कर्म करता है उसको वैसा फल मिलता है। दे. 'जैसी करनी वैसी भरनी।'
हम जैसा काम करेंगे वैसा फल पावेंगे। यदि हम सुकर्म करेंगे तो हम सुखपूर्वक जीवन व्यतीत करेंगे। परन्तु यदि हम दुष्कर्म करेंगे तो हमें अनेक प्रकार के कष्ट होंगे। गोस्वामी जी ने सच कहा है—'करम प्रधान...चाखा।'

करमहीन खेती करै, मरे बैल या सूखा पड़े : भाग्यहीन मनुष्य का कोई काम सिद्ध नहीं होता।
बाहर मकान बनाने का सबसे बड़ा प्रलोभन यह होता है कि उसमें थोड़ी-सी खेती-बारी करके अपने को वास्तव में शाकाहारी प्रमाणित किया जाए। मेरी खेती भी उन्हीं लोगों की-सी है, जिनके लिए कहा गया है—'करमहीन खेती...पड़े।'

कल का बानी, आज का सेठ : जो व्यक्ति पहले दरिद्र रहा हो परन्तु बाद में धनी हो गया हो, उस पर व्यंग्योक्ति।
जी हां, बहुत बढ़-बढ़कर बातें मत कीजिए। मैं आपकी तीन पुश्त को जानता हूं। आपके पिता को दोनों समय भोजन नहीं मिलता था। ईश्वर की कृपा से आपका काम चल निकला तब लगे अकड़-फूं दिखाने। 'कल का बानी, आज का सेठ।'

कल किसने देखा है : भविष्य की बात कोई नहीं जानता।
उर्मिल : आप कह रहे थे कि आपको नौकरी मिल जायेगी।
केवल : कौन कह सकता है ? 'कल किसने देखा है ?'

कल के जोगी कंधे पर या **(पैर तक) जटा :** जब कोई कम उम्र का या नौसिखिया आदमी बहुत लम्बी-चौड़ी बातें करता है, तब उस पर व्यंग्योक्ति की जाती है।
अभी तो काम सीखने लगे हो और अभी से कारीगरों के साथ शेखी बघारते हो। वही बात हुई—'कल के जोगी...जटा।'

कस्तूरी की गंध सौगंध की हाजत नहीं राखती : गुण अपने-आप प्रकट हो जाता है, उसे प्रकाशित करने की आवश्यकता नहीं होती।
दोहे का माधुर्य आर्या से कहीं बढ़ा-चढ़ा है। पढ़ने वालों की ज़बान और सुनने वालों के कान इसमें साक्षी हैं। 'कस्तूरी की गंध सौगंध की हाजत नहीं रखती।'
गोस्वामी जी की कविता इतनी मधुर, मोहक और हृदय-द्रावक है कि उसकी प्रशंसा करने की आवश्यकता नहीं होती। 'कस्तूरी की गंध...रखती।'

कहने से कुम्हार/धोबी गधे पर नहीं चढ़ता : हठी आदमी अपनी मर्ज़ी से चाहे जो करे किन्तु कहने से काम नहीं करता।

वैसे तो सड़क पर कविता गाते फिरते हो, आज ज़रा कविता सुनाने को कहा तो मिज़ाज करने लगे। भाई, ठीक है, 'कहने या (कहे) से कुम्हार ...चढ़ता।'

कहां राजा भोज, कहां गंगा (गंगुआ/भोजवा) तेली : जब दो आदमियों की स्थिति में बहुत अन्तर होता है।

''अजी, वह आजकल का अर्जुन है।'' ''वाह ! तुम भी क्या कहते हो ? अर्जुन से उसका क्या मुक़ाबला ? 'कहां राजा भोज...तेली'।''

कहीं की ईंट कहीं का रोड़ा, भानुमती ने कुनबा जोड़ा : इधर-उधर की बहुत-सी वस्तुएं एकत्र करके एक नई वस्तु तैयार कर देना।

शास्त्री जी ने किताब क्या लिखी है। कुछ एक किताब से लिया कुछ दूसरी से। किताब की बातें एक-दूसरे से मेल नहीं खातीं। उन्होंने तो वही हाल किया कि 'कहीं की ईंट...जोड़ा।'

कहे खेत की, सुने खलिहान की : एक बात कही जाए और दूसरी बात समझी जाए।

देखत हौं ब्रज की लुगाइयन भयो ऊधौं कहा,
खेत की कहे तें खलिहान की समझतीं।

का वरषा जब कृषी सुखाने, समय चूकि पुनि का पछताने : जो मनुष्य ठीक समय पर काम नहीं करता, उसे बाद में बहुत पछताना पड़ता है।

जब अध्ययन करने का समय था, तब तो आप इधर-उधर सैर करते रहे। वृद्ध हो जाने पर अब आप क्या पढ़ेंगे ? सिवाय पछताने के अब आप के हाथ क्या लगेगा ? 'का वरषा...पछताने।'

कागज़ की नाव नहीं चलती : बेईमानी या कपट का व्यवहार अधिक दिन तक नहीं चलता।

झूठ की टहनी कभी फलती नहीं।
नाव कागज़ की कभी चलती नहीं॥

कागा चले हंस की चाल : गुणहीन या निर्धन व्यक्ति का गुणवान् या धनी व्यक्ति की भांति व्यवहार करना।

सुरेश निर्धन व्यक्ति है। दोनों जून भोजन नहीं मिलता। परन्तु जब टेरीकॉट का सूट पहनकर निकलता है तो प्रतीत होता है मानो कोई लखपति हो। इसी को कहते हैं—'कागा चले हंस की चाल।'

काजल की कोठरी में, कैसेहू सयानो जाय; एक रेख काजल की, लागिहै पै लागिहै : बुरों की संगत करने से कुछ-न-कुछ बुराई अवश्य होती है।

तुमसे कितना कहा था कि वे लोग दुष्चरित्र हैं, उनका साथ मत करो। परन्तु तुमने मेरी एक न सुनी। उनकी संगत के कारण तुम्हें जेल में आना पड़ा। मसल मशहूर है—'काजल की कोठरी...लागि है।'

काठ की तलवार क्या करेगी वार : नकली चीज़ से काम नहीं चलता।

तुम समझते हो कि यदि कोई तुम्हारे ऊपर आक्रमण करेगा तो श्याम तुम्हारी सहायता करेगा। पर वास्तव में श्याम बहुत डरपोक है। याद रखो—'काठ की तलवार...वार।'

काठ की हांड़ी दूसरी बार नहीं चढ़ती : कपट का व्यवहार बहुत दिनों तक नहीं सफल होता।

फेर न ह्वै है कपट सों, जो कीजै व्यौपार।
जैसे हांड़ी काठ की, चढ़ै न दूजी बार॥ (वृन्द)

कान छिदावे सो गुड़ खावे : जो कष्ट उठावेगा, उसी को सुख मिलेगा।

स्वतन्त्रता संग्राम में जिन लोगों ने पुलिस की लाठियां खाईं थीं, वे आज मंत्री बनकर मौज़ उड़ा रहे हैं। कहावत है—'कान छिदावे...खावे।'

काबुल में क्या गधे नहीं होते : जानकारों में भी मूर्ख होते हैं; धनियों में भी ग़रीब होते हैं।

दिल्ली दरवाज़े पर मकान बनाने वाले सभी लोग सम्पन्न गिने जाते हैं, किन्तु ठेकेदार यह भूल जाता है कि 'काबुल में भी गधे होते हैं।'

काम का न काज का, दुश्मन अनाज का : निकम्मा आदमी जो बेकार बैठा खाता हो।

अपने निकम्मे और पेटू भाई से गुस्सा होकर रमेश ने उसे डांट बताई—इतना बड़ा तुम्हारा शरीर है। चाहो तो कठिन-से-कठिन काम कर सकते हो। पर तुम तो उस कहावत को चरितार्थ करते हो—'काम का...का।'

काम को काम सिखाता है : काम करने से ही आता है।

तुम क्यों चिन्ता करते हो कि तुम्हें वकालत करना नहीं आवेगा ? जब वकालत आरम्भ कर दोगे तो उसे सीख जाओगे। मसल मशहूर है कि 'काम को...है।'

काम जो आवे कामरी, का ले करे किमांच : यदि छोटे व्यक्ति या सस्ती वस्तु से काम चल जाए तो बड़े मनुष्य वस्तु की तलाश व्यर्थ है।

का भाषा का संस्कृत, भाव चाहिए सांच।
काम जो आवे कामरी, का ले करे किमांच॥ (तुलसीदास)

काम पड़ने पर गधे को गणेश/दादा कहते हैं : अपना काम निकालने के लिए नीचातिनीच लोगों की भी प्रशंसा की जाती है।

बड़ी बड़ाई नीच कौं, कीजै अपने काम।
खरहू कौ बोतल पथिक, कहत विनायक नाम॥ (वृन्द)

काम पड़े ही जानिए जो नर जैसो होय : काम पड़ने पर ही जाना जाता है कि कौन मनुष्य कैसा है।

यों तो वह बहुत मृदुभाषी है परन्तु अभी तक मैं उसके स्वभाव के विषय में किसी निर्णय पर नहीं पहुंच सका हूं, क्योंकि किसी मनुष्य को हम तभी जान सकते हैं जब उससे हमारा काम पड़े। 'काम पड़े ही...होय।'

काम प्यारा कि चाम या (काम प्यारा है चाम प्यारा नहीं) : काम करने के लिए नौकर-चाकर रखे जाते हैं, शक्ल देखने के लिए नहीं।

जज साहब ने माली से कहा—यदि तुम ठीक तरह से काम नहीं करोगे तो मैं तुम्हें निकाल दूंगा। माली ने उत्तर दिया—हुजूर, मैं तो अपने काम में जान लड़ा देता हूं, क्योंकि मैं जानता हूं कि संसार में 'काम प्यारा... नहीं।'

काम रहे तक काजी, न रहे तो पाजी : स्वार्थ रहने पर लोग दूसरों का आदर करते हैं।
जब तक वह इस विद्यालय में पढ़ता था, तब तक वह अपने अध्यापकों का बड़ा सम्मान करता था, परन्तु अब वह उन्हें पहचानता ही नहीं। वही मसल है—'काम रहे तक...पाजी।'

काम सरा दुःख बिसरा : काम निकल जाने पर लोग भलाई नहीं मानते।
मैंने तुम्हारी बड़ी भलाई की, पर तुमने कभी मेरा उपकार नहीं माना। तुमने 'काम सरा दुःख बिसरा' वाली कहावत को चरितार्थ कर दिया।

कारज धीरे होत है, काहे होत अधीर : काम धीरे-धीरे होते हैं। अतएव मनुष्य को अधीर नहीं होना चाहिए।
पण्डित जी ने विद्यार्थी को समझाया—बेटा ! अधीर मत हो। परिश्रम करते रहोगे, तो एक दिन गणित में पारंगत हो जाओगे। कहावत प्रसिद्ध है—'कारज धीरे...अधीर।'

कारे कृतहि न माने : काला आदमी उपकार नहीं मानता।
सूरदास जौ सरबस दीजै, कारे कृतहि न माने। (सूरदास)

काल के हाथ कमान, न बूढ़ा बचे न जवान : मृत्यु से कोई नहीं बच सकता।
अपने जवान बेटे की मृत्यु का दुःखद समाचार पाकर शुक्र जी करुण-क्रंदन कर रहे थे। उन्हें सान्त्वना देते हुए पुरोहित जी ने कहा—'काल के हाथ ...जवान।'

काला अक्षर भैंस बराबर : बिल्कुल अनपढ़, निरक्षर।
उसकी वेष-भूषा देखकर प्रायः लोग उसको बहुत बड़ा पण्डित समझने लगते हैं। पर वास्तव में उसके लिए 'काला अक्षर भैंस बराबर' है।

काली पतीली अपनी ही तरह काली बटलोही को 'काला' कहती है : एक दोषी आदमी द्वारा दूसरे दोषी आदमी की आलोचना करने पर प्रयुक्त लोकोक्ति।
प्रत्येक दल अपने को समाज में व्यापक कल्याण के आदर्श की स्थापना का एकमात्र ठेकेदार मानता हुआ दूसरे दलों को गालियां देता रहता है। धुएं से 'काली पतीली अपनी तरह काली बटलोही को 'काला' कहती है।'

काली घटा डरावनी और धौली बरसन हार : काली घटा केवल डरावनी होती है, उससे पानी नहीं बरसता है। सफ़ेद घटा से पानी बरसता है।

काले का काटा पानी नहीं मांगता : जिसे काला सांप काट लेता है, वह अवश्य मर जाता है। जो व्यक्ति कपटी आदमी के फेर में पड़ जाता है, उसे भारी हानि उठानी पड़ती है।
वह बड़ा कपटी आदमी है। जो एक बार उसके चंगुल में फंस जाता है, उसे वह चूस लेता है। सच कहा है—'काले का काटा...मांगता।'

कालिह करै जो आज कर, आज करै सो अब। पल में परलय होयगी, बहुरि करोगे कब : काम करने में देरी नहीं करनी चाहिए, उसे तुरन्त कर देना चाहिए।

जो काम करना है उसके लिए यही समय है, उसमें देर नहीं करनी चाहिए। कहा है—'कालिह करै सो...कब।' यह लो कलम-दवात और लिखना है सो अभी लिख दो।

कालिह के जोगी माई माई : पाखंडियों पर उक्ति है।

आपन चरित्र सुधारत नाहीं। जग कहं उपदेशत लजाहीं।
धिक पंडितपन धिक बबुसाई। कालिह के जोगी माई माई॥

किया-कराया सब गुड माटी : बना-बनाया काम बिगड़ जाने पर उक्ति।

नेपोलियन ने बड़ी अच्छी योजना बनाई थी किन्तु उसके सहायक मार्शल की मूर्खता से उसका 'किया-कराया सब गुड़ माटी' हो गया।

किस खेत की मूली है या (किस खेत का बथुआ है ?) : नगण्य व्यक्ति है।

जब तक है तलवार हाथ में, तू किस भय में भूली है।
नहीं कुतुब की कुछ मजाल, वह 'कौन खेत की मूली है ?'

किस चिड़िया का नाम है : किसी वस्तु को बिलकुल न जानना।

उसने यहां बहुत दुःख भोगा, हुआ विधाता ही है वाम।
बेचारी को पता नहीं था, दुःख है 'किस चिड़िया का नाम॥'

किस लेखे में है : नगण्य है, तुच्छ है।

जितेहु सुरासुर तब सम नाहीं। नर वानर केहि लेखे माहीं। (तुलसीदास)

किसी का घर जले, कोई तापे : जब एक मनुष्य पर विपत्ति पड़ती है और दूसरा उस पर हंसता है या उससे लाभ उठाता है।

रतनलाल बड़ा स्वार्थी है। जब उसने देखा कि उसके पड़ोसी पर कुर्की आई है तब उसने उसका बाग खरीद लिया और उसे थोड़े रुपए दे दिए। सच कहा है—'किसी का घर...तापे।'

कुएं की मिट्टी कुएं में लगती है : जहां से आमदनी हो वहीं व्यय होने पर यह कहावत कहते हैं।

बम्बई में उसे अच्छी आमदनी हो जाती है। परन्तु जो कुछ वह वहां पैदा करता है वह वहीं खर्च हो जाता है। इस प्रकार 'कुएं की मिट्टी...है।'

कुएं में की मेढ़की, करे सिन्धु की बात : किसी तुच्छ व्यक्ति के लम्बी-चौड़ी बातें करने पर व्यंग्योक्ति।

जब कुसम ने कलकत्ते में कोठी बनाने की बात की तब रमेश ने मुस्कराकर कहा—'कुएं में की...बात।'

कुछ खोकर ही अक्ल आती है : बिना कष्ट सहे और हानि उठाए मनुष्य को अनुभव नहीं होता।

जब उसने सब सम्पत्ति नष्ट कर दी तब उसने अनेक कष्ट उठाए और इधर-उधर मारा-मारा फिरा। अन्त में वह ठीक मार्ग पर चलने लगा। सच है, 'कुछ खोकर...है।'

कुत्ता भी अपनी गली में शेर होता है : अपने घर में निर्बल भी बलवान् होते हैं।

तू रजनीचर नाथ महा रघुनाथ
के सेवक को जन हौं।
बलवान् है स्वान गली अपनी,
तोहि लाज न गाल बजावत सौ हौं। (तुलसीदास)

कुत्ता भी बैठता है तो दुम हिलाकर बैठता है : जब कोई सफ़ाई न रखे और गन्दे स्थान में बैठे या रहे।

भाई, तुम्हारी गंदगी से तो मैं परेशान हो गया। अरे भले मानस, कभी-कभी तो कमरे में झाड़ू लगा लिया करो। देखो, 'कुत्ता भी बैठता है...है।'

कुत्ता भौंके काफ़िला सिधारे : बकने वाले बकते रहते हैं और काम करने वाले अपना काम करते जाते हैं।

वह लोगों के कहने-सुनने की परवाह नहीं करता। उसे जो कुछ करना होता है चुपचाप करता रहता है चाहें लोग कुछ कहें। वह कहता है—'कुत्ता भौंके ...सिधारे।'

कुत्ते की दुम बारह वर्ष नली में रही तब भी टेढ़ी-की-टेढ़ी रह गई : दुष्ट की प्रकृति नहीं बदलती।

यह इतने दिनों से मेरे साथ रह रहा है। मैंने इसे लाख समझाया कि बीड़ी और सिगरेट न पीये, परन्तु इसने मेरी एक न सुनी। सच कहा है कि 'कुत्ते की दुम...गई।'

कुत्ते को घी नहीं पचता : ओछे लोगों के पेट में कोई बात नहीं पचती।

वह बड़े ओछे स्वभाव का आदमी है। उससे सब बातें न कह दिया करो। तुम्हारी निन्दा करते हुए मैंने उसे अपने कानों सुना है। जानते तो हो कि 'कुत्ते को घी नहीं पचता।'

कुत्ते को हड्डी भली लगती है : गंदे लोगों को गंदी चीज़ें अच्छी लगती हैं।

शानू ने कहा—वह बड़ा असभ्य है; उसके मुंह से अश्लील बातें ही निकलती हैं।

रामू—'कुत्ते को हड्डी भली लगती है।'

कुत्तों के भौंकने से हाथी नहीं डरते : बुद्धिमान् और विद्वान् लोग मूर्खों और ओछों की बातों की परवाह नहीं करते।

लोगों ने महात्मा गांधी की कटु आलोचनाएं कीं और गालियां दीं परन्तु वे अपने सिद्धांत पर अटल रहे, क्योंकि 'कुत्तों के भौंकने...डरते।'

कुम्हार के घर बरतन का काल : किसी जगह ऐसी चीज़ की कमी होना जिसकी वहां कमी नहीं होनी चाहिए।

मेरे घर के बहुत-से बच्चे स्कूल में पढ़ते हैं। इसलिए मेरे घर पर कागज़ और कलम का रहना आवश्यक है। एक बार मनोहर मेरे घर पर कलम मांगने आया। मैंने कहा—मैं तो चिट्ठी लिखने के लिए कलम श्याम के घर से लाया था। यह सुनकर उसने कहा—'कुम्हार के घर...काल।'

कै हंसा मोती चुगे कै फांके (लंघन) ही मर जाय : प्रतिष्ठित व्यक्ति अपने अनुकूल प्रतिष्ठा के साथ ही जीना ठीक समझता है।

जब माधव बहुत आर्थिक कठिनाई में पड़ गया तब मैंने उससे कहा–क्यों नहीं सिनेमा कम्पनी ही में नौकरी कर लेते ? उसने उत्तर दिया–मुझसे यह नहीं हो सकता चाहे भूखों भले ही मर जाऊं। 'कै हंसा...जाय।'

कै सोवै राजा का पूत, कै सोवै जोगी अवधूत : संसार में सबको चिन्ता घेरे रहती है; केवल राजा और योगी निश्चिन्त रहते हैं।

स्वामी जी ! मैं गृहस्थ हूं। एक-न-एक चिन्ता नित्य सिर पर सवार रहती है। आप संन्यासी हैं। इसलिए चिन्ताओं से मुक्त हैं, और सुखपूर्वक सो सकते हैं, कहावत है–'कै सावै राजा...अवधूत।'

कोई मुझे न मारे तो मैं सारे जहान को मार आऊं : डरपोक आदमी के लिए इस कहावत का प्रयोग होता है।

वह मार-पीट से सदैव दूर रहता है। वह कहता है कि यदि 'कोई मुझे ...आऊं।'

कोउ न काहू दुख-सुख का दाता, निज कृत कर्म भोग सब भ्राता : इस संसार में कोई किसी को सुख या दुःख नहीं देता। मनुष्य अपने कर्म के ही फल भोगते हैं।

बेटा, इस संसार में कोई किसी को सुख या दुःख नहीं देता। जो जैसा कर्म करता है उसको वैसा फल मिलता है। गोस्वामी जी ने बहुत ठीक कहा है–'कोउ न काहु...भ्राता।'

कोउ नृप होउ हमैं का हानी, चेरि छोड़ि नहिं होउब रानी : जब कोई नौकर अपने मालिक की भलाई के लिए कोई बात कहता है और मालिक उसकी बात पर ध्यान नहीं देता तब इस कहावत का प्रयोग होता है। अथवा, जब कोई इस बात की चिन्ता नहीं करता कि कौन सम्पत्ति का स्वामी होगा और केवल अपना स्वार्थ सिद्ध करना चाहता है तब इस लोकोक्ति का प्रयोग करते हैं।

अहा ! हमारी तो पुरोहिती फिर जगी। हमें मल्हार राव से क्या काम, हमें तो उस गद्दी से काम है, 'कोउ नृप होउ...रानी।'

कोऊ काहू में मगन, कोऊ काहू में मगन : लोग अपनी-अपनी रुचि के अनुसार भिन्न-भिन्न काम करते हैं।

संसार में सब लोग एक ही चीज़ पसन्द नहीं करते। कोई पढ़ना-पढ़ाना चाहता है तो कोई नेतागिरी करना; कोई वकालत करता है तो कोई डॉक्टरी; कोई पहलवानी करता है तो कोई खेल-कूद। इसी से कहा गया है कि 'कोउ काहू...मगन।'

कोठी वाला रोवे, छप्पर वाला सोवे : धनी मनुष्य को धन की रक्षा की चिन्ता लगी रहती है परन्तु निर्धन मनुष्य बेफ़िक्र रहता है।

अजी, धनी कौन-से सुखी हैं, उल्टे उन्हें ज़्यादा चिन्ता लगी रहती है। ग़रीब का क्या है ? जो कमाया सो खा लिया, न चोर का डर न बैरी का खतरा। सच कहा है–'कोठी वाला रोवे...सोवे।'

कोयला होय न ऊजला सौ मन साबुन धोय : बुरे मनुष्य या बुरी वस्तु की प्रकृति की अपरिवर्तनशीलता पर कहा जाता है।
वह आर्यसमाजी तो हो गया पर उससे गोश्त और शराब नहीं छूट सकते। कहावत है—'कोयला होय न...धोय।'

कोयले की दलाली में हाथ काले : बुरी संगत का फल बुरा ही होता है।
चलते-चलते ज़रा जुआ देखने को खड़ा हो गया था। इतने में पुलिस ने छापा मारा और खिलाड़ियों के साथ मैं भी पकड़ा गया। तीन दिन हवालात में बन्द रहना पड़ा। मुझे तो यही याद आता था कि 'कोयलों की...काले।'

कौन किसी के आवे दाना-पानी लावे : संसार में कोई मनुष्य दूसरे की देखरेख तथा सेवा-शुश्रुषा नहीं करता।
यों कहने को तो मेरे अनेक सगे-सम्बन्धीं हैं। परन्तु वृद्ध हो जाने के कारण मैं अत्यन्त उपेक्षित हूं। 'कौन किसी के आवे...लावे' नामक लोकोक्ति मेरे ऊपर अक्षरशः लागू होती है।

कौवा चला हंस की चाल, अपनी भी भूल गया : जब कोई मनुष्य अपनी जाति या परिवार की प्रथा को छोड़कर बड़े लोगों का अनुकरण करने लगता है और उसे हानि उठानी पड़ती है।
बाबू साहब समय-कुसमय अंग्रेज़ी ही बघारा करते हैं। अंग्रेज़ी तो ठीक बोलनी नहीं आई, अब वे हिन्दुस्तानी भी अच्छी नहीं बोल सकते। ठीक ही है—'कौवा चला...गया।'

कौवे की दुम में, अनार की कली : जब कोई कुरूप व्यक्ति सुन्दर वस्त्र धारण करता है तब कहते हैं।
उस काले आदमी के शरीर पर रेशमी कपड़े ऐसे मालूम को रहे थे जैसे 'कौवे की दुम में अनार की कली।'

क्या गोमती का पानी पिया है : किसी मनुष्य में जनानापन होने पर उक्ति; लखनऊ वालों पर व्यंग्य।
जब श्यामसुन्दर से थोड़ा-सा बोझा भी न उठा, तब राजेन्द्र ने उस पर व्यंग्य किया—'क्या गोमती का पानी पिया है ?'

ख

खग ही जाने खग की भाषा : जो मनुष्य जिस स्थान या समाज में रहता है, उसको उसी जगह या समाज के लोगों की बात समझ में आती है।
तुम अंग्रेज़ी के विद्वान् हो। तुम्हें तुलसीदास के उदाहरण देकर कोई बात समझाई जाये तो तुम्हारी समझ में नहीं आवेगी। तुम्हारे ऊपर तो

शेक्सपियर और मिल्टन की कविता का प्रभाव पड़ेगा। ठीक है—'खग ही जाने ...भाषा।'

खर को गंग न्हवाइए, तऊ न छोड़े छार : चाहे कितनी ही चेष्टा की जाए पर नीच की प्रकृति नहीं सुधरती।

पिता के बार-बार समझाने पर भी जब श्याम अध्ययन में दत्तचित्त न हुआ और अपना समय व्यर्थ व्यतीत करने लगा तब एक पड़ोसी ने कहा—'खर को गंग...छार।'

खरबूज़े को देखकर खरबूज़ा रंग पकड़ता है : एक को देखकर दूसरा बिगड़ता है।

जब तुम यहां आए थे तब बड़े सरल थे परन्तु अन्य बालकों को देखकर तुम भी बिगड़ गए। सच है, 'खरबूजे को देखकर...है।'

खरादी का काठ काटे ही से कटता है : काम करने ही से समाप्त होता है या ऋण देने से ही चुकता है।

हाथ पर हाथ रखकर बैठने से तुम्हारा काम न समाप्त होगा। थोड़ा-थोड़ा काम करते चलो तो एक-न-एक दिन समाप्त हो ही जायेगा। किसी ने सच कहा है कि 'खरादी का काठ...है।'

खरी मजूरी चोखा काम : नगद और अच्छी मज़दूरी देने से काम अच्छा होता है।

मैं लूंगा तो बीस रुपए रोज़। लेकिन किवाड़ की जोड़ी ऐसी बना दूंगा कि शहरभर में उसके मुकाबले की न निकलेगी। मैं तो 'खरी मजूरी चोखा काम' की बात जानता हूं।

खल की दवा पीठ की पूजा : दुष्ट लोग पीटने से ही ठीक रहते हैं।

वह बड़ा दुष्ट है। मैंने बहुत समझाया पर उसने एक न सुनी। जब उसके पिता ने उसे पीटा तब उसने कुसंग छोड़ दिया। यह कहावत बहुत ठीक है कि 'खल की दवा...पूजा।'

ख़लक का हलक किसने बंद किया है : संसार के लोगों का मुंह कौन बंद कर सकता है?

महात्मा गांधी ने भारत की सेवा के लिए अपना सर्वस्व त्याग दिया था; तथापि अनेक भारतीय उनकी निन्दा करते हैं। इसीलिए कहा गया है कि 'खलक का हलक...है।'

ख़ल्क की ज़बान ख़ुदा का नक्क़ारा : जनता की बात को भगवान् की आज्ञा समझना चाहिए।

बजा कहे जिसे आलम, उसे बजा समझो,
ज़बाने ख़ल्क को, नक्क़ार-ए-खुदा समझो। (ज़ौक)

खाइए मनभाता, पहनिए जगभाता : अपने को अच्छा लगे, वह खाना खाना चाहिए और जो दूसरों को अच्छा लगे, वह कपड़ा पहनना चाहिए।

मेरे पिता प्रायः हम लोगों से कहा करते थे—'खाइए मनभाता, पहनिए जगभाता' और वह सदैव इसी लोकोक्ति के अनुसार आचरण करते थे।

खाओ वहां तो पानी पीओ यहां : बहुत जल्द चले आओ।

सुखई परदेश गया हुआ था। घर पर उसका पुत्र बीमार पड़ गया। उसकी पत्नी ने उसे पत्र भेजा और उसमें लिखा कि 'खाओ वहां...यहां।'

खाक डाले चांद नहीं छिपता : यशस्वी मनुष्य पर व्यर्थ दोष लगाने से उसकी कीर्ति नहीं घटती।

अनेक लोगों ने महात्मा गांधी की निन्दा की और अपशब्द कहे, परन्तु उसका कुछ परिणाम न हुआ। सच कहा है–'खाक डालने से...छिपता।'

खाए घी से, नहीं जाए जी से : जो मनुष्य केवल उत्तम वस्तुओं का सेवन करता है, और कठिन-से-कठिन परिस्थिति में भी निकृष्ट वस्तुओं का सेवन नहीं करता।

खाने के दांत और, दिखाने के दांत और : कहना कुछ और करना कुछ। दे. 'हाथी के दांत खाने के और, दिखाने के और।'

इसकी शेखी पर मत जाओ। इसके 'खाने के दांत और हैं और दिखाने के दांत और' हैं।

खाने के पीछे और नहाने के पहले : भोजन के बाद और स्नान से पहले अधिक जाड़ा लगता है।

मैंने उससे कहा–देखो, मैंने नहा लिया। तुम क्यों डर रहे हो ? उसने उत्तर दिया–'खाने के पीछे और नहाने के पहले' अधिक जाड़ा लगता है।

खाय चना रहे बना : जो व्यक्ति नित्य चना खाता है, वह स्वस्थ रहता है।

मैंने उससे पूछा–क्यों, भाई, तुम्हारा स्वास्थ्य इतना अच्छा क्यों कर है ? उसने उत्तर दिया–मैं रोज़ थोड़ा-सा चना खाता हूं, क्योंकि मेरा विश्वास है कि 'खाय चना रहे बना।'

खाय मोट, तोड़े कोट : मोट खाने से शक्ति बढ़ती है।

जो लोग मोट खाते हैं उनका स्वास्थ्य ठीक रहता है और शरीर में शक्ति आती है। कहावत प्रसिद्ध है–'खाय मोट, तोड़े कोट।'

खाल ओढ़ाए सिंह की, स्यार सिंह नहिं होय : केवल रूप बदलने से गुण नहीं बदलता।

पं. रमापति खादी पहनकर नेताओं के साथ घूमते थे और चोरबाज़ारी करते थे। वह चाहते थे कि लोग उनको भी नेता समझें। एक दिन उनके एक साथी ने कहा–'खाल ओढ़ाए सिंह...होय।'

खाली दिमाग़ शैतान का कारख़ाना होता है : जो मनुष्य बेकार होता है, उसे तरह-तरह की खुराफातें सूझती हैं।

मैं बहुत व्यस्त रहता हूं, क्योंकि मैं जानता हूं कि 'खाली दिमाग़...होता है।'

खाली बनिया क्या करे, इस कोठी का धान उस कोठी में करे : खाली आदमी बेकाम का काम किया करता है।

खावे बकरी की तरह सूखे लकड़ी की तरह : जो मनुष्य खाता तो बहुत है परन्तु मोटा नहीं होता, उस पर लोकोक्ति।

खिदमत से अज़मत है : जो लोग दूसरों की सेवा करते हैं और उनकी आज्ञा का पालन करते हैं, वे महान् बन जाते हैं।

यदि विद्यार्थी अपने गुरुजनों की आज्ञा का पालन करें और अनुशासनपूर्वक जीवन व्यतीत करें तो वे भविष्य में महान् हो सकते हैं। मसल मशहूर है कि 'खिदमत से...है।'

खिलाए का नाम नहीं, रुलाए का नाम : दूसरों के लड़कों का पालन-पोषण करने से यश तो नहीं मिलता परन्तु उन्हें दण्ड देने से अपयश अवश्य मिलता है।
रमेश ने गोपाल को अपने घर में रखकर अपने पुत्र की भांति उसका पालन-पोषण किया। तब किसी ने उसकी प्रशंसा नहीं की। परन्तु परसों गोपाल ने कुछ ग़लती की इसलिए रमेश ने उसे एक तमाचा मार दिया। इस पर सब लोग उसकी शिकायत करने लगे। सच कहा है–'खिलाये का नाम...नाम।'

खिसियानी बिल्ली खम्भा नोचे : लज्जित होकर बहुत क्रोध करना।
शेख अब्दुल्ला की इस घोषणा पर टीका-टिप्पणी करते हुए कि कश्मीर का भारतीय संघ में सम्मिलन अपरिहार्य है, मियां लियाकत अली ने, शिष्टता की कुछ परवाह न करके, यह कह डाला कि क्या कश्मीर शेख अब्दुल्ला के बाप की मिल्कियत है ? उन पर यह कहावत लागू होती है कि 'खिसियानी बिल्ली...नोचे।'

खुदा गंजे को नाखून न दे : अनधिकारी को कोई अधिकार नहीं मिलना चाहिए।
उसने कहा–यदि मैं तहसीलदार हो जाऊं तो तुम्हारा चबूतरा खुदवा डालूं। उसके पड़ोसी ने उत्तर दिया–'खुदा गंजे को...दे।'

खुशामद ही से आमद है या **(खुशामद से आमद होती है)** : बड़े आदमियों की खुशामद करने से धन, यश और पद प्राप्त होता है।
आजकल संसार में खुशामद का बोलबाला है। उसके बिना काम ही नहीं चलता। इसलिए मुझे भी खुशामद करना सीखना होगा, क्योंकि 'खुशामद ही से आमद है।'

खूंटे के बल बछड़ा कूदे : किसी अन्य व्यक्ति, मालिक या मित्र के बल पर शेखी बघारना।
जब राजा मानसिंह के साथ भोजन के लिए राणा प्रताप नहीं आए तब क्रुद्ध होकर मानसिंह ने कहा–यदि इस अपमान का बदला न लिया तो मेरा नाम मान नहीं। यह सुनकर सरदारों ने कहा–इसकी तो हस्ती क्या है ? इसे अपने सम्बन्धी अकबर के बल पर इतना घमंड है। ठीक ही कहा है कि 'खूंटे के बल...कूदे।'

खून सिर पर चढ़कर बोलता है : पाप छिप नहीं सकता।
उसने अपनी पत्नी को विष देकर मार डाला। बहुत खोज करने पर भी उसकी मृत्यु के कारण का पता न चला। अन्त में वह पागल हो गया और सबके समक्ष अपने कुकृत्य का वर्णन करने लगा। यह देखकर उसके पड़ोसियों ने कहा कि 'खून सिर पर चढ़कर बोलता है।'

खूब गुज़रेगी जब मिल बैठेंगे दीवाने दो : एक जब प्रकृति या रुचि के दो मनुष्य मिल

जाते हैं तब उनका समय बड़े आनन्द से व्यतीत होता है।

मैं रेलगाड़ी में जा रहा था। एक स्टेशन पर मेरा मित्र सुधीर भी उसी डिब्बे में आ गया। उसे देखकर मैंने कहा—'खूब गुज़रेगी जब...दो।'

खूब दुनिया को आज़मा देखा, जिसको देखा सो बेवफ़ा देखा : दुनिया में सब लोग स्वार्थी होते हैं, वफ़ादार कम लोग होते हैं।

मैं एक सम्पन्न कुल में पैदा हुआ। मेरा घर धन-धान्य से परिपूर्ण था। मेरे अनेक मित्र और साथी थे। परन्तु दुर्भाग्यवश मैं अकिंचन हो गया और मेरे सब मित्रों ने मेरा साथ छोड़ दिया। मैंने 'खूब दुनिया...देखा।'

खूब मिलाई जोड़ी, एक अंधा एक कोढ़ी : दो मूर्खों का साथ, एक ही प्रकार के दो मनुष्यों का साथ।

महेश और नरेश एक-दूसरे के अभिन्न मित्र हैं। वे दोनों ही मूर्ख हैं! उन्हें देखकर गोपाल ने कहा—'खूब मिलाई...कोढ़ी।'

खेत खाय गदहा मारा जाय जोलाहा : जब अपराध एक व्यक्ति करे और दंड दूसरा व्यक्ति पावे।

जब मास्टर साहब पढ़ा रहे थे तब मनमोहन ने किसी बात पर हंस दिया। मास्टर साहब ने समझा कि मैं हंसा था। इसलिए उन्होंने मुझे दण्ड दिया। मैंने मन में कहा—यह अच्छा रहा। 'खेत खाय...जोलाहा।'

खेती खसम सेती : खेती या व्यापार में लाभ तभी होता है जब मालिक स्वयं उसकी देख-रेख करे।

यदि तुम स्वयं खेती करो या कम-से-कम भली-भांति उसकी देखभाल करो तो तुम्हारी उपज दुगुनी हो जाएगी। इसी से कहा गया है कि 'खेती खसम सेती।'

खेती-बारी और घोड़े की तंग, अपने हाथ संवारिए तब जी होय अनन्द : खेती अपने हाथ से करनी चाहिए, बाग अपने हाथ से लगाना चाहिए और घोड़े की तंग अपने हाथ से कसनी चाहिए। ऐसा करने से मनुष्य को आनन्द मिलता है।

यदि तुम अपने हाथ से खेती करो तो तुम्हें काफ़ी लाभ होगा और तुम सुखपूर्वक जीवन व्यतीत कर सकोगे। कहावत प्रसिद्ध है—'खेती बारी... अनन्द।'

खेल खतम, पैसा हजम : सुखपूर्वक काम समाप्त हो जाने पर ऐसा कहते हैं।

लड़के को लड़की पसंद है, लड़की को लड़का पसन्द है, दोनों ने एक-दूसरे को वरमालाएं पहना दीं। 'खेल खतम पैसा हजम।'

खेल खिलाड़ी का, पैसा मदारी का : काम कर्मचारी करते हैं और नाम अफ़सर का होता है।

स्वतंत्रता-संग्राम में न जाने कितने स्वयंसेवक मर मिटे। उनको अब कोई नहीं जानता। परन्तु नाम कमाया नेताओं ने। कहावत प्रसिद्ध है—'खेल खिलाड़ी का...का।'

खेलोगे-कूदोगे होगे नवाब, पढ़ोगे-लिखोगे होगे खराब : पढ़ने-लिखने पर उक्ति है।

खेल-कूद में विशेष रुचि न थी किन्तु उसके नाम से बिलकुल अछूता न था क्योंकि खेल-कूद के पक्ष में जो बातें कही जाती थीं, वे मुझे अच्छी लगती थीं। उनमें से दो बातें अब भी याद हैं—'ओना मासीधंग, बाप पढ़े ना हम' और 'खेलोगे-कूदोगे होगे नवाब, पढ़ोगे-लिखोगे होगे खराब।'

खोटा बेटा और खोटा पैसा भी समय पर काम आता है : अपनी खराब चीज़ें भी कभी-कभी काम आती हैं।

मैंने यह पुराना कोट टाट समझकर फेंक रखा था पर आज वर्षा में इसने बड़ा काम दिया। आज पता लगा कि 'खोटा बेटा और खोटा पैसा ...है।'

खोदा पहाड़ निकली चुहिया : बहुत परिश्रम करने पर थोड़ा लाभ होना।

सुना था कि यहां कम्पनी बाग बड़ा मशहूर है। चलते-चलते जूते घिस गए। वहां पहुंचे तो देखा—चीड़ के पेड़ और गेंदे के कुछ फूल। सब कहने लगे कि 'खोदा पहाड़...चुहिया।'

खौरही कुतिया मखमली झूल : जब कोई कुरूप मनुष्य बहुत शौक़-शृंगार करता है या सुन्दर वेश-भूषा धारण करता है, तब इस कहावत का प्रयोग होता है।

सुरेन्द्र एक बहुत निर्धन व्यक्ति है। उसे दोनों जून भोजन नहीं मिलता। परन्तु वह बहुत बहुमूल्य कपड़े पहनता है। एक बार जब वह खूब सज-धजकर एक बारात में जाने लगा, तब उसके पड़ोसी ने कहा—ऐसे ही लोगों के लिए कहावत है—'खौरही कुतिया मखमली झूल।'

ग

गंगा की धारा, पाप काटने को आरा : गंगा स्नान करने से पाप दूर हो जाते हैं।

बहुत से लोगों का विश्वास है कि गंगा-स्नान करने से पाप छूट जाते हैं। वे प्रायः कहा करते हैं कि 'गंगा की धारा...आरा।'

गंगा गए गंगादास, जमुना गए जमुनादास : जिसके पास जाना उसी की-सी कहना। जिसका कोई निश्चित सिद्धान्त न हो और जो अवसर देखकर अपना व्यवहार बदलता रहता है उस पर लोकोक्ति।

इसकी राय कभी भी ठीक और पक्की नहीं हो सकती, क्योंकि यह खुद बिना पेंदी का घड़ा है। इसका तो यह हाल है कि 'गंगा गए...दास।

गंजी कबूतरी और महल में डेरा : किसी अयोग्य व्यक्ति के उच्च पद प्राप्त करने पर ऐसा कहते हैं।

वह एक बहुत साधारण आदमी है। परन्तु सौभाग्यवश वह इंगलैंड में भारतीय राजदूत नियुक्त हो गया है और अब सुखपूर्वक जीवन व्यतीत

कर रहा है। इसी को कहते हैं–'गंज़ी कबूतरी...डेरा।'

गंजी यार किसके, दम लगाए खिसके : स्वार्थी मनुष्य किसी के साथी नहीं होते; अपना मतलब सिद्ध होते ही वे चल देते हैं।

चंदा लेने के लिए वे सवेरे से बैठे थे, बस चंदा मिला नहीं कि चलते बने। ठीक है–'गंजी यार किसके...खिसके।'

गंजे के नह नहीं होते : अत्याचारी के हाथ में शक्ति नहीं होती।

आखिर नायकराम है तो पंड ही न, यात्रियों को ठगने वाला ! ज़रा-सा अख्तियार पाने पर आंखें फिर गईं। कहीं थानेदार होते तो किसी को घर में रहने न देते। इसी से कहा है, 'गंजे के नह नहीं होते।' (प्रेमचन्द)

गगरी दाना सूत उताना : ओछा आदमी थोड़ा धन पाकर इतराने लगता है।

चाहिए संन्यासिहिं सन्तोषा। चतुर सो गृही जो संचय कोषा॥
यथालाभ सन्तुष्ट अयाना। गगरी दाना सूत उताना॥

गढ़े कुम्हार भरे संसार : कुम्हार घड़ा बनाते हैं, सब लोग उससे पानी भरते हैं। एक आदमी की कृति से अनेक लोग लाभ उठाते हैं।

महामना पं. मदन मोहन मालवीय जी ने काशी हिन्दू विश्वविद्यालय की स्थापना कर दी जिसमें हज़ारों छात्र शिक्षा पाते हैं। सच कहा है–'गढ़े कुम्हार भरे संसार।'

गधा मरे कुम्हार का, धोबिन सती होय : जब कोई आदमी किसी ऐसे काम में पड़ता है जिससे उसका कोई सम्बन्ध नहीं होता, तब इस लोकोक्ति का प्रयोग होता है।

राकेश चोरी करते हुए पकड़ा गया था। इसलिए वह जेल में डाल दिया गया था। सुरेश अपने सब कामों की उपेक्षा कर रहा था। एक दिन उसके पिता ने उसे समझाया कि अपना समय और धन व्यर्थ नष्ट न करो। तुम्हारे ही ऐसे लोगों के लिए कहा गया है कि 'गधा मरे कुम्हार...होय।'

गधे को गुलकंद या **(गधे को हलुआ पूरी/पापड़) :** किसी व्यक्ति को ऐसी वस्तु देना जिसके योग्य वह न हो।

जब अजीत मेरे घर आया, तब मैंने उसे रसगुल्ला और सन्देश खाने को दिये। परन्तु वह उसे अच्छा नहीं लगा। मेरे मित्र ने कहा कि यह तो वही कहावत हुई कि 'गधे को गुलकंद।'

गधे के खिलाये न पुण्य न पाप : कृतघ्न के साथ नेकी करना व्यर्थ है।

वह बहुत कृतघ्न है। तुम उसे व्यर्थ इतनी चीज़ें देते रहते हो। तुम इस कहावत को याद रखो कि 'गधे के खिलाये न पुण्य न पाप।'

गधों से हल चले तो बैल कौन बिसाय ? : यदि छोटे लोगों से ही सब काम हो जाए तो बड़ों को कौन पूछे ?

राजाराम गड़रिये से मेरी मित्रता होने से मेरे पिता जी मुझसे बहुत रुष्ट थे, एक बार जब पुलिस ने मुझे गिरफ्तार कर लिया तब वह मेरी सहायता न कर सका। इस पर मेरे पिताजी ने कहा–'गधों से हल...बिसाय ?'

गया वक्त फिर हाथ नहीं आता : जो समय बीत जाता है, वह फिर उपलब्ध नहीं होता। अतः अपना समय व्यर्थ नहीं खोना चाहिए।

गये थे रोज़ा छुड़ाने, नमाज़ गले पड़ी : यदि कोई व्यक्ति कोई छोटा कष्ट दूर करने की चेष्टा करता है और उससे बड़े कष्ट में फंस जाता है, तब कहते हैं।

ज़िला जज ने उसे चार साल के कारावास का दंड दिया था। उससे बचने के लिए उसने हाई कोर्ट में अपील की। वहां से उसका दंड बढ़ गया और आठ वर्ष का कारावास मिला। यह तो वही हुआ कि 'गये थे रोज़ा...पड़ी।'

गरज़ पड़ने पर गधे को भी बाप कहना पड़ता है : कष्ट में पड़ने पर हमें छोटे-छोटे लोगों की भी खुशामद करनी पड़ती है।

मैं बड़े कष्ट में था। मेरे पास टिकट खरीदने के लिए भी पैसे नहीं थे। इसलिए पास-पड़ोस के लोगों से अनुनय-विनय करके कुछ पैसे प्राप्त किए। कहावत प्रसिद्ध है कि 'गरज़ पड़ने पर...है।'

गरजने वाले बादल बरसते नहीं हैं : जो लोग बहुत बढ़-बढ़कर बातें करते हैं, वे काम कम करते हैं।

चर—आपके पक्ष के किसी एक महारथी का अन्त आज द्रोण करेंगे।
भीमसेन—'गरजने वाले बादल बरसते नहीं हैं।'

गरम नहाय, ठंडा खाय, ओस बचा के सोवे, उसके पिछवाड़े वैद बैठा रोवे : गरम पानी से नहाने से, ठंडा खाना खाने से, और ओस बचाकर सोने से स्वास्थ्य ठीक रहता है।

तन्दुरुस्ती हज़ार न्यामत है। उसे बनाए रखने के लिए मैं तुम्हें एक कहावत बताता हूं कि 'गरम नहायें...सोवे।'

गरम लोहे को ठंडा लोहा काटता है : शान्त मनुष्य क्रुद्ध मनुष्य पर विजय प्राप्त करता है।

राजेन्द्र और उसके अफ़सर सिन्हा साहब में बातचीत हो रही थी। सिन्हा साहब बिगड़ गए परन्तु राजेन्द्र शान्त बना हुआ था। उसने उनकी सब बातों का समुचित उत्तर दिया। अन्त में उन्होंने उसकी प्रार्थना स्वीकार कर ली। सच कहा है कि 'गरम लोहे...है।'

ग़रीब की लुगाई, सबकी भौजाई : ग़रीब और सीधे आदमी को लोग प्रायः दबाया करते हैं।

मुफ़लिस के साथ सबके तईं बेहिजाबी है।,
मुफ़लिस की जोरू सच है कि ह्यां सबकी भाभी है। (नज़ीर)

ग़रीब की हाय बुरी होती है : ग़रीब को सताने से बहुत दुःख भोगना पड़ता है।

भगवान् ने तुम्हें सम्पत्ति दी है। उससे गरीबों की सहायता किया करो। उन्हें सताया मत करो, क्योंकि 'गरीब की हाय बुरी होती है।'

ग़रीब की हाय, सरबस खाय : दे. 'ग़रीब की हाय बुरी होती है।'

ग़रीब तेरे तीन नाम, झूठा, पाजी, बेईमान : ग़रीब आदमी पर सब तरह के दोष लगाये जाते हैं।

वह बेचारा ग़रीब है और उनके घर में नौकरी करता है। वह उसे प्रायः झूठा और बेईमान कहते रहते हैं। कहावत प्रसिद्ध है–'ग़रीब तेरे तीन ...बेईमान।'

ग़रीब ने रोज़े रखे तो दिन ही बड़े हो गए : ग़रीब को सदा दुःख-ही-दुःख मिलता है।
उस बेचारे ने तीर्थयात्रा के लिए किसी प्रकार सौ रुपये एकत्र किए। रेलगाड़ी में किसी ने उसकी जेब ही काट ली। सच कहा है कि 'ग़रीब ने रोज़े...गए।'

ग़रीबी में आटा गीला : धन की कमी के समय जब पास से कुछ और चला जाता है।
ग़रीब को बड़ी कठिनाई से कुछ पैसे मिले थे। वह भी चोरी चले गए। इसी को कहते हैं–'ग़रीबी में आटा गीला।'

गवाह चुस्त मुद्दई सुस्त : जिसका काम हो वह अधिक परवाह न करे, किन्तु दूसरा आदमी अत्यधिक तत्परता दिखावे।
मैंने लाला दीनदयालजी को बुलाया था कि प्रधानाचार्य जी के पास ले जाकर उनके पुत्र को भरती करा दूंगा, लेकिन उन्होंने अभी तक शक्ल नहीं दिखाई, मैं अकेला जाकर क्या करूंगा ? प्रधानाचार्य जी कहेंगे, 'गवाह चुस्त मुद्दई सुस्त।'

गहरे पानी में पैठने से मोती मिलता है : कठिन परिश्रम करने से बहुमूल्य पदार्थ प्राप्त होते हैं।
किसान ने युवक की ओर तीव्र दृष्टि से देखा। शायद उसके दिल के संदेह को भांप गया। मुस्कराकर बोला, 'गहरे पानी में पैठने...है।' (प्रेमचन्द)

गांठ में जमा रहे तो खातिर जमा रहे : जिसके पास धन रहता है, वह निश्चिन्त रहता है।

खाने को हमा रहे, न काहू की तमा रहे।
सुगांठ में जमा रहे, तो खातिर जमा रहे।

गांठ में पैसा नहीं, बांकीपुर की सैर : जब कोई निर्धन आदमी कोई खर्चीली योजना बनाता है।
सन्तु–इस वर्ष यहां बहुत गरमी पड़ रही है। सोचता हूं, दो महीने नैनीताल में काट आऊं।
सुनील–शाबाश ! इसी को कहते हैं–'गांठ में पैसा...सैर।'

गांव के जोगी जोगना आन गांव के सिद्ध–अपनी जन्मभूमि में किसी विद्वान् या वीर की उतनी प्रतिष्ठा नहीं होती जितनी दूसरे स्थानों में होती है। दे. 'घर का जोगी जोगड़ा आन गांव का सिद्ध।'
अर्जुन त्रिपाठी बड़े विद्वान् हैं। परन्तु उनके गांव में उनका यथेष्ट सम्मान नहीं होता, क्योंकि 'गांव के जोगी सिद्ध।'

गाडर पाली ऊन को, लागी चरन कपास : यदि कोई काम लाभ के लिए किया जाए परन्तु उससे हानि हो, तब इस लोकोक्ति का प्रयोग होता है।
हमने उसे अपने यहां इसलिए रखा था कि वह बच्चों को पढ़ा भी देगा

और साथ ही कारोबार में भी मदद देगा। पर वह तो उलटा हमारे ग्राहकों को ही भड़काने लगा। यह तो वही हाल हुआ कि 'गाडर पाली...कपास।'

गाय को अपने सींग भारी नहीं होते : किसी व्यक्ति को अपने कुटुम्ब का बोझ भारी नहीं लगता।

यह सही है कि उसका परिवार बहुत बड़ा है और वह बहुत अच्छी तरह उसका पालन-पोषण करता है। परन्तु वह दूसरों के बच्चों को उसी प्रकार नहीं खिला-पिला सकता, क्योंकि 'गाय को अपने...होते।'

गाय गुण बछड़ा, पिता गुण घोड़, बहुत नहीं तो थोड़े-थोड़ : बच्चों पर माता-पिता का प्रभाव थोड़ा-बहुत अवश्य पड़ता है।

अग्रसेन बहुत योग्य, सुशील, शिष्ट तथा सदाचारी थे। उनका पुत्र श्याम बहुत होनहार बालक था। इसलिए लोग प्रायः कहा करते थे—'गाय गुण बछड़ा...थोड़।'

गाय न बाछी, नींद आवे आछी : निर्धन मनुष्य निश्चिन्त रहता है।

नन्हे प्रातः काल मज़दूरों को बुलाने गए और उनसे पूछा—तुम लोग अभी तक सो रहे थे ? धनई ने उत्तर दिया—क्या करें ? 'गाय न बाछी...आछी।'

गाल कट जाय पर चावल न उगले : हानि होने पर भी जब कोई व्यक्ति हठ नहीं छोड़ता तब इस कहावत का प्रयोग करते हैं।

राम—बस रहने दो, तुमसे यह ताला नहीं खुलने का। श्याम—आप हट जाइये, मैं इसे खोल कर ही छोडूंगा। राम—लो, तुमने तो अपना हाथ भी काट लिया, तुम भी तो वैसे ही हो कि 'गाल कट जाय...उगले।'

गाल बजाए हूं करैं गौरीकन्त निहाल : जो व्यक्ति उदार होते हैं, वे सहज में ही प्रसन्न हो जाते हैं।

जे उदार ते देत हैं, रीझत जिहिं तिहिं चाल।
गाल बजाये हूं करैं, गौरीकन्त निहाल॥ (वृन्द)

गाहक और मौत का ठीक नहीं कब आवे : दुकान पर ग्राहक और जीवन में मृत्यु किसी भी समय आ सकते हैं।

मोहन ने दुकानदार से कहा—इस दोपहरी में क्या व्यर्थ दुकान खोले हो। इस समय कोई गाहक नहीं आवेगा। दुकानदार ने उत्तर दिया—'ग्राहक और मौत...आवे।'

गिध की आंख पिड़की निंकाले : छोटे या कमज़ोर आदमी का बड़े या बलवान् आदमी को हानि पहुंचाना।

जिस अर्जुन के गांडीव के टंकार से महारथियों का धैर्य छूट जाता था, उसी अर्जुन को किरातों ने क़ैद कर लिया और उनका गांडीव रखा ही रह गया। इसी को कहते हैं कि 'गिध की आंख पिड़की निकाले।'

गिलोय और नीम चढ़ी : जब किसी व्यक्ति में कोई त्रुटि या बुराई पहले से रहती है और वह ऊपर से खराब काम करता है, तब इस कहावत का प्रयोग होता है।

एक तो तुम अंग्रेज़ी में वैसे ही कमज़ोर हो, दूसरे तुमने पढ़ना-लिखना भी

छोड़ दिया। अब परीक्षा में कैसे पास होगे ? यह तो वही मसल हुई कि एक तो 'गिलोय दूसरे नीम पर चढ़ी।'

गीदड़ की शामत आए तो गांव की तरफ़ भागे : जब विपत्ति आने को होती है तब मनुष्य की बुद्धि विपरीत हो जाती है।

एक तो मिल के मैनेजर ने मज़दूरों को इतवार की छुट्टी नहीं दी; दूसरे उनकी मज़दूरी भी काटनी शुरू कर दी। फलतः हड़ताल हो गई और मैनेजर को इस्तीफ़ा देना पड़ा। सच कहा है—'गीदड़ की शामत...भागे।'

गुड़ खाय, गुलगुले से परहेज़ : कोई बड़ी बुराई करना और छोटी से बचना।

दवा तो पंडित जी मुसलमानों के हाथ की भी पी लेते हैं, लेकिन एक रोज़ बाज़ार में मिठाई का दोना लिए जा रहे थे। एक मुसलमान का हाथ उनकी पीठ से लग गया तो उससे लड़ने लगे। ठीक है—'गुड़ खाय...परहेज़।'

गुड़ दिए मरे तो ज़हर क्यों दे : यदि समझाने से कोई मान जाए तो दण्ड नहीं देना चाहिए; जब कोमल व्यवहार से काम चल जाए तो कड़ाई करने की कोई ज़रूरत नहीं होती।

यह तो मैं जानता हूं कि नालिश कर देने पर वह कहीं का न रहेगा, लेकिन ज़रा बुलाकर दो-चार मीठी बातें कर दो तो वह तुम्हारी बुराई करना छोड़ देगा। भला जब 'गुड़ दिए मरे...दे।'

गुड़ न दे तो गुड़ की-सी बात तो करे : किसी को चाहे कुछ न दे, पर उससे मीठी बात तो करे।

तुमने व्यर्थ उस विद्यार्थी को फटकार दिया। बेचारे को प्रोत्साहित तो कर देते, कुछ मीठे शब्द तो कह देते। कहावत प्रसिद्ध है—'गुड़ न दे...करे।'

गुड़ होगा तो मक्खियां बहुत आ जाएंगी : यदि पास में धन होगा तो साथी या खाने वाले बहुत मिल जाएंगे।

धनी व्यक्ति ने अपने निर्धन साथी का तिरस्कार करते हुए कहा—मुझे तुम्हारे जैसे साथियों की परवाह नहीं है ? 'यदि गुड़ होगा...जाएंगी।'

गुण-अवगुण जाने सब कोई, जो जेहि भाव नीक तेहि सोई : गुण और अवगुण सब जानते हैं। परन्तु जो ज़िसको अच्छा लगता है वही उसके लिए उत्तम होता है।

क्या छोटे क्या बड़े, गुण-अवगुण सभी जानते हैं। परन्तु जैसी जिसकी प्रकृति होती है वैसी ही उसकी रुचि होती है। इसी से गोसाईं जी ने कहा है—'गुण अवगुण जाने...सोई।'

गुण के गाहक सहस नर, बिनु गुण लहै न कोय : गुणवान् का आदर सर्वत्र होता है, गुणहीन का आदर कहीं नहीं होता।

वह सुकवि है, सुकंठ है, और मृदुभाषी है। इसलिए उसका सर्वत्र आदर होता है। इसके प्रतिकूल मैं नितान्त गुणहीन हूं। इसलिए कोई मेरा आदर नहीं करता। कहावत प्रसिद्ध है कि 'गुण के गाहक...कोय।'

गुमान गोविन्दहिं भावत नहीं : भगवान् को किसी का अहंकार अच्छा नहीं लगता।

अवनीस अनेक भये अवनी, जिनके डर से सुर सोच सुखाहीं।

मानव-दानव, देव-सतावन, रावन घाटि रच्यो जग माहीं।
ते मिलये धरि धूरि सुजोधन, जे चलते बहुत छत्र की छांहीं।
वेद पुरान कहै, जग जान, गुमान गोविन्दहिं भावत नाहीं॥
(तुलसीदास)

गुरु गुड़ ही रहा, चेला शक्कर हो गया : जब शिष्य गुरु से बढ़ जाता है तब ऐसा कहते है।
उसने मुझसे अंग्रेज़ी पढ़ना आरम्भ किया था परन्तु अब वह मुझसे अच्छी अंग्रेज़ी बोलता और लिखता है। वही मसल हुई कि 'गुरु गुड़ ही...गया।'

गुरु से कपट मित्र से चोरी, या हो निर्धन या हो कोढ़ी : गुरु से चालाकी और मित्र की चोरी करने का परिणाम बुरा होता है।
गुरु से कपट नहीं करना चाहिए और मित्र से चोरी नहीं करना चाहिए। जो मनुष्य ऐसा करता है उसकी बड़ी दुर्गति होती है। लोकोक्ति प्रसिद्ध है कि 'गुरु से कपट...कोढ़ी।'

गेहूं अच्छा नहर का और चावल अच्छा डहर का : नहर के किनारे का गेहूं और नीची ज़मीन का चावल अच्छा होता है।
उत्तर प्रदेश के पश्चिमी जिलों में गेहूं बहुत अच्छा होता है, क्योंकि वहां नहरों से सिंचाई होती है और बंगाल में चावल खूब होता है, क्योंकि वहां की ज़मीन नीची है और पानी खूब बरसता है। इसीलिए कहा गया है कि 'गेहूं अच्छा नहर का...डहर।'

गेहूं के साथ घुन भी पिसता है : अपराधियों के साथ निरपराध व्यक्ति भी दण्ड पाते हैं।
तुमसे कितना कहा कि चोर-डाकुओं का साथ मत करो। लेकिन तुमने मेरी एक न सुनी। इसी कारण आज जेल काट रहे हो। मसल मशहूर है कि 'गेहूं के साथ...है।'

ग़ैर का सिर कद्दू बराबर : दूसरे की विपत्ति को कोई नहीं समझता।
जब मालगुज़ारी न चुका सकने के कारण मैं गिरफ्तार हुआ था और तुमसे रुपया उधार मांगा था तब तुम हंसते थे और कहते थे कि चले जाओ, दो-चार दिन हवालात में ही रहोगे तो क्या होगा ? इस समय जब तुम्हें हवालात जाना पड़ रहा है तब तुम फूट-फूटकर रो रहे हो। सच कहा है– 'ग़ैर का सिर...बराबर।'

गों निकली, आंख बदली : स्वार्थ सिद्ध हो जाने पर लोगों की आंख बदल जाती हैं, कृतघ्न मनुष्यों के विषय में लोकोक्ति।

गोकुल गांव को पैड़ो न्यारो : जब किसी कुटुम्ब, गांव या नगर की रीति विचित्र हो तब कहते हैं।

'सुन्दर' कोउ न जान सकै
यह गोकुल गांव को पैंड़ोइ न्यारो।

गोद में छोरा, शहर में ढिंढोरा : पास में रहने पर भी किसी वस्तु या व्यक्ति का दूर-दूर ढूंढ़ा जाना।

फाउन्टेन पेन तो तुम्हारी जेब में लगा है और ढूंढ़ते फिरते हो कमरे-कमरे में। वाह भाई ! 'गोद में छोरा...ढिंढोरा।'

गौरी रूठेंगी अपना सोहाग लेंगी, भाग तो न लेंगी : जब कोई आदमी किसी नौकर को छुड़ा देने की धमकी देता है तब नौकर अपनी स्वाधीनता प्रकट करने के लिए ऐसा कहता है; दे. 'रानी रूठेंगी अपना सोहाग लेंगी।'

नौकरों ने मुनीम जी से कहा—ठीक है, सेठ जी से हमारे वेतन दिलवा दीजिए। कल से हम अन्यत्र काम पर जाएंगे। 'गौरी रूठेंगी...लेंगी।'

ग्वालिन अपने दही को खट्टा नहीं कहती : कोई भी व्यक्ति अपनी चीज़ को बुरी नहीं कहता।

तुम्हारा पुत्र ऐसा दुष्ट है कि सारा मुहल्ला उससे परेशान रहता है। तिस पर भी तुम उसकी इतनी प्रशंसा करते हो। सच कहा है कि 'ग्वालिन अपने दही...कहती।'

घ

घड़ीभर की बेशरमी और दिनभर का आराम : संकोच करने की अपेक्षा साफ़-साफ़ कहना अच्छा होता है।

बाबू साहब पर मेरे पचास रुपये चाहिए। मुलाहिज़ा छोड़कर मांग लूं तो यह मुसीबत न उठानी पड़े। 'घड़ीभर की बेशरमी...आराम।'

घड़ी में तोला, घड़ी में माशा : जो ज़रा-सी बात पर खुश और ज़रा-सी बात पर नाराज़ हो जाए, ऐसे अस्थिर चित्त व्यक्ति के लिए कहा जाता है।

तुमने जाकर कहा—यह बहुत अच्छे आदमी हैं, ऐसे हैं, वैसे हैं तो प्रसन्न हो गए; थोड़ी देर में कोई और गया और बोला—अजी, यही हैं जो उस दिन जुआ खेलते पकड़े गए थे, बस एकदम गुस्से से लाल-पीले हो गए। यह भी कोई आदमी है—'घड़ी में तोला...माशा।'

घड़ी में औलिया, घड़ी में भूत : जिस व्यक्ति का चित्त अव्यस्थित होता है, उसका मिज़ाज घड़ी-घड़ी बदलता रहता है।

उस पर मत निर्भर रहना। उसका कोई ठिकाना नहीं है। आज कुछ कहता है तो कल कुछ। ऐसे ही आदमी के लिए कहा जाता है कि 'घड़ी में औलिया...भूत।'

घर आई लक्ष्मी को लात नहीं मारते : मिलते हुए धन या वृत्ति का त्याग नहीं करना चाहिए।

जब वह विदाई में तुम्हें एक गाय दे रहे थे तब तुमने उसे क्यों नहीं लिया ? तुमने बड़ी ग़लती की है। कहावत प्रसिद्ध है—'घर आई लक्ष्मी...मारते।'

घर आए कुत्ते को भी नहीं निकालते : अपने घर आने पर कोई बुरे आदमी को भी नहीं दुतकारता।

वह चाहे बुरा ही आदमी क्यों न हो, पर जब वह तुम्हारे घर पर आया तो तुमने उसे क्यों निकाल दिया ? कहावत प्रसिद्ध है कि 'घर आए कुत्ते ...निकालते।'

घर आए नाग न पूजिए, बामी पूजन जाय : किसी निकटस्थ तेपस्वी सन्त की पूजा न करके किसी साधारण साधु का आदर-सत्कार करना।

उसके पड़ोस ही में एक महान् त्यागी महात्मा रहते हैं। श्याम कभी उनके पास नहीं जाता। वह बराबर एक साधारण साधु के यहां जाकर फल-फूल चढ़ाता है। ऐसे ही लोगों के लिए कहा जाता है—'घर आए...पूजन जाय।'

घर कर घर कर, सत्तर बला सिर कर : ब्याह करने और घर बनवाने में बहुत-से झंझटों का सामना करना पड़ता है।

पहले आप निश्चिन्त जीवन व्यतीत करते थे। आपने शादी कर ली, इसलिए अब आपको पता चलता होगा कि परिवार का पालन-पोषण करने में कितनी कठिनाइयों का सामना करना पड़ता है। कहावत प्रसिद्ध है—'घर कर घर कर...कर।'

घर का जोगी जोगड़ा, आन गांव का सिद्ध : जो मनुष्य बहुत निकटस्थ या परिचित होता है उसका उतना सम्मान नहीं होता जितना दूरस्थ अर्थात् अपरिचित व्यक्ति का होता है।

यहां स्वामी रामतीर्थ को कोई विरला ही जानता है। अमेरिका में उनका नाम लो तो लोग तुमको सिर-आंखों पर बैठावेंगे। सच है—'घर का जोगी ...सिद्ध।'

द्रष्टव्य :** इस लोकोक्ति का पाठान्तर है—घर का जोगी जोगना, आन गांव का सिद्ध। इसमें 'जोगना' का अर्थ 'योग्य नहीं' समझना चाहिए। अंग्रेज़ी में भी ऐसी ही लोकोक्ति है : **A prophet is never honoured in his own country.

घर का ब्राह्मण बैल बराबर : जब घनिष्ठ या परिचित आदमी का अनादर होता है, तब ऐसा कहते हैं। दे. 'घर का जोगी जोगड़ा, आन गांव का सिद्ध।'

वकील साहब के यहां बाहर से आए हुए पंडितों का बड़ा आदर-सत्कार होता था, परन्तु घर के पुरोहित की कोई बात भी नहीं पूछता था। यह देखकर पुरोहित जी ने मुझसे कहा—यहां की दशा देखिए। 'घर का...बराबर।'

घर का भेदी लंका ढाये (या दाह) : आपसी फूट से सर्वनाश हो जाता है।

मुकदमे में हार क्यों न होती ? मेरे मुनीम जी तो दूसरे फ़रीक से मिल गए थे। भाई, 'घर का भेदी...दाह।'

घर की आधी भली, बाहर की सारी कुछ नहीं : जिन आलसी लोगों से बाहर जाकर कोई रोज़गार नहीं होता, वे ऐसा कहते हैं।

कौन बाहर जाकर गली-गली ख़ाक फांके। यहां घर पर आराम से रहता

हूं और जौ कुछ रूखा-सूखा मिल जाता है खाकर तृप्त हो जाता हूं। कहावत है—'घर की आधी...नहीं।'

घर की खांड किरकिरी, बाहर का गुड़ मीठा : जो अपने घर की अच्छी वस्तु नापसंद करता है और बाहर की चीज़ों को पसंद करता है, जिसे बाज़ार के दोने चाटने की लत पड़ जाती है अथवा जो वेश्यागामी हो जाता है, उस पर उक्ति है।

यदि इस प्रकार तुम रात-रातभर गायब रहोगे तो संसार में तुम्हारा डोंगा डूब जायेगा। तुम्हें अपने चरित्र पर ध्यान देना चाहिए। यह बड़े दुःख की बात है कि तुम सरला जैसी रूपवती एवं गुणवती स्त्री से असन्तुष्ट रहते हो। वही मसल है कि 'घर की खांड...मीठा।'

घर की बिल्ली, घर ही में शिकार : जब कोई अपने घरवालों को ही धोखा देता है।

तुम लोगों से यह तो बनता नहीं कि बाहर से कुछ रुपए-पैसे कमाकर लाओ। इसके विपरीत कोई अनाज बेच लेता है तो कोई मेरी जेब से पैसे निकाल लेता है। तुम लोग वही कहावत चरितार्थ करते हो कि 'घर की बिल्ली...शिकार।'

घर की मुर्ग़ी दाल/साग बराबर : घर की वस्तु या व्यक्ति का उचित आदर नहीं होता।

वह हमारे गांव के बड़े प्रकांड पंडित हैं। जब वह बाहर जाते हैं तब उनका बड़ा सम्मान होता है। परन्तु गांव के लोग उनका आदर नहीं करते। लोकोक्ति प्रसिद्ध है कि 'घर की मुर्ग़ी साग बराबर।'

घर के पीरों को तेल का मलीदा : अपने घर, गांव या नगर में किसी का आदर नहीं होता।

तुम्हारे मुहल्ले में पं. शिवराम ज्योतिष के महा पंडित हैं। किन्तु तुम लोग उनका समुचित आदर नहीं करते। जब कोई काम पड़ता है तब बाहर से छोटे-मोटे ज्योतिषियों को बुलाते हो और उनका आदर-सत्कार करते हो। किसी ने ठीक़ कहा है कि 'घर के पीरों...मलीदा।'

घर खीर तो बाहर खीर : बड़े आदमियों का सब जगह आदर होता है। बाहर जाने पर भी निर्धन को कुछ नहीं मिलता।

गोपी मोहन एक सम्पन्न व्यक्ति हैं। वह जहां कहीं जाते हैं उनका आदर-सत्कार होता है, परन्तु हम लोगों को कोई पूछता तक नहीं। सच कहा है—'घर खीर तो बाहर खीर।'

घर घर का, साथ नर का : अपना निज का घर अच्छा होता है, किराए का नहीं; पुरुष का साथ अच्छा होता है, स्त्री का नहीं।

जब मैं किराए के मकान में रहता था तब तरह-तरह का कष्ट रहता था। जब से मैंने अपना मकान बनवाया है तब से आराम से रहता हूं। इसी से तो कहा गया है कि 'घर घर का...का।'

घर-घर मटियारे चूल्हे : सब लोगों में कुछ-न-कुछ बुराइयां होती हैं, सब लोगों को कुछ-न-कुछ कष्ट होता है।

सेठों, रिश्वतख़ोरों की बात छोड़ दो, वरना आज के ज़माने में किसका दिन अच्छा जा रहा है ? 'घर-घर मटियारे चूल्हे हैं' अपनी-अपनी धोतियों में सभी नंगे हैं। (अमृतलाल नागर)

घर बैठे गंगा आई : बिना परिश्रम मनोकामना सिद्ध हो जाने पर लोकोक्ति।

घर में घर लड़ाई का डर : पास में रहने से लड़ाई का डर रहता है।

सम्बन्धियों से दूर रहना ही अच्छा है। एकत्र रहने से मनमुटाव हो जाता है। कहावत प्रसिद्ध है–'घर में घर...डर।'

घर में चिराग़ नहीं, बाहर मशाल : झूठी तड़क-भड़क दिखाने वालों पर कहावत है।

इनके पास कुछ नहीं है, तथापि यह बाहर खूब शान दिखाते हैं। 'घर में चिराग़ नहीं बाहर मशाल' वाली कहावत इन पर खूब लागू होती है।

घर में चूहे एकादसी करते हैं : घर में भोजन की सामग्री का नितान्त अभाव है।

मेरी कुशल क्या पूछते हो। बस, इसी से मेरी दशा का अनुमान कर लो कि 'घर में चूहे...हैं।'

घर में देखो चलनी न छाज, बाहर मियां तीरन्दाज़ : झूठी शान दिखाने वालों पर उक्ति है।

गोविन्द एक दरिद्र मनुष्य है परन्तु बाहर छैला बना घूमता है। उसकी वेशभूषा देखकर माया ने व्यंग्य कसा–'घर में देखो...तीरन्दाज़।'

घर ब्याह, बहू कंडों को डोले : जब घर में कोई महत्वपूर्ण काम होता हो और उसको छोड़कर कोई व्यक्ति कोई छोटा-मोटा काम करता हो, तब इस लोकोक्ति का प्रयोग करते हैं।

नारायण के घर में एक महान् पण्डित रामायण पर प्रवचन दे रहे थे, परन्तु वह उसमें सम्मिलित न होकर मुहल्ले में नौटंकी देखने चला गया। उसके इस आचरण पर कटाक्ष करते हुए एक व्यक्ति ने कहा–'घर ब्याह, बहू कंडों को डोले।'

घर में महुआ की रोटी, बाहर लम्बी धोती : जो मनुष्य घर में ठीक भोजन भी नहीं पाता परन्तु बाहर बड़े ठाट-बाट से रहता है, उस पर उक्ति।

घर में नहीं दाने, बुढ़िया चली भुनाने : झूठे दिखावे पर उक्ति।

वह बहुत निर्धन है। परन्तु वह ऐसा बन-ठनकर निकलता है जैसे लखपति हो। ऐसे ही लोगों के लिए कहते हैं कि 'घर में नहीं...भुनाने।'

घर सबसे उत्तम, पूरब हो कि पच्छिम : अपना घर सबको प्यारा होता है।

यह विवाद निरर्थक है कि उत्तरी भारत की जलवायु अच्छी है कि दक्षिण भारत की। जो जिसकी जन्मभूमि होती है वह उसको अच्छी लगती है। कहावत प्रसिद्ध है–'घर सबसे...पच्छिम।'

घर ही के मर्द हैं : डरपोक आदमी हैं।

इनकी बात न पूछो। यह 'घर ही के मर्द हैं।' बाहर वालों से चूं तक नहीं करते।

घायल की गति घायल जाने : दुःखी व्यक्ति की हालत दुःखी ही जानता है।

आप अमीर आदमी हैं। आपको कभी रुपयों का अभाव नहीं होता। आप ग़रीबों के दुःख को क्या जाने ? 'घायल की गति घायल ही जानता है', दूसरा नहीं जान सकता।

घी कहां गया, खिचड़ी में : जब अपनी वस्तु अपने ही काम आए या उससे अपने ही लोग लाभ उठायें तब कहते हैं। अपने आदमियों के पास जो धन रह जाए, वह खोया नहीं कहलाता।

भाई साहब, हिसाब क्या करते हैं ? अगर दस-बीस रुपये आपके पास ज़्यादा पहुंचे तो भी घर में ही रहे और मेरे पास आए तो भी कहीं बाहर नहीं गए। किसी ने ठीक ही कहा है कि 'घी कहां...में।'

घी का लड्डू टेढ़ा भी भला : यदि लाभकर वस्तु कुरूप भी हो तो भी अच्छी है।

मुझे तो केवल इतना ही कहना है जिस प्रकार 'घी का लड्डू टेढ़ा भी भला' होता है, उसी प्रकार मेरी यह टूटी-फूटी वाणी भी लोकरंजन और लोकहित कर सकेगी।

घी खाय दीवाली और पीटा जाय सूप : एक आदमी अपराध करे और दूसरा आदमी दंड पावे।

फलैं फूलैं फैलैं खल, सीदैं साधु पल-पल,
खाती दीपमालिका, ठठाइयत सूप है। (तुलसीदास)

घी खाया बाप ने, सूंघो मेरा हाथ : दूसरों की कीर्ति पर डींग मारने वालों पर उक्ति।

जब कोई नया आविष्कार होता है तब हम बड़े गर्व से कहते हैं, अजी यह तो हमारे वेदों में पहले ही से मौजूद है। वेदों में है तो किस काम का ? हम लोग स्वयं तो कुछ करते-धरते नहीं हैं और दावा करते हैं कि हमारे वेदों में सब कुछ है। यह तो वही बात हुई—'घी खाया...हाथ।'

घूरे के दिन बारह बरस पर फिरते हैं : निकृष्ट-से-निकृष्ट व्यक्ति भी कभी सुखी और सम्पन्न हो सकता है।

वोटर (मतदाता) निश्चय ही घूर से अधिक भाग्यशाली होता है क्योंकि 'घूरे के दिन तो बारह बरस पर फिरते' सुने गए हैं जबकि वोटर के दिन पांच बरस पर ही फिर आते हैं।

घूसों का उधार क्या ? : मार का बदला तुरन्त लिया जाता है।

उसने मुझे दो घूंसे लगाए। मैं भी संभल गया और उसे पकड़कर चार जड़े क्योंकि कहावत है—'घूसों का उधार क्या ?'

घोड़ा घास से यारी करे तो खाय क्या : मेहनताना या किसी चीज़ का दाम मांगने में संकोच नहीं करना चाहिए।

भाई, मैंने दो महीने ट्यूशन की है। संकोच में तनख्वाह न मांगू तो खाऊं क्या ? 'घोड़ा घास...क्या ?'

घोड़े का गिरा संभल सकता है, नज़रों का गिरा नहीं संभलता : यदि किसी की प्रतिष्ठा एक बार लोगों की दृष्टि में घट जाती है तो वह सदा घटी ही रहती है।

कभी ऐसा काम मत करना जिससे तुम अफ़सर की नज़र में गिर जाओ।

यदि एक बार उनका विचार तुम्हारी तरफ़ से बिगड़ जाएगा तो फिर कभी न बदलेगा। कहावत प्रसिद्ध है कि 'घोड़े का गिरा...संभलता।'

घोड़ों को घर कितनी दूर : काम करने वालों को अपना काम समाप्त करने में देर नहीं लगती।
मैंने सब सवाल निकाल डाले और लेख भी लिख लिया। तुम्हें आश्चर्य क्यों हो रहा है ? कहावत प्रसिद्ध है—'घोड़ों को घर कितनी दूर ?'

च

चंदन की चुटकी भली गाड़ी भरा न काठ या **(चन्दन की चुटकी न गाड़ी भर काठ) :** उत्तम वस्तु का थोड़ा होना भी अच्छा है, परन्तु निकम्मी और खराब चीज़ का अधिक होना भी व्यर्थ है।
उसने लिखे तो सौ ही छंद हैं, किन्तु हैं वे बड़े मार्के के। भाई, ठीक है, भर्ती के छंद किस काम के ? तुमने तो सुना ही होगा कि 'चन्दन की चुटकी...काठ।'

चंद्रमा पर थूकने से थूक अपने मुंह पर ही पड़ता है : जो व्यक्ति किसी सज्जन या निष्कलंक व्यक्ति पर कलंक लगाता है, वह स्वयं कलंकित होता है।
मोटेराम—बस, चुप ही रहना...माता-पिता का नाम नहीं, ब्राह्मण बनने चले हैं। तुम्हें कौन कहता है ब्राह्मण ?
चिन्तामणि—जो कुछ मन चाहे कह लो। 'चन्द्रमा पर थूकने से थूक अपने ही ऊपर आता है।' (प्रेमचन्द)

चक्की में कौर डालोगे तो चून पाओगे : पहले कुछ रुपया-पैसा खर्च करोगे या पहले कुछ खिलाओगे तभी काम हो सकेगा।
वह अपने मकान का नक्शा पास कराने के लिए नगर पालिका में गया था। परन्तु उसे काम होने के कोई लक्षण नहीं दिखाई पड़ते थे। उसको बहुत व्यग्र देखकर एक व्यक्ति ने कहा—यहां तुम्हारा काम मुफ्त नहीं हो सकेगा। 'चक्की में कौर...पाओगे।'

चट दान महा कल्यान : जो कुछ किसी को देना हो, उसे तुरन्त दे देना चाहिए।
तुम्हारी यह आदत बहुत बुरी है कि तुम इस दीन विद्यार्थी को कई बार दौड़ाते हो तब उसकी सहायतार्थ रुपए देते हो। भाई, मेरा तो सिद्धान्त है—'चट दान महा कल्यान।'

चट मंगनी पट ब्याह : शीघ्रतापूर्वक मंगनी और ब्याह कर देना। जल्दी से अपना काम पूरा कर देने पर उक्ति।
उसमें एक बड़ा गुण यह है कि वह कोई काम कल पर नहीं टालता, उसे

तुरन्त ही कर डालता है। अभी दो महीने हुए हैं कि उसे रुपया मिला है। इसी समय में उसने मकान का आधा भाग बनवा लिया है। इसी को कहते हैं—'चट मंगनी पट ब्याह।'

चटोरा कुत्ता अलोनी सिल : चटोरे आदमी को जो कुछ मिल जाता है, वही खा लेता है।

जब लोग भोजन करने बैठे तो गणेश के सामने जो कुछ रखा जाता था, उसे चट कर जाता था। यह देखकर एक व्यक्ति ने कहा—यह तो वही हाल है कि 'चटोरा कुत्ता अलोनी सिल।'

चना और चुग़ल मुंह लगा नहीं छूटता : जिसको चना और चुग़ली खाने की आदत पड़ जाती है, वह उसके बिना नहीं रह सकता।

तुमको चुग़ली खाने की आदत पड़ गई है। इससे तुम मजबूर हो। कहावत प्रसिद्ध है कि 'चना और चुग़ल...छूटता।'

चना चबैना गंगजल, जो पुरवै करतार। काशी कबहुं न छोड़िए, विश्वनाथ दरबार॥ : काशी के प्रेमियों की उक्ति है।

यदि वह बाहर जाए तो उसे बहुत अच्छा वेतन मिल सकता है। परन्तु वह वाराणसी नहीं छोड़ना चाहता, क्योंकि उस नगर से उसे बहुत प्रेम है। वह प्रायः कहा करता है—'चना चबैना...दरबार।'

चमड़ी जाय पर दमड़ी न जाय : बहुत अधिक कंजूसी करने पर उक्ति।

उन्होंने सत्यनारायण की कथा भी नहीं सुनी। ऐसी कंजूसी भी भला किस काम की ? 'चमड़ी जाय...जाय।'

चमड़े की चलनी / टट्टी कुत्ता रखवार : अविश्वसनीय व्यक्ति पर विश्वास करने पर उक्ति।

जब तुम जानते थे कि वह बड़ा बेईमान है तब उसके पास अपना रुपया क्यों रक्खा? यह तो वही हाल हुआ कि 'चमड़े की...रखवार।'

चमड़े की ज़बान है : बोलने में भूल-चूक होती ही है।

जब मैंने उसकी ग़लती की ओर संकेत किया तब उसने कहा—भाई, 'चमड़े की ज़बान है,' बोलने में भूल-चूक हो ही जाती है।

चलती का नाम गाड़ी, गाड़ी का नाम उखली : संसार की रीति उलटी होती है।

संसार की रीति उलटी है। वास्तविकता पर ध्यान नहीं दिया जाता। वस्तुओं का नाम उनके गुण के विपरीत होता है। यहां पर 'चलती का नाम...उखली' होता है।

चलती चक्की देख के, दिया कबीरा रोय; दो पाटन के बीच में साबित बचा न कोय : संसार नश्वर है; जो कोई जन्म लेता है, उसे एक-न-एक दिन मरना अवश्य पड़ता है।

शोक मत करो, अपने पिता को भाग्यशाली समझो जिनके तुम्हारे जैसे पुत्र हैं। संसार नश्वर है। जिसने जन्म लिया है वह अवश्य मरेगा। कबीर दास ने सच कहा है कि 'चलती चक्की...कोय।'

चला चली की राह में भला भली कर लेहु : यह संसार अनित्य है। पता नहीं हम कब

चल बसें। इसलिए हमें चाहिए कि हम परोपकार करते चलें।

यह संसार नश्वर है। कोई इसमें अमर होकर नहीं आया है। मनुष्य जब मरता है तब अपना सारा धन यहीं छोड़ जाता है। केवल उसके पुण्य और पाप उसके साथ जाते हैं। इसीलिए कहा गया है कि 'चला चली की... लेहु।'

चले बहुत सो वीर न होई : दूर की यात्रा करने की योग्यता वीरता का लक्षण नहीं है।

तुम समझते हो कि तुम दिनभर में बीस कोस की यात्रा कर लेते हो, इसलिए तुम बड़े वीर हो। परन्तु यह वीरता का कोई लक्षण नहीं है। कहावत प्रसिद्ध हैं कि 'चले बहुत...होई।'

चांद/चन्द्रमा को भी ग्रहण लगता है : सच्चरित्र व्यक्ति को भी कभी-कभी कलंक लग जाता है।

यह सच है कि वह बड़ा सज्जन है। परन्तु लोग सज्जनों को भी कलंक लगाने से नहीं चूकते। कहावत है कि 'चांद को भी...है।'

चांद पर धूल/खाक डालने से नहीं छिपता : यदि गुणवान् व्यक्ति पर दोष लगाया जाए तो नहीं लगता।

डॉ. रवीन्द्रनाथ टैगोर महान् कवि और विचारक थे। उन पर दोषारोपण करने से उनके गुण नहीं छिप सकते। 'चांद पर धूल...छिपता।'

चांदी का जूता सिर पर : रुपये से बहुत कुछ हो सकता है।

मैं निर्धन हूं। मैं भला क्या कर सकता हूं। तुम धनी आदमी हो, रुपए के ज़ोर से तुम जो चाहे कर सकते हो। कहावत है–'चांदी का जूता सिर पर।'

चाकर है तो नाचा कर, ना नाचे तो ना चाकर : नौकर को हर समय अपने मालिक की आज्ञा के अनुसार काम करने के लिए तैयार रहना पड़ता है।

तुम उनके यहां नौकरी करते हो। इसलिए तुम्हें उनकी आज्ञा का पालन करना होगा। यदि तुम उनका कहना न मानोगे तो वह तुम्हें अलग कर देंगे। कहावत है–'चाकर है...चाकर।'

चाकरी में ना करी क्या : नौकरी में मालिक की आज्ञा का पालन करना ही पड़ता है।

मैं आपके यहां नौकरी करती हूं। इसलिए मुझे आपकी आज्ञाओं का पालन करना ही होगा। 'चाकरी में ना करी क्या ?'

चार कान की बात ब्रह्मा भी नहीं छिपा सकता : जो बात दो आदमियों को मालूम होती है, वह कभी नहीं छिप सकती।

यदि यह बात ऐसी गोपनीय है तो तुम्हें इसे मुझे भी नहीं बताना चाहिए था क्योंकि 'चार कान...सकता।'

चार दिन की चांदनी फिर अंधेरी रात : (1) थोड़े दिनों के लिए सुख तथा आमोद-प्रमोद और फिर दुःख।

जितने दिनों कालाबाज़ारी की आमदनी थी उतने दिनों तक लाला साहब के यहां रोज़ दावतें होती थीं। अब फिर सुनसान रहने लगा। 'चार दिन

की...रात।'

देवप्रिया ने सकुचाते हुए महेन्द्र से पूछा—ऐसा तो न होगा कि कुछ ही दिनों में यह 'चार दिन की चांदनी फिर अंधेरा पाख' हो जाए ?

(प्रेमचन्द)

(2) थोड़े ही दिनों तक टिकने वाली चीज़।

सोवै कितै चकोर ! तू सफल करे किन नैन।
चार दिना यह चांदनी फिरि अंधियारी रैन॥

चाव घटे नित के घर जाये, भाव घटे कुछ मुंह से मांगे, रोग घटे कुछ औषधि खाये, ज्ञान घटे कुसंगत पाये : रोज़ किसी के घर जाने से प्रेम कम होता है, मांगने से इज्जत घटती है, दवा खाने से बीमारी दूर होती है, और बुरी संगत से मनुष्य का ज्ञान घटता है।

मैं मानता हूं कि वह तुम्हारा सम्बन्धी और घनिष्ट मित्र है। तथापि तुम्हें हर समय उसके घर पर नहीं पहुंच जाना चाहिए क्योंकि 'चाव घटे...पाये।'

चाह है तो राह भी : जब किसी काम के करने की इच्छा होती है तो उसकी युक्ति भी निकल आती है।

मोती ने गर्दन झुकाकर कहा—'चाह है तो राह भी।'

चाहे मार चाहे तार : अधीनस्थ मनुष्य के साथ मालिक जैसा चाहे वैसा बर्ताव कर सकता है।

मैं आपका अधीनस्थ हूं। आप मेरे साथ जैसा चाहें वैसा व्यवहार कर सकते हैं। कहावत है—'चाहे मार चाहे तार।'

चिकने घड़े पर पानी नहीं ठहरता : बेशर्म आदमी पर किसी बात का असर नहीं होता।

वह बहुत निर्लज्ज मनुष्य है। मैंने उसे बहुत समझाया परन्तुं उस पर कोई प्रभाव नहीं पड़ा। कहावत प्रसिद्ध है कि 'चिकने घड़े...ठहरता।'

चिकने मुंह सब चूमते हैं : सभी लोग बड़े और धनी आदमियों की हां-में-हां मिलाते हैं।

भानामल गुलजारी मल आजकल बहुत बड़े आदमी हो गए हैं। लोहे का प्रत्येक काम उनके हाथ में है। इसलिए सभी लोग उनकी खुशामद करने दौड़े आते हैं। भाई, 'चिकने मुंह...हैं'

चिड़िया की जान गई, लड़कों का खिलौना या (चिड़िया की मौत, गंवारों की हंसी) : जब एक मनुष्य के दुःख से दूसरे का मनोरंजन हो, तब कहते हैं।

मैंने तीन दिन कठिन परिश्रम करके यह नक्शा तैयार किया था। तुम लोगों ने खेल में उसे नष्ट कर दिया। यह तो वही हाल हुआ कि 'चिड़िया की जान...खिलौना।'

चित भी मेरी, पट भी मेरी, अंटा मेरे बाप का : हर तरह से अपना लाभ चाहने पर उक्ति।

मनेरा के साथ सबसे बड़ी मुसीबत यह है कि दाद दो तो सुनाता ही चला जाता है, और न दो तो और भी सुनाता है। वही मसल है कि 'चित भी मेरी, पट भी मेरी, अंटा मेरे बाप का।'

चिन्ता ज्वाल शरीरन की, दाह लगै न बुझाय : जिस मनुष्य को चिन्ता लग जाती है उसको

भस्म कर डालती है।

चिन्ता ज्वाल शरीर की, दाह लगै न बुझाय।
प्रगट धुआं नहिं देखिये, उर अन्तर धुधंवाय॥ (गिरधर कविराय)

चिन्ता सांपिनि काहि न खाया, को जग जाहि न व्यापी माया : चिन्ता और माया से कोई मुक्त नहीं है।

इस संसार में प्रत्येक प्राणी पर कोई-न-कोई चिन्ता सवार रहती है और माया से कोई मुक्त नहीं होता। इसी से गोसाईं जी से कहा है—'चिन्ता सांपिनि...माया।'

चिराग़ गुल पगड़ी ग़ायब : मौक़ा मिलते ही धन का उड़ा लिया जाना।

यह बहुत कुख्यात स्थान है। अपने माल-असबाब से होशियार रहिएगा, नहीं तो 'चिराग़ गुल पगड़ी ग़ायब' हो जायगी।

चिराग़ तले अंधेरा : जहां पर विशेष विचार, न्याय या योग्यता आदि की आशा हो वहां पर यदि कुविचार, अन्याय या अयोग्यता पाई जाए।

डॉ. आत्माराम के सहारे मैं एक ऐसे सत्यनिष्ठ, भले और भोले बुद्धिवादी का चित्रण करना चाहता हूं जो 'चिराग़ तले अंधेरे' की कहावत को अक्षरशः चरितार्थ करता है। (अमृतलाल नागर)

चिराग़ में बत्ती और आंख में पट्टी : चिराग़ जलाने के समय ही जिसे नींद आ जाये उसके लिए कहते हैं।

अब तो रात के नौ बज गये होंगे, उसके घर जाकर क्या करोगे ? वहां तो सोता पड़ गया होगा। वह उन लोगों में से है जिनके यहां 'चिराग़ में बत्ती...पट्टी।'

चींटी को किनका, कुत्ते को टुकड़ा, हाथी को मन भर : ईश्वर की कुछ ऐसी व्यवस्था है कि जिसको जितनी चीज़ की ज़रूरत होती है, उसको उतनी ही मिलती है।

जिहिं जेतो उनमान तिहिं, तेतो रिजक मिलाय।
कन कीड़ी, कूकर टुकर, हाथी मन भर खाय॥ (वृन्द)

चींटी चाहे सागर थाह : किसी साधारण व्यक्ति का कोई असाधारण कार्य करने की इच्छा करना।

वह है तो ग़रीब आदमी परन्तु बनाना चाहता है महल। यह भला कैसे हो सकता है ? 'चींटी चाहे सागर थाह।'

चीज़ न राखै आपनी चोरैं गारी देय : जो मनुष्य अपनी चीज़ की रखवाली नहीं करता और उसके चोरी चली जाने पर चोर को गाली देता है, उस पर यह कहावत कही जाती है।

चील के घोंसले में मांस कहां : किसी के घर से ऐसी वस्तु प्राप्त करने की आशा करना, जिसका वहां पूर्ण अभाव हो।

बचै न बड़ी सबील हूं, चील्ह घोंसुला मांस। (बिहारी)

चुका वायदा कि दिखाया कायदा : स्वार्थ सिद्ध हो जाने पर शील न रखने वाले पर उक्ति।

जब तुम्हें रुपए की आवश्यकता थी तब तुम चिकनी-चुपड़ी बातें किया

करते थे। मैंने तुम्हें रुपये दे दिए। अब तुम उन्हें वापस नहीं कर रहे हो। यह तो वही हाल हुआ कि 'चुका वायदा...कायदा।'

चुग़लखोर का मुंह सांप डसे : यह उक्ति चुग़लखोर के लिए अभिशाप के रूप में प्रयुक्त होती है।

चुग़लखोर चुग़ली खाय, बीच बाज़ार में जूते खाय : चुग़ली का परिणाम बुरा होता है।

चुटिया को तेल नहीं, पकौड़ों को जी चाहे : निर्धन व्यक्ति के महत्वाकांक्षी होने या दरिद्र के बहुमूल्य पदार्थों के पाने की इच्छा करने पर।

तुम भी क्या विचित्र आदमी हो ! अपनी हैसियत नहीं देखते और चाहते हो महल खड़ा करना। 'चुटिया को तेल...चाहे।'

चुड़ैल पर दिल आ जाए तो परी क्या चीज़ है : यदि किसी पुरुष का किसी कुरूप स्त्री से प्रेम हो जाता है तो वह रूपवती स्त्री को नहीं चाहता।

अनेक धनी-मानी व्यक्ति अपनी सुशील और रूपवती लड़कियों का विवाह उसके साथ करने को तैयार थे परन्तु वह तो उस कलूटी से ही विवाह करना चाहता था। किसी दूसरे की बात ही नहीं सुनता था। कहावत प्रसिद्ध है कि 'चुड़ैल पर दिल...है।'

चुपड़ी और दो-दो : अच्छी वस्तु और अधिक परिमाण में प्राप्त करने की इच्छा करने या दोनों ओर से लाभ-ही-लाभ प्राप्त करने की इच्छा पर लोकोक्ति।

जितने दिन डिप्टी साहब दौरे पर रहेंगे, उतने दिन उनका भोजन-खर्च बचेगा, बाल-बच्चे भी साथ ही हैं, और इसीलिए साथ रक्खे जाते हैं कि दौरे पर भक्त लोग भोजन-सामग्री भेजेंगे ही; अतएव घरभर की खुराक का खर्च बचेगा। इधर खुराक-खर्च बचा, उधर सरकार से भत्ता मिला, बस फिर क्या, 'चुपड़ी और दो-दो।'

चुरावे नथ वाली, नाम लगे चिरकुट वाली का : कोई बड़ा आदमी अपराध करे और दंड किसी ग़रीब को मिले।

वकील साहब ने अपने पड़ोसी के घर चोरी करा दी, परन्तु पुलिस वालों ने उनसे कुछ नहीं कहा। गांव के कुछ ग़रीब आदमियों को दंड भुगतना पड़ा। किसी ने सच कहा है कि 'चुरावे नथ वाली...का।'

चुल्लू-चुल्लू साधेगा, दरवाज़े हाथी बांधेगा : थोड़ा-थोड़ा संचय करने से मनुष्य बहुत धनी हो जाता है।

तुम्हें अपनी पूरी आमदनी नहीं खर्च कर देनी चाहिए, कुछ-न-कुछ बचा लिया करो। इस कहावत को याद रखो कि 'चुल्लू-चुल्लू साधेगा...बांधेगा।'

चुल्लूभर पानी में तंग ज़िन्दगानी : जिस व्यक्ति की आमदनी थोड़ी होती है, उसे बहुत अधिक कष्ट भोगना पड़ता है।

मेरी मासिक आय केवल 300 रुपये है। इसलिए बड़ी कठिनाई से जीवन व्यतीत होता है। कहावत प्रसिद्ध है कि 'चुल्लू भर पानी में तंग-ज़िन्दगानी।'

चूक अजाने से परै, बांधे गांठ सयान : कमसमझ लोग ग़लती करते हैं तो बुद्धिमान् लोग उससे सतर्क हो जाते हैं कि उनसे ऐसी ग़लती न होने पावे।

मैंने बीमारी में असंयम किया था। उसका परिणाम यह हुआ कि मुझे महीनों चारपाई सेनी पड़ी। मेरी इस ग़लती से तुम्हें सतर्क हो जाना चाहिए। 'चूक अजाने...सयान।'

चूका और गया/मरा : जो अवसर को खो देता है, वह अपने काम में असफल रहता है।

तुम्हें ठीक समय पर काम करना चाहिए। यदि ऐसा न करोगे तो तुम्हें कभी भी सफलता नहीं मिलेगी। किसी ने बहुत ठीक कहा है कि 'चूका और गया।'

बेवकूफ़ मर गए औलाद छोड़ गए : जब कोई बहुत मूर्खता का काम करता है तब उसके लिए ऐसा कहते हैं।

माया बाबू ने उसे कई बार समझाया कि चित्र किस प्रकार खींचना चाहिए। परन्तु उसे चित्र बनाना नहीं आया। इसलिए उन्होंने खीझकर कहा कि 'बेवकूफ़ मर...गए।'

चूरा झाड़ खाओ, लड्डू न तोड़ो : सूद या लाभ का उपयोग करो, पूंजी को मत खर्च करो।

वृद्ध ने अपने पुत्रों को समझाया—मैं तुम लोगों के लिए पचास हज़ार रुपए छोड़े जाता हूं। इसे अपने कारोबार में लगाना। पर देखना 'चूरा झाड़ खाना, लड्डू न तोड़ना।'

चूल्हा-चक्की सभी काम पक्की : जो स्त्री घर के काम-काज में बहुत निपुण हो।

मेरी नई बहू बहुत ही अच्छी है। 'चूल्हा-चक्की...पक्की।'

चूल्हे आग न घड़े पानी : बहुत ही दीन दशा।

जी हां ! उसे खर्च करने का ढंग नहीं आता। इसी से इतना लेकर भी 'चूल्हे आग न घड़े पानी' वाली कहावत चरितार्थ कर रहा है।

चूल्हे की न चक्की की : जो स्त्री न रोटी बनाना जाने और न घर का काम-काज ही कर सके।

मेरी बहू तो गृहस्थी का कोई काम करना जानती ही नहीं। वह 'चूल्हे की न चक्की की।'

चूल्हे/भाड़ में जाय : नष्ट हो जाए। (उपेक्षा और तिरस्कारसूचक शाप जिसका प्रयोग स्त्रियां करती हैं।)

दोस्ती गई चूल्हे-भाड़ में। (अमृतराय)

चूहा बिल न समा सके, कानों बांधा छाज : अपना पेट भरने का कोई साधन ही नहीं है, ऊपर से विवाह भी कर लिया।

एक तो तुम यों ही बेकार हो, तुम्हारे पास जीविका का कोई साधन नहीं है। दूसरे तुमने विवाह भी कर लिया। इससे तुम्हारा खर्च बढ़ गया। यह तो वही हाल हुआ कि 'चूहा बिल...छाज।'

चूहे के चमड़े से कहीं नगाड़े मढ़े जाते हैं ? : छोटे लोगों से बड़ा काम नहीं हो सकता।

आप मुझसे कहते हैं कि साहित्य विद्यालय के लिए भवन बनवा दो। मेरे

पास मुश्किल से 50 रुपये हैं। मुझसे ऐसी आशा करना निराशा मात्र है। 'चूहे के चमड़े से...हैं।'

चूहों की मौत और बिल्ली का खेल या (चिड़ियों की मौत गंवार की हंसी) : जब किसी व्यक्ति को घोर कष्ट हो और उससे दूसरे का आमोद-प्रमोद हो, तब कहते हैं।

चंगेज़ी ऐसे क्रूर थे कि रास्ते जाते को मार डालते थे और उसके तड़पते हुए धड़ पर पत्थर रखकर उसे उछलता हुआ देखकर खुश होते थे। इसी को कहते हैं—'चूहों की मौत...हंसी।'

चोट में चोट अधिक लगती है : दुःख-पर-दुःख या विपत्ति-पर-विपत्ति पड़ने पर उक्ति है।

जिहिं डर डरि करिए जतन, उपजत सोई अमेट।
लगे दूखती चोट ज्यों, होति कनौड़े भेंट॥ (वृन्द)

चोट लगी पहाड़ की और तोड़ें घर का सिल : जो मनुष्य किसी व्यक्ति से नहीं अंटता और उसका क्रोध अपनी स्त्री पर उतारता है।

पड़ोसी ने इनको पीटा है। उसका तो यह कुछ बिगाड़ नहीं सकते। घर में आकर यह उसका क्रोध अपनी स्त्री पर उतारते हैं। इसी को कहते हैं—'चोट लगी...सिल।'

चोट्टी कुतिया जलेबियों की रखवाली : जब भक्षक के ऊपर ही रक्षा का भार सौंपा जाए तब यह कहावत कही जाती है।

लाला शिवचरन लाल ने अंग्रेज़ी शराब की दुकान खोली, और उसका मैनेजर एक ऐसे आदमी को बनाया जिसको शराब पीने की बुरी लत है। दुकान में नुक़सान न होता तो क्या होता ? ठीक वही बात हुई कि 'चोट्टी कुतिया...रखवाली।'

चोर उचक्का चौधरी, कुअनी भई प्रधान : जब नीच और दुष्ट मनुष्यों के हाथ में अधिकार होता है।

पंचायत इस उद्देश्य से बनाई गई थी कि वहां पर सच्चा न्याय होवे परन्तु अब वहां न्याय हो ही नहीं सकता है, क्योंकि 'चोर उचक्का...प्रधान।'

चोर का जी कितना ? : चोर में हिम्मत नहीं होती।

ज्योंही घर में शोर हुआ त्योंही वे सब भाग गए, क्योंकि 'चोर का जी कितना ?'

चोर का दिल आधा या (चोर का दिल सरसों बराबर) : चोरों में हिम्मत नहीं होती।

चोर चार थे और मोहन अपने घर में अकेला था। तिस पर भी ज्योंही मोहन जगा त्योंही चोर भाग निकले क्योंकि 'चोर का दिल आधा' होता है।

चोर का भाई गठकटा : दो दुष्टों का साथ।

रमेश दुश्चरित्र है और वह लोगों की चीज़ें चुरा लेता है। सुरेश भी वैसा ही दुष्ट है। इसलिए दोनों में खूब पटती है। कहावत है कि 'चोर का भाई गठकटा' होता है।

चोर का मन बकुचा में : चोर की आंखें गठरी पर लगी रहती हैं।

सोहन हम लोगों से बातें तो अवश्य कर रहा था, परन्तु उसकी आंखें यात्री के सामान पर लगी हुई थीं। इसी को कहते हैं—'चोर का मन बकुचे में।'

चोर की जोरू कोने में मुंह देकर रोवे : अपनों की बुराई से आदमी मन-ही-मन दुःखी होता है। वह अपने दुःख को अन्य लोगों से कह नहीं सकता।

ऐसेउ पीर बिहंसि तिनि गोई। चोर नारि जिमि प्रकट न रोई ॥ (तुलसीदास)

चोर की दाढ़ी में तिनका : यदि किसी मनुष्य में कोई बुराई हो और कोई उसके सामने उस बुराई की निन्दा करे, तो वह यह समझेगा कि मेरी ही बुराई कर रहा है; वास्तविक अपराधी ज़रा-ज़रा-सी बात पर अपने ऊपर संदेह करके दूसरों से उसका प्रतिवाद करता है।

'चोर की दाढ़ी में तिनका' होता है। मन में सोचा, हरबंस सीधे प्रिंसिपल साहब से शिकायत करेगा। कहीं उसकी शिकायत पर वह मुझे कालेज से निकाल ही न दें।

चोर की मां कब तक खैर मनावेगी ? : चोर एक-न-एक दिन अवश्य पकड़ लिया जाएगा; दे. 'बकरे की मां कब तक खैर मनावेगी ?'

मैंने तुमसे बार-बार कहा कि परीक्षा भवन में नक़ल मत किया करो। एक बार बचोगे, दो बार बचोगे, परन्तु कभी-न-कभी पकड़ ही लिए जाओगे। 'चोर की मां...मनावेगी।'

चोर की मां कोठी में मुंह देकर रोती है : चोर के पकड़े जाने पर उसकी मां को हार्दिक दुःख होता है, परन्तु वह छिपकर रोती है, क्योंकि खुलकर रोने पर लोग जान जाएंगे कि उसी के बेटे ने चोरी की है।

चोर के ख्वाब में बकुचे : चोर का मन सदैव दूसरों की गठरी पर लगा रहता है। इससे वह गठरी का ही स्वप्न भी देखता है।

तुम तो सदैव रुपया पैदा करने की फ़िक्र में रहते हो। इससे समझते हो कि दूसरे लोग भी ऐसा ही करते होंगे। 'चोर के ख्वाब में भी बकुचे' दिखाई पड़ते हैं।

चोर के घर छिछोर या (चोर के घर में छिछोर) : बड़े चोरों के घर में छोटे चोर चोरी करते हैं।

किसी की कोई वस्तु खोते ही उस पर संदेह की ऐसी दृष्टि आरम्भ होती कि बिना चुराए ही वह चोर की भांति कांपने लगता, और तब उस 'चोर के घर छिछोर' की जो मरम्मत होती थी, उसका स्मरण करके चीनी की आंखें आज भी व्यथा और अपमान से धक-धक जलने लगती थीं।

(महादेवी वर्मा)

चोर के घर मोर : जब कोई अपना ही आदमी धोखा दे।

इस कहानी का प्रारम्भ निम्न कहानी से हुआ था। एक चोर था जिसने एक मोर पाल रखा था। एक दिन उस चोर ने रानी का हार चुराया और लाकर अपने घर में रख दिया। मोर उस हार को निगल गया।

चोर के पैर नहीं होते : चोर खड़ा नहीं रहता बल्कि भाग जाता है।
जब चोरों ने देखा कि वह जग गया है, तब वे उसके घर से भाग गए, क्यों कि 'चोर के पैर नहीं होते।'

चोर के मन में चांदनी का डर : चोर को चांदनी रात अच्छीं नहीं लगती, क्योंकि चोरी करने में कठिनाई होती है। झूठा, आदमी सच्ची बात को पसंद नहीं करता।
महेश तुम्हारे भाई से तुम्हारी खूब शिकायत करता था। जब मैं वहां पहुंचा तो वह डरकर अलग चला गया, क्योंकि उसे भय था कि मैं सच्ची बातें बता दूंगा। 'चोर के मन में...डर' रहता है।

चोर के मन में चोरी बसै : दुष्ट लोग सदैव दुष्टता की बातें ही सोचते रहते हैं।

दुरे हंसति पिय सों नव नारि,
लखि सखि कह्यो धन्य यह बारि।
बोली सकुचि गाथ जस लसै,
चोरन के मन चोरी बसै॥

चोर को अंधियारी प्यारी : चोर को अंधेरी रात अच्छी लगती है, क्योंकि उसे चोरी करने में सुविधा होती है।

लखि सखि पावस घन अंधियारी,
मिले आज बहु सुन्दर नारि।
कह्यो कहाउत जग विख्यात,
चोर चहे अंधियारी रात॥

चोर चोर को पहचानता है : जो जैसा मनुष्य होता है वैसे मनुष्य को पहचान लेता है।

इहां दुरावत कत लला, कपट-कला के ज़ोर।
यह नहिं जानत हो भला, चीन्हत चोरहिं चोर॥

चोर-चोर मौसेरे भाई : एक व्यवसाय या स्वभाव वालों में जल्द मेल-जोल हो जाता है।
राजनीति की आड़ में ये लोग एक तरफ़ अपना उल्लू सीधा करते हैं, दूसरी तरफ अपराधियों को संरक्षण देकर देश में अपराधों को बढ़ावा देते हैं। आखिर 'चोर-चोर तो मौसेरे भाई' ही होते हैं।

चोर चोरी से गया तो क्या हेरा-फेरी से गया : किसी की प्रकृति में पूर्ण परिवर्तन नहीं हो जाता, उसका कुछ-न-कुछ अंश अवश्य शेष रह जाता है।
एक चोर कई बार पकड़े जाने और सज़ा पाने के बाद साधु हो गया। रात को वह अन्य साधुओं का सामान इधर-से-उधर हटा दिया करता था। एक दिन वह पकड़ लिया गया और उससे पूछा गया कि तुम ऐसा क्यों करते हो ? उसने उत्तर दिया कि पहले मैं चोर था। यद्यपि मैंने चोरी छोड़ दी है तो क्या हेरा-फेरी भी न करूं ?

चोर जाने चोर का हाल : जो जैसा होता है वैसों का हाल जानता है।
आप कहते हैं कि वह बड़ा ईमानदार है, परन्तु आप उसका हाल ठीक नहीं जानते। मैं भी व्यापारी हूं। इसलिए उसके हथकंडों को भली भांति

जानता हूं। 'चोर जाने...हाल।'

चोर पर मोर : धूर्त के साथ धूर्तता करना, चालाक के साथ चालाकी करना।
हरिहर चन्द्रमणि की जेब से उसका फाउण्टेन पेन निकाल रहा था। परन्तु चन्द्रमणि ने उसे देख लिया और बोला, "वाह, हज़रत ! यह कलम तो मैंने नलिनीकान्त से कमरे में झटका था और अब तुम इसे मेरे पास से तिड़ी करना चाहते हो। इसी को कहते हैं–'चोर पर मोर।'

चोर सबको चोर समझता है : जो मनुष्य बुरा होता है, वह सबको बुरा समझता है।
चोर सबनि चोरी करि जानै, ज्ञानी मन सब ज्ञानी। (सूरदास)

चोर से कहे चोरी करो, शाह से कहे जागते रहो : यह कहावत उस व्यक्ति के लिए प्रयुक्त होती है, जो दोनों पक्षों को इसलिए उकसाता है, जिससे उनमें लड़ाई हो जाए।
भाई, आप भी खूब हैं। छात्रावास में तो लड़कों से कह आए कि हेडमास्टर साहब बड़ी ज़्यादती करते हैं, एक भी लड़का इस महीने की फ़ीस न दे और उधर हेडमास्टर साहब से कह आए कि लड़के बड़े बदमाश हैं, कहते हैं–'पढ़ेंगे और फ़ीस नहीं देंगे।' यह कहां का न्याय है ? आपकी तो वही नीति है–'चोर से कहे...हो।'

चोरी और मुंहज़ोरी/सीनाज़ोरी : अपराध करना और ज़बरदस्ती दिखाना; अपराधी का अपने को निरपराध सिद्ध करना और अपराध को दूसरे के सिर मढ़ना।
आप मेरे आदमियों की खाल खींच लेंगे ? गोया आप ही उनके मालिक हैं। 'चोरी और सीनाज़ोरी।' (चतुरसेन शास्त्री)
तुम्हारी प्रेम-पत्रिका मिली, छाती से लगाई। वाह ! 'चोरी और मुंहज़ोरी !' अपने न आने का दोष मेरे सिर धरते हो ? (प्रेमचन्द)

चोरी का गुड़ मीठा : चोरी की हुई चीज़ बहुत अच्छी लगती है।
मिसरी सूर न भावत घर की, चोरी को गुड़ मीठो। (सूरदास)

चोरी का धन/माल मोरी में जाय : बेईमानी के पैसे में बरकत नहीं होती।
पेशकार साहब ने रिश्वत लेकर बहुत रुपया जमा किया था। परन्तु उनके लड़कों ने सब उड़ा दिया। यह देखकर उनके पड़ोसी ने कहा–'चोरी का धन...जाय।'

चोरों की बारात में अपनी-अपनी होशियारी : भिन्न-भिन्न वर्गों या देशवासियों के समूह में अपना-अपना स्वार्थ सिद्ध करने के प्रयास पर उक्ति।
वह दल बर्मी, चीनी, श्यामी आदि का सम्मिश्रण था। इसी से 'चोरों की बारात में अपनी-अपनी होशियारी' के सिद्धान्त का पालन बड़ी सतर्कता से हुआ करता था। (महादेवी वर्मा)

चौबे गए छब्बे होने दुबे रह गए या दुबे हो के आए : यदि लाभ के लिए कोई काम किया जाए परन्तु उलटे उसमें हानि हो, तब इस कहावत का प्रयोग किया जाता है।
मैंने तनख्वाह बढ़ाने के लिए स्कूल की कमेटी में दरख्वास्त दी थी। उधर

से जवाब आया इस साल बजट में घाटा है। या तो जगह में कमी कर दी जायेगी या तनख्वाह कम होगी। भाई, यह तो वही बात हुई 'चौबे गए ...आए।'

छ

छछूंदर के सिर में चमेली का तेल : किसी व्यक्ति के हाथ में ऐसी वस्तु देना जिसके लिए वह सर्वथा अयोग्य हो।

अजब तेरी कुदरत अजब तेरा खेल।
छछूंदर के सिर में चमेली का तेल॥

छछूंदर लगावे चमेली का तेल : किसी अयोग्य व्यक्ति को बहुत सुन्दर या बहुमूल्य वस्तु प्राप्त होने पर उक्ति।

वाह, 'छछूंदर लगावे चमेली का तेल।' यह मुंह और ये हौसले !

(चतुरसेन शास्त्री)

छटांक चून चौबारे रसोई : झूठा दिखावा और शान।

मैं तुम्हारी हैसियत भली भांति जानता हूं। तुम्हारे पास है तो कुछ नहीं पर डींग हांकते हो कि मैं सारे गांव का ज़मींदार हूं। इसी को कहते हैं कि 'छटांक चून...रसोई।'

छट्टी न चिल्ला हराम का पिल्ला : हराम के लड़के के संस्कार नहीं किए जाते।

उसकी बात छोड़ो; वह भला कभी तुम्हारी बराबरी कर सकता है ? उसके मां-बाप का तो पता ही नहीं है, उसका संस्कार क्या होगा ? 'छट्टी न चिल्ला...पिल्ला।'

छड़ी लगे चट विद्या आवे पट : बिना मार खाए विद्या नहीं आती।

आजकल विद्यार्थियों को दण्ड का भय तो है नहीं, वे सीखेंगे क्या ? कहावत प्रसिद्ध है कि 'छड़ी लगे...पट।'

छप्पर पर फूस नहीं ड्योढ़ी पर नक्क़ारा : झूठी डींग हांकने पर उक्ति।

जगन्नाथ एक साधारण किसान है, परन्तु उसने अपने पुत्र का विवाह बड़ी धूम-धाम से किया। यह देखकर लोगों ने उसके ऊपर व्यंग्य कसा—'छप्पर पर...नक्कारा।'

छः महीने का कुत्ता, बारह बरस का पुत्ता : छः महीने का कुत्ता और बारह वर्ष का लड़का समझदार हो जाता है।

तुम्हारा लड़का बारह वर्ष का हो गया है। अब तुम्हारा कष्ट कट जायेगा। कहावत है—'छः महीने...पुत्ता।'

छींकत नहाइए, छींकत खाइए, छींकत रहिए सोय, छींकत पर घर न जाइए, चाहे सब

सोने का होय : किसी भी काम में छींकना बुरा नहीं पर छींकते हुए दूसरे के घर में जाना बुरा है।

छुरी खरबूज़े पर गिरे तो खरबूज़े का ज़रर, खरबूज़ा छुरी पर गिरे तो खरबूजे का ज़रर : जब दोनों तरफ़ से किसी की हानि होती हो तब ऐसा कहते हैं।

यदि तुम मुकदमे में हार गए तब तो तुम्हारी हानि होगी ही; यदि जीत जाओगे तो भी वह तुम्हें खेत पर कब्ज़ा न करने देंगे। इस प्रकार दोनों तरफ़ से तुम्हारी ही हानि होगी। 'छुरी खरबूज़े पर...ज़रर।'

छूछा कोई न पूछा : ग़रीब आदमी का आदर-सत्कार कोई नहीं करता।

बाबू, अभी तुम्हें नहीं मालूम होता, पीछे पछताओगे। इस समय सभी तुम्हारी हां-में-हां मिलाते हैं। पीछे तुम्हारी छाया तक बरकाने लगेंगे। कहावत प्रसिद्ध है—'छूछा, कोई न पूछा।'

छूटा बाज़ न आवे हाथ : खोई हुई वस्तु फिर नहीं मिलती।

पिय विदेश तिय करति अंदेश, कैसे मिलै बुहरि प्राणेश।
यहै प्रसिद्ध लोक में गाथ, छूट्यौ बाज़ न आवै हाथ॥

छूटी घोड़ी भूसौले खड़ी : जिस मनुष्य को कहीं ठिकाना न हो और जो घूम-फिरकर पुरानी जगह पर आ जाए, उसके लिए ऐसा कहते हैं।

तुम कलकत्ते गए और बम्बई गए पर तुम्हें कहीं कोई नौकरी नहीं मिली। फिर घर लौट आए। 'छूटी घोड़ी भूसौले खड़ी।'

छोटा मुंह बड़ी बात : छोटे मनुष्य का लम्बी-चौड़ी बातें करना।

छोट बदन कहउं बड़िबाता। छमब तात लखि वाम विधाता॥ (तुलसीदास)

मैं डरता हूं कि 'देववाणीवाले' देवता लोग मुझे भाषा का अनुचित पक्षपाती, 'छोटा मुंह बड़ी बात' करने वाला, 'विभीषण' आदि पवित्र पदवियों का पात्र बनाकर शाप और अभिशाप की वर्षा न करने लगें।

छोटा सो खोटा : नाटा आदमी खोटा होता है। फ़ारसी में भी कहते हैं 'अज कलीलुल फ़ित्‌रतुन।'

बेगि करह किन आंखिन ओटा। देखत छोट खोट नृप ढोटा॥
(तुलसीदास)

तुम उस नाटे आदमी पर विश्वास करके धोखा खाओगे। कहावत है— 'छोटा सो खोटा।'

छोटी-सी गौरेया बाघों से नज़ारा मारे : जब कोई साधारण व्यक्ति किसी बड़े आदमी का सामना करता है।

तुममें और उसमें बहुत अन्तर है। वह तुमसे कई गुना बलवान् है। तुमने उसे लड़ने की चुनौती क्यों दी ? यह तो वही हाल हुआ कि 'छोटी-सी गौरेया...मारे।'

छोटे मियां सो छोटे मियां बड़े मियां सुभान अल्लाह : जब बड़ा छोटे से अधिक ऐबी हो।

छोटा भाई तो गाली ही देकर चुप हो गया लेकिन बड़े भाई साहब तो

आग-बबूला हो रहे थे। वे अपने साथियों को लिवा लाए और लाठियों से लड़ने को तैयार हो गए। उनको देखकर यही कहना पड़ा कि 'छोटे मियां सो...अल्लाह।'

छोटे-से गाज़ी मियां बड़ी-सी दुम : बेमेल बात।

यह हैं तो छोटे-से बालक और कोट पहने हैं इतना लम्बा। इनको देखकर यही कहना पड़ता है कि 'छोटे-से गाज़ी मियां बड़ी-सी दुम।'

छोड़े गांव से नाता क्या ? : जिस गांव, शहर, देश या मनुष्य को छोड़ दिया, उससे कोई सम्बन्ध नहीं रह जाता।

मैंने अपना गांव छोड़ दिया है और शहर में बस गया हूं। इसलिए अब अपने गांव से मेरा कोई सम्बन्ध नहीं रह गया है। मसल मशहूर है–'छोड़े गांव से नाता क्या ?'

ज

जंगल में मंगल, बस्ती में कड़ाका : उल्टी बात पर लोकोक्ति।

साधु-संन्यासी जंगल में रहते हैं। उनके यहां खाने-पीने की प्रचुर सामग्री रहती है। परन्तु गांवों में रहने वाले अनेक लोग भूखों मरते हैं। इसी को कहते हैं–'जंगल में मंगल...कड़ाका।'

जंगल में मोर नाचा, किसने देखा : जब कोई ऐसे स्थान में अपना गुण दिखावे जहां कोई उसका समझने वाला न हो।

आप चलकर शहर में रहिए, यहां आपकी विद्या की कोई कद्र नहीं। 'जंगल में मोर नाचा...देखा।'

जग में देखत ही का नाता : जब तक प्राण रहता है तभी तक संसार का नाता-रिश्ता रहता है। मृत्यु के बाद वह टूट जाता है।

जब तक आप जीवित हैं तब तक लोगों के साथ आपका सम्बन्ध है। जब आपका निधन हो जायेगा तब आपके न तो कोई भाई-बहन रहेंगे और न नाती-पोते। 'जग में देखत ही का नाता।'

जग में सांचे दो जने, एक राम इक दाम; इक दाता हैं मोक्ष के, एक सुधारै काम : अर्थ स्पष्ट है।

जो भगवान् का भक्त है उसे मोक्ष प्राप्त होता है। जिसके पास धन है वह सब काम कर सकता है। जो निर्धन है वह कुछ नहीं कर सकता। किसी ने सच कहा है–'जग में सांचे...काम।'

जग होइ भले को भलाई-भलाई : संसार में भले आदमी की भलाई-ही-भलाई होती है।

कंस करी ब्रजबासिन सों करतूति कुभांति, चली न चलाई।

पांडु के पूत सपूत, कुपूत सुजोधन भो कलि छोटो छलाई।
कीन्ह कृपालु बड़ नतपालु, गए खल खेचर खीस खलाई।
ठीक प्रतीत कहैं तुलसी, जग होइ भले को भलाई-भलाई॥
(तुलसीदास)

जगन्नाथ का भांटा, जिसमें झगड़ा न झांटा : जगन्नाथ जी का प्रसाद लेने में किसी प्रकार का झमेला नहीं होता, क्योंकि वहां जाति-पांति का विचार नहीं किया जाता।
जाति-पांति और छूआछूत का विचार भारत में सर्वत्र किया जाता है परन्तु जगन्नाथ जी में नहीं किया जाता। वहां पर जितने यात्री जाते हैं सब एक साथ बैठकर जगन्नाथ जी पर चढ़ाया हुआ दाल-भात खाते हैं। कहावत है—''जगन्नाथ का भांटा...झांटा।'

जगन्नाथ के भात को जगत पसारे हाथ : जगन्नाथ जी का प्रसाद पाने के लिए सभी हिन्दू इच्छुक रहते हैं चाहे वह किसी वर्ण के क्यों न हों।
यह जगन्नाथ जी का मन्दिर है। यहां पर छूआछूत का विचार नहीं किया जाता। यहां भात का प्रसाद बंटता है और सब तीर्थ यात्री उसी भात को सादर स्वीकार करते हैं। कहावत है—'जगन्नाथ के भात...हाथ।'

जने-जने की लाकड़ी, एक जने का बोझ : यदि बहुत-से लोग एक व्यक्ति को थोड़ा-थोड़ा धन दें तो उसके पास काफ़ी धन हो जाता है। दे. 'सात-पांच की...बोझ।'
मित्रों, उसकी कठिनाई पर ध्यान दो। आजकल वह दुर्दिन में पड़ा है। यदि हम लोग थोड़ी-थोड़ी उसकी सहायता करेंगे तो उसकी काफ़ी सहायता हो जाएगी। कहावत है—'जने-जने की लाकड़ी...बोझ।'

जने-जने से मत कहो, कार भेद की बात : अपने रोज़गार और भेद की बात हर एक व्यक्ति से नहीं कहनी चाहिए।
तुम्हारी यह बड़ी बुरी आदत है कि तुम अपने भेद की बातें सबसे कह दिया करते हो। इसी से कभी-कभी तुम्हारी हानि हो जाया करती है। किसी बुद्धिमान् ने कहा है—'जने-जने से मत कहो...बात।'

जननी जन्मभूमिश्च स्वर्गादपि गरीयसी : माता और जन्मभूमि स्वर्ग से भी श्रेष्ठ होती हैं।
उसने कहा—मैं स्वर्ग नहीं चाहता, अपवर्ग नहीं चाहता। मैं केवल यह चाहता हूं कि तन, मन और धन से मातृभूमि की सेवा करता रहूं, क्योंकि मैं 'जननी जन्मभूमिश्च स्वर्गादपि गरीयसी' वाले सिद्धान्त को मानता हूं।

जनम के कमबख्त नाम बख्तावर सिंह : नाम के अनुसार गुण न होने पर कहते हैं।

जनम के दुखिया नाम सदासुख : वही

जनम के दुखी नाम चैनसुख : वही

जनम के मंगता नाम दाताराम : वही

जनम के दुखिया करम के हीन, तिनको दैव तिलंगा कीन : सैनिकों का जीवन बहुत कष्टप्रद होता है।

जनम-जनम मुनि जतन कराहीं, अन्त राम मुख आवत : मुनि लोग भक्ति करते हैं, राम नाम का जप करते हैं परन्तु मरते समय उनके मुख से राम नाम नहीं

निकलता।

जनम न देखा बोरिया, सपने आई खाट : यदि दरिद्र को थोड़ा-सा धन मिल जाए और मूर्ख को थोड़ी प्रतिष्ठा मिल जाए तो उसे घमंड हो जाता है। जो पहले की दीन अवस्था भूलकर इतराने लगता है।

जन्म पत्र सब देखते हैं, कर्म फल कोई नहीं देखता : कोई नहीं जानता कि किसी व्यक्ति के भविष्य में क्या बदा है।

जन्मत सिंहनि को तनय, गज पर चढ़त अभीत : जातिगत स्वभाव नहीं बदलता।
क्षत्रिय वीर होते हैं। वे युद्ध से नहीं डरते और निःशंक होकर विपक्षियों पर आक्रमण करते हैं। कहावत है—'जन्मत सिंहनि...अभीत।'

जय माला छाया तिलक, सरै न एको काम; मन कांचे नाचे वृथा, सांचे राचे राम : माला जपना और तिलक छापना व्यर्थ है। इन सब ऊपरी ढोंगों से भगवान् प्रसन्न नहीं होते हैं, वह हृदय की सच्ची भक्ति से प्रसन्न होते हैं।

जब अपना ही दाम खोटा तो परखैया का क्या दोष या जब अपना ही सिक्का खोटा हो तब और को क्या कहें : जब अपने ही पुत्र या पुत्री में दोष हो तो दूसरों को दोषी ठहराना व्यर्थ होता है।
उमेश अगर अड़ जाता कि मेरे माता-पिता, भाइयों-बहनों और सब परिवार को बुलाओ वरना विवाह न करूंगा, तो फिर समधी साहब लाख बड़े आदमी हों, मगर वर के कुटम्बियों की यों अवज्ञा न कर पाते। 'जब अपना ही सिक्का खोटा है तब और को क्या कहें ?' (अमृतलाल नागर)

जब अपनी उतार ली तो दूसरे की उतारने में क्या लगता है ? : जो आदमी अपनी प्रतिष्ठा का ध्यान नहीं रखता वह दूसरे की मर्यादा का क्या ध्यान रखेगा ?
तुम इसके मुंह व्यर्थ लगते हो। जानते हो कि वह तीन बार जेल हो आया है। इसे अब अपनी या दूसरे की इज्ज़त का कुछ ख्याल नहीं है। कहावत है, 'जब अपनी उतार ली...है ?'

जब आंखें चार होती हैं, मुरौबत आ ही जाती है : आमने-सामने होने पर लिहाज़ करना ही पड़ता है।
मुझे तुम्हारे ऊपर क्रोध तो बहुत आया था और तुम्हें कठोर दण्ड देना चाहता था। परन्तु अब तुम आ गए, इसलिए क्षमा कर देता हूं। कहावत प्रसिद्ध है कि 'जब आंखें चार...है।'

जब आया देही का अन्त, जैसा गदहा वैसा सन्त : सज्जन और दुर्जन सभी को मरना पड़ता है।
मान लिया कि वह बड़ा परोपकारी था। तो क्या इससे वह मृत्यु से बच जाता ? मरना तो एक दिन सभी को है चाहे सज्जन हो या दुर्जन। किसी ने बहुत सच कहा है कि 'जब आया देही...सन्त।'

जब ओखली में सिर दिया तो मूसलों से क्या डर : जब कष्ट सहने के लिए तैयार हुआ हूं तब चाहे जितने कष्ट आवें, मैं उनसे डर नहीं सकता।

इसका जो अन्त होगा उसे मैं जानती हूं और उसे जानते हुए इस मार्ग पर पांव रक्खा हैं। पर उन चिन्ताओं को छोड़िए। 'जब ओखली में...डर ?'

जब चने थे तब दांत न थे, जब दांत हुए तब चने नहीं : जब धन था तब लड़के-बच्चे न थे, जब बच्चे हुए तब धन नहीं है।

इसमें सन्देह नहीं कि हमारे दादा बड़े अमीर थे। पर उस समय खाने वाले नहीं थे। केवल तीन प्राणी थे—दादा, दादी और पिता। अब हम लोग खाने वाले हुए तब धन नहीं है। हमारी दादी आठ-आठ आंसू रोती हैं और कहती हैं, 'जब चने थे...नहीं।'

जब जेहि दिगभ्रम होइ खगेसा, सो कह पच्छिम उग्यो दिनेसा : भ्रम में पड़ा हुआ व्यक्ति उल्टी-पुल्टी बातें करता है।

तुम भ्रम में पड़ गए हो। इसलिए सच को झूठ और झूठ को सच कहते हो। इसीलिए तुलसीदास जी ने लिखा है—'जब जेहि दिगभ्रम...दिनेसा।'

जब तक करे पूता-पूता तब तक करे अपने बूता : किसी काम को करने के लिए दूसरों पर निर्भर न रहकर स्वयं कर लेना चाहिए।

तुम्हारी यह आदत बहुत बुरी है कि तुम स्वयं कोई काम न करके दूसरों की खुशामद करते रहते हो। याद रखो कि अपना काम अपने ही हाथों अच्छा होता है। कहावत है—'जब तक करे...बूता।'

जब तक गंगा जमुना में पानी बहे या है : अनन्त काल तक।

जब तक गंग जमुन बह धारा। अचल होइ अहिबात तुम्हारा॥

(तुलसीदास)

जब तक जीना तब तक सीना : जब तक मनुष्य जीवित रहता है तब तक उसे कुछ-न-कुछ करना ही पड़ता है।

पेट के बेट बेगारहि में, जब तक जियना तब लग सियना है।

जब तक दम है तब तक गम है : जब तक मनुष्य जीवित रहता है तब तक उसे कुछ-न-कुछ दुःख सहना ही पड़ता है।

क्या किया जाए, यह शरीर धारण करने का प्रायश्चित है। जब तक शरीर में प्राण रहता है तब तक मनुष्य को कुछ-न-कुछ दुःख सहना ही पड़ता है। कहावत है—'जब तक दम...है।'

जब तक पहिया लुढ़कता है तभी तक गाड़ी है : जब तक रोज़गार चलता है तभी तक इज़्ज़त बनी रहती है।

देखो, महाजन, घमंड न करो कि तुम्हारे पास इतनी सम्पत्ति हो गई है। कोई नहीं जानता कि किसके भाग्य में क्या बदा है। 'जब तक पहिया ...है।'

जब तक फूले केतकी तब तक विरम करील : जब तक तुम्हें अपने मन के अनुकूल काम नहीं मिलता तब तक खाली मत बैठो। जो काम मिल जाए, उसी को कर लो।

तुम आई.ए.एस. की परीक्षा में बैठना चाहते हो, यह भी बहुत अच्छी बात है। परन्तु तुम्हारा खाली बैठना मुझे पसन्द नहीं है। तब तक तुम कोई

और काम कर लो। कहावत है—'जब तक फूले...करील।'

जब तक सांस तब तक आस : जब तक मनुष्य जीवित रहता है तब तक आशा बनी रहती है।

किसलिए हम डाल कंधा दें कभी।
सांस जब तक आस क्या तब तक नहीं?

जब दांत न थे तब दूध दियो, जब दांत दिए क्या अन्न न दैहैं : जब बच्चों के दांत नहीं रहते थे तब भगवान् उनको दूध देता है। तब दांत निकल आने पर क्या भगवान् उन्हें अन्न न देगा?

भगवान् सबका रक्षक है। वही सबके भोजन की व्यवस्था करता है। तुम इतने जल्द घबड़ा क्यों जाते हो? और यह क्यों मान बैठते हो कि तुम्हारा कुटुम्ब खाने बिना मर जाएगा? 'जब दांत न थे...दैहैं।'

जब वह देना चाहता है तब छप्पर फाड़कर देता है : जब भगवान् किसी पर कृपा करता है तब सब तरफ़ उसका लाभ-ही-लाभ होता है।

कल तक तो सुरेश दाने-दाने को मुहताज था। अब उसके चाचा की चिट्ठी आई है कि वह उसे गोद लेना चाहते हैं। ठीक है, 'जब वह देना...है।'

जब दो मूजियों में हो खटपट, अपने बचने की आस कर झटपट : जब दो दुश्मनों में झगड़ा हो तब तुरन्त ही अपने बचने का उपाय करना चाहिए।

राकेश और मनीष दोनों तुम्हारे दुश्मन हैं। अब दोनों में झगड़ा हो गया है। यह तुम्हारे लिए एक अच्छा अवसर है। तुम अपने बचाव का उपाय कर लो। कहावत है—'जब दो मूजियों...झटपट।'

ज़बरदस्त का ठेंगा सिर पर : ज़बरदस्त लोगों की सब बात माननी होती है।

आप मेरे साथ बड़ा अन्याय करते हैं। मैं चुपचाप सब सह लेता हूं, क्योंकि आप धन और बल में मुझसे श्रेष्ठ हैं। कहावत प्रसिद्ध है कि 'ज़बरदस्त का ठेंगा सिर पर।'

ज़बरदस्त/जबरा मारे और रोने न दे : जो मनुष्य ज़बरदस्त होता है, उसके अत्याचार को चुपचाप सहना होता है।

बेचारे रामधन ने तहसीलदार के ख़िलाफ़ अर्ज़ी दी। तहसीलदार ने उसके ऊपर एक और मुकदमा चला दिया। ठीक है—'ज़बरदस्त मारे...दे।'

ज़बरदस्त सबका जमाई : बलवान् मनुष्य का सभी आदर-सत्कार करते हैं।

मैंने कितनी अनुनय-विनय की, पर तुमने मेरी एक न मानी। उसके बाद यह पहलवान आया और तुम स्वयं अपनी जगह से हट गए। वह आकर तुम्हारे बिस्तर पर बैठ गया और तुम्हारे सामान को हटाकर एक तरफ़ कर दिया। इसी से कहते हैं कि 'ज़बरदस्त सबका जमाई।'

ज़बान जने एक बार, मां जने बार-बार : मनुष्य को अपनी बात का पक्का होना चाहिए।

तुम्हारे अन्दर यह बड़ा भारी दोष है कि तुम अपनी बात बदलते रहते हो। तुम्हें बात का पक्का होना चाहिए। कहावत है—'ज़बान जने...बार।'

ज़बान शीरीं मुल्क गीरीं, ज़बान टेढ़ी मुल्क बांका : मीठी बोली से मनुष्य सबको अपने

वश में कर लेता है और कड़वे शब्दों से लोग उसके शत्रु हो जाते हैं। *न जाने क्यों तुम सबसे अकड़कर बोलते हो और चाहते हो कि वे तुम्हारा रोब मानें। अरे भाई, यदि तुम लोगों को वश में करना चाहते हो तो उनसे मीठी बोली बोलो। याद रक्खो—'ज़बान शीरीं...बांका।'*

ज़बान ही हाथी चढ़ावे, ज़बान ही सिर कटावे : मीठी बोली बोलने से लोग आदर-सत्कार करते हैं और कड़वी बोली बोलने वाले के लोग शत्रु हो जाते हैं। *गुरुजन ने बहुतेरा समझाया किन्तु शिशुपाल गालियां देता ही गया। कृष्ण कहां तक सहन करते; अन्त में उन्होंने सुदर्शन चक्र उठाया और शिशुपाल का सिर धड़ से अलग कर दिया। इसीलिए कहते हैं कि 'ज़बान ही हाथी ...कटावे।'*

जमाई जम का भाई : दामाद ससुराल वालों को बहुत कष्ट दिया करते हैं। *जब देखो तब तुम अपने ससुर की गरदन पर सवार रहते हो और किसी-न-किसी चीज़ की फ़रमाइश किया करते हो। वह बेचारे तुमसे तंग आ गए हैं। इसी से कहा जाता है कि 'जमाई जम का भाई।'*

जमात करामात : संगठन ही में शक्ति है। *भाइयो, यदि आज हम सब भारतवासी, हिन्दू और मुसलमान, एक हो जाएं तो देखें दुनिया में हमें कौन गुलाम रख सकता है। आप जानते हैं कि 'जमात करामात है।'*

ज़मीन सख़्त आसमान दूर : कठिन परिस्थिति में होना। *'हाल्ट' कहकर एक सिपाही ने मेरी छाती पर कुन्दा रख दिया। या मेरे अल्लाह ! इस दुनिया में मेरा कोई मददगार नहीं। एक ज़रा-से कीड़े के पीछे यों हाथ धोकर पड़े हैं। 'ज़मीन सख़्त आसमान दूर', यह मेरा हाल था।*

ज़र का ज़ायल करना, जीते जीं है मरना : जो मनुष्य अपना धन नष्ट करता है वह मानों जीवित अवस्था ही में मर जाता है। *जब वासदेव के पास सम्पत्ति थी तब वह उसका बहुत दुरुपयोग करता था। फलतः आज वह दाने-दाने को तरस रहा है। इसी से बुद्धिमानों ने कहा है कि 'ज़र का ज़ायल करना...मरना।'*

ज़र का ज़ोर पूरा है और सब अधूरा है : धन में बहुत अधिक शक्ति होती है। उससे बहुत-से काम हो जाते हैं। *मैं आरम्भ से ही कहता था कि सेठ जी से मुकदमा न लड़ो। पर तुम मेरी एक न सुनते थे और कहते थे कि मेरा पक्ष मज़बूत है और सेठ जी हार जायेंगे। देखो, फल उलटा ही हुआ। सेठ जी जीत गए और तुम हार गए। याद रखो, 'ज़र का ज़ोर...है।'*

ज़र गया ज़रदी छाई, ज़र आया सुरखी छाई : जिसके पास धन नहीं होता वह पीला पड़ जाता है और जिसके पास धन होता है, वह स्वस्थ हो जाता है। *जब तक उनके पास धन न था तब तक वह चिन्ता से व्याकुल रहते थे*

और दिन-दिन पीले पड़ते जाते थे। किन्तु अब भगवान् की कृपा से उनके पास अतुल धनराशि एकत्र हो गई है और वह लाल सेब हो रहे हैं। सच कहा है कि 'ज़र गया...छाई।'

ज़र, ज़मीन, जन झगड़े की जड़ हैं : रुपया, ज़मीन और स्त्री—इन्हीं तीनों चीज़ों के लिए लड़ाई-झगड़े होते हैं।

मैंने उससे कहा—जब तुम पढ़ते थे तब तो बहुत सीधे थे। इधर इतनी मुक़दमेबाज़ी कैसे करने लगे ? उसने उत्तर दिया कि भगवान् ने मुझे दस बीघे ज़मीन दी है। इसलिए रोज़ कुछ-न-कुछ झगड़ा लगा ही रहता है। कहावत है कि 'ज़र, ज़मीन, जन...हैं।'

ज़र, जोरू, ज़मीन ज़ोर की, नहीं और की : धन, स्त्री और ज़मीन बलवान् मनुष्य के पास होती हैं, निर्बल के पास नहीं।

खलील सच कहता है—'ज़र, जोरू, ज़मीन...की।' (यशपाल)

ज़र है तो घर है, नहीं तो खंडहर है : जिसके घर में धन नहीं होता वह सुखपूर्वक जीवन नहीं व्यतीत कर सकता।

मेरे घर में न तो रुपया-पैसा है और न अन्न-वस्त्र है। इसलिए कभी चैन से नहीं रह पाता। कहावत है—'ज़र है तो घर...है।'

ज़र है तो नर है नहीं तो पूरा ख़र है या (ज़र है तो नर है नहीं तो पंछी बेपर है) : जिसके पास धन होता है सब लोग उसका आदर-सत्कार करते हैं। जिसके पास धन नहीं होता, कोई उसकी बात नहीं पूछता।

मैं ग़रीब था, मेरे कपड़े मैले थे, पर था तो मैं डॉक्टर साहब का सगा भानजा ही। किन्तु जब उनके मित्र ने उनसे मेरे विषय में पूछा तो उन्होंने यह कहकर कि 'हमारे गांव के एक बनिए का लड़का है' मेरा परिचय दिया। मैं लज्जा से पानी-पानी हो गया और मैंने अनुभव किया कि इस संसार में 'ज़र है तो...है।'

जल की मछली जल ही में भली : जो जहां का होता है, उसे वहीं अच्छा लगता है।

वह प्रयाग विश्वविद्यालय में प्रोफ़ेसर था। उसे एक उच्च सरकारी पद मिल गया। इसलिए वह दिल्ली चला गया, परन्तु उसे वहां का वातावरण पसंद न आया और वह फिर प्रयाग में अपने पद पर लौट आया। मैंने उसके लौट आने का कारण पूछा तो उसने उत्तर दिया—'जल की मछली ...भली।'

जल में बसे कुमोदिनी चंदा बसे अकास; जो जन जाके मन बसे, सो जन ताके पास : कुमुदिनी तालाब में रहती है और चन्द्रमा आकाश में रहता है। तिस पर भी कुमुदिनी को चन्द्रमा इतना प्रिय होता है कि वह चांदनी में ही खिलती है। इसी प्रकार अपने प्रिय व्यक्ति के दूर होने पर भी लोग उसे निकट समझते हैं।

जल में रहकर मगर से बैर : जहां रहना है, वहां प्रधान सत्ताधारी से मिलकर ही रहना पड़ेगा।

कहीं बड़ी अम्मा भी मुझे गलत समझ बैठीं तो मेरा कहां ठिकाना रह जाएगा ? 'जल में रहकर मगर से बैर' नहीं हो सकता। (शिवानी)

जल्दी का काम शैतान का, देर का काम रहमान का : जल्दी करने से काम बिगड़ जाता है, स्थिरतापूर्वक करने से काम ठीक होता है।

तुम मुझसे हर काम को जल्दी से करने को कहते हो। जल्दी मचाना हो तो मेरे पास न आया करो। मैं तो इस बात का कायल हूं कि 'जल्दी का काम...का।'

जस काछिय तस नाचिय नाचा : जैसा रूप बनावें वैसा ही आचरण भी करना चाहिए।

तुम जो कहहु करहु सब सांचा। जस काछिय तस नाचिय नाचा॥

(तुलसीदास)

जस पशु तस पगहा/बंधना : जैसा मनुष्य हो, उसके साथ वैसा ही व्यवहार करना चाहिए।

मिट्ठू की स्त्री बड़ी झगड़ालू है। वह सबको गाली दिया करती है। एक दिन मिट्ठू ने उसको बहुत पीटा। यह देखकर उसके पड़ोसी ने कहा– अच्छा किया, 'जस पशु तस पगहा' चाहिए।

जहं-जहं चरन पड़े सन्तन के, तहं-तहं भंटाधार : मनहूस, अभागे आदमी के विषय में यह लोकोक्ति कही जाती है।

तुम उसके साथ स्टेशन को गए तो गाड़ी छूट गई। तुमने मुकदमे में उसकी गवाही दी तो वह हार गया। किसी ने सच कहा कि 'जहं-जहं चरन पड़ैं ...भंटाधार।'

जहां का पीवे पानी, वहीं की बोले बानी : (1) जिस व्यक्ति का दिया खाए, उसी की-सी बातें करनी चाहिए।

मैं उनका नमक खाता हूं, तब उनकी-सी न कहूं तो करूं क्या ? मनुष्य को चाहिए कि 'जहां का पीवे पानी...बानी।'

(2) जिस देश में निवास करे, वहीं की भाषा का व्यवहार करना चाहिए।

यद्यपि मैं बंगाली हूं तथापि उत्तर प्रदेश में निवास करने के कारण मैं यहां की भाषा हिन्दी का अध्ययन करता हूं। कहावत है कि 'जहां का पीवे ...बानी।'

जहां गंज वहां रंज : सुख और दुःख सब जगह होते हैं। जहां सुख होता है वहां दुःख भी होता है। इसलिए प्रत्येक व्यक्ति को दुःख भोगने के लिए तैयार रहना चाहिए। कहावत है–'जहां गंज...रंज।'

जहां गुड़ होगा वहीं चींटे / मक्खियां भी होंगे : जहां गुण होगा, वहीं उसके चाहने वाले भी होंगे। जहां धन होगा, वहीं भिखारी जायेंगे।

रामचन्द्र राय पहले साधारण व्यक्ति थे। कोई उनका इष्ट-मित्र नहीं था। पर आजकल वह करोड़पति हो गए हैं और सैकड़ों आदमी उनके यहां आते-जाते रहते हैं। किसी ने सच कहा है कि 'जहां गुड़...होंगे।'

जहां गुल है वहां कांटा / ख़ार भी होता है : जहां बहुत-से गुण होते हैं, वहां कोई- न-कोई

अवगुण भी होता है।

कहते हैं कि कालिदास इतने प्रतिभाशाली कवि होकर भी वेश्यासक्त थे, पर विक्रमादित्य ने यह समझकर कि 'जहां गुल...है' उनका कभी निरादर नहीं किया।

जहां चार बासन होंगे, वहां खटकेंगे भी : जिस घर में बहुत-से आदमी होते हैं, वहां लड़ाई भी होती है।

अरे भाई, कल औरतों में लड़ाई हो गई, तो क्या तुम भी अपना मन मैला कर लोगे ? कल की बात भूल जाओ। ऐसे तो लड़ाई हो ही जाती है। देखो, 'जहां चार बासन...भी।'

जहां चाह वहां राह : जब किसी काम को करने की मनुष्य की इच्छा होती है तब उसका साधन कभी-न-कभी मिल ही जाता है।

'जहां चाह वहां राह' इस लोकोक्ति की सार्थकता मैं ज़िन्दगी में प्रायः पाता रहा हूं। जिसकी इच्छा बनी रही; किन्तु जिसका साधन दिखाई नहीं पड़ा; अतः जो कामना हृदय में ही घुलती रही, अचानक एक दिन उसके लिए राह निकल आई। (रामवृक्ष बेनीपुरी)

जहां जाएं डाढ़ो रानी, वहां पड़े पाथर पानी : अभागा आदमी जहां कहीं जाता है, उसे दुःख भोगना पड़ता है।

गोपाल बहुत दरिद्र है। एक बार वह अपने मित्र सोहन के घर गया कि कुछ दिन सुखपूर्वक रहेगा। भाग्य की बात, तीसरे दिन सोहन के घर चोरी हो गई। यह देखकर गोपाल ने कहा—'जहां जाएं...पानी।'

जहां जाएं बाले मियां वहां जाय पूंछ : बड़े आदमियों के साथ उनके पुछल्ले भी लगे रहते हैं।

कमला के साथ मोहन और शिवमूर्ति को देखकर मैंने कमला से पूछा—क्यों, महाशय, ये लोग कहां जा रहे हैं। उसके उत्तर देने के पहले ही मोहन बोल उठा—जहां कहीं कमला बाबू जाते हैं, वहीं हम लोग भी जाते हैं। 'जहां जाएं बाले मियां...पूंछ।'

जहां जाए भूखा वहां पड़े सूखा : अभागे आदमी को हर जगह दुःख-ही-दुःख मिलता है।

बेचारा ग़रीब ब्राह्मण जब यजमान के घर पहुंचा, तब भोज समाप्त हो गया और उसे वहां भी पर्याप्त भोजन न मिल सका। अतएव उसने ग्लानिपूर्वक कहा—'जहां जाए भूखा...सूखा।'

जहां देखी रोटी, वहीं मुड़ाई चोटी : जो आदमी रुपया लेकर हर एक आदमी की तरफ़दारी करने को तैयार रहता है, उस पर उक्ति है।

वह बड़ा अवसरवादी है। उसका कोई सिद्धान्त नहीं है। जो व्यक्ति उसे कुछ दे देता है वह उसी की तरफ़दारी करने लगता है। 'जहां देखी रोटी वहीं...चोटी।'

जहां देखे तवा-परात वहीं गुज़ारे/गंवावे सारी रात : लोभी को यदि कहीं कुछ मिलने की आशा हो तो वहीं का हो रहता है।

मैंने अपने मित्र से पूछा—आजकल पंडित किशनलाल जी नहीं दिखाई पड़ते, क्या पाठशाला में भी नहीं दिखाई देते ? मित्र ने कहा—सेठ जी की लड़की की शादी है, वहीं बने रहते हैं। भाई, उनके लिए तो यही कहा जा सकता है कि 'जहां देखे तवा-परात...रात'।

जहां न जाए रवि वहां जाए कवि : जहां सूर्य की किरणें भी नहीं पहुंचती, वहां कवि की कल्पना पहुंच ज़ाती है।

तमिलनाडु के गांवों में हरिजनों द्वारा सामूहिक रूप से इस्लाम धर्म-ग्रहण करने के मामले पर दक्षिण के प्रवक्ताओं ने इसलिए चुप्पी धारण की थी कि धर्मनिरपेक्ष राष्ट्र में इस पर पर्दा डालना और उघारना दोनों में ही ज़ोखिम उठाना है। पर पत्रकारों की आंखों से वह छिपा नहीं रह सकता। 'जहां न जाए रवि वहां जाए कवि।'

जहां न मां का जाया, वह सब ही देश पराया : जहां अपना देश नहीं है, उसे परदेश समझना चाहिए।

मुझे गांव छोड़े हुए कई वर्ष हो गए। अब मैं वहां किसके पास जाऊं ? कौन मुझे पहचानेगा ? वह गांव अब मेरे लिए परदेश के तुल्य है। कहावत है—'जहां न मां का जाया...पराया।'

जहां फूल वहां कांटा : दे., 'जहां गुल है, वहां कांटा भी होता है।'

जहां बड़ पीपल नहीं होते वहां रेंड़ को ही बड़ा वृक्ष माना जाता है : जहां बड़े-बड़े गुणवान् लोग नहीं होते वहां थोड़े गुणवान् भी बहुत बड़े गुणी माने जाते हैं।

जहां चतुर नाहिन वहां, मूढ़न को व्यवहार।
बर पीपर बिनु होय ज्यों, एरंड को अधिकार॥ (वृन्द)

जहां मुर्ग़ा नहीं होता क्या वहां सवेरा नहीं होता ? : व्यक्ति-विशेष या वस्तु-विशेष के बिना किसी का काम नहीं रुकता।

हम जितनी नम्रता से तुमसे कहते हैं तुम उतना ही ऐंठते जाते हो। जाते हो तो जाओ, हमें तुम्हारे जैसे और कई मिल जाएंगे। 'जहां मुर्ग़ा नहीं ...होता ?'

जहां सुमति तहं सम्पति नाना, जहां कुमति तहं विपति निदाना : जहां पर लोगों में सुबुद्धि होती है, वहां लक्ष्मी का निवास रहता है; परन्तु जहां लोगों में दुर्बुद्धि होती है, वहां अनेक प्रकार के कष्ट सहने पड़ते हैं।

जाओ पूत दक्खन, वही करम के लक्खन / लच्छन : मनुष्य चाहे जहां जाए, उसका भाग्य सदा उसके साथ जाता है।

जाकर जिहि पर सत्य सनेहू। सो तिहिं मिलै न कछु संदेहू॥ : जिस मनुष्य का जिस वस्तु या व्यक्ति से सच्चा स्नेह होता है, वह उसे अवश्य मिलता है। इसमें कुछ भी संदेह नहीं है।

आप संस्कृत से प्रेम करते हैं। इसलिए आपको संस्कृत का ज्ञान अवश्य होगा। गोस्वामी जी ने ठीक कहा है—'जाकर जिहि पर...कछु सन्देहू।'

जाका कोड़ा, ताका घोड़ा : जिसके पास शक्ति होती है, उसी की विजय होती है।

जाकी खर्चु जोय, ताके धन कबहूं न होय : जिसकी स्त्री खर्चीली होती है, उसके पास कभी रुपया इकट्ठा नहीं होता।

जाकी जाति के जौन हैं ताकी पांति के तौन, बाघ बाज के बाचका, धरे सिखावे कौन : जो जिस जाति का होता है, वह उसी पंक्ति में बैठता है। सिंह और बाज़ के बच्चे अपने-आप शिकार करने लगते हैं, उन्हें कोई शिकार करना नहीं सिखाता।

जाकी रही भावना जैसी, प्रभु मूरति देखी तिन तैसी : जिसकी जैसी भावना होती है वह व्यक्तियों और वस्तुओं को वैसी ही देखता है। यह अर्धाली श्री रामचन्द्रजी के विषय में कही गई थी। भक्तों ने उन्हें परमात्मा के रूप में देखा और स्त्रियों ने उन्हें साक्षात् कामदेव के रूप में देखा।

जाके घर में नौ सौ गाय, सो क्या छाछ पराई खाय : जो मनुष्य धन-धान्य से सम्पन्न है, वह दूसरे के घर में निकृष्ट भोजन क्यों करेगा ?

जाके घर में माई, ताकि राम बनाई : जिसकी माता जीवित रहती है, वह भाग्यशाली होता है।

जाके पांव न फटी बिवाई, सो क्या जाने पीर पराई : जिस मनुष्य पर कभी दुःख नहीं पड़ा, वह दूसरों के दुःख को क्या जाने ?

बेटा, तुम पुरुष हो। नारी के दुःख को तुम कभी समझ ही न सकोगे। 'जाके पांव...पराई।'

जाके पास रहिए, ताही की सी कहिए : जिसके सहारे से अपनी गुज़र हो, उसी की प्रशंसा करनी चाहिए।

उपाध्याय जी बोले—मैं तो सदा ऐसी बातें करता हूं, जिससे प्रिंसिपल साहब प्रसन्न हों, क्योंकि मेरा यह सिद्धान्त है कि 'जाके पास...कहिए।'

जाके हाथ लोई/डोई उसका सब कोई : धनवान् और शक्तिशाली लोगों के सभी साथी होते हैं।

पहले वह ग़रीब था तब कोई उसका साथी नहीं था। पर जब वह वकील हो गया और उसकी वकालत चल निकली तब सारे मुहल्ले के लोग उसकी हां-में-हां मिलाने लगे। कहावत प्रसिद्ध है—'जाके हाथ लोई...कोई।'

जाके हित चोरी करो सोइ बनावत चोर : यदि किसी की भलाई के लिए प्रयास किया जाए और वह कृतज्ञ न होकर उल्टे दोषारोपण करे।

जाको जापर सत्य सनेहू, सो तेहि मिलहि न तनि सन्देहू : जिसका जिसपर सच्चा प्रेम होता है, वह उसको अवश्य मिलता है।

उसको आरम्भ से ही यह लगन थी कि मैं विश्व विद्यालय में प्रोफ़ेसर हो जाऊं। इसके लिए उसने बड़े परिश्रम से अध्ययन किया। एम.ए., डी, फिल करने के बाद उसकी मनोकामना पूरी हुई। सच है—'जाको जापर ...संदेहू।'

जाको प्रभु दारुण दुख देहीं, ताकी मति पहले हरि लेहीं : भगवान् जिसे दुःख देना चाहते

हैं, पहले उसकी बुद्धि का नाश कर देते हैं।

पहले तुम सन्मार्ग पर चलते थे। इससे आशा की जाती थी कि तुम्हारा जीवन आनन्दमय होगा, परन्तु अब तुम्हारे सब काम उल्टे होते हैं। मालूम होता है कि तुम्हारी बुद्धि का नाश हो गया है और तुम्हें अनेक दुःखों का सामना करना पड़ेगा। 'जाको प्रभु...लेहीं।'

जाको राखै साइयां मारि न सकिहैं कोय—ईश्वर जिसकी रक्षा करता है, उसको कोई नहीं मार सकता।

जाको राखैं साइयां, मारि न सकिहैं कोय !
बार न बांका करि सकै, जो जग बैरी होय॥ (कबीर)

जाको लोह ताको सोह : जिसका हथियार होता है, उसी को शोभा देता है।

तुम बढ़ई हो, तुम क्या जानो नाव खेना। डांड गोपी को दे दो, वह नाव को उस पार ले जाएगा, क्योंकि वह मल्लाह है। 'जाको लोह ताको सोह।'

आग मच्छन्दर गोरख आया : किसी को सचेत करने के लिए ऐसा कहते हैं।

कनफटों के गुरु मच्छन्दर नाथ ने जब अपना शरीर छोड़ा तब उन्होंने एक राजा के शरीर में प्रवेश किया और भोग-विलास में लिप्त हो गए। तब उनके शिष्य गोरखनाथ ने यह कहकर उन्हें सचेत किया था।

जागेगा सो पावेगा, सोवेगा सो खोवेगा : जो सावधान रहता है, उसे लाभ होता है; जो असावधान रहता है, उसे हानि होती है।

वह बहुत सतर्क रहता है। इसलिए उसको कभी हानि नहीं होती। तुम असावधान रहते हो। इसलिए तुम्हें बराबर हानि-ही-हानि होती है। कहावत है कि 'जागेगा सो...खोवेगा।'

जाट कहे सुन जाटनी, याही गांव में रहनो; ऊट बिलैया ले गई, हां जी हां जी कहनो : समाज में बने रहने के लिए दूसरों की हां-में-हां मिलाना पड़ता है।

जाट रे जाट तेरे सिर पर खाट, तेली रे तेली तेरे सिर पर कोल्हू : यह कहावत ऐसे व्यक्ति के लिए कही जाती है जो प्रिय-अप्रिय और सुन्दरता-असुन्दरता का विचार न करके लट्ठमार और बेतुकी बात कहता है।

एक तेली ने एक जाट से कहा—जाट रे जाट, तेरे सिर पर खाट। जाट ने चिढ़कर कहा—तेली रे तेली, तेरे सिर पर कोल्हू। तेली ने कहा—भाई, तुक तो नहीं मिली। जाट ने उत्तर दिया—तुक नहीं मिली तो क्या ? बोझों तो मरे।

जात का बैरी जात, काठ का बैरी काठ : जाति के लोग अपने दूसरे भाइयों को कष्ट पहुंचाते हैं और कुल्हाड़ी आदि में लकड़ी का दस्ता लगाकर दूसरी लकड़ी काटी जाती है।

तुम मेरी जाति के हो। तुम्हें चाहिए कि तुम मुझे लाभ पहुंचाओ। पर इसके प्रतिकूल तुम हर समय मेरी जड़ खोदने को तैयार रहते हो। इसी से कहा गया है कि 'जात का बैरी...काठ।'

जाति-पांति पूछे नहिं कोई, कुरती पहन तिलंगा होई : सेना में जाति-पांति नहीं पूछी जाती;

हर जाति का आदमी वर्दी पहनकर सैनिक हो जाता है।

जाति-पांति पूछै नहिं कोई, हरि को भजे सो हरि का होई : प्रत्येक जाति के मनुष्य भगवान् की भक्ति कर सकते हैं। चाहे कोई ऊंची जाति का हो या नीच जाति का, यदि वह सच्चे हृदय से भक्ति करता है तो भगवान् उस पर कृपा करते हैं।

जाति में तुरक और बाज़ों में हुड़क : मनुष्यों में तुर्क और बाजों में हुड़क बहुत बुरे माने जाते हैं।

जादू वह जो सिर पर चढ़कर बोले : उपाय वही अच्छा है, जो सफल हो और विरोधी को भी मानना पड़े।

फिरंगियों का जादू पंजाबियों के सिर पर चढ़कर बोल रहा था।

जान का सदका माल, इज़्ज़त का सदका गला : धन देकर प्राण और प्राण देकर आत्म-सम्मान की रक्षा करनी चाहिए।

वह राजपूत है। यदि तुम्हारे यहां रहने से उसकी मर्यादा को ठेस लगेगी तो वह कदापि नहीं रहेगा। वह प्राण देकर भी अपनी प्रतिष्ठा की रक्षा करना चाहता है। उसका सिद्धान्त है–'जान का सदका...गला।'

जान जाए पर माल न जाए : कंजूसों के लिए उक्ति है दे. 'चमड़ी जाए पर दमड़ी न जाए।'

जान न पहचान बड़ी बीबी (खाला या बुआ) सलाम : बिना जान-पहचान के किसी से सम्बन्ध जोड़कर बातचीत करना।

वह चली गई तो मैं तटस्थ हुई। कैसी विचित्र लड़की थी ! और मुझे भी क्या सांप सूंघ गया था ! 'जान न पहचान, बड़ी बुआ सलाम।'...पर वह तो चली गई थी, (भोजन करने के लिए) अब जाना ही पड़ेगा। (शिवानी)

जान बची लाखों पाए : किसी प्रकार जान की रक्षा हुई, यही बहुत है।

मण्डली वालों ने सोचा, 'जान बची लाखों पाए'; दो बरस बाद सही, मिलेगा तो ईनाम, कोई दण्ड तो न मिलेगा। (वृन्दावन लाल वर्मा)

जान मारे बानिया, पहचान मारे चोर : बनिया परिचित व्यक्ति को अधिक ठगता है क्योंकि वह संकोचवश कुछ नहीं कहता और चोर भेद मिलने से ही चोरी करता है।

लाला किशोरीलाल जी वैसे तो मेरे मित्र हैं लेकिन कपड़े के दाम बड़े करारे लिए। मैं भी मुलाहिज़े में कुछ न कह सका। ठीक है भाई, 'जान मारे ...चोर।'

जान है तो जहान है : संसार में जान सबसे प्यारी वस्तु है।

तू ज़रूर कोई बहुत बड़ी बात छिपा रही है। देख, 'जान है तो जहान है।' मुझे साफ़-साफ़ बता दे। (रांगेय राघव)

जाना अपने बस, आना पराये बस : आदमी अपनी इच्छा से किसी इष्ट मित्र या सम्बन्धी के यहां जाता है पर अपनी इच्छा से वापस नहीं आता, बल्कि मित्र या सम्बन्धी की इच्छा से लौटता है। फ़ारसी में भी एक ऐसी ही कहावत है। 'आमदन ब इरादत रफ्तन ब इजाज़त'–अर्थात् आता तो मनुष्य खुद अपने इरादे से

है पर लौटना पड़ता है दूसरे की इजाज़त से।

मैंने अपने रिश्तेदार को अपने घर कुछ दिन रोक लिया। जब वह अपने घर पहुंचे तो लोगों ने उनसे कई दिन बाद लौटने का कारण पूछा। उन्होंने उत्तर दिया, क्या करूं ? 'जाना अपने बस होता है पर आना पराए बस' होता है।

जानि न जाय निशाचर माया : मायावी और दुष्ट लोगों की चालों का पता लगाना बहुत कठिन होता है।

वह बड़ा कूटनीतिज्ञ है। उसकी मीठी बातों में मत आना। इस कहावत को याद रखो कि 'जानि न जाय निशाचर माया।'

जाने ऊख मिठास को, जब मुख नीम चबाय : जो मनुष्य दुःख सहे रहता है, उसे सुख का विशेष आनन्द मिलता है।

जब से तुम पैदा हुए हो, तब से चैन से जीवन व्यतीत कर रहे हो। इसलिए सम्पन्नता का आनन्द तुम्हें इतना नहीं मालूम है जितना तुम्हारे मित्र चन्द्रकेतु को जो बालकपन में इतना दरिद्र था कि दोनों जून भोजन नहीं पाता था। कहावत है—'जाने ऊख मिठास को...चबाय।'

जाने का आना है : यदि कोई सुख-दुःख में दूसरों के घर जाएगा तो वे लोग भी उसके घर आवेंगे।

आज इन पर विपत्ति पड़ी है तो चारों ओर से लोग इनके घर आ रहे हैं और इनको सान्त्वना दे रहे हैं क्योंकि सब लोगों के सुख-दुःख में यह शरीक होते थे। किसी ने सच कहा है कि 'जाने का आना है।'

जाने वाले के हज़ार रास्ते, ढूंढ़ने वाले का एक : भागने वाले मनुष्य को खोज लेना बहुत कठिन होता है।

जब उसका लड़का भाग गया था तब उसने बहुत ढूंढ़ा परन्तु उसका पता न लगा सका, क्योंकि 'जाने वाले के हज़ार रास्ते होते हैं पर ढूंढ़ने वाले का एक' ही रास्ता होता है।

जानै न बूझैं कठौता ले के जूझैं : व्यर्थ बकवास करने वाले।

तुम बड़े बकवादी हो। जब उन दोनों में तर्क हो रहा था और तुम्हें तर्क के विषय का ज्ञान ही न था तब तुम बीच में क्यों कूद पड़े ? तुम्हारे ही जैसे लोगों के लिए कहा गया है कि 'जानै न बूझैं...जूझैं।'

जानवरों में कौआ और मनुष्यों में नौआ : कौआ और नाई बहुत चालाक होते हैं।

जब हम लोग उनके घर गए थे, तो हमारे साथ एक नाई भी था। एक ही दिन में उसने उनके घर का सारा हाल मालूम कर लिया। इसी से कहा गया है कि जानवरों में कौआ और मनुष्यों में नौआ बहुत चतुर होते हैं।

जाप के बिरते पाप : धर्म की ओट में पाप।

यों दुनिया को दिखाने के लिए वह विधवाओं की सहायता करता है और उनके लिए सेवाश्रम खोल दिया है। पर वास्तव में वह बड़ा व्यभिचारी है और 'जाप के बिरते पाप' की कहावत को चरितार्थ करता है।

जामिन मत हो चोर का और सींग पकड़ मत ढोर का : चोर की जमानत नहीं करनी

चाहिए और जानवर का सींग नहीं पकड़ना चाहिए।

जामिन मत हो बाप का, भला जो चाहे आप का : यदि अपना भला चाहते हो तो किसी की जमानत मत करो चाहे वह तुम्हारा निकट का सम्बन्धी ही क्यों न हो।

जाएगा साहू का, रहेगा साहू का : जब नौकर मालिक के काम और सम्पत्ति की परवाह नहीं करता।

यह देखो, सेठजी के कारिन्दे हैं। यही इस आढ़त पर उनका काम देखते हैं। कैसे मौज़ से खर्राटे ले रहे हैं। इनको काम-काज की कोई परवाह नहीं है, क्योंकि 'जाएगा...का।'

जाए जान, रहे ईमान : चाहे प्राण चला जाए परन्तु ईमान की रक्षा करनी चाहिए।

वह बड़ा सच्चा आदमी है, कभी झूठ नहीं बोल सकता। वह प्रायः कहा करता है—'जाए जान, रहे ईमान।'

जाए लाख, रहे साख : भारी हानि होने पर भी यदि साख बनी रहे, तो व्यापार चलता रहता है।

सेठ पन्नालाल को नुक़सान तो बहुत हुआ, घर की हवेली भी बिक गई, लेकिन दिसावर का सारा रुपया चुका दिया। ठीक ही हैं 'जाए लाख, रहे साख।'

जासे जाको काम, सोई ताको राम : जो जिसका नमक खाता है, उसी को अपना स्वामी समझता है।

आप सेठजी के लिए चाहे जो कुछ कहिए। मेरे लिए तो वे बहुत अच्छे हैं। मुझे जब किसी वस्तु की आवश्यकता होती है तब वह तुरन्त दे देते हैं। 'जासे जाको...राम।'

जाही विधि राखैं राम, ताही विधि रहिए : भगवान् जिस प्रकार हम लोगों को रखना चाहते हैं, उसी प्रकार हम लोगों को रहना पड़ता है।

विधि का विधान जान, हानि लाभ सहिए।
जाही विधि राखै राम, ताही विधि रहिए॥

जाही से कछु पाइए करिए ताकी आस : जिससे कुछ मिले, उसीसे आशा करनी चाहिए।

मालिक, आपके यहां से मुझे कई बार भोजन मिला है। इसलिए आपके पास आया हूं, दूसरे के पास नहीं गया। 'जाही से कुछ...आस।'

जितना गुड़ डालोगे उतना ही मीठा होगा : जितना अधिक रुपया खर्च किया जाएगा उतनी ही अच्छी वस्तु मिलेगी, जितना अधिक परिश्रम करोगे, उतना अच्छा फल पाओगे।

जितना ही छानो, उतना ही किरकिरा : किसी वस्तु की जितनी अधिक जांच की जाती है, उतनी ही अधिक उसमें बुराइयां निकलती हैं।

माधव ने अपनी लड़की का विवाह गोपाल के यहां करने का विचार किया। उन्होंने गोपाल के कुटुम्ब और सम्पति आदि की छानबीन करनी आरम्भ की। सुरेश ने उनसे कहा—तुम्हें सब चीज़ें इच्छानुकूल नहीं मिल सकतीं। 'जितना ही छानोगे उतना ही किरकिरा' होगा।

जितना छोटा उतना खोटा : नाटे लोग खोटे होते हैं।—दे. 'छोटा सो खोटा'
वह बहुत अविश्वसनीय आदमी है। उसका विश्वास करके मैं कई बार धोखा खा चुका हूं। वह तुमको धोखा दे सकता है। कहावत है—'जितना छोटा उतना खोटा'।

जितना देगा उतना पाएगा : जितना दान दीजिएगा भविष्य में आपको उतना ही मिलेगा।
फ़कीर बोला—बाबा, कुछ दे दे, 'जितना देगा...पाएगा।'

जितना सयाना उतना दीवाना : जो जितना चतुर होता है, वह उतना ही वहमी होता है।
इसमें कोई शक नहीं कि वह बड़ा चतुर है। परन्तु उसे वहम हो गया है कि मैं उसका अहित करना चाहता हूं। मैंने उसे समझाने का बहुत प्रयास किया परन्तु वह समझता ही नहीं। वह 'जितना सयाना है उतना ही दीवाना' है।

जितनी चादर देखो उतना ही पैर फैलाओ : मनुष्य को अपनी सामर्थ्य के बाहर कोई काम नहीं करना चाहिए; दे. 'तेतो पांव...सौर।'

अपनी पहुंच विचारि के, करतब करिए दौर।
तेते पांव पसारिए जेती लांबी सौर॥ (वृन्द)

जितनी दौलत उतनी ही मुसीबत : जिस व्यक्ति के पास जितना अधिक धन होता है, उसके उतने ही अधिक झंझट होते हैं।
पहले वह समझता था कि यदि उसके पास धन हो जाएगा तो वह सुखपूर्वक जीवन व्यतीत करेगा। ईश्वर की कृपा से अब वह सम्पन्न हो गया है परन्तु अब उसका अनुभव और ही हो गया है। वह कहा करता है कि 'जितनी दौलत उतनी ही मुसीबत' होती है।

जितने मुंह उतनी बातें : भिन्न-भिन्न मनुष्य भिन्न-भिन्न बातें कहते हैं।
जब से नई रानी आई हैं, राजमहिषी ने सभा में आना त्याग दिया है। यों तो उदारतापूर्वक उन्होंने ऐसा किया है। किन्तु कोई कहता है इसमें निराशामय डाह भरी है। कोई कहता है इसमें कूटनीति है। कोई कहता है इसमें चतुरता है। 'जितने मुंह उतनी बातें।'

जिधर रब, उधर सब : जिस पर भगवान् की कृपा होती है, सब उसके साथी होते हैं।
इस समय उस पर भगवान् की कृपा है। मिट्टी छू देता है तो सोना हो जाती है। सब लोग उसकी हां-में-हां मिलाते हैं। सच कहा है कि 'जिधर रब, उधर सब।'

जिन ढूंढ़ा तिन पाइयां, गहरे पानी पैठ : जो मनुष्य परिश्रम करता है, उसे उसका फल मिलता है।

जिन ढूंढ़ा/खोजा तिन पाइयां; गहरे पानी पैठ।
हौं बौरी ढूंढ़न गई, रही किनारे बैठ॥ (कबीर)

जिस डाल पर बैठे, उसी को काटे : जिसके सहारे से जीवन व्यतीत हो, उसी को हानि पहुंचावे।

ताही को करिए जतंन, रहिए जिहि आधार।
को काटै ता डार को, बैठे जाही डार॥ (वृन्द)
हैं ठाढ़े जा डार पै, काटत सोइ मतिमंद।
घर-घर भारत भागतें, भरे भूरि जयचंद॥ (वियोगी हरि)

जिस थाली या पत्तल में खाना, उसी में छेद करना : जिस व्यक्ति की सहायता से या आश्रय में रहना, उसी को हानि पहुंचाना।
'जिस थाली में खाया उसी में छेद कर रही है।' जिस बड़ी अम्मा ने पढ़ाया, स्वतंत्रता दी, उसी को छल कर भाग रही है।

जिस पेड़ की छांह में बैठे, उसी की जड़ काटे : जिसके आश्रय में रहे, उसी को हानि पहुंचावे। दे. 'जिस डाल पर बैठे, उसी को काटे।'

जिस वन सुआ न सांवरा, वहां कागा खाय कपूर : जहां कोई विद्वान् या बुद्धिमान् नहीं होता, वहां साधारण लोगों का ही आदर-सत्कार होता है।
देखो, यह पंडित कितना गंवार है, तिस पर भी यहां के लोग इसका कितना आदर-सत्कार करते हैं। सच कहा है–'जिस वन सुआ...कपूर।'

जिस बांस की बांसुरी, उसी बांस की सूप दौरी : एक ही माता-पिता के लड़के भिन्न-भिन्न प्रकार के होते हैं, कोई गुणी होता है और कोई गुणहीन।
हरबिलास के दो लड़के हैं–सोमदेव और ओंकार। सोमदेव बड़ा सज्जन और विद्वान् है परन्तु ओंकार मूर्ख और दुष्ट है। इसी को कहते हैं कि 'जिस बांस की...दौरी।'

जिस मुंह से पान खाइए, उस मुंह से कोयले न चबाइए : जिस व्यक्ति को एक बार अच्छा मान लिया, उसकी बुराई नहीं करनी चाहिए।
मैंने आपको श्रेष्ठ समझा। इससे अपनी बहन की शादी आपसे कर दी। अब मैं आपकी निन्दा कैसे कर सकता हूं ? कहावत है–'जिस मुंह से ...चबाइए।'

जिस शहर में फूल बिछाइए, वहां धूल न उड़ाइए : जहां अपनी प्रतिष्ठा हो, वहां कोई ऐसा काम नहीं करना चाहिए जिससे बदनामी हो।
तुम्हारी उस कालेज में काफ़ी प्रतिष्ठा है। अध्यापक और विद्यार्थी सभी तुम्हारा आदर करते हैं। इसलिए तुम्हें कोई ऐसा काम नहीं करना चाहिए जिससे तुम्हारी बदनामी हो। कहावत है–'जिस शहर में...उड़ाइए।'

जिस हंडी / हांड़ी में खाय, उसी में छेद करे : दे. 'जिस थाली या पत्तल में खाय उसी में छेद करे।'

जिसका काम उसी को साजै, और करे तो ठेंगा बाजै : जिसको जिस काम का अभ्यास रहता है, वह उसे सरलता से कर लेता है, दूसरा आदमी उसे करने में असफल होता है।

जिसका खाइए, उसका गाइए : जो रोज़ी-रोटी देता है, उसी की प्रशंसा की जाती है।

जिसका पाप, उसका बाप : प्रत्येक व्यक्ति को अपने पापों का फल अवश्य भोगना पड़ता है।

मूर्ख है बेचारा ! ऐसों को कड़ी बात कहकर क्यों दुःख पहुंचाएं ? 'जिसका पाप, उसका बाप।' यह समझकर छोड़ देना चाहिए, झगड़ा मिटा।

जिसकी आंख नहीं, उसकी साख नहीं : 1. जो वस्तु आंख से न देखी गई हो, उसका विश्वास नहीं करना चाहिए।

2. अंधे या काने मनुष्य अविश्वसनीय होते हैं।

जिसकी आंख में तिल, वह बड़ा बेसिल : जिसकी आंख में तिल होता है, उसमें शील नहीं होता।

जिसकी गोद में बैठे, उसी की दाढ़ी नोचे : आश्रय देने वाले को हानि पहुंचाने पर उक्ति।

तुमने मदनगोपाल को शरण तो दी है परन्तु उससे सतर्क रहना क्योंकि वह बड़ा दुष्ट है, 'जिसकी गोद में बैठता है उसी की दाढ़ी नोचता है।'

जिसकी छाती में एक न बार, उससे सब रहिए हुशियार : जिसकी छाती में बाल न हो, उसका विश्वास नहीं करना चाहिए।

जिसकी जीभ चलती है, उसके नौ हल चलते हैं : डींग मारने वाले अपने विषय में बहुत बढ़-बढ़कर बातें करते हैं।

जिसकी जूती, उसी का सिर : किसी व्यक्ति की चीज़ से उसी को हानि पहुंचाना। दे. 'मियां की जूती, मियां का सिर।'

जिसकी तरफ़ रब, उसकी तरफ़ सब : जिसकी सहायता ईश्वर करते हैं, उसकी सहायता सब करते हैं; दे. 'जिधर रब, उधर सब।'

जिसकी थाली खो जाती है, वह कलसों में हाथ डालकर देखता है : जिसकी चीज़ खो जाती है, उसकी बुद्धि ठिकाने नहीं रहती और वह उस वस्तु को ऐसे स्थानों में ढूंढ़ता है, जहां उसके पाए जाने की सम्भावना नहीं हो सकती।

जिसकी देग, उसकी तेग : जिसके पास खाना होता है, उसी के सिपाही विजय प्राप्त करते हैं।

जिसकी फ़िक्र, उसका ज़िक्र : मनुष्य जिस बात को सोचता है, वही उसके मुंह से निकलती है।

जिसकी बंदरी वही नचावे और नचावे तो काटन धावे : जिसका जो काम होता है वही उसे कर सकता है।

जिसकी बहन अन्दर, उसका भाग सिकन्दर : जिसकी बहन किसी बड़े घर की मालकिन होती है, उसका वहां बहुत सम्मान होता है।

जिसकी बिल्ली, उसी से म्याऊं करे : जब किसी के द्वारा पाला हुआ व्यक्ति उसी से गुर्राता है।

तब क्या पता था कि कभी, उन्हीं की बिल्ली उन्हीं से म्याऊं करेगी ?'

(शिवानी)

जिसकी लाठी, उसकी भैंस : शक्ति अनधिकारी को भी अधिकारी बना देती है, शक्तिशाली की ही विजय होती है।

बलराज ने पानी काटकर अपने खेत में लगा लिया। जिसकी बारी थी वह

एक-दो लठबन्दों को साथ लिए बलराज के पास आया। बलराज ने उन्हें आते देखा तो कुल्हाड़ी उठा ली। फिर क्या था ? सब दुम दबाकर भाग गए। इसे कहते हैं—'जिसकी लाठी उसकी भैंस।'

जिसके पास नहीं पैसा, वह भलामानस कैसा : जिसके पास धन होता है, उसको लोग भलामानस समझते हैं; निर्धन को लोग भलामानस नहीं समझते।

जिसके पेशे में 'वान', उसका गुरु शैतान : जिस मनुष्य के पेशे के नाम के अन्त में 'वान' लगा होता है, वह बड़ा दुष्ट होता है, जैसे इक्कावान, गाड़ीवान आदि।
एक दिन अकबर ने बीरबल से कहा—"जिसके पेशे में 'वान' होता है वह शैतान होता है जैसे कोचवान, फीलवान, शुतुरवान वगैरह।" इस पर बीरबल ने जवाब दिया, "जी हां, मेहरवान।"

जिसके पैर/पांव न फटी बिवाई सो क्या जाने पीर पराई : दे. 'जाके पांव न फटी बिवाई, सो क्या जाने पीर पराई।'

जिसके पैसा नहीं हो पास, उसको मेला लगे उदास : मेलों में अनेक प्रकार की वस्तुएं बिकती हैं। उनको खरीदने के लिए रुपये की आवश्यकता पड़ती है। इसलिए जिसके पास रुपये नहीं होते, उसे मेला अच्छा नहीं लगता।

जिसके राम धनी, उसे कौन कमी : जो भगवान् के भरोसे रहता है, उसे किसी चीज़ की कमी नहीं होती।
जब मैंने महन्त जी से पूछा कि आप प्रतिदिन इतने अधिक साधुओं और भिखारियों को कहां से भोजन कराते हैं, तब उन्होंने उत्तर दिया कि सब व्यवस्था भगवान् की कृपा से हो जाती है। कहावत है कि 'जिसके राम धनी...कमी।'

जिसके हाथ डोई, उसका सब कोई : सब लोग धनवान् का साथ देते हैं और उसकी खुशामद करते हैं। (डोई—करछी।) दे. 'जाके हाथ...कोई।'
मैं निर्धन हूं। मुझको कोई नहीं पूछता। वह धनवान् है। अनेक लोग उसका दरबार करते हैं और उसकी सहायता करने को तैयार रहते हैं। कहावत है—'जिसके हाथ डोई...कोई।'

कोई किसी का और किसी का न कोई है,
सब कोई है उसी का जिसके हाथ डोई है। (नज़ीर)

जिसे/जिसको पिया चाहे, वही सुहागिन : जिस पर मालिक की कृपा होती है, उसी की उन्नति होती है और उसी का सम्मान होता है।
हम इतने परिश्रम से काम करते हैं तथापि मैनेजर साहब हमसे रुष्ट रहते हैं। राजू काम-धाम कुछ नहीं करता, केवल दूसरों की शिकायत उनसे करता है। वह सदैव उससे प्रसन्न रहते हैं और उसका वेतन बढ़ाते रहते हैं। इसी को कहते हैं—'जिसे पिया चाहे, वही सुहागिन।'

जिसने न देखा हो जम, वह देखे जमाई : लोगों को दामादों से बहुत कष्ट होता है; इसलिए ऐसा कहा जाता है।

जिसने न देखा हो बाघ, वह देखे बिलाई : बिल्ली की शक्ल बाघ से मिलती है।

जिसने न देखा हो ठग, वह देखे कसाई : कसाई बहुत ठग होते हैं।

जिसने न देखी हो कन्या, वह देखे कन्या का भाई : लड़की का रूप उसके भाई से बहुत मिलता-जुलता है।

जी कहो, जी कहलाओ : यदि तुम दूसरों का आदर करोगे, तो लोग तुम्हारा भी आदर करेंगे।

यदि तुम चाहते हो कि लोग तुम्हारा सम्मान करें तो तुम्हें चाहिए कि तुम उन लोगों का भी सम्मान करो। 'जी कहो, जी कहलाओ।'

जीभ और थैली को बंद ही रखना अच्छा है : कम बोलने और कम खर्च करने से बड़ा लाभ होता है।

मैंने तुमसे कई बार कहा है कि इतना न बोला करो। बहुत बोलने से लाभ की अपेक्षा हानि अधिक होती है। कहावत है—'जीभ और थैली...है।'

जीभ भी जली और स्वाद भी न पाया : यदि किसी को बहुत थोड़ी-सी चीज़ खाने को दी जाए।

मैं उसके घर भोजन करने नहीं जाना चाहता था। जब उसने बहुत आग्रह किया तब मैंने उसका निमंत्रण स्वीकार कर लिया। परन्तु जब मैं खाने बैठा तब उसने इतना कम खाना परसा कि 'जीभ भी जली...पाया।'

जीयेंगे तो भीख मांग खायेंगे : निर्धन माता-पिता अपने पुत्रों के लिए ऐसा कहा करते हैं।

चन्द्रावती ने रुष्ट होकर अपने पति से कहा—तुम मेरे बच्चों को इस प्रकार मत मारा-पीटा करो। यदि वे 'जीयेंगे तो...खायंगे।'

जीये न माने पितृ और मुए करें श्राद्ध : कुपात्र पुत्रों के लिए कहते हैं जो अपने पिता के जीवित रहने पर उनकी सेवा-सुश्रूषा नहीं करते, पर मर जाने पर श्राद्ध करते हैं।

जब तक तुम्हारे पिता जीवित थे तब तक तो तुमने उनकी कुछ भी सेवा न की। अब उनका श्राद्ध करने चले हो। तुम्हारे ही जैसे लोगों के लिए कहा गया है कि 'जीये न माने...श्राद्ध।'

जीव से जीविका प्यारी : जीविका प्राण से भी अधिक प्यारी होती है।

मैंने उससे कहा—तुम्हारे इतने शत्रु हैं। तुम रात को एकान्त में खेत की रखवाली करने मत जाया करो। उसने उत्तर दिया—क्या करूं ? यदि न जाऊं तो चोर खेत काट ले जायंगे। 'जीव से जीविका प्यारी' होती है।

जी ही से जहान है : यदि जीवन है तो सब कुछ है। इसलिए सब तरह से प्राण-रक्षा की चेष्टा करनी चाहिए।

एक दिन रुक्मिणी ने कहा—बहू, इस तरह कब तक घुला करोगी ? 'जी से ही जहान है।' चलो किसी वैद को दिखा लाऊं। (प्रेमचन्द)

जुआरी को अपना ही दांव सूझता है : स्वार्थी व्यक्ति अपनी ही स्वार्थ-सिद्धि चाहता है।

आरत करहिं विचार न काऊ। सूझ जुआरिहिं आपन दाऊ॥

(तुलसीदास)

जुग-जुग जियो, दूध बताशा पियो : दीर्घ जीवन तथा सुख-सम्पति के लिए आशीर्वाद।

जब लड़के ने पंडित जी के पैर छुए तब उन्होंने आशीर्वाद दिया, बेटा, 'जुग-जुग जिओ...पियो।'

जुड़ती नाहीं धुर की टूटी, धरी रहे सब दारु-बूटी : जब मनुष्य की मृत्यु आ जाती है तब कोई दवा काम नहीं करती।

जुत-जुत मरे बैलवा, बैठे खायं तुरंग : जब कोई कठिन परिश्रम करे और उसका आनन्द दूसरा उठावे तब कहते हैं, जैसे ग़रीब आदमी परिश्रम करते हैं और पूंजीपति उससे लाभ उठाते हैं।

जुल्म की टहनी कभी फलती नहीं, नाव कागज़ की कभी चलती नहीं : जैसे कागज़ की नाव पानी में पड़ते ही गल जाती है, उसी प्रकार अत्याचारी का बेड़ा पार नहीं होता।

द्रोणाचार्य ने दुर्योधन को बहुत समझाया कि पांडवों से मेल कर लो और उन पर अत्याचार न करो। परन्तु उसने उनकी एक न सुनी। तब खीझकर द्रोण ने कहा—'जुल्म की टहनी...नहीं।'

जूं के डर से गुदड़ी नहीं फेंकी जाती : साधारण कष्ट या हानि के डर से कोई व्यक्ति काम नहीं छोड़ देता।

जो न मित्र दुख होहिं दुखारी, तिनहिं बिलोकत पातक भारी : जो लोग मित्रों के दुःख को देखकर दुःखी नहीं होते, उन्हें देखने से बड़ा पाप होता है।

जेठ के भरोसे पेट : जब कोई मनुष्य बहुत निर्धन होता है और उसकी स्त्री का पालन-पोषण उसका बड़ा भाई (स्त्री का जेठ) करता है, तब कहते हैं।

जेठ चले पुरवाई, तो सावन सूखा जाई : जब जेठ में पुरवाई हवा चलती है तो सावन में सूखा पड़ता है।

जेठ मास जब तपे तपन्ता, तब जानो वर्षा का अन्ता : यदि जेठ महीने में खूब गर्मी पड़े तो समझना चाहिए कि इस साल वर्षा अच्छी होगी।

जेते जग में मनुज हैं तेते अहैं विचार : संसार में मनुष्यों की प्रकृति-प्रवृति तथा अभिरुचि भिन्न-भिन्न हुआ करती है।

'जेते जग में मनुज हैं तेते अहैं विचार।' किसी को गाना प्यारा लगता है तो किसी को बजाना और किसी को आमोद-प्रमोद से प्रेम होता है।

जै दिन जेठ बहै पुरवाई, तै दिन सावन धूल उड़ाई : जेठ में जितने दिन पुरवा हवा बहती है, सावन में उतने ही दिन सूखा पड़ता है।

जेठ में पुरवा हवा का बहना भविष्य के लिए खराब है। 'जै दिन जेठ ...उड़ाई।' इसका मतलब यह है कि इधर पानी पड़कर रह जाएगा और आगे वर्षा कम हो जायेगी।

जैसा ऊंट लम्बा, वैसा गधा ख़वास : जब एक ही प्रकार के दो मूर्खों का साथ हो जाता है।

जैसा मूर्ख सुरेश है वैसा ही नरेश। इन दोनों का साथ अच्छा हुआ है।

इसी को कहते हैं कि 'जैसा ऊंट लम्बा...ख़वास।'

जैसा अन्न वैसी बुद्धि : मनुष्य जैसा अन्न खाता है वैसी ही उसकी बुद्धि होती है।

तुम रिश्वत बहुत लेते हो, गाढ़े पसीने की कमाई नहीं खाते। इससे तुम्हारी बुद्धि भ्रष्ट हो गई है। कहावत प्रसिद्ध है–'जैसा अन्न वैसी बुद्धि।'

जैसा कनभर वैसा मनभर : थोड़ी-सी चीज़ की जांच करने से पता चल जाता है कि राशि कैसी है।

इन दोनों विद्यार्थियों की अभ्यास-पुस्तिकायें देखने से ही हमें पता चल गया कि इस पाठशाला में कैसी पढ़ाई होती है। सब छात्रों की अभ्यास-पुस्तिकायें देखने की आवश्यकता नहीं है। कहावत है–'जैसा कन...भर।'

जैसा कर्म वैसा फल : जो व्यक्ति जैसा काम करता है, उसको वैसा फल मिलता है।

हम लोग संसार में जैसा कर्म करते हैं वैसा फल भोगते हैं। शुभ कर्म का करने वाला सुखी होता है, अशुभ कर्म का करने वाला दुःख भोगता है। कहावत प्रसिद्ध है–'जैसा कर्म वैसा फल।'

जैसा काछ काछे वैसा नाच नाचे : जैसा वेश हो, उसी के अनुकूल काम करना चाहिए।

तुम नाटक में डाकू बने हो। इसलिए डाकू की ही भूमिका अदा करनी चाहिए। कहावत है–'जैसा काछ काछे वैसा नाच नाचे।'

ऊधो, सुनो यह प्रीत की रीत,
जु काछिए काछ सुई नाचिए।

जैसा कारन वैसा काज : जैसा सामान होता है वैसा ही काम होता है।

जैसो कारन होतु है, तैसो कारज थाप।
कर सर धनु प्रानी हनत, कर माला हरि जाप॥ (वृन्द)

जैसा जामन वैसा दही : जैसा वीर्य होता है वैसी ही सन्तान होती है।

अवधेश–देखो महावीर कैसा चोर है ! तुम्हारे घर से सब चीज़ें इस प्रकार निकाल ले गया कि तुम्हें पता भी न चला।

गोविन्द–इसमें आश्चर्य क्या है ? उसका बाप भी तो नामी चोर था। 'जैसा जामन वैसा दही।'

जैसा तेरा ताना-बाना, वैसी मेरी भरनी : जैसा व्यवहार तुम मेरे साथ करोगे, वैसा ही मैं तुम्हारे साथ करूंगा।

रमेश ने अपने पड़ोसी गोपाल की कई आदमियों से शिकायत की थी। इसलिए गोपाल ने रमेश का भंड़ाफोड़ करना शुरू किया। जब रमेश ने आपत्ति की, तब उसने उत्तर दिया, 'जैसा तेरा ताना-बाना, वैसी मेरी भरनी।'

जैसा तेरा देना-लेना, वैसा मेरा गाना-बजाना : हम जैसा व्यवहार दूसरों के साथ करेंगे वैसा ही व्यवहार वे हमारे साथ करेंगे।

सेठ–पंडित जी, आपने तो कथा आधे घंटे में ही समाप्त कर दी। मालूम होता है, कुछ भाग आपने छोड़ दिया है।

पंडित–सेठ जी, आपने चढ़ाया भी तो केवल तीन रुपया है। 'जैसा तेरा

देना-लेना...बजाना।'

जैसा दाम वैसा काम : जितनी अच्छी मज़दूरी दी जाएगी, उतना ही अच्छा काम होगा।
जब मालिक ने बढ़ई से कहा कि जो सामान तुम बना रहे हो वे ठीक नहीं बन रहे हैं। बढ़ई ने उत्तर दिया, बाबू जी, आप मुझे मज़दूरी भी तो बहुत कम दे रहे हैं। कहावत है—'जैसा दाम वैसा काम।'

जैसा देवता वैसी पूजा : जैसा मनुष्य हो, उसके साथ वैसा ही व्यवहार करना चाहिए।
मुनिहिं सोच पाहुन बड़ नेवता। तसि पूजा चाहिए जस देवता।
(तुलसीदास)
यह लड़का बड़ा दुष्ट है, समझाने से एक न सुनेगा। जब दण्ड पावेगा, तब अपने-आप रास्ता पकड़ लेगा। 'जैसा देवता हो, वैसी ही उसकी पूजा' करनी चाहिए।

जैसा देश वैसा वेश : जहां रहना हो वहीं की रीतियों के अनुसार आचरण करना चाहिए।
सफलता उसे ही प्राप्त होती है जो समय के साथ-साथ चलता है...'जैसा देश वैसा वेश'...हाथ आगे बढ़ाओ। तुम्हें मेरी सौगंध है।

जैसा नाम वैसा गुण : नाम के अनुसार गुण होना।
आपका नाम सरस्वती प्रसाद है। आप प्रकांड विद्वान् तथा प्रख्यात कवि हैं। आपके अनेक ग्रन्थ प्रकाशित हो चुके हैं। जैसा आपका नाम है वैसा ही गुण है।

जैसा बीज वैसा अंकुर : जैसा पिता वैसा पुत्र।
पंडित जवाहरलाल नेहरु प्रतिभाशाली व्यक्ति थे। इसमें आश्चर्य की कोई बात नहीं है। उनके पिता पंडित मोतीलाल नेहरु भी अद्‌भुत प्रतिभा से सम्पन्न थे। कहावत है—'जैसा बीज वैसा अंकुर।'

जैसा बोवेगा वैसा काटेगा : जैसा काम करोगे वैसा फल पाओगे।
करि कुरूए विधि परबस कीन्हा। बवा सो लुनिय, लहिय जो दीन्हा॥
(तुलसीदास)

जैसा मान वैसा दान : जिसका जैसा मान होता है, उसको वैसा ही दान दिया जाता है।
एक बार सुरेश बाबू ने पंडित चिन्तामणि से सत्यनारायण की कथा सुनी और उन्होंने 5 रुपये देकर बिदा किया। दूसरी बार उन्होंने वही कथा पं. पद्‌मकान्त से सुनी और उन्हें 25 रुपये दान दिया। इस पर कमल बाबू ने पूछा—एक ही कथा के लिए आपने एक पंडित को केवल 5 रुपये और दूसरे को 25 रुपये क्यों दिए? सुरेश ने उत्तर दिया, 'जैसा मान वैसा दान।'

जैसा मुंह वैसा तमाचा : जैसा आदमी होता है वैसा ही उसके साथ व्यवहार किया जाता है।
भिखारियों ने उसे छेड़ना और तंग करना शुरू किया, मगर वह फिर भी बराबर कहता था—मैं फरऊन अमवस हूं। एक भिखारी ने उसके कंधे पर

लाठी मारकर कहा—मगर यार, तेरा वह ताज कहां है ? इसके जवाब में इस भिखमंगे ने उस भिखमंगे को करुण दृष्टि से देखा और कुछ न कह अपनी आंखें ऊपर उठा दीं। एक दूसरे भिखमंगे ने अपना प्याला लेकर उसके सिर पर उलट दिया, और कहा—यह लो, इसका ताज भी देख लो ! एक दूसरा भिखारी बोला—'जैसा मुंह, वैसा तमाचा।'

जैसा मुंह होता है, वैसा ही बीड़ा मिलता है : 'जैसा आदमी होता है वैसा ही उसके साथ व्यवहार किया जाता है।

नायकराम—आजकल कुछ लबाड़ियों ने वर खोजने का व्यवसाय बना लिया है। इससे यह काम करते हुए और भी संकोच होता है।

दरोगा—ऐसे धूर्त यहां नित्य ही आया करते हैं; पर मैं तो पानी को भी नहीं पूछता। 'जैसा मुंह होता है, वैसा ही बीड़ा मिलता है।'

(प्रेमचन्द)

जैसा राजा वैसी प्रजा : जैसा राजा होता है वैसी ही प्रजा होती है। दे. 'यथा राजा तथा प्रथा।'

आचार्य जी ने कहा—यदि राजा धार्मिक और सच्चरित्र होते हैं तो प्रजा भी धार्मिक और सच्चरित्र होती है। परन्तु यदि राजा अधार्मिक और अनैतिक होते हैं तो प्रजा भी अधार्मिक और अनैतिक होती है। कहावत है—'जैसा राजा वैसी प्रजा।'

जैसा सांचा वैसा ढांचा : जैसा सांचा होता है वैसी चीज़ बनती है। जैसा परिवार और वातावरण होता है वैसी ही सन्तान होती है।

अपनी ही ख़ता है, हमने तो खूब जांचा।
लड़के ढले हैं वैसे, जैसा बना था सांचा॥ (अकबर)

जैसा सूत वैसा फेटा, जैसा बाप वैसा बेटा : दे. 'जैसा बीज वैसा अंकुर।'

जैसा सूत वैसी फेटी, जैसी मां वैसी बेटी : जैसी मां होती है वैसी ही बेटी होती है।

जैसा सोता वैसी धारा : जैसे माता-पिता होते हैं वैसी ही उनकी संतान भी होती है।

गोपाल के माता-पिता चोर और धोखेबाज़ हैं। इसलिए यदि वह चोरी करता है तो इसमें कोई आश्चर्य नहीं है। कहावत है—'जैसा सोता वैसी धारा।'

जैसी ओढ़ी कामली वैसा ओढ़ा खेश : सन्तोषी या वीर पुरुष का कहना है कि जैसा समय आ पड़े, उसी के अनुसार अपना रहन-सहन बना लेना चाहिए।

पाकिस्तान से भारत आने वाले शरणार्थी वस्तुतः प्रशंसा के पात्र हैं। उन लोगों ने परिस्थिति के अनुकूल अपने जीवन को ढालकर 'जैसी ओढ़ी कामली वैसा ओढ़ा खेश' वाली कहावत को चरितार्थ कर दिया है।

जैसी करनी वैसी पार उतरनी : जैसा कर्म होता है वैसा ही फल भोगना पड़ता है। दे. 'जैसा कर्म वैसा फल।'

जब वह जवान था तब उसने ऐसे-ऐसे कुकर्म किए थे जिनकी याद आने से रोंगटे खड़े हो जाते हैं। उन्हीं दुष्कर्मों का अब वह परिणाम भोग रहा

है। कहावत प्रसिद्ध है कि 'जैसी करनी...उतरनी।'

जैसी करनी वैसी भरनी : जैसा कर्म होता है वैसा ही फल मिलता है। दे. 'जैसी करनी वैसी पार उतरनी।'

हलधर—क्या करना होगा ?

राजेश्वरी—होगा क्या ? 'जैसी करनी वैसी भरनी' होगी। तुम तो खेत में बाल लगते ही बावले हो गए। लगान तो था ही, ऊपर से महाजन का बोझ भी सिर पर लाद दिया। (प्रेमचन्द)

जैसी खान वैसी मिट्टी : जैसे माता-पिता होते हैं, वैसी ही सन्तान होती है।

कल्लू का बाप कुख्यात डाकू था। इसलिए यदि कल्लू डाका मारता है तो इसमें आश्चर्य की कोई बात नहीं है। कहावत प्रसिद्ध है कि 'जैसी खान वैसी मिट्टी।'

जैसी चले बयार, तब तैसी दीजै ओट : समय और परिस्थिति के अनुसार काम करना चाहिए।

बनती देख बनाइए, परन न दीजे खोट।
जैसी चले बयार तब, तैसी दीजे ओट॥ (वृन्द)

जैसी झूठी बधाई, वैसी ही कड़वी मिठाई : बदला लेने पर लोकोक्ति।

तुम उससे मीठी-मीठी बातें करते थे परन्तु उसके शत्रु से मिले रहते थे। इससे उसको बहुत हानि उठानी पड़ी। अब वह तुमसे बदला ले रहा है तो उसकी निन्दा क्यों करते फिरते हो ? 'जैसी झूठी बधाई...मिठाई।'

जैसी तेरी तोमरी वैसे मेरे गीत : जैसी कोई मज़दूरी देगा, वैसा ही उसका काम होगा।

रुपए तो पांच देते हैं और चाहते हैं कि रातभर पहरा दूं। यह कैसे हो सकता है ? 'जैसी तेरी कामरी वैसे मेरे गीत।'

जैसी देखो गांव की रीत, वैसी उठाओ अपनी भीत : जहां की जैसी रीति हो, वहां वैसा ही व्यवहार करना चाहिए।

जब पंडित जवाहरलाल नेहरु विलायत गए थे तब उन्होंने यूरोपीय वेशभूषा धारण की थी। एक व्यक्ति ने उनसे इसका कारण पूछा, तो उन्होंने उत्तर दिया—'जैसी देखो...भीत।'

जैसी देवी शीतला, वैसा वाहन खर : जब एक ही प्रकार के दो व्यक्तियों का साथ होता है।

जैसे बेईमान तुम्हारे अफ़सर, वैसे ही बेईमान तुम। खूब जोड़ी पटी है। 'जैसी देवी शीतला...खर।'

जैसी नीयत वैसी बरकत : जिसकी जैसी नीयत होती है, उसको वैसा ही फल मिलता है।

सब लोग तीर्थयात्रा पर जाते हैं और देवोपासना करते हैं। कुछ की मनोकामना सिद्ध होती है और कुछ की नहीं। कहावत है—'जैसी नीयत वैसी बरकत।'

जैसी बंदगी वैसा ईनाम : जो व्यक्ति जैसा काम करता है, उसको वैसा फल मिलता है।

बुद्धू बनिया एक बार चोरबाज़ारी करते हुए पकड़ा गया और उस पर 500 रुपये जुर्माना हुआ। मोहल्ले वाले बहुत खुश हुए और कहने लगे—बहुत अच्छा हुआ। 'जैसी बंदगी वैसा ईनाम।'

जैसी बहे बयार पीठ तब वैसी दीजै : देश, काल और परिस्थिति के अनुसार व्यवहार करना चाहिए।

थोड़ी देर तब सब हंसते रहे। सुखिया ने इस उपहास का कुछ भी अभिप्राय नहीं समझा, बड़ी देर तक सबका मुंह देखती रही। फिर वह भी हंस पड़ी। 'जैसी बहे बयारि पीठ तब तैसी दीजै'—इसका उसने भी अनुकरण किया।

(चतुरसेन शास्त्री)

जैसी रूह वैसे फ़रिश्ते : जैसी जीवात्मा होती है वैसे ही यम के दूत उसको लेने के लिए आते हैं। जब एक ही प्रकार के दो दुष्ट या मूर्ख मिल जाते हैं।

दुर्योधन स्वभाव से ही दुष्ट और नीच था। पर-पीड़ा में उसे बड़ा आनन्द मिलता था। संयोगवश उसे वैसा ही परामर्शदाता शकुनि भी मिल गया था। दोनों एक ही सांचे के ढले थे। ठीक ही है, 'जैसी रूह वैसे फ़रिश्ते।'

जैसे उदई वैसे भान, उनके पूंछ/चुटिया न इनके कान : जब दो निकम्मों का साथ हो जाता है।

जैसे रामनाथ कंजूस हैं वैसे ही उनके सम्बन्धी गजाधर भी मिल गए। खूब जोड़ी मिली है। 'जैसे उदई...कान।'

जैसे ऊधो वैसे माधो : जब एक ही प्रकार के दो व्यक्तियों का साथ हो जाता है।

जैसा दुष्ट गंगाल है वैसा ही उसका मित्र योगेन्द्र भी। दोनों का अच्छा साथ हुआ है। 'जैसे ऊधो वैसे माधो।'

जैसे कन्ता घर रहे वैसे रहे विदेस : निकम्मे आदमी के घर रहने से न तो कोई लाभ होता है और न बाहर रहने से कोई हानि होती है।

आस देस-हित की हमैं, नहिं तुम तें अब लेस।
जैसे कन्ता घर रहे, तैसे रहे विदेस॥ (वियोगी हरि)

जैसे काग जहाज़ को सूझत और न ठौर : जब किसी व्यक्ति के लिए एक के सिवाय दूसरा ठिकाना नहीं होता।

नित प्रति पिय बैठो रहै, तक्यो करै मुख गौर।
ज्यों जहाज़ के काग को, सूझत और न ठौर॥

जैसे को तैसा मिले, ज्यों बाभन को नाई; कही आशीर्वाद, उसने आरसी काढ़ दिखाई : जब ब्राह्मण आशीर्वाद देता है तब उसे कुछ दक्षिणा दी जाती है और जब नाई आईना दिखाता है तब उसे कुछ दिया जाता है। कुछ दक्षिणा पाने के लिए ब्राह्मण ने आशीर्वाद दिया। नाई ने उसे आईना दिखा दिया।

जैसे को तैसा मिले, मिले डोम को डोम; दाता को दाता मिले, मिले सूम को सूम : जो व्यक्ति जैसा होता है, उसे जीवन में वैसे ही लोगों से पाला पड़ता है।

जैसे गंगा नहाये तैसे फल पाये : जिस भाव से कोई धार्मिक कृत्य किया जाता है, वैसा ही फल मिलता है।

जैसे नीम नाथ, वैसे बकायन नाथ : एक ही प्रकार के दो दुष्टों का साथ होना।

जैसे बाबा आप लबार, वैसा उनका कुल परिवार : जैसे बाबा स्वयं झूठे हैं वैसे ही उनके परिवार वाले भी हैं।

जैसे मुर्दे पर सौ मन मिट्टी वैसे हज़ार मन : जब कोई व्यक्ति थोड़ा ऋणी हो जाने पर और ऋण चाहता है, तब कहते हैं।

मकान बनवाने के लिए मैंने 6000 रुपये ऋण लिया था। परन्तु इतने से मेरा काम पूरा न हुआ इसलिए 4000 रुपये और ऋण लेना चाहता हूं 'जैसे मुर्दे पर...मन।'

जैसे को तैसा मिले, मिले नीच में नीच; पानी में पानी मिले, मिले कीच में कीच : जो जैसा होता है उसका मेल वैसों से ही होता है।

जैसे राम तुलसी से, वैसे तुलसी राम से : हम जैसा व्यवहार दूसरों के साथ करते हैं, दूसरे वैसा ही व्यवहार हमारे साथ करते हैं।

जब आप मेरी निन्दा करते फिरते हैं और मुझसे कोई सम्बंध नहीं रखना चाहते, तब मैं ज़बरदस्ती क्यों आपसे अपना सम्बंध बनाए रखने का प्रयास करूं ? 'जैसे राम तुलसी से...से।'

जैसे सांपनाथ वैसे नागनाथ : जब एक ही प्रकार के दो दुष्टों का साथ हो जाता है।

आशा थी कि कुंवर साहब गद्दी पर बैठने पर ग़रीबों की सुनेंगे, लेकिन वह बाप से कम न निकले। हमारे लिए तो 'जैसे सांपनाथ वैसे नागनाथ।'

जैसे सूखा सावन वैसे भरा भादों : जब किसी व्यक्ति को दूसरे व्यक्ति से कोई सुख न मिले बल्कि दुःख-ही-दुःख मिले।

श्रीधर का पुत्र एक बहुत बड़ा अधिकारी हो गया परन्तु वह कुमार्गगामी था और उससे पिता को कुछ भी सुख न मिला। उसने उसे बहुत समझाया-बुझाया, पर उसका कोई परिणाम न हुआ तो खीझकर उसने कहा—जो चाहो सो करो। मुझे क्या करना है ? 'जैसे सूखा सावन वैसे भरा भादों।'

जो अति आतप व्याकुल होई, तरु छाया सुख जाने सोई : जिस व्यक्ति पर जितनी अधिक विपत्ति पड़ी रहती है उतना ही अधिक वह सुख का आनन्द पाता है।

जो आके न जाय वह बुढ़ापा देखा, जो जाके न आय वह जवानी देखी : जब जवानी बीत जाती है तब फिर वापस नहीं आती। जब एक बार बुढ़ापा आ जाता है तब फिर वापस नहीं आता।

जो आया है, वह जाएगा : जो पैदा हुआ है वह मरेगा।

तुम्हारे पिता ने समाज में बहुत यश कमाया। वह वृद्ध होकर मरे हैं। उनके लिए तुम्हें शोक नहीं करना चाहिए। यह तो तुम जानते ही हो कि 'जो आया है, वह जाएगा।'

जो करेगा सो भरेगा : जो जैसा काम करेगा वैसा फल पावेगा।

छोड़ो जी, जो करेगा सो भरेगा, तुम्हें क्या ? (अमृता प्रीतम)

जो करे लिखने में ग़लती, उसकी थैली होगी हल्की : रोकड़ लिखने में ग़लती करने से सम्पत्ति का नाश हो जाता है।

जो काम हिकमत से निकलता है, वह हुकूमत से नहीं निकलता : जितना काम तरकीब से निकलता है, उतना रोब-दाब से नहीं निकलता।

जो कोई टके की हांड़ी लेता है वह भी ठोक बजाकर : जो कोई वस्तु लेनी हो, उसकी अच्छी तरह जांच करके लेनी चाहिए।

मैं समझ गया, 'जो कोई टके की हांड़ी...कर।' इसी तरह से आप भी मुझे नौकर रखने से पहले छिपकर मेरा इम्तहान ले रहे थे कि शायद मैं चोर तो नहीं हूं।

जो गंवार पिंगल पढ़ै, तीन वस्तु से हीन; बोली, चाली, बैठकी, लीन विधाता छीन : चाहे गंवार पढ़-लिख ले तिस पर भी उसमें तीन गुणों का अभाव पाया जाता है। बातचीत करना, चालढ़ाल, और बैठकबाज़ी।

जो गरजते हैं, वे बरसते नहीं : जो लोग बहुत शेखी बघारते हैं, वे बहुत अधिक काम नहीं करते।

किशोर ने कहा—अगर मैं अपनी-सी करने पर उतारु हो गया तो... । वाक्य पूरा होने के पहले ही सुनील बोल पड़ा—'जो गरजते हैं...नहीं।'

जो गुड़ खाए वही कान छिदाये : जो आनन्द लेता हो, वही परिश्रम भी करे और कष्ट भी उठावे।

यह सब विपत्तियां तो मैं झेलूं, पर जब किसी सभा के सभापति चुनने का समय आता है तो कोई वकील साहब इसके पात्र समझे जाते हैं, जिन्हें अपने धन के सिवा उक्त पद का कोई अधिकार नहीं। तो भाई, 'जो गुड़ खाए वही कान छिदाये।' (प्रेमचन्द)

जो गुड़ देने से मरे, उसे विष क्यों दिया जाए ? : जो मीठी-मीठी बातों या सुखद प्रलोभनों से नष्ट हो जाए, उससे लड़ाई-झगड़ा नहीं करना चाहिए।

सुख दिखाय दुख दीजिए, खल सौं लरिए नाहिं।
जो गुर दीन्हें ही मरै, क्यों विष दीजै ताहि॥ (वृन्द)

माना कि वह तुम्हारा शत्रु है और तुम्हें हानि पहुंचाने की चेष्टा करता है। परन्तु तुम्हें नीति से काम लेना चाहिए। उससे लड़ाई-झगड़ा न करके उससे मीठी-मीठी बातें करो और किसी प्रलोभन में उसे ऐसा फंसाओ कि उसका नाश हो जाए; 'जो गुड़ देने से...जाए ?'

जो चोरी करता है, वह मोरी भी रखता है : जब कोई दुष्कर्म करने वाला व्यक्ति अपने बचाव के लिए झूठ बोलता है तब इस लोकोक्ति का प्रयोग करते हैं।

जो जस करै सो तस फल चाखा : जो जैसा काम करता है, उसको वैसा ही फल मिलता है।

कर्म प्रधान विश्व रचि राखा। जो जस करै सो तस फल चाखा॥
(तुलसीदास)

सहसा सुनने वालों में से मंगल ने कहा—ईसाई ! तुम जो कह रहे हो, यदि वह ठीक है, तो इस भाव के प्रचार का सबसे बड़ा दायित्व तुम लोगों पर है, जो कहते हैं कि पश्चात्ताप करो, तुम पवित्र हो जाओगे। भाई, हम लोग तो इस सम्बन्ध में ईश्वर को भी इस झंझट से दूर रखना चाहते हैं—'जो जस करै सो तस फल चाखा।' (जयशंकर प्रसाद)

जो जागेगा सो पावेगा : जो सावधान रहेगा, उसे अपने कार्य में सिद्धि प्राप्त होगी।
दलपति ने कहा—विष्णुदत्त सबका सिरताज है। उसके घर में करोड़ों के रत्न, जवाहरात आदि हैं। 'जो जागेगा, सो पावेगा।' (वृन्दावनलाल शर्मा)

जो जैसा करेगा वैसा भरेगा : यदि मनुष्य सत्कर्म करता है तो उसके अच्छे फल मिलते हैं परन्तु दुष्कर्म के बुरे फल मिलते हैं।
जो जैसा करेगा, वैसा भरेगा। क्या मैं दूसरों के लिए करूं ?
(चतुरसेन शास्त्री)

जो टट्टू जीते संग्राम, तो क्यों खरचैं तुरकी दाम : यदि छोटे आदमियों से काम चल जाता, तो बड़े लोगों को कौन पूछता।

जो ज़्यादा करीब सो ज़्यादा रकीब : पड़ोसी या सम्बन्धी प्रायः अधिक दुश्मन होते हैं।

जो तैरेगा सो डूबेगा : जो व्यक्ति कोई काम करेगा, उससे भूल भी अवश्य होगी। दे. 'जो चढ़ेगा सो गिरेगा।'

जो तोको कांटा बुवै ताहि बोय तू फूल : जो व्यक्ति तुम्हारी बुराई करे, उसके साथ भी तुम भलाई करो।

जो तोको कांटा बुवै, ताहि बोय तू फूल।
तोको फूल के फूल हैं, वाको हैं तिरसूल। (कबीर)

स्वामी जी पर तलवार की चोट करने वाले बदमाश को जब पुलिस ने पकड़ लिया तब स्वामी जी ने यह कहकर उसे छुड़ा दिया कि उसने मुझे मारा ही नहीं। भाई, महात्माओं का तो सिद्धान्त ही है कि 'जो तोको कांटा...फूल।'

जो दूसरों के लिए गड्ढा खोदता है, उसके लिए कुआं तैयार रहता है : जो दूसरे लोगों को हानि पहुंचाता है, उसकी हानि अपने-आप हो जाती है।
ईश्वर ने इस संसार को ऐसा बनाया है कि जो परोपकारी होता है वह सुखी रहता है परन्तु जो दूसरों को हानि पहुंचाता है, उसकी हानि अपने-आप हो जाती है। कहावत है—'जो दूसरों के लिए...रहता है।'

जो धन दीखे जात, आधा दीजे बांट : यदि वस्तु के नष्ट हो जाने की आशंका हो, तो उसका कुछ भाग खर्च करके शेष भाग बचा लेना चाहिए।
तुम्हारा गेहूं घुनने लगा है। यदि शीघ्र न बेचोगे तो सब नष्ट हो जाएगा। अतएव उसको कुछ सस्ते भाव से बेच दो। कहावत प्रसिद्ध है—'जो धन दीखे जात...बांट।'

जो धरती पर आया, उसे धरती ने खाया : जो पैदा होता है, वह अवश्य मरता है।

जो धावे सो पावे, जो सोवे सो खोवे : जो परिश्रम करता है उसे लाभ होता है; आलसी

को केवल हानि ही होती है।

जो पहले मारे सो मीर : मार-पीट में जो पहले मारता है, वह जीतता है।

जो पूत दरबारी भए, देव पितर सबसे गए या **(जो पूत परदेसी भए, देव लोक दोनों से गए) :** जो लोग दरबारी या परदेसी होते हैं, उनका धर्म नष्ट हो जाता है और वे संसार के कर्तव्यों का भी समुचित पालन नहीं कर सकते हैं।

जो फल चखा नहीं, वही मीठा है : मनुष्य को जो वस्तु नहीं मिलती, उसे पाने की उसके हृदय में बड़ी इच्छा रहती है।

सृष्टि के आरम्भ से ही मनुष्य स्वर्ग की कामना करता आया है और उसकी प्राप्ति के लिए लालायित रहता है, क्योंकि ऐसा माना जाता है कि स्वर्ग में आनन्द-ही-आनन्द है। सच कहा है कि 'जो फल चखा नहीं, वही मीठा है।'

जो फलेगा सो झड़ेगा, जो बरे (जले) गा सो बुझेगाः जिसकी उन्नति होती है, उसकी अवनति भी अवश्य होती है।

धरा का स्वभाव यही तुलसी
जो फरा सो झरा और बरा सो बुताना। (तुलसीदास)

जो बोओगे सो काटोगे : जैसा काम करोगे वैसा ही फल पाओगे।

बोलो नहीं, बताओ चुपके, कहां दुष्ट है सोया।
बस, उसका है अन्त आज ही, काटेगा जो बोया॥

जो बोले सो कुंडा (कुंडी या दरवाज़ा) खोले : यदि कोई मनुष्य कोई काम करने का उपाय बतावे और उसी को वह काम करने का भार सौंपा जाए, तब इस लोकोक्ति का प्रयोग होता है।

एक व्यक्ति—बख्शी साहब की चिट्ठी ले जाओ तो सब काम बन जाएगा।
दूसरा व्यक्ति—तो ज़रा आप ही तकलीफ़ कीजिए, हम तो बख्शी साहब को जानते नहीं।
पहला व्यक्ति—यह अच्छी रही। 'जो बोले सो कुंडा खोले।'

जो भोंकता है, वह काटता नहीं : दे. 'जो गरजते हैं, वे बरसते नहीं।'

जो रोगी को भावे, वही वैद फरमावे : जब कोई व्यक्ति कोई काम करना चाहता है और उसके बड़े-बूढ़े, उत्तराधिकारी या स्वामी उससे वही काम करने को कहते हैं।

नवीन बाबू विद्यार्थियों को लेकर ताजमहल देखने जाना चाहते थे, किन्तु उन्हें भय था कि कदाचित् प्रधानाचार्य उन्हें अनुमति न दें। जब प्रधानाचार्य ने उनसे कहा कि छात्रों को कुछ दर्शनीय स्थान दिखा लाइए तो वह बहुत प्रसन्न हुए। मैंने टिप्पणी की—लीजिए, अब क्या है ? 'जो रोगी को भावे ...फरमावे।'

जो लोग स्वयं कांच के कक्ष में बैठे हों, उन्हें दूसरों पर ढेला नहीं फेंकना चाहिए : जो लोग बुराइयों, दोषों, अपराधों और पापों में फंसे हों, उन्हें दूसरों की आलोचना नहीं करनी चाहिए।

राजनीति में चरित्र-हनन एक स्वस्थ लोकतांत्रिक परम्परा नहीं है। फिर 'जो

लोग स्वयं कांच के कक्ष में बैठे हों, उन्हें दूसरों पर ढेला फेंकने से पहले बहुत सोचना-समझना चाहिए।'

जो सुख छज्जू के चौबारे में, सो न बलख बुखारे में : जो सुख अपने घर में मिलता है वह अन्यत्र कहीं भी नहीं मिल सकता।

जो सोवेगा सो खोवेगा : जो अपने काम में असावधान रहता है, उसे हानि उठानी पड़ती है।

तुम्हें अपने काम में सदैव सावधान रहना चाहिए। यदि असावधान रहोगे, तो तुम्हें बहुत हानि उठानी पड़ेगी। कहावत है–'जो सोवेगा सो खोवेगा।'

जो स्वयं अपनी सहायता करता है, ईश्वर भी उसकी सहायता करता है : जो मनुष्य परिश्रमी होता है और अपना काम करने में आलस नहीं करता, वही जीवन में सफल होता है।

जब करो आप उपाय
हैं तभी देव सहाय। (मैथिलीशरण गुप्त)

जो हांड़ी में होगा, वही रकाबी में आवेगा : जो मन में होता है, वही मुंह से निकलता है।

अभी हाल में एक नेता प्रयाग आए थे। वह एक बड़ी सभा में भाषण देने वाले थे। जो सज्जन मेरे पास बैठे थे, उन्होंने कहा–आखिर नेता जी क्या भाषण देंगे ? मैंने कहा–धैर्य रखिए। 'जो हांड़ी में...आवेगा।'

जोगी काके मीत, कलंदर किसके भाई : जोगी किसी के मित्र नहीं होते और फ़क़ीर किसी के भाई नहीं होते, क्योंकि वे नित्य एक स्थान से दूसरे स्थान पर जाते रहते हैं।

जोगी जुगत जानी नहीं, कपड़े रंगे तो क्या हुआ : गैरिक वस्त्र पहनने से ही कोई योगी नहीं हो जाता।

जोगी जोगी लड़ पड़े, खप्पड़ का नुक़सान : बड़ों की लड़ाई में ग़रीबों की हानि होती है।

जोगी बढ़े तो तूंबा बोवे : जिस चीज़ की मांग होती है, लोग उसी को पैदा करते हैं।

जोड़-जोड़ धर / मर जाएंगे, माल जमाई खाएंगे : उन कंजूसों पर उक्ति है, जिनके पुत्र न हो।

जोतिसी ग्रह पीड़ा कहै, वैद बतावे रोग : यदि कोई बीमार आदमी ज्योतिषी के पास जाता है तो वह उससे कहता है कि तुम्हारे ग्रह बुरे हैं और जब वैद के पास जाता है तब वह रोग बताता है। तात्पर्य यह है कि सब लोग अपने-अपने व्यवसाय की बात करते हैं।

जोरू चिकनी मियां मजूर : पति-पत्नी के रूप में विषमता हो, पत्नी तो सुन्दर हो परन्तु पति निर्धन और कुरूप हो।

उसकी स्त्री तो सुन्दर है परन्तु वह बहुत कुरूप और निर्धन है। ऐसे ही लोगों के विषय में कहते हैं–'जोरू चिकनी मियां मजूर।'

जोरू टटोले गठरी, मां टटोले अंतड़ी : स्त्री धन चाहती है और माता अपने पुत्र का स्वास्थ्य चाहती है। स्त्री यह देखना चाहती है कि मेरे पति ने कितना रुपया कमाया। माता यह देखती है कि मेरा पुत्र भूखा तो नहीं है।

जोरू न जांता, अल्लाह मियां से नाता : जो संसार में अकेला हो, जिसके कोई न हो।

तुम जवान हो, अभी तुम्हें दुनिया देखनी है। तुम्हारी स्त्री तुम्हारी राह देख रही होगी। मैं फक्कड़ हूं। 'जोरू न जांता...नाता।' (चतुरसेन शास्त्री)

जौ लरिका कछु अचगरि करहीं, गुरु पितु मातु मोद मन भरहीं : लड़कों के अनुचित काम पर ध्यान नहीं देते, बल्कि उसको क्षमा कर देते हैं।

जौहर को जौहरी पहचानता है : गुण को गुणवान् ही पहचानता है।

निराला जी के काव्य का मूल्यांकन सरल नहीं है। मैं तो उसको समझता भी नहीं। यह महान् कार्य आप जैसे काव्य-मर्मज्ञों का है। जैसे 'जौहर को जौहरी ही पहचानता है' दूसरा नहीं।

ज्ञान बढ़े सोच से, रोग बढ़े भोग से : विचार करने से ज्ञान और भोग करने से रोग बढ़ता है।

ज्यों-ज्यों भीजै कामरी, त्यों-त्यों भारी होय : जितना ही अधिक ऋण लिया जाएगा उतना ही बोझ बढ़ता जाएगा।

अति हठ मत कर हठ बढ़ै, बात न करिहै कोय।
ज्यों-ज्यों भीजै कामरी, त्यों-त्यों भारी होय॥ (वृन्द)

आप काफी ऋण ले चुके हैं। फिर भी और ऋण लेने का इरादा करते हैं। याद रखिए—'ज्यों ज्यों भीजै...होय।'

ज्यों-ज्यों मुर्गी मोटी हो, त्यों-त्यों दुम सिकुड़े : ज्यों-ज्यों आमदनी बढ़े, त्यों-त्यों कंजूसी करे, तब इस लोकोक्ति का प्रयोग करते हैं।

ज्यों नकटे को आरसी, होत दिखाए क्रोध : जब कोई व्यक्ति किसी दोषी पुरुष के दोष को बतलाता है तो उसे बहुत बुरा लगता है।

हित हू की कहिए न तिहि, जो नर होय अबोध।
ज्यों नकटे को आरसी, होत दिखाये क्रोध॥ (वृन्द)

झ

झगड़े की तीन जड़ जन, ज़मीन, ज़र : स्त्री, पृथ्वी और धन इन्हीं तीनों के कारण संसार में लड़ाई-झगड़े हुआ करते हैं।

जब तुमने ज़मीन खरीदी है तब झगड़े और मुकदमेबाज़ी के लिए भी तैयार रहो। जानते तो हो कि 'झगड़े की तीन जड़...ज़र।'

झट मंगनी पट ब्याह : किसी काम के जल्दी से हो जाने पर उक्ति।

अभी तो तुमने मकान की नींव डाली थी। कब उसे बनवा लिया और उसमें रहने भी लगे। तुमने तो 'झट मंगनी पट ब्याह' वाली कहावत को चरितार्थ कर दिया।

झटपट की धानी, आधा तेल आधा पानी : जल्दी का काम अच्छा नहीं होता।

झड़बेरी के जंगल में बिल्ली शेर : छोटी जगह में छोटे आदमी बड़े समझे जाते हैं।

झाड़ूं फूकूं चंगा करूं, दैव ले जाय तो मैं क्या करूं : होनहार बड़ा बलवान् होता है, उसके सामने पुरुषार्थ कुछ नहीं कर सकता।

झुके कोई उससे झुक जाए, रुके कोई उससे रुक जाय : जो जैसा व्यवहार करे उसके साथ वैसा ही व्यवहार करना चाहिए।

झूठ कहना और जूठा खाना बराबर है : झूठ बोलना बहुत बुरा है।

झूठ की नाव मंझधार में डूबती है : झूठा व्यवहार बहुत दिन तक नहीं चलता।

वह बड़ा स्वार्थी है। इधर-उधर की लगाकर वह अपना काम निकालना चाहता है। उससे उपकार की आशा रखना व्यर्थ है। इसलिए उससे सदैव सतर्क रहना, नहीं तो धोखा खाओगे। 'झूठ की नाव...है।'

झूठ के पांव नहीं होते : झूठा आदमी बहस में नहीं ठहरता, उसे हार माननी होती है।

पहले तो वह बोला—मैंने रुपया नहीं लिया, फिर कहने लगा—लिए थे दे दिए। जब वकील ने पूछा, किस तारीख को दे दिए थे तो बगलें झांकने लगा। कहावत है कि 'झूठ के पांव नहीं होते।'

झूठ तितौहीं बोलिए, ज्यों आटे में लोन : यदि कोई मनुष्य बहुत अधिक झूठ बोलता है तब इस कहावत का प्रयोग करके उसे उपदेश देते हैं कि इतना अधिक झूठ नहीं छिप सकता।

झूठ बोलने में सरफ़ा क्या : झूठ बोलने में कुछ खर्च नहीं होता।

झूठे का मुंह काला, सच्चे का बोलबाला : अन्त में सच्चे आदमी को ही विजय प्राप्त होती है।

सत्यकेतु को तंग करने के लिए गांव वालों ने उस पर कई मुकदमे चलाए किन्तु वह सब में जीत गया और वे लोग हार गए। कहावत है—'झूठे का मुंह काला, सच्चे का बोलबाला।'

झूठे को घर तक पहुंचाना चाहिए : झूठे से तब तक तर्क-वितर्क करना चाहिए जब तक वह सच न कह दे।

झोंपड़ी में रहें और महलों का ख्वाब देखें : असम्भव बातों की कल्पना करना, हैसियत से अधिक आकांक्षा रखना।

बाबू साहब हैं तो दूकानदार के यहां 15 रुपये के क्लर्क और हौसला करते हैं गांव खरीदने का। यही कहा जाता है कि 'झोंपड़ी में रहें...देखें।'

ट

टंटा विष की बेल है : झगड़ा करने से बहुत हानि होती है।

टका कर्ता, टका हर्ता, टका मोक्ष विधायका : टका सर्वत्र पूज्यन्ते, बिन टका टकटकायते : संसार में सभी कर्म धन से होते हैं; बिना धन के कोई काम नहीं होता।

टका हो जिसके हाथ में, वह बड़ा जात में : धनी लोगों का आदर-सत्कार सब जगह होता है।

टके का सारा खेल है : संसार का सारा खेल रुपये से होता है।

टके की मुर्ग़ी छः टके महसूल : मूल्य से अधिक व्यय होना।

एक सज्जन ने अपनी स्त्री से कहा, "आजकल शहर में लकड़ी बड़ी महंगी मिलती है। क्यों न जंगल में एक पेड़ ले लें और उसे कटवाकर यहां मंगवा लें ?" उनकी स्त्री ने उत्तर दिया, "आपने भी खूब कही ! 'टके की मुर्ग़ी छः टके महसूल।"

टके की हांड़ी गई, कुत्ते की जात पहचानी गई : थोड़े ही खर्च में किसी के चरित्र को अच्छी तरह जान लेना।

चन्द्रशेखर बार-बार मेरे पास रुपया उधार मांगने आया करता था। एक बार मैंने उसे पांच रुपये दे दिए। वह फिर कभी मेरे पास मुंह दिखाने नहीं आया। मैंने सोचा, चलो अच्छा हुआ। 'टके की हांड़ी गई...गई।'

टट्टू को कोड़ा और ताजी को इशारा : मूर्ख को दंड देने की आवश्यकता पड़ती है और बुद्धिमानों के लिए इशारा काफ़ी होता है।

तुम गोपी की बात मत करो। वह मूर्ख है, दण्ड पावेगा तब रास्ते पर आवेगा। परन्तु तुम बुद्धिमान् हो, तुम्हें सोच-विचारकर काम करना चाहिए। कहावत है—'टट्टू को कोड़ा...इशारा।'

टट्टू जो मारैं संग्राम, खर्चें क्यों ताजी के दाम : यदि संसार के सब काम छोटे लोगों से ही निकल जाते तो बड़ों को कौन पूछता ?

तुम्हें चाहिए कि कुछ बड़े लोगों से भी परिचय कर रक्खो, क्योंकि कभी-कभी ऐसे कठिन काम सामने आ जाते हैं जिन्हें केवल बड़े लोग ही कर सकते हैं, छोटे लोग नहीं कर सकते। मसल है—'टट्टू जो मारैं ...दाम।'

टहलुए को टहल सोहे, बहलिए को बहल सोहे : जिसका जो काम होता है, उसी को वह शोभा देता है।

टाट का लंगोटा नवाब से यारी : निर्धन व्यक्ति के धनी-मानी व्यक्तियों के साथ मित्रता करने के प्रयास पर लोकोक्ति।

टाल न भूखे को कभी, जो दे तुझे खुदा; आधी में से पास जो, उसे बांटकर खा : भूखे

को खाने के लिए कुछ-न-कुछ अवश्य देना चाहिए।

टाल बता न उससे तू, जिससे किया क़रार; चाहे बैरी होय वह, चाहे तेरा यार : हमको अपनी प्रतिज्ञा का पालन अवश्य करना चाहिए।

टुकड़ा खाए दिल बहलाए, कपड़े फाटे घर को आए : ऐसा काम करना जिसमें केवल भरपेट भोजन मिले, कोई लाभ न हो।

टुकड़े दे-दे बछड़ा पाला, सींग लगे तब मारन चाला : जो व्यक्ति अपने उपकारी के प्रति कृतघ्न होता है, उसके लिए उक्ति।

टेक उन्हीं की राखे साईं, गरब कपट नहिं जिनके माहीं : जिनके हृदय में अहंकार और कपट नहीं होता, भगवान् उन्हीं की टेक रखते हैं।

टेढ़ जानि शका सब काहू, वक्र चन्द्रमहिं ग्रसै न राहू : टेढ़े से सब लोग डरते हैं, उनको कोई तंग नहीं करता।

टेर-टेर के रोवे, अपनी लाज खोवे : जो अपनी हानि की बात सबसे कहा करता है, उसकी साख जाती रहती है।

ठ

ठंडा लोहा गरम लोहे को काटता है : शान्त प्रकृति वाला मनुष्य क्रोधी मनुष्य को हरा देता है; दे. 'गरम लोहे को ठंडा लोहा काटता है।'

भृगु ने भगवान् को लात मारी, लेकिन उनके यह कहने पर कि आपके पैर में चोट तो नहीं लगी भृगु स्वयं लज्जित हो गए। ठीक ही है, 'ठंडा लोहा...है।'

ठग मारे अनजान, बनिया मारे जान : ठग अनजान आदमियों का ठगता है, परन्तु बनिया जान-पहचान वालों को ठगता है।

ठुक-ठुक सोनार की, एक चोट लोहार की : जब कोई निर्बल मनुष्य किसी बलवान् व्यक्ति से बार-बार छेड़खानी करता है।

ठुमकी गैया सदा कलोर : नाटी गाय सदा बछिया ही जान पड़ती है। नाटा आदमी सदा लड़का ही जान पड़ता है।

ठेस लगे बुद्धि बढ़े : हानि सहकर मनुष्य बुद्धिमान् होता है।

ड

डरा सो मरा : प्रायः लोग प्लेग, चेचक और हैज़ा आदि बीमारियों के समय ऐसा कहते हैं, जिससे लोग डरें नहीं।

डरें लोमड़ी से नाम शेर खां : नाम के विपरीत गुण होने पर यह कहा जाता है।

डायन को भी दामाद प्यारा : दुष्ट स्त्रियां भी दामाद को प्यार करती हैं।

डायन भी अपने बच्चे को नहीं खाती : सभी को अपने बच्चे प्यारे होते हैं।

डूबते को तिनके का सहारा : विपत्ति में पड़े हुए मनुष्यों को थोड़ा सहारा भी काफ़ी होता है।

निपट अंधेरे में रामेन्द्र कुमार को इस वाक्य से आशा की किरण दिखाई दी। 'डूबते हुए को तिनके का सहारा' मिला।

डेढ़ पाव आटा पुल पर रसोई : थोड़ी पूंजी पर झूठा दिखावा करना।

जब तुम्हारे पास केवल पचास आदमियों के खिलाने की सामग्री है तब तुमने यह सब व्यर्थ का आडम्बर क्यों रचा ? यह तो वही हाल हुआ कि 'डेढ़ पाव आटा पुल पर रसोई।'

डोली न कहार, बीबी हुई हैं तैयार : जब कोई बिना बुलाए कहीं जाने को तैयार हो।

ढ

ढाक के वही तीन पात : सदा से समान रूप से निर्धन रहने पर उक्ति, परिणाम कुछ नहीं, बात वहीं-की-वहीं।

बिहार में इतने लोग आवेंगे, हिन्दी भाषी लोगों की भरमार होगी, एक हज़ार प्रतियां हम बेच ही लेंगे और सौ-दो सौ ग्राहक भी बना ही लेंगे। ऐसा अनुमान था किन्तु परिणाम में वही 'ढाक के तीन पात।'

(रामवृक्ष बेनीपुरी)

ढाक तले की फूहड़, महुए तले की सुघड़ : जिसके पास धन नहीं होता, वह गुणहीन और धनी व्यक्ति गुणवान् माना जाता है।

ढेले ऊपर चील जो बोलै, गली-गली में पानी डोलै : यदि चील ढेले पर बैठकर बोले तो समझना चाहिए कि बहुत अधिक वर्षा होगी।

त

तकदीर के आगे तदबीर नहीं चलती : मनुष्य चाहे जितना ही उद्योग करे पर होता वही है, जो भाग्य में बदा होता है।

तकदीर के लिखे को तदबीर क्या करे, गर हाकिम खफ़ा हो वज़ीर क्या करे : यदि किसी का भाग्य खराब होता है तो लाख परिश्रम करने पर भी उसे सफलता नहीं मिलती।

तकल्लुफ़ में है तकलीफ़ सरासर : अत्यधिक शिष्टाचार दिखाने से हानि होती है।

तका पराया हाथ और गया नरक : जो लोग अपना काम स्वयं नहीं करते बल्कि दूसरों पर निर्भर रहते हैं, उनको बहुत हानि उठानी पड़ती है।

तकाज़े का हुक़्क़ा भी नहीं पिया जाता : उधार की चीज़ बहुत बुरी होती है।

तख्त पर बैठे या तख्ते पर लेट जाए : मनुष्य को चाहिए कि या तो सम्मानपूर्वक रहे या मर जाए।

भाई, मुझसे तो इस प्रकार की बेइज़्ज़ती नहीं सही जा सकती। मैं चाहता हूं कि जब तक शरीर में प्राण हैं तब तक 'तख्त पर बैठूं या तख्ते पर लेट जाऊं।'

तड़के/सवेरे का भूला शाम को लौट आए तो भूला नहीं कहलाता : कोई काम बिगड़ने से पहले होश में आ जाना।

प्यारे सज्जनो, बहुत पाप कर चुके, अब भी चेतो। जीवन के अभी बहुत दिन बाकी हैं। भगवान् के सामने पवित्र बनकर जाओ। वे तुम्हें क्षमा करेंगे। अभी संभल सकते हो। 'तड़के (सवेरे) का भूला...कहलाता।'

तत्ता कौर निगलने का, न उगलने का : जब नई मित्रता या काम में कुछ बाधा पड़ती है तब कहते हैं क्योंकि न तो उसे छोड़ते ही बनता है और न निभाते ही बनता है।

तन ताज़ा कलन्दर राजा : जब पेट भरता है तब फ़क़ीर भी अपने को राजा समझता है।

तन दे, मन ले : जो मनुष्य परिश्रम करता है, उसका स्वामी उस पर प्रसन्न रहता है।

तन पर नहीं धागा, नाम चन्द्रभागा : नाम के अनुसार गुण न होना।

तन पर नहीं लत्ता, पान खायं अलबत्ता : जब किसी मनुष्य का रहन-सहन उसकी हैसियत से बाहर होता है।

तन शीतल हो शीत सों, मन शीतल हो मीत सों : ठंडक से शरीर को सुख मिलता है और मित्र को पाकर मन को सुख होता है।

तन सुखी, तो मन सुखी : जब शरीर को सुख रहता है तब मन को भी सुख रहता है।

तपे नखत मृगाशिरा जोय, तब बरखा पूरन लग होय : यदि मृगशिरा नक्षत्र में गरमी खूब पड़ती है, तो उस वर्ष पानी खूब बरसता है।

तलवार का घाव भरता है, बात का घाव नहीं भरता : कड़ी बातों से तलवार की अपेक्षा गहरी चोट लगती है।

भाभी, तुमसे कितनी बार कहा है कि ज़रा सोच-समझकर बात किया करो, रात-दिन ताना मारना उचित नहीं है। जानती तो हो कि 'तलवार का घाव ...भरता।'

तलवार किसकी, मारेगा उसकी : जिसके हाथ जो वस्तु रहती है, वह उसी के काम आती है।

जब तुम जानते थे कि शत्रु का सामना करना है, तब तुम खाली हाथ क्यों आए ? घर पर रखी हुई लाठी किस काम आएगी ? कहावत है– 'तलवार किसकी, मारेगा उसकी।'

तलवार तो दे दी, पर म्यान मरे मारे देंगे : जब कोई असली चीज़ तो प्रसन्नता से दे दे, पर साधारण चीज़ को न देना चाहे।

तलवार मारे एक बार, एहसान मारे बार-बार : जब कोई व्यक्ति किसी का उपकार करता है और पीछे बार-बार एहसान जताकर उसे दबाता है।

तवंगरी ब दिल अस्त न ब माल, बुजुर्गी ब अक्ल अस्त न ब साल : अमीरी दिल से होती है, धन से नहीं, बुजर्गी अक्ल से होती है, साल से नहीं।

तवा चढ़ा बैठी मिसरानी, घर में नाज अंगन ना पानी : जब कोई व्यक्ति बिना उचित सामान के कोई काम करना चाहता है।

तांत बाजी राग बूझा : ज्योंही मनुष्य बोलने लगता है त्योंही उसकी योग्यता तथा मन का हाल मालूम हो जाता है।

सेइ साधु गुरु, सुनि पुरान स्रुति, बुझ्यो राग बाजी तांति।

ताक पर बैठा उल्लू, मांगे भर-भर चुल्लू : जब कोई छोटा आदमी किसी बड़े आदमी पर हुक्म चलाता है।

ताजी को मारा, तुर्की कांपा : एक को दण्ड देने से दूसरों का भी सुधार होता है।

जब से प्रधानाचार्य महोदय ने उस दुष्ट लड़के को पीटा है तब से कोई बालक शैतानी नहीं करता। इसी को कहते हैं–'ताजी को मारा, तुर्की कांपा।'

ताजी पर बस नहीं, तुर्की के कान उमेठे : जब कोई बलवानों से तो लड़ता नहीं, निर्बलों को बल दिखलाता है, तब कहते हैं।

ताजी मार खाय, तुर्की आश पाय : जब योग्य मनुष्यों पर आफ़त आवे और अयोग्य मनुष्य मौज़ करने लगें।

तानाशाह दीवाना, जिसके चिट्ठी न परवाना : जो व्यापारी अपना हिसाब-किताब ठीक नहीं रखता, उसे बहुत कष्ट उठाना पड़ता है।

ताल न तलैया, बोओ सिंघाड़े मेरे भैया : जब कोई व्यक्ति बिना सामान के कोई काम करना चाहता है।

ताल सूख पट पर भयो, हंसा कहीं न जाय; मरे पुरानी प्रीत को, चुन-चुन कंकड़ खाय : उस कृतज्ञ नौकर को कहते हैं, जो स्वामी के दुर्दशा-ग्रस्त होने पर भी उसका साथ नहीं छोड़ता।

ताल से तलैया गहरी, सांप से संपोला ज़हरी : जब पुत्र पिता से भी बढ़कर निकलता है।

ताली एक हाथ से नहीं बजाई जाती : प्रेम या लड़ाई एक तरफ़ से नहीं होती।

मां लाख समझाती थीं, 'ताली एक हाथ से नहीं बजाई जाती' पर पिताजी सबके सामने मौन हो जाते थे, उसके पश्चात् वही अपना राग अलापने लगते थे।

तालाब में पानी नहीं, हाथी को नेवता : शक्ति न रहते हुए भी किसी बड़े आदमी को निमंत्रण देना।

ताश तोर, कठौती मोर : स्वार्थी व्यक्तियों की उक्ति है।

ताश की अगिया, मूज की बखिया : बेजोड़ काम।

तिनके की ओट पहाड़ : यदि आंख के सामने तिनका रख दिया जाए तो बड़ी-से-बड़ी चीज़ छिप जाती है। जब थोड़े सहारे से कोई बड़ा काम हो जाता है।

भाई, मैं एक साधारण व्यक्ति हूं। मैं क्या कर सकता हूं ? किन्तु भगवान् की इच्छा थी कि मेरे माध्यम से आपका इतना बड़ा कार्य सिद्ध हो। आपकी सफलता ने 'तिनके की ओट पहाड़' वाली कहावत की सत्यता सिद्ध कर दी है।

तिरिया तेल, हमीर हठ, चढ़े न दूजी बार : दृढ़-प्रतिज्ञ लोग अपनी प्रतिज्ञा नहीं छोड़ते। इस दोहे का पहला भाग इस प्रकार है :

सिंह गमन सुपुरुष वचन, कदलि फेरे इक बार।

तिरिया तो है शोभा घर की, जो हो लाज रखाना नर की : जो स्त्री अपने पति की लज्जा रखती है, उससे घर की शोभा बढ़ती है।

तिरिया बिना तो नर है ऐसा, राह बटाऊ होवे जैसा : जब तक स्त्री नहीं रहती, तब तक पुरुष के रहने का कोई ठिकाना नहीं रहता।

तिरिया भली वही है भाई, जो पुरुषा संग करे भलाई : उसी स्त्री को भली समझना चाहिए, जो अपने पति की सेवा करे।

तीतर के मुंह लक्ष्मी : जब प्रसूतिका के बच्चे को यम घेरता है, तब तीतर का शब्द सुनते ही यम भाग जाता है। इसी से यह कहावत प्रचलित है। मुकदमे के समय इसका प्रयोग करते हैं। तात्पर्य यह है कि हाकिम की ज़बान में सब कुछ है।

छूटत विपति वियोग, पिय तिन तन बतरान में।
कहौ कहाउत लोग, ज्यों तीतर मुख लच्छमी॥

तीन कनोजिया तेरह चूल्हा : आपस में बहुत अधिक फूट होना या बहुत अधिक छूताछूत

का विचार होना।

हूं तो दरभंगे का, यहां तुम्हारे साथ भोजन कर रहा हूं। घरवालों को पता लगे तो मुझे पतित और पापी समझने लगें। हमारे यहां तो मसल मशहूर है–'तीन कनोजिया तेरह चूल्हा।'

तीन गुनाह खुदा भी बख्शता है : जब कोई अपराध करता है और क्षमा मांगता है।

सेठ नीरा मल जी जब तीसरी बार चोरबाज़ारी करते हुए पकड़े गए, तब दरोगा जी ने कहा–अब आपको माफ़ नहीं किया जाएगा। इस पर सेठ जी गिड़गिड़ाकर बोले–इस बार और क्षमा कर दीजिए। 'तीन गुनाह...है।'

तीन टिकट महा विकट : तीन की संख्या अशुभ मानी जाती है। इसलिए तीन व्यक्ति एक साथ यात्रा के लिए प्रस्थान नहीं करते, और न किसी को तीन वस्तुएं दी जाती हैं।

तीन दिए और तेरह पाए, कैसे लोभ ब्याज का जाये : ब्याज लेने वालों पर व्यंग्य है।

तीन पाव आटा पुल पर रसोई : दे. 'डेढ़ पाव आटा पुल पर रसोई।'

जब तुम्हारे पास इतना कम रुपया था तब तुमने यह सब सामान क्यों मंगवाया और इतने लोगों को क्यों निमंत्रित किया ? तुम्हें अपनी पूंजी देखकर काम करना चाहिए था। तुमने तो 'तीन पाव आटा पुल पर रसोई' वाली कहावत चरितार्थ कर दी।

तीन बुलाए तेरह आए, दे दाल में पानी : जब थोड़ी चीज़ अधिक मनुष्यों में खाने के लिए बांटनी पड़ती है, तो उसमें मज़ा नहीं आता।

तीन में, न तेरह में : जो किसी गिनती में न हो, नगण्य।

मैं वहां किस हैसियत से जाऊंगा। वहां मेरी कोई नहीं सुनेगा, क्योंकि मैं 'तीन में हूं न तेरह में।'

तीन में न तेरह में, मृदंग बजावें डेरे में : 1. जिनकी कहीं गिनती नहीं होती, इसलिए जो घर पड़े रहते हैं।

2. जो सबसे अलग पड़े रहते हैं और किसी के झगड़े में नहीं पड़ते।

तीन लोक से मथुरा/काशी न्यारी : ऐसा काम करना, जो साधारणतया न होता हो।

माता प्रसाद और राम प्रसाद सायंकाल टहलने निकले। उनके मित्र कामता प्रसाद ने कहा–मैं तो इस समय पढ़ने जा रहा हूं। माता प्रसाद ने कहा–ठीक है। तुम्हारी 'मथुरा तीन लोक से न्यारी' ही रहती है।

तीर न कमान, काहे के पठान : झूठी शेखी मारने वालों पर उक्ति है।

तीर न कमान, मियां का अल्लाह निगहबान : जिसके पास अस्त्र-शस्त्र कुछ न हो और अपनी रक्षा के लिए बिल्कुल ईश्वर पर निर्भर रहता हो, उस पर उक्ति है।

तीर नहीं तो तुक्का ही सही : यदि काम हो जाए तो अच्छा है, वरना कोई अफ़सोस नहीं है। जब फल अनिश्चित हो।

इस साल तैयारी तो हुई नहीं, फ़ीस भर दी है। चलो परीक्षा में बैठ जाएंगे। 'तीर नहीं तो...सही।'

तुख्म तासीर, सोहबते असर : बीज और संगत का मनुष्य के ऊपर बहुत गहरा प्रभाव पड़ता है।

इस नराधम लेग्री का बचपन सच्चरित्रा और स्नेहमयी जननी की गोद में कटा था। पर इसका पिता बहुत दुर्वृत्त था। लेग्री की उम्र बढ़ने के साथ-साथ उसके स्वभाव पर उस दुरात्मा अंग्रेज़ के वीर्य का असर होने लगा। कहा है–'तुख्म तासीर, सोहबते असर' जाती नहीं।

तुझको पराईं क्या पड़ी, अपनी निबेड़ तू : दूसरे लोगों के काम के चक्कर में न पड़कर हमें अपना काम करना चाहिए।

तुम काटो मेरी नाक औ कान, मैं न छोड़ूं अपनी बान : हठी आदमी विशेषकर स्त्री के लिए कहते हैं।

तुम जानो, तुम्हारा काम जाने : जब कोई मनुष्य किसी का कहना नहीं मानता बल्कि अपनी इच्छा से काम करता है तब कहते हैं। तात्पर्य है कि तुम जैसा काम करोगे वैसा फल पाओगे। इससे मेरा कोई प्रयोजन नहीं।

मैंने अपना धर्म निबाह दिया, ऊंच-नीच समझा दिया, अब आगे 'तुम जानो, तुम्हारा काम जाने।' (चतुरसेन शास्त्री)

तुम डाल-डाल तो मैं पात-पात : मैं तुम्हारी चालों को खूब समझता हूं।

चलो किधर चलते हो; 'तुम डाल-डाल तो मैं पात-पात।'

तुम्हारे फ़रिश्तों को भी खबर नहीं : मुसलमानों का ऐसा विश्वास है कि प्रत्येक मनुष्य के साथ दो फरिश्ते रहते हैं, जो उसके कामों की खबर रखते हैं। तात्पर्य यह कि तुम नहीं जान सकते।

जो व्यक्ति ऊपर से तुम्हारे मित्र बने हुए हैं और तुम्हारी हां-में-हां मिलाते रहते हैं, वे तुम्हारा नाश करने के लिए षड्यंत्र कर रहे हैं जिसकी 'तुम्हारे फ़रिश्तों को भी खबर नहीं है।'

तुम्हारे मुंह में घी-शक्कर : जब कोई अच्छी खबर सुनाता है तब कहते हैं। तात्पर्य यह है कि ईश्वर करे तुम्हारा समाचार सत्य हो।

उसने नवीन से कहा–सुना है आप डिप्टी कलक्टर हो गए हैं। इसलिए आपको बधाई देने आया हूं। यह सुनकर नवीन ने कहा–'तुम्हारे मुंह में घी-शक्कर।'

तुरत दान महा कल्यान : दे. 'चट दान महा कल्यान।'

तुलसी तहां न जाइए, जहां आपनो गांव; अब को गुन जानै नहीं, धरैं पुरानो नाम : अपनी जन्मभूमि पर नहीं जाना चाहिए, क्योंकि लोग वर्तमान गुण नहीं जानते और पुराने नाम से पुकारते हैं; अर्थात् समुचित सम्मान नहीं मिलता।

तू देवरानी मैं जेठानी, तेरे आग न मेरे पानी : दो समान या एक तरह के आदमियों का साथ होने पर लोकोक्ति है।

तू भी रानी मैं भी रानी, कौन भरेगा कुएं का पानी : जब दोनों अपने को बड़ा समझकर काम करने से इंकार करें, तब यह कहावत प्रयोग की जाती है।

तू सच्चा, तेरा पीर सच्चा : जब कोई झूठा आदमी अपनी बात सच करने के लिए ज़िद करता है, तब उस पर व्यंग्य करने के लिए कहते हैं।

तू रूठी, मैं छूटी : यदि सास नाराज़ हो जाए तो बहू को काम-काज से फ़ुरसत मिल जाती है।

मैं कोई बांदी नहीं हूं। घरभर का धंधा मुझसे न होगा। अभी तो ब्याहली ही हूं, मैंने तुम्हारें घर में कौन-सा सुख पा लिया। तुम तो वह मसल करती हो–'तू रूठी, मैं छूटी।' (चतुरसेन शास्त्री)

तेज़ घोड़े को एड़ कैसी : जो नौकर स्वयं सब काम ठीक कर देता है, उसे दंड देने की आवश्यकता नहीं पड़ती।

तेतरी बेटी राज रजावे, तेतरा बेटा भीख मंगावे : यदि दो पुत्रों के बाद, पुत्री पैदा हो तो अच्छा है; परन्तु यदि दो लड़कियों के बाद लड़का हो, तो अशुभ माना जाता है।

तेते पांव पसारिए, जेती लांबी सौर : दे. 'जितनी चादर देखो उतना ही पैर फैलाओ।'

अपनी पहुंच विचारि के, करतब करिए दौर।
तेते पांव पसारिए, जेती लांबी सौर॥ (वृन्द)

तेरा पानी मैं भरूं, मेरा भरे कहार : यदि किसी व्यक्ति का निजी काम तो नौकर करे और वह स्वयं किसी दूसरे का काम करे।

तेरा माल सो मेरा माल, मेरा माल सो हें हें : दूसरों की चीज़ों को इस्तेमाल करना, परन्तु अपनी चीज़ें न देना।

तेरी आंखों में राई-लोन : जब किसी को नज़र लगने की आशंका होती है तब इस उक्ति का प्रयोग स्त्रियां करती हैं।

चल हट, लुच्ची ! 'तेरी आंखों में राई-लोन' लौंडे को नज़र लगाएगी। (चतुरसेन शास्त्री)

तेल तिलों से ही निकलता है : यदि कोई आदमी किसी मामले में कुछ खर्च करता है तो उतना फ़ायदा उस मामले से ही निकाल भी लेता है।

नौकर ने कमीशन मांगा, दुकानदार ने कीमत सवाई कर दी। आखिर, भाई, 'तेल तो तिलों...है।'

तेल देखो, तेल की धार देखो : बहुत सोच-विचारकर काम करना चाहिए।

'तेल देखो, तेल की धार देखो', घबराते क्यों हो ? (चतुरसेन शास्त्री)

तेली का तेल जले, मशालची का दिल जले या (सिर दुखे) : जब एक व्यक्ति कुछ खर्च कर रहा हो और दूसरा उसमें अड़ंगा डालने चाहे।

तेली ख़सम किया और फिर भी रूखा खाया : किसी बड़े आदमी की शरण में जाने पर भी कष्ट से छुटकारा न पाने पर उक्ति है।

तेली के बैल को घर ही कोस पचास : जिस व्यक्ति को घर पर रहकर ही बहुत अधिक काम करना पड़े, उस पर लोकोक्ति है।

फिरत थकी हौं रहत नहीं, मानिनि गात मवास।

ज्यों तेली के बैल को, घर ही कोस पचास॥

तेली जोड़े पली-पली, रहमान / मेहमान लुटावे कुप्पा : दूसरे के धन से शाहख़र्च बनने वाले पर उक्ति।

तैराक ही डूबते हैं : जो साहस का काम करते हैं, वे कभी-कभी अपने प्रयत्न में असफल भी रहते हैं। दे. 'जो चढ़ेगा सो गिरेगा।''

उठो, हिम्मत बांधों। फेल हुए तो क्या हुआ ? आखिर 'तैराक ही डूबते हैं।'

तैरेगा सो डूबेगा : दे. 'तैराक ही डूबते हैं।'

थ

थका ऊंट सराय ताकता है : दिनभर परिश्रम करने के बाद मनुष्य को घर जाने की सूझती है।

दिनभर कालेज में काम करते-करते थक गया। अब कहीं जाने की इच्छा नहीं होती है। इसलिए सीधे घर जाऊंगा, 'थका ऊंट...है।'

थैली की चोट बनिया जाने : धन की हानि बनिये को बहुत अखरती है।

थैली में रुपया, मुंह में गुड़ : पास में धन हो और भोजन स्वादिष्ट मिले, तब मनुष्य सुखी रहता है।

थोथा चना बाजे घना : जिस व्यक्ति में गुण और विद्या कम हो परन्तु आडम्बर अधिक हो। दे. 'अधजल गगरी छलकत जाय।'

हाई स्कूल में तो दो बार फेल हो चुके लेकिन कहते हैं कि वह हेडमास्टर साहब को भी अंग्रेज़ी बोलना सिखा सकते हैं, इनकी तो वही दशा है कि 'थोथा चना बाजे घना।'

थोड़ा करें गाज़ी मियां, बहुत करें डफाली : चेले अपने गुरु के महात्म्य को बहुत बढ़ा देते हैं।

थोड़ा खाना, इज़्ज़त से रहना : आत्म-सम्मान के साथ थोड़ा रुपया पैदा करना अच्छा है।

थोड़ा खाना बनारस में बसना/रहना : यदि अच्छी ज़गह में या सज्जनों के साथ रहने को मिले तो थोड़ी आमदनी पर भी सन्तोष करना चाहिए।

थोड़े धन में खल इतराय : थोड़ा ही धन होने पर छोटे लोगों या दुष्टों को घमंड हो जाता है।

छुद्र नहीं भरि चलि उतराई। जिमी थोरे धन खल बौराई॥

(तुलसीदास)

द

दग़ा किसी का सगा नहीं : दगाबाज़ आदमी हर एक को धोखा दे सकता है।

दबते को सब दबा लेते हैं या दबे पर सब शेर : दुर्बल आदमी को सब दबा लेते हैं।

दबा बनिया पूरा तौले : जो आदमी हमारे अधिकार में रहता है, वह ईमानदारी का व्यवहार करता है।

दबी बिल्ली चूहों से कान कटाती / कतरवाती है : शक्तिशाली मनुष्य को भी अपराध करने पर निर्बलों की बातें सुननी पड़ती है।

जुआ खेलते हुए जब पकड़े गए, तो सेठ जी ने पुलिस के एक मामूली सिपाही की भी गालियां सुन लीं और उसके हाथ जोड़ने लगे। इसी से तो कहते हैं कि 'दबी बिल्ली...है।'

दबे पर चींटी भी चोट करती है : अधिक सताने पर कमज़ोर व्यक्ति भी बदला लेने के लिए तैयार हो जाता है।

दमड़ी की अरहड़, सारी रात खड़-खड़ : ज़रा-से काम को बहुत बढ़ाकर दिखाना।

दमड़ी की घोड़ी, छः पसेरी दाना : जितने का माल हो, उससे अधिक उस पर खर्च करना।

दमड़ी की बुढ़िया, टका सिर मुड़ाई : जितने का माल हो उससे अधिक उस पर खर्च करना।

दमड़ी की बुलबुल, टका हलाली : व्यय तो अधिक हो, पर काम थोड़ा हो।

जहं देखहु निज अधिक बिगार,
लघु लोभहु कर तजहु विचार।
नहिं यह बुद्धिमान की चाल,
'दमड़ी की बुलबुल, टका हलाल'॥

दमड़ी की मुर्ग़ी नौ टका पकड़ाई : जितने का माल हो उससे ज़्यादा उस पर व्यय पड़ना।

उसने पचास रुपये की बकरी खरीदी। दुर्भाग्य से वह बीमार पड़ गई। सौ रुपया उसकी दवा में खर्च करना पड़ा। इसी को कहते हैं—'दमड़ी की मुर्ग़ी ...पकड़ाई।'

दमड़ी की सुई, सवा मन मलीदा : जब थोड़े-से लाभ के लिए बहुत अधिक खर्च करना पड़ता है।

दमड़ी की हांड़ी गई, कुत्ते की जात पहचानी गई : बहुत छोटी-सी वस्तु के लिए बेईमानी करने के कारण किसी की पोल खुल जाने पर लोकोक्ति है।

तुमने मुझसे पांच रुपये उधार लिए और अब इन्कार कर रहे हो। देखो, पांच रुपये से मेरा कुछ नहीं बनता-बिगड़ता परन्तु तुम्हारी साख सदा के लिए चली गई। 'दमड़ी की हांड़ी...गई।'

दलाल का दिवाला क्या, मसजिद में ताला क्या : दलाल के घर पूंजी नहीं होती; इसलिए

उसका क्या दिवाला निकलेगा ? मसजिद में कोई बहुमूल्य वस्तु नहीं रहती। इसलिए वहां ताला नहीं लगाया जाता। तात्पर्य यह है कि जहां कुछ है ही नहीं; वहां घाटा काहे का होगा और रखवाली किस वस्तु की की जाएगी ?

दवा-की-दवा और गिजा-की-गिजा : ऐसी वस्तु जिसके खाने से दवा का काम भी हो और पेट भी भरे।

दस नकटों में नाकवाला नक्कू : जब नकटों में कोई नाकवाला व्यक्ति जाता है तब वे कहते हैं नक्कू आया। 'नक्कू' के दो अर्थ होते हैं—(क) नाकवाला, और (ख) बदनाम। तात्पर्य यह कि हम जैसे लोगों के साथ रहें, हमें वैसा ही व्यवहार करना चाहिए।

दहना धोवे बायें को और बायां धोवे दहने को : संसार में मनुष्यों का काम एक-दूसरे की सहायता से ही होता है।

दाई से पेट नहीं छिपता : जो व्यक्ति किसी बात के सब भेद को जानता है, उससे वह बात नहीं छिप सकती।

मैं सब जानता हूं नैना ! 'दाई से पेट नहीं छिपता' एक-एक बात का मुझे पता है।

दाता/दादा कहने से बनिया गुड़ देता है : खुशामद से लोग प्रसन्न होते हैं।

दाता की नाव पहाड़ चढ़े : दानी के सब काम सिद्ध होते हैं और वह सुखी रहता है।

दाता दान करे/दे, भंडारी का पेट फूले/फटे : यदि स्वामी देने के लिए कहे परन्तु खजांची या अन्य व्यक्ति टाल-मटोल करे।

दाता देवे और शरमाय, बादल बरसे और गरमाय : दानी व्यक्ति दान देकर शरमाता है कि मैंने बहुत कम दिया। बादल बरसकर गरमाता है, जिससे मालूम होता है कि और वर्षा होगी।

दाता से सूम भला जो जल्दी / ठावें देय जवाब : उस दाता से जो किसी वस्तु के लिए बार-बार दौड़ाता है, वह कृपण अच्छा है जो तुरन्त 'नहीं' कर देता है।

चलै न पिय पै नित कहै, लोग उक्ति सुनि लेहि।
दाता से सूमहिं भलो, उत्तर तुरतहि देहि॥

दादा ले और पोता बरते : बहुत मज़बूत और टिकाऊ चीज़ के लिए कहते हैं।

दान की बछिया के दांत नहीं देखे जाते : मुफ़्त मिली हुई वस्तु की परीक्षा नहीं की जाती।

विवाह में पलंग मिला तो सही; कोई चिन्ता नहीं यदि निवाड़ पुरानी है। भई, तुम नहीं जानते कि 'दान की...जाते।'

दाना खा मोठ का, पानी पी सोंठ का : मोठ गरिष्ठ होती है, इसलिए उसको खाने के बाद सोंठ का पानी पीना चाहिए।

दाना दुश्मन नादान दोस्त से बेहतर होता है : बुद्धिमान् शत्रु मूर्ख मित्र से अच्छा होता है।

वह मेरा शत्रु है परन्तु बुद्धिमान् है। तुम मेरे मित्र हो परन्तु मूर्ख हो। इसलिए मैं उसको तुमसे बेहतर समझता हूं, क्योंकि अनुभवी लोगों ने कहा

है कि 'दाना दुश्मन नादान दोस्त से बेहतर होता है।'

दाम दीजै, काम लीजै : रुपया खर्च करने से काम चलता है, बिना रुपये के काम नहीं चलता।

दाम संवारे काम या **(दाम करे सब काम) :** रुपये से सब काम बनते हैं।

दाल-भात में मूसलचंद : दो व्यक्तियों के काम की बातों में तीसरे का हस्तक्षेप करना।

मैं तुमसे पूछता हूं, तुम्हें उन लोगों की बातचीत में, 'दाल-भात में मूसलचंद' के समान कूदने की क्या ज़रूरत थी ? दोनों बातचीत कर रहे थे, करने देते।

दाल में नमक, सच में झूठ : झूठ उतना ही बोलना चाहिए जिससे कोई पकड़ न पाए।

झूठ बिना फीको लगे, अधिक झूठ सुख मौन।
झूठ तिहाई बोलिए, ज्यों आटे में नौन॥ (वृन्द)

दिन ईद रात शबरात : सदैव चैन से रहना।

चाहे बाढ़ आवे चाहे सूखा पड़े, तुमसे क्या मतलब ? लक्ष्मी की कृपा है। 'दिन ईद और रात शबरात है।'

दिन का बादर सूम का आदर : दिन के बादल से पानी नहीं बरसता और आदर करने से कंजूस धन नहीं देता। इसलिए दोनों बेकार हैं।

दिन जाते देर नहीं लगती : समय बहुत जल्द बीत जाता है।

इलाहाबाद आए हुए मुझे पचास वर्ष हो गए। परन्तु ऐसा प्रतीत होता है कि अभी हाल ही में आया हूं। 'दिन जाते देर नहीं लगती।'

दिनभर डग-डग, रातभर ठक-ठक : दिन को इधर-उधर घूमना और रात को काम करना।

दिनभर मांगी तौ दीयाभर, रातभर मांगी तौ दीयाभर : चाहे कोई कितना ही परिश्रम क्यों न करे परन्तु उसे मिलता उतना ही है जितना उसके भाग्य में बदा होता है।

दिया गुल, पगड़ी गायब : जहां इतने चोर और बेईमान होते हैं कि थोड़ा-सा असावधान होते ही लोगों की चीज़ें चुरा लेते हैं, वहां के लिए यह कहावत प्रयुक्त होती है।

दिया तले अंधेरा : दे. 'चिराग़ तले अंधेरा।'

दिल में नहीं डर, तो सबकी पगड़ी अपने सर : जिसके मन में डर नहीं रहता, वह सबकी इज़्ज़त लेने को तैयार रहता है।

दिल्ली की कमाई दिल्ली में गंवाई : जहां की कमाई हो, वहीं पर खर्च कर देना, कुछ बचाकर घर न ले जाना।

दिल्ली की बेटी, मथुरा की गाय, कर्म फूटे तो अन्तै जाय : दिल्ली में लोग बहुत सुख से रहते हैं और मथुरा में गायों को बहुत आराम रहता है। इसलिए जब दिल्ली में पाली हुई लड़की का विवाह अन्यत्र होता है या मथुरा की गाय अन्यत्र जाती है तो उन्हें बड़ा कष्ट होता है।

दिल्ली के बांके, जिनकी जूती में सौ-सौ टांके : दिल्ली वाले चाहे ग़रीब ही हों और फटे जूते पहनते हों परन्तु उनके कपड़े बहुत शौक़ीन होते हैं।

दिल्ली का लड्डू जिसने खाया वह भी पछताया और जिसने नहीं खाया वह भी पछताया : ऐसा पदार्थ जिससे न तो उसे सन्तोष हो जिसे वह मिले और न उसे सन्तोष हो जिसे वह न मिले।

यह अख़बार क्या चीज़ है ! पढ़िए तो मुसीबत, न पढ़िए तो मुसीबत। जैसा दिल्ली के लड्डू के लिए कहते हैं–'जिसने खाया वह भी पछताया और जिसने नहीं खाया वह भी पछताया।'

दीन के रहे न दुनिया के : इहलोक और परलोक दोनों नष्ट हो गए।

अंग्रेज़ों ने कितनों का धर्म समुद्र पार उतारकर बिगाड़ दिया, अब क्या है ? 'दीन के रहे न दुनिया के।' (चतुरसेन शास्त्री)

दीवार/दीवारों के भी कान होते हैं : गुप्त परामर्श एकान्त में धीरे-धीरे करना चाहिए। भेद की बात किसी से नहीं कहनी चाहिए।

अरे भीग ! जरा धीरे बोल, क्या जाने कोई सुन ही रहा हो, क्योंकि 'दीवार के भी...हैं।'

दीवार रहेगी तो लेव बहुतेरे चढ़ जायेंगे : प्राण बचेगा तो शरीर पर मांस भी चढ़ जाएगा।

दीवाली जीत, तो सालभर जीत : जुआरी कहा करते हैं कि यदि हम दीवाली को जुए में जीतेंगे तो सालभर जीतते रहेंगे।

दीवाली नहीं दिवाला है : दीवाली में व्यय बहुत अधिक होता है।

दुआ और दवा नित्य करनी चाहिए : अर्थ स्पष्ट है।

दुःख मिटिया राम बिसरिया : दुःख दूर हो जाने पर लोग ईश्वर को भूल जाते हैं।

दुःख-सुख मानने ही का है : विरक्त लोग प्रायः दुःखी व्यक्तियों को सान्त्वना देने के लिए कहते हैं कि सुख-दुःख को जितना ही अधिक समझा जाए, उतने ही अधिक वे मालूम पड़ते हैं।

दुखते दांत को उखाड़ना ही अच्छा है : जिससे रोज़ कष्ट मिले, उसे निकाल देना ही अच्छा है।

दुखिया का घर जले, सुखिया पीठ सेंके : दुखिया का तो घर जलता है, और सुखी लोग आग तापते हैं। जब किसी की हानि होते देखकर कोई सुखी होता है या उससे लाभ उठाना चाहता है।

दुधार गाय की लात भी सही जाती है : जिस व्यक्ति से लाभ होता है, उसकी कड़वी बातें भी सुन ली जाती हैं।

लड़का है कमाऊ लेकिन कभी-कभी झगड़ा कर बैठता है। भाई, बात यह है कि 'दुधार गाय की...है।'

दुनिया उम्मीद पर कायम है : सब लोग किसी-न-किसी उम्मीद से ही काम करते हैं। आशा ही हमें कार्य करने के लिए प्रेरित करती है। यदि आशा न हो तो हम काम न करें और संसार का कार्य ठप हो जाए।

पूरी आशा प्रिय-मिलन की है मुझे, क्योंकि प्यारे !
आशा-तन्तु-ग्रथित जग है, जीवनाधार आशा।

दुनिया का मुंह किसने बंद किया है ? : कहने वालों को कोई रोक नहीं सकता। संसार में ऐसे बहुत-से लोग होते हैं जो बड़े-से-बड़े लोगों का छिद्रान्वेषण करने से नहीं चूकते; दे. 'खलक का हलक़...है ?'

तुम लोगों की आलोचना से इतने दुःखी क्यों होते हो ? देखो, लोग राम और कृष्ण की भी निन्दा करते हैं। फिर हम और तुम किस खेत की मूली हैं ? 'दुनिया का मुंह...है।'

दुनिया ठगिए मक्कर से, रोटी खाइए शक्कर से : जो लोग संसार को धोखा देकर ठगते हैं, वे बहुत सुख से जीवन व्यतीत करते हैं। दे. 'रोटी खाइए...मक्कर से।'

यह ज़माना ऐसा है कि जो जितनी तिड़ीबाज़ी करता है, उसकी उतनी ही उन्नति होती है। इसी से कहा गया है कि 'दुनिया ठगिए मक्कर से, रोटी खाइए शक्कर से।'

दुविधा में दोनों गए, माया मिली न राम : दो कामों में से एक भी सिद्ध न होना, इहलोक और परलोक दोनों बिगड़ जाना।

मैं शादी करके भूल कर बैठा। इधर पढ़ाई नहीं हो पाती, उधर बीबी साहिबा नाराज़ रहती हैं। 'दुविधा में दोनों...राम।'

दुलहा को पत्तल नहीं, बरातियों को थाली : जब मुख्य व्यक्ति को कुछ न मिले और ऐरे-ग़ैरे लोगों का खूब आदर-सत्कार हो।

दुष्ट देव की भ्रष्ट पूजा : दुष्ट लोग समझाने से नहीं मानते, ठोंकने से मानते हैं।

दूध का उफान ठंडे जल के छींटे से दब जाता है : मधुर बातों से क्रोध शान्त हो जाता है।

मधुर वचन से जात मिट, उत्तर जन अभिमान।
तनक सीत जल सों मिटै, जैसे दूध उफान॥ (वृन्द)

दूध का जला छांछ/मट्ठा फूंक-फूंककर पीता है : जो एक बार किसी काम में धोखा खा जाता है, वह फिर बहुत सोच-विचारकर काम करता है।

पिछली दफ़ा एक दिन की ग़ैरहाज़िरी में मुझे दफ़्तर से जवाब मिला था; इसलिए मैं अब देरी से जाने में भी डरता हूं, क्योंकि 'दूध का जला... है।'

दूध-का-दूध और पानी-का-पानी : सच्चा या ठीक-ठीक न्याय।

इसका नाम पंचायत है। दूध-का-दूध और पानी-का-पानी कर दिया।
(प्रेमचन्द)

दूधो नहाओ, पूतो फलो : धन-धान्य से परिपूर्ण रहो, धन और परिवार से सुखी रहो। एक प्रकार का आशीर्वाद।

तब वह आशीष के भाव से बोली, 'दूधो नहाओ और...फलो।'

दूर के ढोल सुहावने (लगते हैं) : दूर के व्यक्ति या वस्तुएं भली मालूम पड़ती हैं।

"अजी, इतना उसके पास कहां है ?"

"है क्यों नहीं ? गांव का सबसे बड़ा आदमी है ?"

"बावले भाई, दूर के ढोल सुहावने लगते हैं।" (चतुरसेन शास्त्री)

दूर गए की आस क्या : जो हमसे दूर रहते हैं, उनसे क्या आशा की जा सकती है ?

दूल्हा ढाई दिन का बादशाह होता है : विवाह के समय दूल्हा प्रमुख व्यक्ति होता है और उसका विशेष आदर-सत्कार होता है।

दूल्हा दुल्हन मिल गए, झूठी परी बरात : जब दो आदमियों में लड़ाई-झगड़ा हो जाता है तो अनेक लोग उनके पक्षपाती हो जाते हैं। परन्तु जब उन दोनों व्यक्तियों में मेल हो जाता है तब पक्षपातियों को कोई नहीं पूछता।

दूसरे का सेंदूर देख अपना कपाल फोड़े : दूसरे की उन्नति देखकर जल मरना।

दूसरे की आस नित उपवास : जो दूसरे के भरोसे रहता है, उसकी आशा कभी पूरी नहीं होती।

देख पराई चूपड़ी मत ललचाओ जी, रूखा-सूखा खाय के ठंडा पानी पी : जो कुछ तुमको मिलता है, उसी से सन्तोष करो। दूसरों की अच्छी चीज़ें देखकर लालच मत करो।

देखत कै बौरहिया आवैं पांचों पीर : देखने में बहुत सीधा-सादा हो, पर वास्तव में बड़ा उपद्रवी हो।

देर आयद दुरुस्त आयद : काम देर से हुआ परन्तु ठीक हुआ।

दीनदयाल के कान में भनक पड़ गई, किन्तु देर में। खैर 'देर आयद दुरुस्त आयद।' अब ईश्वर से यही प्रार्थना है कि मुझे चाहे सहस्र बार जन्म लेना पड़े पर मकान की खोज से बचा रहूं।

देवेगा सो पावेगा, बोवेगा सो काटेगा : जो जैसा करेगा वैसा फल पावेगा।

यह संसार कर्मक्षेत्र है। जो कुछ करोगे उसका फल अवश्य पाओगे। अच्छे कर्मों का फल अच्छा और बुरे कर्मों का फल बुरा। कहावत है—'देवेगा ...काटेगा।'

देने में कंजूस है, धर्मदास है नाम : नाम के विपरीत गुण होना।

देशी कुतिया, विलायती बोल : किसी मूर्ख या अल्पज्ञ का विदेशी भाषा बोलना; बेगेल काम।

देह पर न लत्ता, पान खाय अलबत्ता : व्यर्थ का दिखावा या शौक़ करना। दे. 'बदन में नहीं लत्ता, पान खाय अलबत्ता।'

देह पर बाल ना, तीन पाव का छुरा : अनावश्यक सामग्री।

दैव न मारे हाथ से, कुमति देत चढ़ाय : दैव किसी को हाथ से नहीं मारता; कुसमय आने पर बुद्धि भ्रष्ट हो जाती है।

दो कसाइयों में गाय मुरदार : जब गाय दो कसाइयों के साझे में पड़ती है, तो अपने आप मर जाती है। जिस व्यक्ति की सेवा-सुश्रूषा दो आदमियों के ऊपर होती है, उसकी बड़ी दुर्गति होती है। दो आदमियों के साझे का काम बिगड़

जाता है।

दो घर का पाहुना भूखा रह जाता है : जो मनुष्य दो व्यक्तियों के आश्रय में रहता है, उसकी बड़ी दुर्दशा होती है।

दो जोरू का खसम, चौसर का पासा : जिस मनुष्य के दो पत्नियां होती हैं, उसकी बड़ी दुर्गति होती है; कोई भी उसका सम्मान नहीं करती। वह इधर-से-उधर ढकेल दिया जाता है।

दो दिल राज़ी तो क्या करेगा काज़ी ? : जब दो आदमी आपस में मिलकर काम करने को राज़ी हों तो तीसरा आदमी क्या कर सकता है ? दे. 'मियां बीबी राज़ी ...काज़ी ?'

कुबिजा नहिं तुम देखी है।
दधि बेंचन जब जात मधुपुरी, मैं नींके करि पेखी है।
महल निकट माली की बेटी, देखत जिहिं नर-नारि हंसे॥
सुनियत ताहि सुन्दरी कीन्हीं, आपु भयौ ताकौ राज़ी।
सूर मिलै मन जाहि जाहिं सौं, ताको कहा करै काजी॥ (सूरदास)

दो नाव पर चढ़ना, छाती फाड़ के मरना : जो मनुष्य दो काम एक ही साथ करना चाहता है या दोनों पक्षों का समर्थन करना चाहता है, वह बड़ी दुर्दशा भोगता है।

दो मुल्लों में मुर्ग़ी हराम : एक ही काम को यदि अनेक व्यक्ति करें तो वह ख़राब हो जाता है।

सेठ जी की कार कभी ठीक ही नहीं रहती। बात यह है कि उनके यहां दो ड्राइवर हैं, जो एक-दूसरे को दोष देते हैं। कहावत है—'दो मुल्लों में मुर्ग़ी हराम।'

दो में तीसरा, आंखों में ठीकरा : यदि दो आदमी आपस में कोई बात करते हों, तो बीच में तीसरे का बोलना उन्हें अच्छा नहीं लगता।

दोनों हाथों से ताली बजती है : बिना दोनों आदमी की इच्छा के न तो मित्रता हो सकती है और न शत्रुता। दे. 'एक हाथ से ताली नहीं बजती।'

आप और शत्रुघ्न में शत्रुता है। इसका सारा दायित्व आप शत्रुघ्न के ऊपर रखते हैं। परन्तु इसमें आपका भी कुछ-न-कुछ दोष अवश्य होगा, क्योंकि 'दोनों हाथों...है।'

दोनों हाथों में लड्डू हैं : दोनों तरफ़ लाभ है।

जीते राज्य मिले पृथ्वी का
स्वर्ग प्राप्त हो मर कर के।
कुन्तीसुत 'दोनों कर मोदक',
उठ रणहित निश्चय कर के।

दोनों हाथों से पगड़ी संभाली जाती है : बड़े परिश्रम और कष्ट से इज़्ज़त बचाई जाती है।

दोस्त का दुश्मन दुश्मन और दुश्मन का दुश्मन दोस्त : जो मित्र से शत्रुता करे, वह

आपका भी शत्रु है और जो आपके शत्रु है और जो आपके शत्रु का शत्रु हो, वह दोस्त है।

दोस्त मिले खाते, दुश्मन मिले रोते : मित्र का सुखी और शत्रु का दुःखी रहना अच्छा है।

दोस्ती में लेन-देन बैर का मूल : मित्रों के साथ लेन-देन करने से उनके साथ शत्रुता हो जाती है।

मित्र, उधार लेने के लिए तो बाज़ार मौज़ूद है, मैं तुमसे उधार न लूंगा। जानते तो हो कि 'दोस्ती में...मूल।'

दौलत पाये न कीजिए, सपने में अभिमान : धन प्राप्त होने पर कभी भी घमंड नहीं करना चाहिए।

दौलत पाये न कीजिए, सपने में अभिमान।
चंचल जल दिन चारि क़ो, ठाउं न रहत निदान॥
(गिरधर कविराय)

दौलतमंद की ड्योढ़ी पर सब सजदा करते हैं : सब लोग धनी मनुष्यों की खुशामद करते हैं।

ध

धड़ीभर का सिर तो हिला दिया, पैसेभर की ज़बान न हिली : जब कोई व्यक्ति किसी प्रश्न के उत्तर में मुंह से कुछ न कहकर सिर हिला देता है, तब ऐसा कहते हैं।

धधायगा सो बुतायगा : जो बहुत अत्याचार करता है, उसका शीघ्र ही नाश हो जाता है।

धन दे जी को रखिए, जी दे राखे लाज : धन खर्च करके प्राण रक्षा और प्राण देकर सम्मान की रक्षा करनी चाहिए।

धन-में-धन तीन आंटी सन : अत्यन्त निर्धन मनुष्य पर उक्ति, जिसके पास धन के नाम पर केवल तीन आंटी सन है।

धनवन्ती के कांटा लगा, दौड़े लोग हज़ार; निर्धन गिरा पहाड़ से, कोई न आया कार : धनवानों के सभी लोग सहायक होते हैं, निर्धनों का कोई नहीं।

धरा का स्वभाव यही तुलसी, जो फरा सो झरा जो बरा सो बुताना : संसार का यही नियम है कि जो उन्नति करता है, उसकी अवनति अवश्य होती है।

धर्म करे में जो होवे हानि, तबों न छोड़े धर्म की बानि : यदि धर्म-कार्य करने में हानि भी हो, तो उसे भी नहीं छोड़ना चाहिए।

धर्म भी छूटा, तुम्बा भी फूटा : धन और धर्म दोनों नष्ट हो गए।

धाये धन न मांगे पूत : न दौड़ने से धन मिलता है और न मांगने से पुत्र मिलता है; ये चीज़ भाग्य से मिलती हैं।

धाओ धाओ धाओ, कर्म लिखा सो पाओ : चाहे कोई कितना ही परिश्रम करे; परन्तु मिलता उतना ही है, जितना उसके भाग्य में बदा होता है।

धान गिरै सुभागे का, गेहूं गिरै अभागे का : जब गेहूं के पौधे खेत में गिर जाते हैं तब उनकी पैदावार घट जाती है, परन्तु धान के पौधों के गिरने से उनकी पैदावार नहीं घटती।

धी मरी जमाई चोर, टूट गई डाली, उड़ गया मोर : लड़की के मर जाने पर दामाद से कोई सम्बन्ध नहीं रह जाता।

धीरज धरिय तो पाइय पारू : धैर्य धारण करने से मनुष्य संसार की बहुत-सी विपत्तियों से छुटकारा पा जाता है।

धीरज धरिय तो पाइय पारू। नाहित बूड़त सब परिवारू॥

(तुलसीदास)

धीरज धरम मित्र और नारी, आपति काल परखिए चारी : धैर्य, धर्म, मित्र और स्त्री—इन चारों की जांच विपत्ति के समय ही होती है।

धीरा सो गंभीरा : जो व्यक्ति धैर्यपूर्वक अपना काम करता है, वह सफल होता है।

धूम कुसंगति कारिख होई, लिखिय पुरान मंजु मसि सोई : अच्छी संगति से मनुष्य सुधर जाता है और बुरी संगति से बिगड़ जाता है।

धूल डालने से सूरज नहीं छिपता : यदि कोई व्यक्ति सज्जन की निन्दा करे, तो वह निन्दनीय नहीं हो जाता।

धूल भी मारने से सिर पर चढ़ जाती है : छोटे-से-छोटे मनुष्य को यदि बहुत सताया जाए तो वह भी विरोध करके हानि पहुंचाने के लिए तैयार हो जाता है।

हीन जानि न विरोधिए, वह तौ तन दुखदाय।
रजहू ठोकर मरिए, चढ़ै सीस पर आय॥ (वृन्द)

धोती के भीतर सभी नंगे होते हैं : बुराइयां सभी में होती हैं।

धोबी का कुत्ता न घर का न घाट का : जिसके रहने का कोई पक्का ठिकाना न हो; जो न एक तरफ़ का रहे न दूसरी तरफ़ का।

तुलसी बनी है राम रावरे बनाए, ना तौ,
धोबी कैसे कूकर, न घर को न घाट को। (तुलसीदास)

धोबी के घर पड़े चोर, वह न लुटा लुटे और : दूसरे की वस्तु नष्ट हो जाने पर हमें तब तक शोक या हानि नहीं होती जब तक हमारी हिस्सेदारी न हो।

गुस्से में आकर लोगों ने डाकखाना और स्टेशन तो जला दिया किन्तु जब सरकार ने शहरवालों पर विशेष टैक्स लगाकर तीन लाख रुपया जमा कर नई इमारतें खड़ी कर दीं, तब लोगों को होश आया कि 'धोबी के घर ...और।'

धोबी बसि कर क्या करे दिगम्बर के गांव : जो लोग नंगे रहते हैं, कपड़े नहीं पहनते,

उनके गांव में धोबी रहकर क्या करेगा ? तात्पर्य यह है कि जहां जिसकी आवश्यकता और सम्मान न हो वहां उसे नहीं रहना चाहिए।

इस झोपड़ों के गांव में तुम जैसे मिस्त्री की क्या गुज़र हो सकेगी ? कहा भी है—'धोबी बसि कर...गांव ?'

धोबी रोवे धुलाई को, मियां रोवें कपड़े को : जब दोनों पक्ष वाले अपना-अपना दुखड़ा रोते हैं।

कारखाने के मज़दूर कहते हैं कि मालिक सब रुपया अपनी जेब में रख लेते हैं; उन्हें काफ़ी मज़दूरी नहीं देते। मालिक कहते हैं कि कारखाना घाटे पर चल रहा है, कुछ लाभ होता ही नहीं। इसी को कहते हैं कि 'धोबी रोवे...को।'

धोबी से पार न पावे, गधा का कान उमेठे या (धोबी का धोबिन पर बस न चले, गधा का कान उमेठे) : जब बलवान् से किसी का वश न चले और निर्बल पर क्रोध उतारे।

साहब के सामने तो गिड़गिड़ाते रहे; आकर चपरासी से रोब दिखाने लगे। इन बाबू की तो यही आदत है कि 'धोबी से पार...उमेठे।'

धोये गधा बाछा नहीं होता : वेषभूषा बदल देने से कोई नीच पुरुष ऊंचा नहीं हो जाता।

धोयेहू सौ बार के काजर होत न सेत : अनेक यत्न करने से भी दुष्ट सज्जन नहीं होता, मूर्ख बुद्धिमान् नहीं होता।

न

न आगे नाथ न पीछे पगहा : संसार में अकेला होना, जिसका कोई सगा-सम्बन्धी न हो।

वकील साहब रंगरूट थे—न आगे नाथ, न पीछे पगहा; न मुवक्किल, न मुहर्रिर। (चतुरसेन शास्त्री)

न आव देखा न ताव : न कुछ सोचा न समझा।

मैंने 'न आव देखा न ताव' झट उसका कालर पकड़ लिया।

न इधर के हुए न उधर के हुए : दोनों तरफ़ से निकम्मा समझे गए।

न ईंट डालो, न छींटें पड़ें : यदि किसी नीच को छेड़ोगे, तो तुम्हें दुर्वचन अवश्य सुनने पड़ेंगे।

न ऊधो का लेना, न माधो का देना : कोई सम्बन्ध न रखना।

राम बोला मेरा नाम है। राम का गुलाम हूं। मुझे जाति-पांति से कोई मतलब नहीं। किसी के साथ नातेदारी तो जोड़नी नहीं। 'न ऊधो का लेना,

न माधो का देना।' (वियोगी हरि)

न कर, न डर : न अपराध करो, न दंड देने वाले से डरो।

न करु, न डरु, सब जग कहत, कत बिनु काज लजात।
सौहै कीजै नैन जौ; सांची सौहैं खात॥ (बिहारी)

न कुछ लेना, न कुछ देना : कोई सम्बन्ध न रखना, कोई मतलब न होना। दे. 'न ऊधो का लेना, न माधो का देना।'

भागीरथी जल पान करैं अरु,
नाम द्वै राम के लेत नितै हौं।
मोको न लेनो न देनो कछू, कलि !
भूलि न रावरी ओर चितै हों॥ (तुलसीदास)

न कोई संग लाया है न कोई ले जाएगा : धन मनुष्य के साथ परलोक नहीं जाता बल्कि यहीं पर छूट जाता है।

न खुदा ही मिला, न विसाले सनम, न इधर के हुए, न उधर के हुए : न लोक ही सुधरा न परलोक ही। दे. 'दुविधा में दोऊ गए, माया मिली न राम।'

मैंने न तो भगवद् भक्ति ही की और न धन ही कमाया। मेरा जीवन व्यर्थ गया। 'न खुदा ही...हुए।'

न घर का रहना न घाट का : किसी तरफ़ का न होना, निकम्मा होना।

मैं न मिलता तो तुम 'न घर की रहतीं न घाट की।'

न तीन में न तेरह में : जिसे कोई न पूछता हो, अत्यन्त तुच्छ और नगण्य व्यक्ति। दे. 'तीन में न तेरह में।'

मुल्क तो हिन्दुओं का है, मुसलमानों का है, अंग्रेज़ कौन होते हैं, 'न तीन में, न तेरह में।' (चतुरसेन शास्त्री)

न दीन का न दुनिया का : जिसका लोक-परलोक दोनों नष्ट हो जाएं, उस पर लोकोक्ति।

न नामलेवा न पानीदेवा : जिसका संसार में कोई न हो।

एक बार श्याम के गांव में प्लेग आया। उसके घर के सब लोग मर गए। अब 'न कोई नामलेवा है और न पानीदेवा।'

न नौ मन तेल होगा न राधा नाचेगी : असम्भव शर्तों पर काम करने को तैयार होना।

पुत्र ने कहा—यदि आप मुझे 800 रुपये मासिक व्यय दें तो मैं इलाहाबाद विश्वविद्यालय में पढ़ने जाऊंगा। पिता ने उत्तर दिया—'न नौ मन... नाचेगी।'

न रहेगा बांस न बजेगी बांसुरी : झगड़े की जड़ को नष्ट कर देने पर ही झगड़ा खतम होगा।

इस खिलौने को उठाकर क्यों नहीं फेंक देती। इसी पर बच्चों में रोज़ाना मार-पीट होती है। 'न रहेगा बांस...बांसुरी।'

न सूप सराहने जोग, न चलनी सराहने जोग : जब दोनों पक्षों में कुछ-न-कुछ बुराई हो।

नंगा क्या ओढ़े क्या बिछाए ? : दरिद्र मनुष्य बहुत कठिनाई से अपने परिवार का पालन-पोषण करता है।

कुल तीन सौ रुपल्ली पाते हैं इनके भाई, अब तुम्हीं बताओ भला, 'नंगा क्या ओढ़े क्या बिछाए ?' (शिवानी)

नंगा क्या पहनेगा क्या निचोड़ेगा ? : जो स्वयं दरिद्र है, वह दूसरों को क्या देगा ?

भाई, पूंजीपतियों के पास जाओ जिनके पास अतुल धन है। वे तुम्हें काफ़ी चंदा दे सकेंगे। हम लोग तो स्वयं दरिद्र हैं। हम चंदा कहां से देंगे ? कहावत है—'नंगा क्या पहनेगा...निचोड़ेगा ?'

नंगा नाचे, फाटे क्या : जिसके पास कपड़ा है ही नहीं, उसका क्या फटेगा ? बेइज़्ज़त आदमी निर्भय होकर बुरे काम करते हैं।

पदुम बड़ा नीच है। उसको न तो अपनी इज़्ज़त का खयाल है न दूसरों की। इसलिए यदि वह तुम लोगों के हाथ पिट गया तो उसे इसकी कुछ परवाह न होगी। 'नंगा नाचे, फाटे क्या ?'

नंगा परमेश्वर से भी बड़ा होता है : लोग ईश्वर से अधिक नंगों से डरते हैं।

उस गुंडे के सामने तुम्हारी एक न चलेगी। कहा भी है कि 'नंगा परमेश्वर से भी बड़ा होता है।'

नंगी ने घाट रोका, न नहाय न नहाने दे : जब कोई दुष्ट किसी वस्तु का न तो स्वयं उपभोग करे और न दूसरों को करने दे।

नंगी हो के काता सूत, बूढ़ी हो के जाया पूत : यदि पहले सूत कातती तो नंगी न रहती और यदि पहले पुत्र जनती तो बुढ़ापे में कष्ट न होता। तात्पर्य यह है कि ठीक अवसर पर काम न करने से बहुत कष्ट उठाना पड़ता है।

नंगे से खुदा भी डरता है : दे. 'नंगा परमेश्वर से भी बड़ा होता है।'

नई जवानी मांझा ढीला : जवानी में ही सुस्त या आलसी हो जाना, या थोड़े ही परिश्रम से थक जाना।

एक बार कालेज में उत्सव मनाया जा रहा था। थोड़ी देर काम करने के बाद युवक अध्यापक विमल चौधरी बैठ गए। प्राचार्य ने उन्हें बैठा देखकर कहा—क्यों भाई इतनी जल्दी थक गए। 'नई जवानी मांझा ढीला।'

नकटा जीवे बुरे हवाल : निर्लज्ज व्यक्ति का जीवन बहुत ख़राब होता है, जो व्यक्ति सबका कनौड़ा होता है, उसके लिए भी कहते हैं। जिस व्यक्ति के जीवन में अनेक कष्ट और कठिनाइयां होतीं हैं, उसके लिए भी यह लोकोक्ति प्रयुक्त होती है।

ऐसे जीने से तो मरना ही अच्छा है। 'नकटा जीवे बुरे हवाल।' (प्रेमचन्द)

नकटी बुढ़िया पानी पिला, बेटा आगे चलकर दूध मिलेगा : जो काम मधुर वाणी से होता है, वह कटु वाणी से नहीं हो सकता।

नकटे की नाक कटी सवा गज़ और बढ़ी : बेहया लोगों को कहते हैं, जो बेइज़्ज़ती से नहीं डरते।

नकद/नगद मजूरी चोखा काम : नकद मज़दूरी देने पर काम अच्छा होता है।

मेरी मजूरी मुझे मिल जाती थी, मेरे लिए यही यथेष्ट था। 'नकद मजूरी चोखा काम' मेरा दस्तूर था। (चतुरसेन शास्त्री)

नक्क़ारखाने में तूती की आवाज़ कौन सुनता है : बड़े आदमियों के सामने छोटों की बात कोई नहीं सुनता; बहुत भीड़-भाड़ या शोर-गुल में कही हुई बात नहीं सुनाई पड़ती।

दुनिया भट्ठे में जा रही है तो जाने दो। क्यों खामखाह अपनी रात और दूसरों की सुबह खराब करते हो ? इस 'नक्क़ारखाने में तुम जैसी तूतियों की आवाज़ सुनने वाला कौन बैठा है ?'

नज़र चूकी माल दोस्तों का : ज़रा-सी असावधानी करने पर चोर और उचक्के माल गायब कर देते हैं।

नट का बच्चा तो कलाबाज़ी ही करेगा : जातिगत स्वभाव नहीं छूटता।

नटिनी जब बांस पर चढ़ी तो घूंघट क्या ? : जब बेशर्मी का काम करना शुरू कर दिया तो शर्म करना व्यर्थ है।

सब जानते हैं कि इस साल शराब का ठेका तुमने लिया है, फिर स्वयं दुकान पर क्यों नहीं बैठते ? 'नटिनी जब...क्या ?'

नदियों में कंकड़, काशी में शंकर : किसी पदार्थ की अधिकता पर उक्ति है।

हिन्दी भाषा के एक बड़े छन्द शास्त्री का मत है कि उनके बनाए हुए छन्द-ग्रन्थों में यदि सब लोग पारंगत हो जाएं, तो भारत में गांव-गांव, गली-गली कवियों की वैसी ही बहुतायत हो जाए जैसे 'नदियों में कंकड़ों की और काशी में शंकरों' की बहुलता है।

नदी किनारे रूखड़ा जब-तब होय विनास : वृद्ध, अल्पायु या मरणासन्न व्यक्ति की उक्ति।

तुम सुधर जाओ, नहीं तो सारी उम्र रोते रहोगे। हमारा क्या है, 'नदी किनारे के रूख हैं, आज हैं कल बह गए।'

नदी नाव संयोग : संयोग का साथ, इत्तफ़ाक से भेंट।

ऊधो कछु दिन बसि कियो, वा कपटी संग भोग।
कहां कान्ह अब हम कहां, नदी नाव संयोग॥ (सूरदास)

नफ़री में नख़रा क्या ? : रोज़ाना मज़दूरी में क्या झगड़ा ?

मैं कई दिन से आपके यहां 12 रुपये रोज़ पर मज़दूरी करता हूं और आप रोज़ मुझसे पूछते हैं कि तुम्हें क्या दिया जाए ? मैं तो आपके इस प्रश्न से चकित हो जाता हूं। 'नफ़री में नख़रा क्या ?'

नमाज़ छुड़ाने गए थे, रोज़े गले पड़े : जब कोई छोटा-सा दुःख दूर करने के लिए जाए और उसके ऊपर और बड़ा दुःख पड़ जाए। दे. 'रोज़ा बख़्शवाने गए, नमाज़ गले पड़ गई।'

गुप्तजी ने प्राचार्य जी से कहा—मेरा स्वास्थ्य आजकल ठीक नहीं है। इसलिए मैं तीन दिन की छुट्टी लेना चाहता हूं। प्राचार्य ने उनकी प्रार्थना स्वीकार कर ली परन्तु साथ ही कहा कि इण्टरमीडिएट परीक्षा बहुत निकट है। इसलिए छुट्टी से आने के बाद कृपया शाम को अतिरिक्त कक्षा ले

लिया कीजिएगा। बेचारे 'नमाज़ छुड़ाने...पड़े।'

नया दाना नया पानी : नई नौकरी।

शेखर ने गोपी से कहा—तुम अधीक्षक से इतना क्यों डरते हो ? हम लोगों को देखो, कैसे रहते है। गोपी ने उत्तर दिया—क्या करूं, मेरा 'नया दाना नया पानी है।'

नया नौ दिन पुराना सौ दिन : नई चीज़ों के स्थायी होने में शंका रहती है।

हालांकि बड़े-बड़े डॉक्टर आ गए हैं, लेकिन मैं तो उन्हीं वैद्य जी के पास जाता हूं, क्योंकि 'नया नौ दिन...दिन।'

नया नौ गंडा, पुराना छः गंडा : पुराने से नए का मान अधिक होता है।

तुम नये माली हो। इसलिए साहब तुम्हारा सम्मान अधिक करते हैं। मैं पुराना हो गया हूं। इसलिए मेरी उपेक्षा करते हैं। कहावत है—'नया नौ गंडा...गंडा।'

नया बावर्ची साग में शोरबा : फूहड़ व्यक्ति के ग़लत काम करने पर व्यंग्य।

नया हकीम, दे अफ़ीम : नया, अनुभवहीन व्यक्ति भारी ग़लतियां करता है।

नयन दोष जाकहं जब होई, पीत बरन राशि कहं कह सोई : पक्षपाती व्यक्ति को सच्ची बात का पता नहीं लग सकता।

एक बार एक सज्जन ने एक मंत्री जी से कहा कि आजकल समाज में अपराध बहुत बढ़ रहा है। मंत्री उनसे सहमत नहीं हुए और कहा—आप पूर्वाग्रह के कारण ऐसा कहते हैं। 'नयन दोष...सोई।'

नरक में भी ठेला ठेली : निकृष्ट वस्तु को स्वीकार कर लेने पर भी कष्ट होना।

एक बार जब वह काशी यात्रा कर रहा था तो रेलगाड़ी में बड़ी भीड़ थी। इसलिए वह फ़र्श पर बैठ गया। अगले स्टेशन पर अनेक और यात्री भी आ गए और फ़र्श पर बैठ गए। उसने कहा—बेंच पर जगह न मिलने के कारण मैं फ़र्श पर बैठ गया था। अब यहां भी जगह नहीं मिल रही है। 'नरक में भी ठेला ठेली' हो रही है।

नहिं असत्य सम पातक पुंजा, गिरि सम होहि कि कोटिक गुंजा : जिस प्रकार करोड़ों गुंजा (घुंघची) मिलकर पहाड़ की बराबरी नहीं कर सकते, उसी प्रकार कितने ही पाप मिलकर असत्य की समता नहीं कर सकते।

नहिं विष बेलि अमिय फल फरही : जैसे मां-बाप होते हैं वैसे ही लड़के भी होते हैं।

का आचरजू भरत अस करहीं। नहिं विष बेलि अमिय फल फरहीं।

(तुलसीदास)

नाई की बारात में जने-जने ठाकुर : जहां कोई मालिक न हो, वहां प्रत्येक आदमी मालिक बनता है।

छिन-छिन गरजने के उपरान्त काली-काली घटाओं में दामिनी दमक रही थी; सब ओर सन्नाटा छाया हुआ था; केवल भेक-मंडली नाऊ की बरात के समान सब अलग-अलग ठाकुर बने टर-टर ध्वनि से कान की थैलियां झार रहे थे।

ऩाई की सी आरसी, हर काहू के पास : नाई का शीशा कभी एक आदमी के हाथ में रहता है तो कभी दूसरे के। तात्पर्य यह है कि ऐसी वस्तु जिसका उपयोग सब लोग करते हैं।

नाई-नाई ! बाल कितने ? जजमान, अभी सामने आवेंगे : जब कोई किसी से ऐसी बात पूछे, जिसका फल तुरन्त ही उसके सामने आने वाला हो।

''लड़का कैसा है ? सांवला तो नहीं है ? पढ़ा-लिखा तो है ?'' ''इतनी उतावली क्यों हो रही हो, अभी रोटी खाने आएगा, देख लेना कैसा है। 'नाई-नाई बाल...आवेंगे।' ''

नाई, बाम्हन, हाऊ; जाति देखि गुर्राऊ : नाई, ब्राह्मण और कुत्ते अपनी जाति वालों से बहुत खार खाते हैं।

नाई से सयाना सो कौआ : जैसे पक्षियों में कौए बहुत होशियार होते हैं, वैसे मनुष्यों में नाई।

नाक कटी पर हट न हटी : जब बहुत हानि या असम्मान होने पर भी कोई हठ न छोड़े।

नाक कटी बला से दुश्मन की बदशकुनी तो हुई : अपनी हानि करके दूसरे की बुराई करने पर उक्ति।

नाक दबाने से मुंह खुलता है : दबाव पड़ने से काम निकलता है या बात खुलती है।

सेठ जी के पास खबर भिजवाना कि सम्पादक तुम्हारे विरुद्ध एक लेख निकाल रहे हैं। बस कल ही आपके पत्र को दान मिल जायेगा। जानते नहीं हो कि 'नाक दबाने से...है।'

नाच न जाने आंगन टेढ़ा : काम तो करना नहीं आता, हथियार आदि का दोष देते हैं।

रामदत्त का लिखा पत्र उसका बाप न पढ़ सका; पूछने पर उसने कहा कि कलम इतना मोटा था और कागज़ कम था। तब बाप ने कहा, ठीक है, 'नाच न जाने...टेढ़ा।'

नाचे-कूदे बानरा, माल मदारी खाय : जब एक आदमी परिश्रम करता है और दूसरा उससे लाभ उठाता है।

नाचे गावे तोड़े तान, ताकी दुनिया राखे मान : असली गुणवानों के स्थान पर दिखावटी और पाखंडी लोगों के सम्मानित होने पर उक्ति।

नाचे तो घूंघट क्या या (नाचने लगे तो घूंघट क्या) : जब कोई काम करना ही है तब उसमें लज्जा करना व्यर्थ है।

नाचने वालों के पैर थिरकते हैं : काम करने वाला व्यक्ति चुपचाप नहीं बैठता; वह कुछ-न-कुछ करता ही रहता है।

नाटा सबसे टांटा : 1. नाटा आदमी बहुत मज़बूत होता है।

2. नाटा आदमी सबसे लड़ता है।

नाटों खेती, बहुरियों घर : छोटे बैलों से खेती नहीं होती और नई स्त्रियों से गृहस्थी नहीं संभलती।

जब मेरी बातें ज़हर लगती हैं तो मुझे क्या कुत्ते ने काटा है जो बोलूं ?

मसल है–'नाटों खेती बहुरियों घर।' मैं भी देखूं बहुरिया कैसे घर चलाती है ? (प्रेमचन्द)

नातिन सिखावे नानी को कि बारह ड्योढ़े आठ : जब छोटा बड़े को शिक्षा देता है।

नादान की दोस्ती जी का जियान : मूर्ख की मित्रता बड़ी भयानक होती है।

नादान दोस्त से दाना दुश्मन भला : मूर्ख मित्र से बुद्धिमान् शत्रु अच्छा होता है।

नाना की दौलत पर नवासा ऐंठा फिरे : दूसरे के धन पर अभिमान करने पर उक्ति।

नाना के टुकड़े खावे दादा का पोता कहावे : एक आदमी भलाई करे परन्तु नाम दूसरे का हो।

नानी कुंआरी मर गई, नवासे के नौ-नौ ब्याह : व्यर्थ शेखी बघारने वाले पर कहावत है।

क्यों व्यर्थ शेखी बघारते हो ? 'नानी कुंआरी...ब्याह।'

नानी के आगे ननिहाल (या ननसाल, ननियाउर या ननौरे) की बातें : अपने से अधिक जानने वाले को उपदेश देने पर उक्ति।

सोमाहुति के मीठे उपदेश से भारत चन्द्र के मन में चिढ़ जागी–'नानी के आगे ननौरे की बाते।' जैसे भारत कुछ जानता ही न हो।

(अमृतलाल नागर)

नानी खसम करे नवासा चट्टी भरे : एक आदमी अपराध करे और दंड दूसरे को भुगतना पड़े।

जिसने बेंच गिराई है, उससे कहो उठावे। मैं क्यों उठाऊं ? 'नानी खसम ...भरे।'

नाप न तोल, भरे दे झोल : अपना मतलब पूरा करने को कहना।

नापे सौ गज़, फाड़े नौ गज़ : कहना बहुत पर करना थोड़ा।

नाम की नन्हीं, उठा ले जाये धन्नी : जो व्यक्ति छोटा हो पर काम बहुत करे, उस पर उक्ति।

नाम नयन सुख, जन्म के अंधे या (आंख एक भी नहीं) : नाम के अनुकूल गुण न होना।

नाम बड़ा और दर्शन छोटे : नाम बहुत परन्तु गुण कम।

द्वारकादास–तुम्हारी सम्मति में जमुना को कुछ देना चाहिए; चालीस-पचास रुपये दे दें ?

तारा–जरा अपनी हैसियत देख। लोग कहेंगे, 'नाम बड़ा...छोटे।' (प्रेमचन्द)

नाम बढ़ावे दाम : नामी दुकान पर दाम अधिक लगता है।

क्यों भाई, वही चमड़ा और वही बूट, पर भल्ला कम्पनी वाले उसका 150 रुपया लेते हैं और तुम केवल 100 रुपये। यह क्या बात है ? दुकानदार ने उत्तर दिया–भाई साहब, 'नाम बढ़ावे दाम।'

नाम मेरा, गांव तेरा : दूसरों की सम्पत्ति से लाभ उठाना।

नामी चोर मारा जाए, नामी शाह कमाय खाए : ख्याति से कहीं लाभ होता है तो कहीं हानि; जैसे जब कहीं चोरी होती है तब मशहूर चोर पकड़ा जाता है परन्तु

मशहूर फ़क़ीर की सर्वत्र इज़्ज़त होती है।

नार सुलखनी कुटुम छकावे, आप तले की खुचरन खावे : सुलक्षणी स्त्री सब कुटुम्बियों को खिलाकर तब स्वयं खाती है।

नारि धर्म पतिदेव न दूजा : स्त्रियों के लिए पति के सिवाय दूसरा देवता नहीं है।

नारि मुई घर सम्पति नासी, मूड़ मूड़ाय भये संन्यासी : गृहस्थी नष्ट हो जाने पर लोग साधु-संन्यासी हो जाते हैं। आजकल के साधुओं पर उक्ति है।

जब कथावाचक ज्वर से पीड़ित था तभी उसका एक ऐसा गुरुभाई आ पहुंचा जिसका परिचय, गोसाईं जी के शब्दों में 'नारि मुई...संन्यासी' ही से हो सकता था। (महादेवी वर्मा)

निकली हलक से चली खलक में : बात मुख से निकलते ही संसार में फैल जाती है।

निकली होंठों, चढ़ी कोठों : दे. 'निकली हलक से चली खलक में।'

निज सुगंध गुण मृग नहिं जाने : मनुष्य अपना गुण स्वयं नहीं जानता।

वह बड़ा गुणी व्यक्ति है परन्तु अपने को सबसे छोटा समझता है। सच कहा है, 'निज सुगंध...जाने।'

निन्यानवे घड़े दूध में एक घड़ा पानी क्या जाना जाए ? : यदि कोई चीज़ बहुत अधिक हो और उसमें थोड़ी और चीज़ मिला दी जाए तो उसका पता नहीं चलता।

निर्गुन गावे धक्का पावे, बात बनावे पैसा पावे : वास्तविक गुणियों का सम्मान नहीं होता, केवल बात बनाने वालों की ही इज़्ज़त होती है।

निर्बल के बल राम : असहायों के सहायक भगवान् होते हैं।

सुनी री मैंने निर्बल के बल राम।
पिछली साख भरूं सन्तन की अड़े संवारे काम॥ (सूरदास)

नीकी पै फीकी लगै, बिन अवसर की बात : बेमौक़े की अच्छी बात भी बुरी लगती है।

नीकी पै फीकी लगै, बिन अवसर की बात।
जैसे बरनत युद्ध में, रस सिंगार न सुहात॥ (वृन्द)

नीके को सब लागत नीको : अच्छे मनुष्य के मुंह से सब कुछ अच्छा लगता है।

नीच न छोड़े निचाई, नीम न छोड़े तिताई : अर्थ स्पष्ट है।

नीम हकीम खतरा जान : अधूरा ज्ञान भयंकर होता है। **तुलनीय**–'अल्प विद्या भयंकरी।'

मैंने कपड़ा बड़े शौक से पांच रुपया खर्च करके खरीदा है और आपने सिलने के लिए शागिर्द के हाथ में दे दिया है। यदि आप खुद बनाते तो अच्छा रहता, क्योंकि 'नीम हकीम खतरा जान' होता है।

नील का टीका और कोढ़ का दाग़ : यह दोनों कभी नहीं मिटते। जब किसी के चरित्र पर कलंक लग जाता है, तब कहते हैं।

नेकनाम बनिया बदनाम चोर : बनिया और चोर दोनों मनुष्यों को ठगते हैं परन्तु बनिये की प्रशंसा होती है और चोर की निन्दा की जाती है।

नेकी और पूछ-पूछ : भलाई करने में पूछना क्या ?

सुमन ने आज असाधारण रीति में मुंशी अबुल वफ़ा की आवभगत की और इधर-उधर की बातें करने के बाद बोली, आइए, आज आपको वह सिगरेट पिलाऊं कि आप भी याद करें। अबुल वफ़ा—'नेकी और पूछ-पूछ।' (प्रेमचन्द)

नेकी कर और दरिया/कुएं में डाल : उपकार करते समय प्रत्युपकार की इच्छा नहीं रखनी चाहिए।

सूरदास ने उत्तेजित होकर कहा—मियां साहब, धरम एहसान के लिए नहीं किया जाता। 'नेकी करके दरिया में डाल' देना चाहिए। (प्रेमचन्द)

नेकी का फल बदी : भलाई का बदला बुराई।

दुनिया बड़ी बेढंगी है। मैंने कोशिश की थी कि सबके साथ नेकी करूं, जिससे कोई मेरी बुराई न करे। परन्तु मुझे बराबर 'नेकी का फल बदी' के रूप में मिलता है।

नेकी-बदी रह जाती है : आदमी तो मर जाता है, परन्तु उसका यश-अपयश संसार में रह जाता है।

नौ की लकड़ी नब्बे खर्च : जितने की चीज़ न हो, उतना उसके ऊपर खर्च करना पड़े।

मैंने मिर्ज़ापुर जाकर पत्थर की गिट्टी खरीदी और उसे ट्रक से आजमगढ़ ले गया। उसके दाम से अधिक रुपया उसकी ढुलाई में खर्च हो गया। इस प्रकार 'नौ की लकड़ी नब्बे खर्च' वाली कहावत चरितार्थ हो गई।

नौ दिन चले अढ़ाई कोस : बहुत सुस्त काम करने वाले को कहा जाता है।

वास्तव में बदरीनाथ के पर्वत-शिखर से केदारनाथ का शिखर केवल ढाई कोस के अन्तर पर स्थित है। पर वहां तक पहुंचने में नौ दिन का समय लगता है।

"नौ दिन चले अढ़ाई कोस" कहावत के मूल में सम्भवतः यही सत्य है।

(महादेवी वर्मा)

नौ नगद न तेरह उधार : अधिक दाम पर परन्तु उधार बेचने की अपेक्षा कम परन्तु नगद दाम पर चीज़ें बेचना अच्छा है।

पैसे तो यह अच्छे दे रहा है पर मैं अपनी चीज़ें उधार नहीं बेचता, क्योंकि पीछे पैसे वसूल करने में सैकड़ों झंझट होते हैं। मुझे तो 'नौ नगद...उधार' की नीति पसंद है।

नौ महीने मां के पेट में कैसे रहा होगा ? : बहुत चंचल और उपद्रवी लड़के के विषय में कहते हैं।

नौ सौ चूल्हे खाय के बिलाई हज को चली या (बिल्ली भई भक्तिन) : सारी आयु पाप करके अन्त में भक्त और धर्मात्मा बनने वाले के विषय में उक्ति। दे. 'सत्तर चूहे खाय कर बिल्ली हज को चली।'

दारोगा ज़ालिम खां ने उम्र भर रिश्वत ली, अब मस्जिद बनवाई है और खुद पांच वक्त नमाज़ पढ़ते हैं। इसी को कहते हैं—'नौ सौ चूहे खाय.. .चली।'

नौकरी की जड़ आसमान में या नौकरी ताड़ की छांह : नौकरी का कोई ठिकाना नहीं है; वह किसी समय छूट सकती है।

नौकरी की पत्थर पर जड़ है : नौकरी का कोई ठिकाना नहीं है, वह किसी समय छूट सकती है।

न्यारा पूत पड़ोसी दाख़िल : जो लड़का अलग हो जाए, वह पड़ोसियों के समान हो जाता है।

न्योते गांव पास नहिं कौड़ी : डींग मारने या शक्ति से बाहर काम करने को उद्यत होने वाले के लिए उक्ति।

प

पंच कहें बिल्ली तो बिल्ली ही सही : जो सबकी सम्मति हो, वही मेरी सम्मति है।

व्यर्थ वाद-विवाद करने से कोई लाभ नहीं होता। मेरा तो सिद्धान्त है कि 'पंच कहें बिल्ली...सही।'

जो कछु लखि न परे निज हानि,
तौ समाज की तजहु न कानि।
क्यों बिन स्वारथ सहिए, खिल्ली,
पंच कहें बिल्ली तो बिल्ली।

पंच जहां परमेश्वर या **(पंचन के मुख हैं परमेश्वर) :** पंचों की राय को परमेश्वर की राय समझकर मान लेना चाहिए।

आप लोग जैसा कहेंगे मैं वैसा ही करूंगा क्योंकि मेरा विश्वास है कि 'पंचन के मुख हैं परमेश्वर।'

पंच परमेश्वर : दे. 'पंच जहां परमेश्वर...।'

पंच बराबर टाट पर, हैं अमीर कंगाल : पंचायत में अमीर और ग़रीब सब बराबर हैं। न्याय के सम्मुख धनी और निर्धन सब समान होते हैं।

पंचायत में अमीर और ग़रीब का विचार नहीं किया जाता। वहां सब बराबर होते हैं। कहावत है–'पंच बराबर...कंगाल।'

पंचों का कहना सिर माथे पर, मगर परनाला यहीं रहेगा : दूसरों से सहमति भी दिखाना और अपनी बात पर अड़े भी रहना।

किसी मनुष्य के घर की मोरी का पानी उसके पड़ोसी के घर में जाता था। जब पड़ोसी के कहने पर उसने मोरी नहीं हटाई तब इस झगड़े को निबटाने के लिए पांच पंच नियुक्त हुए। पंचों ने फ़ैसला किया कि तुम अपनी मोरी इधर से हटवाकर दूसरी तरफ बनवा लो। इसके उत्तर में उसने

उक्त मसल कही।

पंचों का जूता और मेरा सिर : पंच लोग जो आज्ञा देंगे, उसको मानने के लिए मैं तैयार हूं।

पंचों, मैंने अपनी प्रार्थना आप लोगों के सम्मुख रख दी। अब आप लोग जैसा कहेंगे, मैं वैसा ही करूंगा। 'पंचों का जूता...सिर।'

पंचों मिल कीजै काज, हारे-जीते न आवे लाज : जैसा काम सब लोग करते हों वैसा ही हमें भी करना चाहिए। ऐसा करने से यदि हमें कुछ हानि भी हो जाएगी तो हमारे लिए लज्जा की कोई बात नहीं होगी।

प्राचीन टीकाओं की शैली पर या उनसे सहायता लेकर जो कुछ लिखा गया है, उसमें भूल की कम सम्भावना है; भूलें ज़रूर हुई होंगी पर वह सबके साझे की होंगी। इसलिए 'पंजों मिल...लाज' और 'मर्गे अम्बोह जश्न दारद' का ध्यान करके कुछ सन्तोष है।

पंडित और मसालची, दोनों उल्टी रीत, और दिखावें चांदनी, आप अंधेरी बीच : उन लोगों पर कहावत है, जो दूसरों को सन्मार्ग पर चलने का उपदेश देते हैं पर स्वयं कुमार्ग पर चलते हैं।

पक्षी भी वहां पर नहीं मार सकता : वहां कोई भी नहीं जा सकता। कोई 'पक्षी भी ...सकता।'

पग बिन कटे न पंथ : काम करने से ही समाप्त होता है, बिना किए कुछ नहीं होता।

पगड़ी दोनों हाथ से थामी जाती है : खूब उद्योग करके इज़्ज़त बचानी चाहिए, आत्म-प्रतिष्ठा की रक्षा के लिए सदैव सचेष्ट रहना चाहिए।

पड़वा गमन न कीजिए, जो सोने की होय : चाहे जैसा लाभ होता हुआ दिखाई पड़े, पड़वा को यात्रा नहीं करनी चाहिए।

पड़ोसी के घर मेह बरसेगा तो बौछार यहां भी आवेगी : धनी आदमी के पड़ोस में रहने से कुछ-न-कुछ लाभ अवश्य होता है।

पढ़िए भैया सोई, जिससे हंडिया खुदबुद होई : वही पढ़ना चाहिए जिससे जीविका कमाने में सहायता हो।

पढ़े घर की पढ़ी बिल्ली : जो व्यक्ति जैसे लोगों के साथ रहता है, उस पर वैसा ही प्रभाव पड़ता है।

पढ़े तो हैं पर गुने नहीं : विद्या तो पढ़ी है पर उस पर मनन नहीं किया है।

पढ़े न लिखे नाम विद्याधर या (विद्यासागर) : गुण के विपरीत नाम होना।

पढ़े फ़ारसी बेचे तेल, यह देखो कुदरत का खेल या (पढ़े फ़ारसी बेचे आटा, यह देखो किस्मत का घाटा) : पढ़े-लिखे लोग भी दुर्भाग्य के कारण मारे-मारे फिरते हैं।

पति और परमेश्वर बराबर हैं : स्त्री के लिए पति ही भगवान् है।

पत्ता खड़का बंदा सटका : ज़रा-सा खटका या आशंका होते ही चल देना।

पत्थर को जोंक नहीं लगती : निष्ठुर व्यक्ति दया नहीं करता।

यदि तुम लाला धनीराम से चार पैसे निकाल लो तो मेरा नाम बदल देना। यतीमखाने की दुहाई दो चाहे विधवा आश्रम की, वह कौड़ी नहीं देने का। भाई, 'पत्थर को...लगती।'

पत्थर डारे कीच में, उछरि बिगारे अंग : यदि कोई नीचों से छेड़छाड़ करेगा तो उसे हानि अवश्य होगी।

वह बड़ा दुष्ट है। तुम उसे क्यों छेड़ते हो ? उससे दूर रहना ही अच्छा है। कहावत है–'पत्थर डारे कीच में...अंग।'

पर घर कूदें मूसलचंद : उस व्यक्ति को कहते हैं जो बिना बुलाए दूसरे के घर जाता है और बिना कहे उसके काम में दख़ल देता है।

पर उपदेस कुसल बहुतेरे, जे आचरहिं ते नर न घनेरे : दूसरों को उपदेश देना सरल है परन्तु उन उपदेशों के अनुसार स्वयं आचरण करना कठिन है।

संसार बड़ा विचित्र है। लोग दूसरों को तो अच्छे-अच्छे उपदेश देते हैं, परन्तु स्वयं नीच-से-नीच काम करते हैं। गोसाईं जी ने बहुत ठीक कहा है कि 'पर उपदेस...घनेरे।'

परदेशी की प्रीति, फूस का तापना : जैसे फूस की आंच क्षणिक होती है, वैसे ही परदेशी का प्रेम अल्पस्थायी होता है।

परमेश्वर के यहां देर होती है, अंधेर नहीं होता : सम्भव है कि भगवान् पाप, अपराध या अन्याय का दण्ड देर में दें; पर वह अन्याय नहीं करते।

चार बजे के लगभग उधर भगवती की लाश जा रही थी, इधर कैलाशनाथ अपनी मित्र मंडली के साथ बैठे मुस्करा-मुस्कराकर चाय पी रहे थे। मगर 'परमेश्वर...होता' इस बात को अभी दो ही महीने गुज़रे होंगे कि कैलाश नाथ के भाग्य ने पलटा खाया। रुपया-पैसा, मकान-दूकान, कारोबार सब सट्टे की भेंट हो गया। (सूरदास)

पर धन बांधे कपड़ा फाटे : दूसरों का धन अपने पास नहीं रखना चाहिए क्योंकि उसके रखने से हानि होती है।

पर धन राखे मूरख चंद : अपने पास दूसरों का धन रखना मूर्खता है, क्योंकि उसके रखने से कोई लाभ नहीं होता, बल्कि उसके खो जाने पर घर से दंड देना पड़ता है।

पर पतरी को नीक बरा : पराई चीज़ अच्छी लगती है।

परबत पर खोदे कुआं, कैसे निकसे तोय : व्यर्थ परिश्रम करने से कोई लाभ नहीं होता।

क्यों कीजे ऐसे जतन, जासों काज न होय।
परबत पर खोदे कुआं, कैसे निकसे तोय॥ (वृन्द)

परहित सरिस धरम नहिं भाई, पर निन्दा सम नहिं अधमाई : परोपकार सर्वोच्च धर्म है और परनिन्दा सबसे बड़ा पाप है।

परहेज़ बड़ी दवा है : बीमारी में परहेज़ से बड़ा लाभ होता है।

परहेज़ ही आधा ईलाज है : दे. 'परहेज़ बड़ी दवा है।'

पराई तोंद का घूंसा : जो हानि अपने को नहीं होती।

पराई सराय में कौन धुआं करता है : कोई दूसरे का काम नहीं करता; कोई दूसरे की सहायता नहीं करता।

पराई हंसी गुड़-सी मीठी : दूसरों की हंसी बहुत अच्छी लगती है।

पराधीन सपनेहु सुख नाहीं : पराधीनता में कभी भी सुख नहीं मिलता।

स्वाधीनता बड़ा अमूल्य रत्न है। कहा है—'सर्व आत्मवंश सुखम्।' 'पराधीन सपनेहुं सुख नाहीं।' पर चिरपराधीन व्यक्ति स्वाधीनता के सुख को नहीं जानता। पूरी अर्धाली इस प्रकार है—

हिय विचारि देखहु मन माहीं। पराधीन सपनेहुं सुख नाहीं॥

पराये धन पर झींगर नाचे : जो व्यक्ति दूसरे के धन पर नाचता है, उस पर कहावत है।

पराये धन पर लक्ष्मी नारायण : दूसरों के धन पर धनी बनने वाले व्यक्ति के विषय में लोकोक्ति है।

दस लाख का नहीं तुम बीस लाख का मन्दिर बनवाओ, मगर हम तुम्हें 'पराये धन पर लक्ष्मी नारायण' न बनने देंगे। (अमृतलाल नागर)

पराये पीर को मलीदा, घर के देवता को धतूरा : अपनों को छोड़कर दूसरों की खातिर करना।

पल में तोला, पल में माशा : अत्यन्त अव्यवस्थित या निरन्तर परिवर्तनशील प्राणी।

ये कैसे लोग हैं। कुछ भी समझ नहीं पाती। आज कुछ हैं कल कुछ। 'पल में तोला, पल में माशा।' इनका कुछ भी तो पता नहीं चलता।

(उपेन्द्रनाथ अश्क)

पहले का झगड़ा अच्छा, पीछे का झगड़ा बुरा : व्यवहार या लेन-देन में पहले बातचीत तै कर लेना चाहिए, जिससे बाद में झगड़ा न हो।

पहले घर में पीछे मस्जिद में या (पहले आत्मा फिर परमात्मा) : अपना काम करने के बाद दूसरे का काम किया जाता है। फ़ारसी में इसी अर्थ की कहावत है, 'अव्वल खेश बादहू दरवेश' अर्थात् पहले अपने को फिर दरवेश को। तात्पर्य यह है कि पहले घर वालों की सेवा की जाती है, पीछे बाहर के लोगों की। दे. 'घर में दिया जलाकर तब मसजिद में जलाते हैं।'

तुम्हारी मां बीमार पड़ी है, पर तुम उन्हें पूछते नहीं और बाहर वालों की सेवा करने को सवेरे से शाम तक फिरा करते हो। भाई, सुनो, 'पहले घर में...में।'

पहले दिन पहुना, दूसरे दिन ठेहुना, तीसरे दिन केहूना : किसी के यहां बहुत दिन तक अतिथि होकर रहने से मानहानि होती है।

पहले पहर सब कोई जागे, दूजे पहर भोगी, तीसरे पहर चोरा जागे, चौथे पहर जोगी : रात के पहले पहर में सब लोग जागते हैं, दूसरे पहर में भोगी जागते हैं, तीसरे

पहर में चोर और चौथे पहर में योगी जागते हैं।

पहले पीवे योगी, बीच में पीवे भोगी, पीछे पीवे रोगी : खाते समय पानी पीने के ऊपर कहावत है। भोजन से पहले योगी लोग पानी पीते हैं, भोजन के बीच में भोगी लोग और भोजन के बाद रोगी लोग पानो पीते हैं।

पहले लिख और पीछे दे, **कमती हो तो मुझसे ले** या (**पहले लिख और पीछे दे, भूल पड़े कागज़ से ले**) **:** पहले लिखकर बाद में देने से कभी हानि न होगी।

मेरे गुरु ने यही सिखाया है कि 'पहले लिख...से ले।'

पहले सोच-विचार, पीछे कीजे कार : पहले अच्छी तरह विचार करके तब काम आरम्भ करना चाहिए।

पहुंचे चंग आकाश लौ, जौ गुन संयुत होय : जब पतंग में डोरी लगी रहती है तब वह आकाश में बहुत ऊंचाई पर पहुंच जाती है। इसी प्रकार गुणी मनुष्य ऊंचे-से-ऊंचे पद पर पहुंच सकता है।

(चंग=पतंग; गुन=रस्सी, डोरी, गुण)

पांच पंच तहां परमेश्वर : जो बात पांच पंच कहें, उसे परमेश्वर की बात माननी चाहिए।

पांच पंच मिल कीजै काज, हारे जीते नाहीं लाज : जब बहुत से आदमी मिलकर कोई काम करते हैं और उसमें हानि होती है तो किसी विशेष मनुष्य के ऊपर बदनामी नहीं आती।

जब सब लोग गन्ना बोयेंगे तो मैं भी बोऊंगा। मैं सबसे पहले नहीं बो सकता। कहावत है—'पांच पंच...लाज।'

पांचों उंगलियां एक-सी नहीं होती : सब मनुष्य एक जैसे नहीं होते।

"ये फिरंगी पक्के लुच्चे और उठाईगीर होते हैं। ये पास बैठाने योग्य नहीं होते।" "बाबा, पांचों उंगलियां एक-सी नहीं होती।" (चतुरसेन शास्त्री)

पांचों उंगलियां घी में : हर तरह से लाभ या आनन्द होना।

सतीश काफी प्रसन्न था। इस बात को अनसुनी कर बोला—अरे, इस बार ऐसा काम कर रहा हूं कि 'पांचों घी में होंगी।' (अमृतलाल नागर)

पांचों उंगलियों से पहुंचा भारी : पंचों के सहारे से किसी एक की प्रतिष्ठा होती है।

पांचों पडे छठे नारायण : पांचों पाण्डवों में छठें श्रीकृष्ण जी मिल गए थे। जब कोई व्यक्ति कुछ ऐसे मनुष्यों में जा मिले, जहां उसकी आवश्यकता तथा सम्मान हो।

पान और ईमान फेरे ही अच्छा रहता है : पान फेरने से सड़ता नहीं और जिससे ऋण लिया जाए, उसे चुका देने से ही ईमान बना रहता है।

पान पुराना घी नया, और कुलवन्ती नार; चौथी पीठ तुरंग की, स्वर्ग निशानी चार : जिस व्यक्ति को पुराना पान और नया घी खाने को मिले, पतिव्रता स्त्री मिले और सवारी करने को घोड़ा मिले, उसे समझना चाहिए कि मुझे स्वर्ग मिल गया है।

पानी पीकर जाति पूछना व्यर्थ है : काम करने के बाद उसके सम्बन्ध में छान-बीन करना

व्यर्थ होता है।

अपनी लड़की का सम्बन्ध पक्का करने के बाद आज सेठ जी उस लड़के के बारे में मुझसे पूछने आये। अगर मैं सच बात कह देता तो सेठ जी को दुःख होता। अब सम्बन्ध तो छूटने से रहा। मैंने साफ़ कह दिया—जो हुआ सो ठीक, 'पानी पीकर जाति पूछने से क्या लाभ ?'

पानी पीजे छान के, गुरु कीजे जान के : पानी छानकर पीना चाहिए और गुरु जान कर करना चाहिए। तात्पर्य यह है कि जीवन में बड़ी सतर्कता से व्यवहार करना चाहिए।

पानी बाढ़ो नाव में, घर में बाढ़ो दाम; दोनों हाथ उलीचिए, यही सयानो काम : दान के महात्म्य पर कहावत है।

पानी मथने से घी नहीं निकलता : जो चीज़ जहां नहीं है, वह वहां पैदा नहीं हो सकती।

उसके यहां स्वयं ही चूहे एकादशी करते हैं। तुम उससे चंदे के लिए ज़िद करने लगे। तुम्हें जानना चाहिए था कि 'पानी मथने से...निकलता।'

पानी में मछली नौ-नौ टुकड़ा हिस्सा : काम पूरा होने के पहले ही बंटवारे का हिसाब लगाना।

पानी में रहकर मगर से बैर : दे. 'जल में रहकर मगर से बैर !'

पाप का घड़ा भरकर फूटता / डूबता है : पापी जब पाप की पराकाष्ठा पर पहुंच जाता है तव उसका नाश हो जाता है।

रावण बहुत पापी और अत्याचारी राजा था। उसने असंख्य दुराचार और पाप किए थे। अन्त में श्री रामचन्द्र जी ने उसका नाश कर दिया। 'पाप का घड़ा भरकर फूटता है।'

पाप का बाप लालच : लालच ही से सब पाप होते हैं।

पाप छिपाये ना छिपै, ज्यों लहसुन की बास : पाप कभी नहीं छिपता।

पापी का माल अकारथ जाय : पापी का माल व्यर्थ खर्च होता है।

पाप, राजा और रोग अशक्त को ही दबाते हैं : पाप, राजा और रोग शक्तिहीन को ही दबाते हैं।

कहै यहै श्रुति सुम्रत्यौ, यहै सयाने लोग।
तीन दबावत निसक ही, पातक राजा रोग॥ (बिहारी)

(सुम्रत्यौ=स्मृति भी; निसक ही=शक्तिहीन ही को)

पार वाले कहें वार वाले अच्छे, वार वाले कहें पार वाले अच्छे : सब लोग दूसरों को सुखी और अपने को दुःखी समझते हैं।

पारस के छूने से लोहा सोना हो जाता है : सत्संगति से दुष्ट भी सज्जन हो जाते हैं।

बड़ी है राम नाम की ओट।
सरन गए प्रभु काढ़ि देत नहिं, करत कृपा कैं कोट।
बैठत सबै सभा हरि जू की, कौन बड़ौ को छोट ?
सूरदास पारस के परसैं मिटत लोह की खोट॥ (सूरदास)

पासा पड़े अनाड़ी जीते : भाग्य अनुकूल होने पर अनाड़ी भी विजय प्राप्त करता है।

पासा पड़े सो दाव, राजा करे सो न्याव : भाग्यवश मनुष्य के ऊपर जो कुछ बीतती है उसे सहना ही पड़ता है।

भाग्य मेरे प्रतिकूल है। इसलिए मुझे किसी कार्य में सफलता नहीं मिलती है और मुझे अनेक विपत्तियों का सामना करना पड़ता है। कहावत है– 'पासा पड़े...न्याव।'

यहै बात सबही कहैं, राजा करै सुन्याव।
ज्यों चौपर के खेल में, पासो परै सुदाव॥ (वृन्द)

पिये रुधिर पय ना पिये, लगी पयोधर जोंक : दुष्ट लोग गुण न ग्रहण कर दुर्गुण ही ग्रहण करते हैं।

जो दुष्ट प्रकृति का होता है, वह दूसरों के गुणों को नहीं ग्रहण करता, केवल दुर्गुणों को ही ग्रहण करता है।

वृन्द कवि ने ठीक ही कहा है–'पिये रुधिर...जोंक।'

पीर की सगाई, पीर के यहां : बड़े लोगों का सम्बन्ध बड़ों के साथ ही होता है।

पीर को न शहीद को, पहले नकटे देव को : जब कोई चीज़ आदरणीय व्यक्ति को न देकर किसी मामूली आदमी को दी जाए।

पीर बावर्ची भिश्ती खर : जो आदमी कई काम या सब काम कर सके। प्रायः आजकल के ब्राह्मणों पर व्यंग्य के रूप में इस कहावत का प्रयोग करते हैं, क्योंकि वे पुरोहिती करते हैं, रसोई बनाते हैं, पानी भरते हैं और भार उठाते हैं।

चांद को रख लिया होता तो वह 'पीर बावर्ची भिश्ती खर' सब बन सकती थी। (शिवानी)

पुण्य की जड़ सदा हरी : पुण्यात्मा व्यक्ति सदा सुखी रहता है।

पुण्य ही आड़े आता है : पुण्य ही मनुष्यों की सहायता करता है।

पुराना वैद्य नये ज्योतिषी : दोनों अच्छे होते हैं और उनका सम्मान होता है।

पुरुष पुरुष में होवे अन्तर, कोई हीरा कोई कंकर : सब मनुष्य एक-से नहीं होते, कोई अच्छे होते हैं और कोई बुरे।

पूछते-पूछते दिल्ली चले जाते हैं : जब किसी आदमी से कहीं जाने को कहा जाए और वह कहे कि मुझे रास्ता नहीं मालूम है।

तुम इतना घबड़ाते क्यों हो ? केवल चार ही मील तो जाना है। लोग 'पूछते-पूछते...जाते हैं।'

पूछे आम, बतावे इमली : किसी वस्तु की वास्तविकता न जानकर उसे अन्य कोई पदार्थ बताने पर उक्ति।

दुनिया अब उस मंज़िल पर पहुंच गई है जब वर्णाश्रम धर्म, सामन्तवाद, पूंजीवाद इत्यादि बदलकर साम्यवाद में परिणत हो जाएं और एक अखंड, अभेद्य, वर्गमुक्त समाज दुनियाभर में स्थापित हो जाए। इस सिद्धान्त को विदेशी विचारधारा कहकर वर्जित या अछूत बताना ऐसा ही है जैसा कि 'मारे घुटना फूटे आंख' या 'पूछे आम बताये इमली।'

पूजनीय गुन ते पुरुष, बयस न पूजित होय : मनुष्य का सम्मान उसके गुण के कारण

होता है न कि उसकी वयोवृद्धता के कारण। पूरा दोहा इस प्रकार है—

पूजनीय गुन ते पुरुष बयस न पूजित होय।
यज्ञ तिलक किय कृष्ण को, छांड़ि बड़े सब कोय॥ (वृन्द)

पूत आपनो सबको प्यारो : अपने पुत्र सबको प्रिय होते हैं।

पूत कपूत हो तो हो, पर मां कुमां नहीं होती : पूत के कपूत हो जाने पर भी मां उससे स्नेह करती है।

पूत के पांव पालने में ही पहचाने जाते या (नज़र आते हैं) : बचपन में ही ज्ञात हो जाता है कि लड़का कैसा होगा। 'पूत के पांव...नज़र आ जाया करते हैं।'

पूत भये सयाने, दुख भये बिराने : पुत्र के बड़े हो जाने पर माता-पिता का दुःख दूर हो जाता है।

पूत सपूत तो क्यों धन संचय, पूत कपूत तो क्यों धन संचय ? : यदि पुत्र योग्य है तो उसे पिता के धन की आवश्यकता नहीं होती; क्योंकि वह स्वयं धन पैदा कर लेगा और यदि वह कपूत है तो पिता के संचित धन को व्यर्थ उड़ा देगा।

रहा बाल-बच्चों का प्रश्न। उसके लिए मैंने सन्तोष कर लिया है कि 'पूत सपूत...धन संचय।'

पूता करिए सोई, जामें हंडिया खुदबुद होई : वही काम करना चाहिए जिससे भोजन मिले।

ठलुआ क्लब का सदस्य होने के नाते मेरा सिद्धान्त वाक्य यही था कि 'अजगर करै न चाकरी, पंछी करै न काम; दास मलूका कह गए, सबके दाता राम।' फिर भी मेरे पूज्य पितृव्य कहा करते थे—'पूता करिए...होई।'

पूरी पड़े तो सपूत कहावे : जिस लड़के से घर का अभाव दूर होता है, वह सपूत कहलाता है।

पेट कुईं, मुंह सुईं : देखने में छोटा और दुबला होना परन्तु खुराक अधिक होना।

पेट खाली ईमान खाली : खाली पेट, भूखा या दीन मनुष्य ईमानदारी नहीं कर सकता।

आप इन लोगों को व्यर्थ ईमानदारी पर भाषण सुना रहे हैं। देखिये जब तक मनुष्य का पेट नहीं भरता तब तक वह ईमानदारी की बात नहीं सोचता। कहावत है—'पेट खाली, ईमान खाली।'

पेट जो चाहे सो करावे : पेट के लिए मनुष्य बुरा-से-बुरा काम भी करता है।

पेट पिटारी, मुंह सुपारी : छोटे या दुबले मनुष्य के बहुत अधिक खाने पर उक्ति। दे. 'पेट कुईं, मुंह सुईं।'

पेट में आंत, न मुंह में दांत : बहुत बूढ़ा आदमी।

पेट घुसे तो भेद मिले : मेल बढ़ाओ तो रहस्य मिले।

पेट में पड़ा चारा, तब कूदे बेचारा : पेट भरने पर ही आनन्द मनाया जा सकता है।

पेट मेट, कार समेट : जब थोड़े वेतन पर किसी से बहुत काम कराया जाए।

पेट लगा फटने, तब खैरात लगी बंटने : कष्ट पड़ने पर दान देना।

पेट ही से सीखकर कोई नहीं आता : सब लोग अभ्यास से सब बातें सीखते हैं।

पैर में जूता न सिर पर टोपी : अत्यन्त दरिद्रता की दशा।

पैसा करे काम, बीबी करे सलाम : पैसे से सब काम होता है।
यदि सेठ जी का सब काम मज़े में हो जाता है और सब लोग उनका आदर करते हैं तो आश्चर्य की कोई बात नहीं है, क्योंकि वह पैसेवाले आदमी हैं। कहावत प्रसिद्ध है—'पैसा करे...सलाम।

पैसा न कौड़ी बांकीपुर की सैर : किसी निर्धन आदमी के बड़ी-बड़ी आकांक्षायें रखने पर उक्ति।

पैसा न कौड़ी बाजार करे दौड़ी : जब पैसे न हों, तब बाज़ार जाना व्यर्थ है। निर्धन व्यक्ति के ऊपरी दिखावे पर उक्ति।
शहर में अपना मकान होना बुरा तो कुछ नहीं है, पर पास कुछ हो भी तब न ? वही हाल हुआ कि 'पैसा न कौड़ी...दौड़ी।'

पैसा नहीं पास, चले नवाब के साथ : हैसियत से बाहर काम करने पर उक्ति।

पैसा नहीं हो पास, तो मेला लगे उदास : जब पास में पैसा नहीं रहता तब संसार की चहल-पहल अच्छी नहीं लगती।
भाई, मेरे पास रुपया नहीं है। इसलिए मेरा जीवन नीरस हो गया है। यह लोकोक्ति सत्य है कि 'पैसा नहीं हो पास, तो मेला लगे उदास।'

पैसे की हांड़ी गई तो कुत्ते की जाति तो जानी : दे. 'टके की हांडी गई, कुत्ते की जात पहचानी गई।'

पोथा सो थोथा, पाठै सो साथै : पुस्तकों में लिखी हुई विद्या अवसर पर काम नहीं आती। समय पर वही विद्या काम आती है, जो कण्ठस्थ हो।

पोथी पढ़ि-पढ़ि जग मुआ, पंडित भया न कोय; एकै अक्षर प्रेम का पढ़ै तो पंडित होय : कबीरदास जी की उक्ति है। कहते हैं कि बहुत ग्रन्थ पढ़ लेने मात्र से कोई पंडित नहीं हो सकता। यदि मनुष्य प्रेम से 'राम' का नाम जाप किया करे तो उसके बराबर कोई पंडित नहीं हो सकता।

पोथी सो थोथी भई, पंडित भया न कोय; ढाई अक्षर प्रेम का पढ़े सो पंडित होय : अनेक ग्रन्थों के पढ़ लेने से ही कोई पंडित नहीं हो सकता। जो प्रेम से 'राम' नाम का जाप करता रहता है, वही सबसे बड़ा पंडित है।

पौ बारह है : हर तरह से लाभ-ही-लाभ है।
मुख्यमंत्री जी आपके सम्बन्धी हैं। आपकी ओर कौन उंगली उठा सकता है। आपकी 'पौ बारह है।'

प्यादा से फ़रज़ी हुआ टेढ़ा-टेढ़ा जाए : जब किसी छोटे आदमी को बड़ा पद प्राप्त होता है, तब वह इतराने लगता है।
नया राजा बना है न, 'प्यादे से फ़रज़ी हुआ है, तो टेढ़ा क्यों नही चलेगा ?'
(जैनेन्द्र कुमार)

प्यासा कुएं के पास जाता है, कुआं प्यासे के पास नहीं जाता : जिसे गरज होती है, वही दूसरों के पास जाता है; जिसे गरज नहीं होती, वह कहीं नहीं जाता।
एक लड़का—यदि आपको सवाल न आए, तो मेरे पास आकर हल कर

लेना।

दूसरा लड़का—आप ही आ जाना।

पहला लड़का—'प्यासा कुएं...नहीं जाता।'

प्रत्यक्षस्य प्रणामं किम् : जो चीज़ सामने हाज़िर है या साफ़ दिखाई पड़ रही है, उसे सिद्ध करने की आवश्यकता नहीं होती।

आप हमारे सम्मुख वर्तमान हैं। यह प्रत्यक्ष है। इसको सिद्ध करने के लिए प्रमाण की कोई आवश्यकता नहीं है। 'प्रत्यक्षस्य प्रमाणं किम् ?'

प्रथम ग्रासे मक्षिकापातः : किसी कार्य के आरम्भ में ही विघ्न हो जाना।

ज्यों ही मैंने यह पुस्तक लिखना आरम्भ किया त्यों ही एक महाशय आ धमके और हांकने लगे। मैंने मन में विचार किया—'प्रथम ग्रासे मक्षिकापातः।'

प्रभुता पाइ काहि मद नाहीं : अधिकार तथा धन-सम्पत्ति पाकर सब लोग अभिमान करने लगते हैं।

जब तक वह मंत्री नहीं हुआ था, तब तक सबसे बड़े प्रेम से मिलता था परन्तु मंत्री होते ही उसका दिमाग़ आसमान पर चढ़ गया और वह अब किसी से सीधे नहीं बोलता। कहावत है—'प्रभुता पाइ काहि मद नाहीं।'

प्रीति का निबाहना खांडे की धार है : किसी से प्रेम करना तो सरल है परन्तु उसका निर्वाह करना अत्यन्त कठिन है।

प्रेम और जंग में सब कुछ मुनासिब है : प्रेम और युद्ध में सिद्धि की प्राप्ति के लिए अनुचित साधनों का प्रयोग भी बुरा नहीं माना जाता।

मैं अक्षय को हर हालत में प्राप्त करना चाहती थी। कहते हैं—'प्रेम और जंग...है।'

प्रेम का पान हीरा समान : प्रेम के साथ चाहे कोई वस्तु भी दी जाए, तो भी उसका मूल्य बहुत अधिक होता है।

फ

फ़कीर अपनी कमली ही में खुश है : सन्तोषी लोग अपनी ग़रीबी ही में आनन्द पाते हैं।

मित्र, मुझे मंत्री बनने की आकांक्षा नहीं है। मैं जिस स्थिति में हूं उसी से सन्तुष्ट हूं। 'फकीर अपनी...खुश है।'

फ़कीर की ज़बान किसने कीली है ? : फ़कीर की ज़बान को कोई नहीं रोक सकता।

पहले तो तुमने फ़कीर को डांटा-फटकारा और अब जो वह तुम्हें अपशब्द कहने लगा है तो तुम्हें असह्य हो रहा है। पर तुम कर ही क्या सकते हो ? 'फ़कीर की ज़बान...है ?'

फ़कीर की झोली में सब कुछ : फ़कीर सब कुछ दे सकता है।
आपको कभी किसी सच्चे फ़कीर के दर्शन नहीं हुए। आप विश्वास रखिए कि 'फ़कीर की झोली में सब कुछ होता है।'

फ़कीर की सूरत ही सवाल है : फ़कीर को देखते ही जान लेना चाहिए कि वह कुछ मांगेगा।

फ़कीर को कम्बल ही दुशाला : ग़रीबों के लिए मोटे कपड़े ही नियामत हैं।
मैं निर्धन आदमी हूं। सर्ज का कोट बनवाने के लिए मेरे पास पैसे नहीं हैं। यह खादी का ही कोट मेरे लिए नियामत है। कहावत है कि 'फ़कीर को...दुशाला।'

फटक चन्द गिरधारी, जिनके लोटा न थारी : अत्यन्त निर्धन मनुष्य।

फटा मन और फटा दूध फिर नहीं मिलता : यदि दो मनुष्यों के चित्त में फर्क पड़ जाए, तो फिर उनमें घनिष्ठ मित्रता नहीं हो सकती।

फटे न फूटे, जीव जान छूटे : जिस वस्तु से जी ऊब जाए, उसके लिए कहते हैं।

फटे में पांव, दफ़्तर में नांव : जो व्यक्ति दूसरों के झगड़े में पड़ता है, उसका नाम अदालत में गवाही के लिए लिखा जाता है।

फटे से कपड़े मत देखो, घर दिल्ली है : इनको सीधा-सादा, भोला-भाला मत समझो; यह बहुत पहुंचे हुए हैं।

फ़िक्र और ज़िक्र दोनों चाहिए : फ़कीरों को चाहिए कि भगवान् का ध्यान और आराधना दोनों करें।

फ़िक्र बुरी फाका भला, फ़िक्र फ़कीरा खाय : चिन्ता बहुत बुरी होती है। चाहे फ़ाका करे पर फ़िक्र न करे। चिन्ता फ़कीरों को भी नष्ट कर देती है।

फिर बंदा मोची का मोची : जैसे थे वैसे ही रहे, कुछ उन्नति न कर सके।

फिसल पड़े पर हर गंगा : असावधानी के कारण काम बिगड़ जाने पर यह प्रकट करना कि मैंने जान-बूझकर ऐसा किया है।

फुई-फुई तालाब भरता है : यदि कोई वस्तु थोड़ी-थोड़ी इकट्ठी की जाए तो वह बहुत हो जाती है।

फूंक दो तो उड़ जाय : बहुत दुबला-पतला व्यक्ति।
भाभी जी तो ऐसी दुबली-पतली थीं कि 'फूंक दो तो उड़ जाएं।' (प्रेमचन्द)

फूल की डाल नीचे को झुके : गुणवान् लोग नम्र होते हैं।

फूल टहनी में ही अच्छा लगता है : हर एक वस्तु की शोभा उसके स्थान में ही होती है।

फूल-फूल करके चंगेर भरती है : थोड़ा-थोड़ा करके बहुत होता है।

फूलहिं फरहिं न बेत, जदपि सुधा वर्षहि जलद; मूरख हृदय न चेत, जौ गुरु मिलहि विरंचि

सम : तुलसीदास जी कहते हैं कि मूर्ख मनुष्य कभी भी ज्ञानी नहीं हो सकता चाहे उसे कितना ही उत्तम गुरु क्यों न मिले।

ब

बंदर क्या जाने अदरक का स्वाद : जो किसी विशेष वस्तु या व्यक्ति की कद्र न जानता हो।

कभी पी के भी देखी है ? वह सरूर आता है कि क्या कहें ? आहा ! उपदेश झाड़ने आए हो कि शराब मत पिओ। भला तुम क्या जानो इसके गुण ? 'बंदर क्या...स्वाद ?'

बंदर की आशनाई, घर में आग लगाई : मूर्ख से मित्रता करने से हानि होती है।

बंदर की दोस्ती, जी का जिआन : मूर्ख से मित्रता करने पर जान ज़ोखिम में पड़ जाती है।

बंदर के गले में मोतियों की माला : किसी अयोग्य व्यक्ति को कोई सुन्दर या बहुमूल्य वस्तु प्रदान करने पर लोकोक्ति।

बंदर के हाथ आईना : बंदर के हाथ आईना देना व्यर्थ होता है। क्योंकि वह कुरूप होता है और उसे तोड़ डालता है।

बंदर के हाथ नारियल : किसी के हाथ ऐसी चीज़ पड़ना, जिसका मूल्य वह न जानता हो।

बंदा जोड़े पली-पली और राम लुढ़ावे कुप्पा : चिर संचित सम्पत्ति का एकदम नष्ट हो जाना। जब किसी कंजूस की सम्पत्ति नष्ट हो जाती है तब यह कहावत कही जाती है।

सेठ रामसहाय जी बड़े कंजूस थे, कचहरी भी पैदल जाया करते थे। लड़के पर मुकदमा लग गया और हज़ार रुपये बिगड़ गए। यही हुआ—'बंदा जोड़े ...कुप्पा।'

बकरा जी से गया, खाने वाले को स्वाद ही न आया (या मिला) : जब कोई मनुष्य दूसरे के लिए त्याग करता है और दूसरा मनुष्य एहसान नहीं मानता।

उमानाथ—कृष्णचन्द्र कह रहे थे, तुमने मुझे लूट लिया, मेरी स्त्री को मार डाला, मेरी एक लड़की को कुएं में डाल दिया, और दूसरी को दुःख दे रहे हो।

जाह्नवी—तो तुम्हारे मुंह में जीभ न थी ? कहा होता, क्या मैं किसी को नेवता देने गया था ? कहीं तो ठिकाना नहीं था, दरवाज़े-दरवाज़े पर ठोकरें खाती फिरती थीं। 'बकरा जी से...मिला।' (प्रेमचन्द)

बकरी ने दूध दिया और मेंगनी डालकर : उपकार करने के साथ-साथ दिल भी दुःखा देने पर यह कहावत प्रयुक्त होती है।

आखिर वे तुमसे पांच रुपये ले ही गए; पर क्या फ़ायदा ? सारा बाज़ार तुमने इकट्ठा कर लिया, चार सुनी, चार सुनाई। यह तो वही बात हुई, 'बकरी ने दूध...डालकर।'

बकरे की मां मब तक ख़ैर मनायेगी : बकरा मारा तो जाएगा ही, आज नहीं तो कल। तात्पर्य यह है कि अपराधी और दुष्चरित्र मनुष्य को एक-न-एक दिन दण्ड अवश्य मिलेगा। दे. 'चोर की मां कब तक ख़ैर मनावेगी ?'

वह डाकू और लुटेरा है। पुलिस को यह मालूम हो गया है। वह उसके पीछे पड़ी है। एक-न-एक दिन पकड़ लिया जाएगा या उसे गोली मार दी जायेगी। 'बकरे की मां...मनायेगी।'

बगल में छुरी, मुंह में राम-राम : मुंह से मीठी-मीठी बातें करना और हृदय में शत्रुता रखना। दे. 'मुंह में राम-राम बगल में कसाई के काम।'

वैसे तो भतीजों को बहुत प्यार करते थे लेकिन मौक़ा पाते ही उनकी सब सम्पत्ति हड़प ली। इसे कहते हैं—'बगल में छुरी...राम।'

बग़ल में तोसा किसका भरोसा : जिसके पास धन होता है, वह दूसरे का आश्रित नहीं होता।

आपको ईश्वर ने सम्पन्न बनाया है। आप जो चाहें कर सकते हैं। आप किसी के आश्रित नहीं हैं। 'बग़ल में तोसा किसका भरोसा ?'

बगला मारे पंख हाथ : बगुला को मारने से केवल पंख ही हाथ लगता है। किसी गरीब आदमी को हानि पहुंचाने से कुछ लाभ नहीं होता।

मो जिय जैहे सुरति सों, स्वाद न पैहो नाथ।
जैसे बगुला के हते, पखना लागै हाथ॥

बछड़ा खूंटे ही के बल कूदता है : कोई शक्तिशाली व्यक्ति जिसका सहायक या पक्षधर होता है, वह ऊट-पटांग बातें करता है और अनुचित काम करता है।

मिठुआ किसानों के खेतों से बेधड़क चने, मटर, मूली, गाजर उखाड़ लाता था। अगर कोई टोकता तो उससे लड़ने को तैयार हो जाता था। सूरदास को नित्य उलाहने मिलने लगे। लोग यहां पर कह जाते थे कि सूरदास ने ही उसे सिर पर चढ़ा रखा है। 'बछड़ा खूंटे ही के बल कूदता है।'

(प्रेमचन्द)

बछिया मरी-तो-मरी, आगरो तो देखो (आगरा तो देखा) : हानि हुई-तो-हुई, अनुभव तो हुआ।

एक ग्रामीण कहावत है—'बछिया मरी-तो-मरी आगरो तो देखो।' ठीक उसी भावना को लेकर मैं एन्ट्रेन्स की परीक्षा देकर आगरे से मैनपुरी लौटा था क्योंकि उसमें पास होना मैं इतना ही दुष्कर समझता था जितना कि सुई के नाके में से ऊंट का जाना।

बजा कहे जिसे आलम, उसे बजा समझो : जिस बात को दुनिया अच्छी कहे, उसे अच्छी

ही समझनी चाहिए।

मेरी समझ में तो उसका यह काम अनुचित है, पर यदि आप सब लोग उसे उचित समझते हैं तो मुझे कोई आपत्ति नहीं है। 'बजा कहे...समझो।'

बड़ा रोवे बड़ाई को छोटा रोवे पेट को : संसार में सब दुःखी है, दुःख से मुक्त कोई नहीं है।

बड़ा बाबा देने पर आया, तो दी नेफे की जूयें : जब कंजूस आदमी बड़ी दया करता है तब भी किसी तुच्छ चीज़ का ही दान करता है।

मैंने घड़ी को देखकर कहा, "लीजिए, साहब, चार बजकर पैंतीस मिनट हुए हैं। आपने दो मिनट मांगे हैं, मैं आपको पांच मिनट देता हूं।"

"ओ हो, बड़े आये हैं देने वाले दाता। बड़ा बाबा...जूयें।"

बड़ी फ़ज़र चूल्हे पर नज़र : सवेरा होते ही खाने-पीने की चिन्ता पर कहावत है।

बड़े आदमियों की बड़ी बात : बड़े आदमी जो चाहें कहें या करें, कोई उनका विरोध नहीं करता।

'बड़े आदमियों की बड़ी बात' मुंह पर कौन बोलेगा और क्यों बोलेगा ?

(मन्नू भंडारी)

बड़े आदमी की पीठ काली, ग़रीब का मुंह काला : लोग बड़े की निन्दा पीठ पीछे करते हैं और छोटे आदमी की निन्दा मुंह पर करते हैं।

बड़े आदमी ने दाल खाई, तो कहा सादा मिज़ाज है; ग़रीब ने दाल खाई, तो कहा कंगाल है : एक ही काम के लिए बड़े आदमियों की प्रशंसा की जाती है और ग़रीबों की निन्दा की जाती है।

बड़े कहैं सो कीजिए, करैं सो करिये नाहिं : बड़े जो कहें उसे तो करना चाहिए परंतु जो वे करें, उसे नहीं।

बड़े घर की बड़ी बात : किसी बड़े आदमी के नीच काम करने पर व्यंग्य।

चपला—कुशल मैं क्या कहूं ? उस दिन के तो समाचार तूने सुने ही होंगे ?

विमला—कौन समाचार ? राजकन्या के ? 'बड़े घर की बड़ी बात।'

बड़े बर्तन की खुरचन भी बहुत होती है : उदार धनी आश्रयदाता निर्धन हो जाने पर भी अपने आश्रितों को कुछ-न-कुछ देते ही हैं।

बड़े बाप का बेटा : धनी-मानी मनुष्य का पुत्र।

बड़े बोल का सिर नीचा : घमंडी का कोई सम्मान नहीं करता और उसका पतन हो जाता है।

एक रोज़ ज़रूर मुंह की खायेगा तू,
सुन ले बड़े बोल का नीचा है सर।

बड़े मियां सो बड़े मियां, छोटे मियां सुभान अल्लाह : बेटे का बाप से या छोटे भाई का बड़े भाई से बढ़कर होने पर उक्ति।

सेठ जी अपने नौकरों और मज़दूरों पर बहुत अत्याचार करते थे। इसलिए जब उनका निधन हुआ तो उन लोगों को यह आशा हुई कि उनके पुत्र

उन लोगों के साथ सद्व्यवहार करेंगे। परन्तु वह अपने पिता से भी कठोर निकला। इसलिए उसके एक कर्मचारी ने कहा—'बड़े मियां...सुभान अल्लाह।'

बड़े लोगों की बड़ी बातें या (बड़ों की बड़ी बात) : 1. महान् पुरुष का काम सदा महान् होता है।

जाकर पग पर गिरा राम के दीनानन हो,
उसे लगाया अंग राम ने हर्षित मन हो।
बड़े-बड़ों की बात बड़ी होती रहती है,
इसीलिए तो मही उन्हें ईश्वर कहती है।

2. बड़े आदमियों के उल्टी-पुल्टी बातें करने या ग़लत काम करने पर व्यंग्य।
पाकिस्तान के राष्ट्रपति एक तरफ़ तो कहते हैं कि वह भारत के साथ मेल करना चाहते हैं और दूसरी तरफ अस्त्र-शस्त्र एकत्र करके हमारे देश की सीमा पर सेना लगा रहे हैं। क्या कहा जाए ? 'बड़े लोगों की बड़ी बातें होती हैं।'

बड़े लोगों की बड़ी-से-बड़ी ग़लतियों के विषय में कोई कुछ नहीं कहता : अर्थ स्पष्ट है।

को क़हि सकै बड़ेन सौं, लखैं बडीयौ भूल।
दीने दई गुलाब की, इन डारनु वे फूल॥ (बिहारी)

(दई—दैव, विधाता, वे फूल—सुन्दर, कोमल और सुगन्धित फूल)

बड़ों का बड़ा ही मुंह : बड़ों की मांग भी बड़ी ही होती है।
वह बड़े आदमी हैं। यदि उन्होंने पचास हज़ार दहेज़ मांगा तो कोई आश्चर्य नहीं है। 'बड़ों का बड़ा ही मुंह' होता है।

बड़ों के कहे का और आंवलों के खाये का पीछे स्वाद आता है : बड़ों के उपदेश पर आचरण करना पहले तो बड़ा कटु मालूम होता है पर अन्त में उसका परिणाम बहुत अच्छा होता है। इसी प्रकार आंवला खाने में पहले तो कसैला-सा स्वाद आता है, पीछे वह मीठा लगता है।

बड़ों से कान होते हैं, आंख नहीं : बड़े लोग दूसरों से, अपने नौकरों-चाकरों से, जो कुछ सुनते हैं, उसी को सच मान लेते हैं, स्वयं कुछ छानबीन नहीं करते।
मैं सवेरे दफ़्तर के समय से पहले ही वहां पहुंचता था और शाम के छः बजे के लगभग आता था। पर पता नहीं देवेन्द्र ने सुपरिंटेंडेन्ट साहब को क्या सिखाया कि उन्होंने बिना कुछ कहे-सुने ही मुझे यह कहकर निकाल दिया कि तुम रोज़ बारह बजे आते हो। सच है—'बड़ों के...नहीं होती।'

बड़ों के करके आस, न जाए पास : बड़े आदमियों से सहायता की आशा तो रखनी चाहिए पर उनके पास नहीं जाना चाहिए।

बत्तीस दांत में जीभ : शत्रुओं से घिरा रहना।
सुनहु पवन सुत रहनि हमारी। जिमि दसनन मंह ज़ीभ बिचारी॥
(तुलसीदास)

बद अच्छा, बदनाम बुरा : बद अच्छा है परन्तु बदनाम होना बुरा है।

प्रोफ़ेसर—यदि अध्यापक विवाहित नहीं है तो उसके विषय में लोग अनेक बातें कहा-सुना करते हैं।
मिस—आपका तात्पर्य लोकापवाद है ?
प्रोफ़ेसर—नहीं, लोगों की धारणा से—उनके विचारों से। आपने सुना है न 'बद अच्छा, बदनाम बुरा।'

बधे पाप अपकीरति हारे : जिस काम के करने और न करने दोनों में हानि हो।

बधे पाप अपकीरति हारे। मारत हू पा परिय तुम्हारे॥ (तुलसीदास)

बन की पत्ती बन का खरिका, केलि करें बरई / बारी के लरिका : मुफ़्त के माल पर पैसा पैदा करने पर कहावत।

बन गए के लाला जी और बिगड़ गए के बेवकूफ़ : जब काम बन जाता है तब सब लोग प्रशंसा करते हैं परन्तु बिगड़ जाने पर वे गालियां देते हैं।

बन में मोर नाचा किसने देखा : किसी गुणी का ऐसे स्थान में गुण दिखाना जहां उसका समझने वाला कोई न हो। दे. 'जंगल में मोर नाचा किसने देखा।'

बनते देर लगती है, बिगड़ते देर नहीं लगती : उन्नति होने में देर लगती है पर अवनति होने में देर नहीं लगती।

उसने परिश्रम और लगन से व्यापार किया; फलतः शनैः-शनैः उन्नति कर गया। किन्तु एक बार ऐसा दिवाला निकला कि बेचारा कौड़ी-कौड़ी को मोहताज हो गया। इसी से कहते हैं कि 'बनते देर...लगती।'

बनिक पुत्र जाने कहा, गढ़ लेवे की बात/घात : बनिया युद्ध नहीं कर सकता। तात्पर्य यह है कि जो जिसका काम होता है, वह उसी को कर सकता है।

कुल बल जैसो होय सो, तैसी करिए बात।
बनिक पुत्र जाने कहा, गढ़ लेवे की घात॥ (वृन्द)

बनिया अपने बाप को ठगत न लावे बार : बनिया सबको ठगता है, किसी के साथ रियायत नहीं करता।

बनिया अपने बाप को, ठगत न लावे बार।
निसि बासर जननी ठगै, जहां लेत अवतार॥ (गिरधर कविराय)

बनिया का जी धनिया बराबर : बनिया का जी बहुत छोटा होता है।

बनिया को पसंगे की आस : बनिया को पसंगे ही की आशा रहती है।

बनिया जिसका यार, उसको दुश्मन क्या दरकार : बनियों पर व्यंग्य किया गया है कि वे अपने मित्रों को ठगते हैं।

बनी के सौ साले, बिगड़ी का एक बहनोई भी नहीं : जिसके पास धन या पद होता है, उसके साथ सैकड़ों आदमी सम्बन्ध स्थापित करते हैं परन्तु निर्धन के साथ कोई भी सम्बन्ध नहीं स्थापित करना चाहता।

बने मल बिगड़े कुर्मी : धन से ही सब लोगों की प्रतिष्ठा होती है। वही मनुष्य धन होने पर 'मल' कहे जाते हैं और निर्धन होने पर 'कुर्मी' कहलाते हैं।

बराबरों से कीजिए, ब्याह, बैर अरु प्रीति : विवाह, शत्रुता और प्रेम बराबर वालों से करना चाहिए।

बस भल बास नरक कर ताता, दुष्ट संग जनि देइ विधाता : दुष्टों के साथ से बहुत कष्ट होता है।

बस नमाज़ हो चुकी, मुसल्ला बढ़ाइए : काम समाप्त हो गया, अब आप लोग जाइए।

जब परीक्षा के लिए आवेदन-पत्र भरा जा चुका और विद्यार्थी कक्षा में बैठे ही रहे तब अध्यापक ने कहा–'बस नमाज़ हो चुकी, मुसल्ला बढ़ाइए।'

बहता पानी, रमता जोगी : घुमक्कड़ आदमी कभी एक जगह पर नहीं रुकता।

राणाजी पर बाहर आने-जाने के लिए कोई प्रतिबन्ध न था। फ़कीर जो ठहरा। 'बहता पानी, रमता जोगी।' इनका कोई कुछ करे भी तो क्या करे ?

(वृन्दावनलाल शर्मा)

बहरा राग का स्वाद क्या जाने : मूर्ख आदमी गुण की कद्र नहीं जानता।

बहुते जोगिन मठ उजाड़ : यदि किसी काम को बहुत अधिक आदमी करने लगते हैं और किसी का नियंत्रण तथा अधीक्षण नहीं होता तो वह काम खराब हो जाता है।

उसके यहां बारात आई थी। उसने अतिथियों के खिलाने-पिलाने का काम अनेक लोगों को सौंप दिया। परिणाम यह हुआ कि किसी को एक चीज़ नहीं मिली तो किसी को दूसरी। इसी से कहा गया है–''बहुते...उजाड़।'

बहुत कथनी, थोड़ी करनी : कहना बहुत, करना थोड़ा।

बहुत परिचय से अनादर होता है : बहुत घनिष्टता का परिणाम अच्छा नहीं होता।

अति परिचय से होते हैं, अरुचि अनादर भाय।
मलयागिरि की भोलनी, चंदन दैत जराय॥ (वृन्द)

बहुत चले सो वीर न होई : बहुत चलने वाला पुरुष वीर नहीं होता है।

जो अति सुमत सरा हेहु रावन। सो सुग्रीव करे लघु धावन।
चलइ बहुत सो वीर न होई। पठवा खबरि लेन हम सोई॥

(तुलसीदास)

बहू लाली, धन घर खाली : शौक़ीन बहू से धन और घर का नाश हो जाता है।

बहू शरम की, बेटी करम की : लज्जाशील बहू और भाग्यवाली लड़की अच्छी होती है।

बांझ क्या जाने प्रसूत की पीर या (बांझ प्रसूत की पीड़ा नहीं जानती) : जिस व्यक्ति को जिस बात का अनुभव नहीं है, उसे उसके बारे में कुछ ज्ञान नहीं होता।

पंडित जन को सस्र मरम, जानत जे मतिधीर।
कबहूं बांझ न जानई, तन प्रसूत की पीर॥ (वृन्द)
मो बिरहिनि गति लखी बिहाल, हंसी करति संजोगिन बाल।
सांचु परवानो कहत सयाने, व्याउर पीर बांझ कह जाने॥

बांड़ा आप-आप गए, चार हाथ पगहिया भी लेते गए : आप स्वयं नष्ट होना और दूसरों को भी थोड़ी हानि पहुंचाना।

वकील साहब का हुक्म है कि आज ही यहां से चली जाओ। सारे देशभर

में बदनाम कर दिया। तुमको लाज नहीं है, उनको तो अपने नाम की लाज है। 'बांड़ा आप-आप गए, चार हाथ पगहिया भी लेते गए।' (प्रेमचन्द)

बांड़ी विस्तुइया बाघन से नज़ारा : छोटे या निर्बल आदमी के बड़े या शक्तिशाली मनुष्य से बैर करने पर उक्ति।

इधर पीटर ने भी न आव देखा न ताव, लपककर साहब को पृथ्वी से उठा लिया और बोला, 'बांड़ी...नेज़ारा।'

बांबी में हाथ तू डाल, मंत्र मैं पढ़ूं : ज़ोखिम का काम दूसरों को सौंपकर स्वयं आसान काम करनां।

वाह, यह तो मुझसे न हो सकेगा, मैं तो सेंध फोड़कर अन्दर घुसूं और तू यहां बाहर चैन की बंसी बजाता रहे। यह तो वैसा ही हुआ कि 'बांबी में...पढ़ूं।'

बांह गहे की लाज : जिसे शरण दी, उसकी रक्षा अवश्य करनी चाहिए।

स्त्री ने कहा—बुरी हूं या भली हूं तो तुम्हारी ही। 'अब बांह गहे की लाज' रखो।

बाज़ार की छींक, ससुराल की गाली : इन दोनों को बुरा नहीं मानना चाहिए।

बाढ़ें पूत पिता के धर्मा, खेती उपजे अपने कर्मा : पुत्र पिता के धर्म से बढ़ता है और खेती अपने कर्म से पैदा होती है।

यदि साहब की सुकृत की कमाई है और वह सिवाय भले कामों के मन से कभी किसी बुरी बात की ओर नहीं गए तो सम्भव नहीं कि उनकी औलाद पर उस भलाई का असर न पहुंचे। यह कहावत कि "बाढ़ें पूत पिता के...कर्मा" कभी उलटी नहीं होगी।

बात और बाप एक है : जो अपने बाप का पुत्र होता है, वह अपनी प्रतिज्ञा का पालन अवश्य करता है।

मैं किसी से न बोलूंगा। जो कसम कहो, खा जाऊं। अगर ज़बान खोलूं तो समझ लेना, इसके असल में फ़र्क है। 'बात और बाप एक है।' (प्रेमचन्द)

बात कही और पराई हुई : मुंह से निकलते ही बात सबको मालूम हो जाती है।

बात छीले रूखड़ी और काठ छीले चीकना : बहस करने से बात रूखी और छीलने से लकड़ी चिकनी हो जाती है।

बातहिं हाथी पाइए, बातहिं हाथी पांव : बात करने की कला होती है। जो मनुष्य यह कला जानता है, वह बात से काफ़ी धन तथा पद प्राप्त कर लेता है और जिसे बात करना नहीं आता, वह कठोर दंड पाता है।

'बातहिं हाथ...पांव'—बात ही से पराये अपने और अपने पराये हो जाते हैं।

बातें करें मैना की-सी, आंखें बदलें तोता की-सी : मीठी-मीठी बातें करने वाला बेमुरौवत आदमी।

बात कहिए जग भाती, रोटी खाइए मन भाती : बात ऐसी कहनी चाहिए, जो सबको अच्छी लगे और भोजन ऐसा करना चाहिए, जो अपने को अच्छा लगे।

बादल फटे तो कहां तक थिगली : यदि कोई काम बहुत अधिक बिगड़ जाए तो उसको सुधारना बहुत कठिन हो जाता है।

मैं मानता हूं कि यह घड़ी नई का मुकाबिला नहीं कर सकती, फिर भी बहुत कुछ बन गई है। बहुत खराब भी तो हो गई थी। जनाब, 'बादल फटे तो कहां तक थिगली' लग सकती हैं?

बाप की मूंड़ी काटे, पूत से हाथ मिलावे : पिता का सिर काटते हैं और पुत्र से मित्रता करते हैं। जब कोई भारी हानि पहुंचाकर छोटी-मोटी भलाई करता है तब इस कहावत का प्रयोग करते हैं।

बाप न दादे सात पुश्त हरामज़ादे : झूठी शेखी बघारने वाले के लिए व्यंग्य रूप से यह कहावत कही जाती है।

बाप न मारी पीदड़ी/मेढ़की बेटा तीरन्दाज़ : जब कोई व्यक्ति बहुत शेखी मारता है तब व्यंग्य रूप से यह कहावत कही जाती है।

चुप रह, कभी तेरे खानदान में भी किसी ने तलवार चलाई थी कि तू ही तीसमार खां बना हुआ है?' 'बाप न...तीरन्दाज़।'

बाप भला न भैया, सबसे भला रुपैया : रुपये-पैसे के मामले में बाप-दादा तथा रिश्तेदारों का खयाल नहीं रखा जाता, उनसे भी रिश्ता-नाता टूट जाता है।

दयाराम ने अपने भाई पर 500 रुपये की नालिश कर दी। भाई, सच है, 'बाप भला...रुपैया।'

बाप भिखारी, पूत भंडारी : दरिद्र बाप के पुत्र के अपने भाग्य से धनी होने पर उक्ति।

बाप मरा घर बेटा भया, इसका टोटा उसमें गया : एक काम के घाटे का दूसरे काम से पूरे होने पर।

वायस पालिय अति अनुरागा, होहिं निरामिष कबहूं कि कागा : दुष्ट के साथ चाहे जैसा व्यवहार किया जाए, यह अपनी दुष्टता को नहीं छोड़ता।

बार-बार चोर की, एक बार साह की : चालाकी कभी-न-कभी अवश्य प्रकट हो जाती है। चोर बार-बार चोरी करके बच जाता है पर कभी-न-कभी अवश्य पकड़ा जाता है।

बारह गांव का चौधरी, अस्सी गांव का राव; अपने काम न आये, तो ऐसी-तैसी में जाये : कोई मनुष्य चाहे कितना ही धनी क्यों न हो; परन्तु यदि वह हमारे काम न आवे तो उसका धन हमारे लिए बेकार है।

बारह बरस दिल्ली में रहे, भाड़ ही झोंका : जब कोई व्यक्ति अच्छे स्थान में रहने पर भी उन्नति नहीं करता तब यह कहावत कही जाती है।

इतने दिनों तक तुम बंगाल में रहे, तब भी बंगला नहीं सीखी। यह तो वही हाल हुआ कि 'बारह बरस...झोंका।'

बारह बरस में घूरे के दिन भी फिरते हैं : कभी-न-कभी सबके अच्छे दिन आते हैं।

दुकानदार बोला—बीस वर्ष...। 'बारह वर्ष में तो घूरे के दिन फिर आते हैं;' यह तो हज़रतगंज है।

बारह बरस सेई कासी, मरने को मगहर की माटी : सत्कर्म करने पर भी बुरी तरह मौत होने पर यह कहावत कहते हैं।

बाल मराल कि मन्दर लेहीं : सुकुमार मनुष्य कठोर काम नहीं कर सकते।

रावन बान छुआ नहिं चापा। हारे सकल भूप करि दापा॥
सो धनु राजकुंअर कर देहीं। बाल मराल कि मन्दर लेहीं॥
(तुलसीदास)

बारे की मां न मरे और बूढ़े की जोरू : जब बच्चे की मां अथवा बूढ़े की स्त्री मर जाती है, तब उन्हें बहुत कष्ट होता है।

बाल हठ, तिरिया हठ, राज हठ : लड़कों, स्त्रियों और राजाओं का हठ जल्दी नहीं छूटता।

जब रामेश्वरी ने हठ नहीं छोड़ा और कहा कि मैं कंगन लेकर ही भोजन करूंगी, तब उसके पति ने कहा–'बाल हठ, तिरिया हठ और राज हठ' प्रसिद्ध हैं। अब तुम उठो। मैं बाज़ार जा रहा हूं और दो-चार घंटों में कंगन लेकर लौटूंगा।

बालू की भीत : ऐसी वस्तु जो शीघ्र नष्ट हो जाए या जिसका भरोसा न हो।

बिरसत बार न लागहीं, ओछे जन की प्रीत।
अंबर डंबर सांझ के, ज्यों बालू की भीत॥ (वृन्द)

बावन तोले पाव रत्ती : जो हर तरह से बिल्कुल ठीक हो।

आपकी सभी बातें 'बावन तोले पाव रत्ती' हुआ करती हैं।

बावरे गांव में ऊंट आया, लोगों ने जाना परमेश्वर आया : मूर्खों के लिए साधारण चीज़ें भी अनोखी हुआ करती हैं।

बासी कढ़ी में उबाल : बुढ़ापे में जवानी की उमंग उठने पर कहते हैं।

साठ वर्ष के मुंशी तोताराम ने फिर ब्याह किया; बासी कढ़ी में उबाल आया।

बासी बचे न कुत्ता खाय : बहुत किफ़ायत से खर्च करना, आवश्यकता से अधिक चीज़ खराब होने के लिए पड़ी न रहने देना।

भाई, हमारे यहां तो रोज़ जितनी चीज़ों की ज़रूरत होती है उतनी ही आती हैं। हमारा सिद्धान्त है कि 'बासी बचे...खाय।'

बासी में क्या ख़ुदा का साझा : यदि हमारा कार्य स्वयं हमारे श्रम से हो जाए तो हमें किसी के प्रति कृतज्ञ होने की आवश्यकता नहीं होती।

बाहर टेढ़ो फिरत हैं बांबी सूधो सांप : बुरे मनुष्य भी अपने घर, मुहल्ले या गांव में बुराई छोड़ देते हैं।

छज्जू अव्वल नम्बर का चोर है; कई बार जेल काट आया है, लेकिन अपने मुहल्ले में उसकी कोई शिकायत नहीं सुनी। हां, भाई, ठीक है, 'बाहर टेढ़ो ...सांप।'

बाहर मियां पंचहज़ारी, घर में बीबी करमों मारी : यदि बाहर बहुत ठाट-बाट हो; पर घर में कुछ न हो और स्त्रियों को कष्टपूर्वक जीवन व्यतीत करना पड़ता हो, तब यह कहावत कही जाती है।

बाहर मियां सूबेदार, घर में बीबी झोंके भाड़ : दे. 'बाहर मियां पंचहज़ारी, घर में बीबी करमों मारी।'

बाहर लम्बी-लम्बी धोती, भीतर मड़वे की रोती : दे. 'बाहर मियां पंचहज़ारी...मारी।'

बाहर वाले खा गए, घर के गावें गीत : जब आगन्तुकों का बहुत आदर-सत्कार हो और स्वादिष्ट भोजन मिले परन्तु घरवालों को साधारण खाना भी न मिले, तब इस लोकोक्ति का प्रयोग करते हैं।

बिंध गया सो मोती, रह गया सो सीप : जिसको सफलता मिल जाए, वह अच्छा है और जिसे सफलता न मिले, वह ख़राब है।

चौबे जी किसी प्रकार एम.ए. प्रथम श्रेणी में पास हो गए और वह विश्वविद्यालय में अध्यापक हो गए। परन्तु गोपाल, जो उनसे कहीं तेज़ था, कुछ कारणवश तृतीय श्रेणी में उतीर्ण हुआ। इसी कारण बेचारा नौकरी के लिए इधर-उधर मारा-मारा फिरता है। किसी ने सच कहा है–'बिंध गया...सीप।'

बिच्छू का मंत्र न जाने, सांप के बिल/पिटारे में हाथ डाले : अपनी योग्यता तथा शक्ति के बाहर काम करना।

मैं तो भाई, फूंक-फूंककर चलता हूं। मैं क्या जानूं फ़िल्म क्या होती है, क्या नहीं होती। 'बिच्छू का मंतर न जाने, सांप के बिल में हाथ डाले' ऐसा काम नहीं करना चाहता।

बिच्छू का काटा रोवे, सांप का काटा सोवे : बिच्छू के डंक मारने से बहुत दर्द होता है। इसलिए मनुष्य रोता है परन्तु सांप के काटने से मनुष्य मर जाता है।

विधि का लेखा, को मेटलहारा : जो भाग्य में लिखा होता है, उसे अवश्य भोगना पड़ता है।

विधि प्रपंच गुण अवगुण साना : संसार में भलाई और बुराई, गुण तथा दोष दोनों मिलते हैं। सब मनुष्यों में कुछ गुण और दोष होते हैं।

बिन घरनी घर भूत का डेरा : स्त्री के बिना गृहस्थी का काम सुचारू रूप से नहीं चलता।

'बिन घरनी घर भूत का डेरा' का जितना सजीव उदाहरण वह घर और उसके निवासी थे ,उतना अन्यत्र मिलना कठिन होगा। (महादेवी वर्मा)

बिन ताए खोटो खरो, गहनो लखै न कोय : बिना परीक्षा किए हुए किसी की भलाई-बुराई का पता नहीं चलता।

आप उसकी प्रशंसा के पुल बांधते हैं, पर क्या कभी आपने उसकी परीक्षा भी ली है। मसल है–'बिन ताए...कोय।'

बिन मांगे मोती मिलै, मांगे मिलै न भीख : यदि भाग्य ठीक होता है तो बिना मांगे ही अभीष्ट वस्तुएं मनुष्य को प्राप्त हो जाती हैं, परन्तु यदि भाग्य प्रतिकूल होता है तब मांगने पर भीख भी नहीं मिलती।

मैंने कई बार रामू से कहा कि अपनी पुरानी पुस्तकें मुझे दे दो, क्योंकि अब वे तुम्हारे काम न आएंगी, लेकिन उसने नहीं दीं। आज हरीश ने अपने-आप ही अपनी सारी किताबें मुझको दे दीं। ठीक है भाई, 'बिन

मांगे...भीख।'

बिना कड़वी दवा खाये रोग अच्छा नहीं होता : बिना कष्ट उठाये किसी कार्य में सिद्धि नहीं प्राप्त होती।

बुरे लगत सिख के वचन, हिए विचारो आप।
कड़वी भेषज बिन पिये, मिटै न तन की ताप॥ (वृन्द)

बिना दबाए तिलों से तेल नहीं निकलता : बिना दबाव डाले हुए काम नहीं होता।

बिना रोये तो मां भी दूध नहीं पिलाती : बिना यत्न के कोई चीज़ नहीं मिलती।

भाई, तनख़्वाह बढ़वाने के लिए अर्ज़ी देनी होगी और अफ़सरों की खुशामद करनी होगी। जानते नहीं 'बिना रोये...पिलाती ?'

बिना विचारे जो करै, सो पाछे पछताय; काम बिगारै आपनो जग में होत हंसाय : पहले सोच-विचार कर ही हर कार्य करना चाहिए।

बिल्ली का खेल, चूहों की मौत : ज़बरदस्त के आमोद-प्रमोद के लिए ग़रीबों की भारी हानि होने पर उक्ति है।

किसान ने सेनाध्यक्ष से कहा—सरकार, आप लोग शिकार करके अपना मन बहला रहे हैं परन्तु हमारी फ़सलें नष्ट हो जा रही हैं। इस प्रकार 'बिल्ली का खेल और चूहों की मौत' वाली कहावत चरितार्थ हो रही है।

बिल्ली के भागों छींका टूटा : जब अकस्मात् इष्टसिद्ध हो जाए।

मैं अवश्य फेल हो जाता, क्योंकि मेरा चौथा पर्चा बहुत खराब हुआ था। यह अच्छा हुआ कि पर्चे आउट हो गए और फिर से परीक्षा होगी। मुझे और क्या चाहिए था, 'बिल्ली के भागों...टूटा।'

बिल्ली को ख़्वाब में भी छिछड़े नज़र आते हैं : बुरे मनुष्य को सदा बुराई ही दिखाई पड़ती है।

सेठ जी मन्दिर के निर्माण में दिल खोलकर रुपये खर्च कर रहे थे। उनके एक पड़ोसी ने मुझसे कहा—सेठ जी को किसी तस्करी में अतुल धनराशि प्राप्त हुई है, जिसे वह पानी की तरह बहा रहे हैं। मैंने उत्तर दिया, ठीक है, 'बिल्ली को...आते हैं।'

बिल्ली पहले ही दिन मारी जाती है : पहले ही दिन ऐसा व्यवहार करना चाहिए जिससे रोब जम जाए। फ़ारसी में यह कहावत इस प्रकार है—'गोरबा कुश्तन बरोज़ अव्वल बायद।'

पहले ही दिन दफ़्तर में ज़रा रोब हो जाना चाहिए। 'बिल्ली पहले दिन तो मारी जाती है।' (राजेन्द्र यादव)

बिसमिल्लाह ही ग़लत है : जब काम के आरम्भ में ही विघ्न पड़ जाए।

बीती ताहि बिसार दे, आगे की सुध लेय : जो बात बीत गई, उसकी चिन्ता न करके भविष्य के लिए सावधान हो जाना चाहिए।

घबराना नहीं, मेरी लक्ष्मी बहू तो गई; जो गई उसकी चर्चा क्या ? 'बीती ताहि...लेय।' (चतुरसेन शास्त्री)

बीमार की रात पहाड़ बराबर होती है : बीमार मनुष्य की रात बड़ी कठिनाई से कटती है।

बुड्ढी घोड़ी लाल लगाम : घोड़ी तो बुड्ढी है पर लगाम लाल है। बेमेल बात पर इस कहावत का प्रयोग करते हैं।

बुड्ढे की सीख, करे काम को ठीक : बूढ़े लोगों का उपदेश मानने से काम ठीक होता है।

बुड्ढे तोते राम-राम नहीं पढ़ते : बूढ़े लोग नई-नई चीज़ नहीं सीख सकते।

बुढ़ापे में अक्ल मारी जाती है : बुड्ढे लोगों के बुद्धिहीन व्यवहार पर ऐसा कहते हैं।

पनघट को हमारी अगर असवारी गई है,
तो वहां भी लगी साथ यही ख्वारी गई है।
सुनते हैं कि यही कहती पनिहारी गई है,
लो, देखो बुढ़ापे में यह मत मारी गई है। (नज़ीर)

बुरे काम का बुरा अंज़ाम : बुरे काम का फल बुरा होता है।

हा ! हा ! हा ! बच्चा पर खूब पड़ी। पूजा भी हुई और अब पुलिस के चंगुल में पड़ गया है। वे लोग सब तके हुए हैं। बसन्त से भरपूर बदला लेंगे। सच है, 'बुरे काम का बुरा अंज़ाम।'

बूंद-बूंद से तालाब भरता है : थोड़ा-थोड़ा इकट्ठा करने से एक बड़ी राशि हो जाती है।

बूड़ा वंश कबीर का, उपजे पूत कमाल : जब किसी अच्छे वंश में कोई नालायक पुत्र उत्पन्न होता है।

एक मनुष्य बड़ा भक्त और संयमी था और उसका बेटा उतना ही दुष्ट और कुचाली था। उसे देखकर किसी ने पूछा कि यह किसका बेटा है जो इतना दुष्ट है। दूसरे व्यक्ति ने कहा कि फलाने का। तब वह बोला, 'बूड़ा वंश कबीर का उपजा पूत कमाल।'

बूढ़ी को यम झट ले जांय, बूढ़ी मरे तो लड्डू खांय : बूढ़ी औरतों को चिढ़ाने के लिए लड़के ऐसा कहा करते हैं।

महामाया की दादी लाठी पकड़े, कमर झुकाए कांपती हुई जा रही थी। पीछे-पीछे लड़के उसे चिढ़ाते, तालियां बजाते, हंसते-कूदते जा रहे थे। 'बूढ़ी को...खांय।'

बूढ़े की ज़बान में ज़ोर होता है : बूढ़े लोग बहुत कुछ बकते रहते हैं।

बूढ़े के मरने का डर नहीं, पर काल घर देख जाता है : कोई ऐसा काम हो जाना, जिससे बार-बार हानि होने की आशंका हो।

बेकारी से बेगारी भली : खाली बैठे रहने से मुफ़्त में काम करना अच्छा है।

बेटा खाय बाप लखाय, कलियुग अपना बल दिखलाय : आजकल लड़के बाप को भोजन नहीं देते बल्कि उनको दिखाकर स्वयं खाते हैं।

बेटा बनकर सबने खाया है, बाप बनकर कोई नहीं खाता : जो लोग मधुर वाणी बोलते हैं, वे सर्वप्रिय होते हैं। इसके प्रतिकूल जो लोग कठोर वाणी बोलते हैं, वे सबको अप्रिय लगते हैं।

बेहया की पीठ पर रूख (पेड़) जमा, उसने जाना छांह हुई : निर्लज्ज आदमी बुरे काम को भी अच्छा समझते हैं।

बैठा बनिया क्या करे, इस कोठी का धन उस कोठी करे : जब कोई खाली आदमी व्यर्थ का काम करता है तब इस कहावत का प्रयोग किया जाता है।

वह बेकार था। इस आलमारी से किताब निकालकर दो-चार पन्ने पढ़ता था, फिर उस आलमारी से कोई किताब निकालकर चित्र देखता था। इस प्रकार उसके पिता की सब किताबें अस्त-व्यस्त हो गईं। उसका यह काम देखकर उसकी माता ने कहा–'बैठा बनिया क्या करे, इस कोठी का धन उस कोठी करे।'

बैठे से बेगार भली : खाली बैठे रहने से मुफ़्त में काम करना अच्छा होता है।

मेरे पास कोई काम नहीं था। खाली बैठा हुआ था। मन में आया कुछ लिखा जाए। 'बैठे से बेगार भली।'

बैद करे बैदाई, चंगा करे ख़ुदाई : वैद्य दवा देता है परन्तु चंगा ईश्वर करता है।

बैद की घोड़ी बेमतलब नहीं चलती : स्वार्थी मनुष्य बिना मतलब के कहीं नहीं जाते।

बैर प्रेम नहिं दुरइ दुराये : बैर और प्रेम छिपाने से नहीं छिपते।

तात कुतरक करहु जनि जाये। बैर प्रेम नहिं दुरइ दुराये॥

(तुलसीदास)

बैरी मारे फागुन की बहार : शत्रु को मारने से बहुत खुशी होती है।

बैरी से बच, प्यारे से रच : शत्रु से बचना चाहिए और मित्र से मिलकर रहना चाहिए।

बोवै पेड़ बबूल का आम कहां से पाय : जो जैसा करता है, उसे वैसा फल मिलता है।

करता था तो क्यों रहा, अब करि क्यों पछताय।
बोवै पेड़ बबूल का, आम कहां से पाय॥ (वृन्द)

ब्याह नहीं किया तो क्या, बरात तो गये हैं : यदि स्वयं कोई काम नहीं किया है तो कोई बात नहीं है; दूसरों को तो वह काम करते देखा है।

कमीज़ का कपड़ा काटते ही मोहन ने कहा था कि वह छोटी होगी और अन्त में वहीं हुआ। मोहन दर्जी नहीं है पर टेलर मास्टर का दोस्त तो है। भाई, 'ब्याह नहीं...गये हैं।'

भ

भइ गति सांप-छछूंदर केरी : किसी काम को न करते बनना न छोड़ते बनना, दोनों दशाओं में हानि की आशंका होना। कहते हैं कि यदि सांप छछूंदर को पकड़कर निगल जाए तो अंधा हो जाता है और छोड़ दे तो कोढ़ी हो जाता है।

धरम सनेह उभय मति घेरी। भइ गति सांप छछूंदर केरी।

कैकेयी के वर मांगने पर राजा दशरथ की 'सांप छछूंदर की सी गति' हो गई। वह न तो प्यारे राम को वन ही भेज सकते थे और न वचन ही

छोड़ सकते थे।

भक्त के वश भगवान् : प्रेम से भक्त भगवान् को अपने वश में कर लेता है।

जब प्रह्लाद पर विपत्ति पड़ी, तब भगवान् खम्भे में से प्रकट हुए। इसी प्रकार द्रोपदी की साड़ी को अनन्त बनाकर उन्होंने उसकी लज्जा की रक्षा की। इसी से कहते हैं कि भगवान् भक्त के वश में होते हैं।

भगवान् के घर में देर है अन्धेर नहीं : भगवान् के यहां न्याय होने में देर लग सकती है परन्तु वहां कभी अन्याय नहीं होता।

क्या तुम्हें भगवान् पर भरोसा नहीं है दीदी ! तुम्हीं तो कहती थीं कि 'उसके घर में देर है, अन्धेर नहीं।'

मुहल्ले में सुनी-सुनाई बातों पर पर्दा डालते हुए मुंशीजी बोले—'भगवान् के राज में देर है, अंधेर नहीं, जगपती भैया !'

भगवान् जब देते हैं तब छप्पर फाड़कर देते हैं : जब भगवान् की कृपा होती है, तब चारों तरफ़ से लाभ-ही-लाभ होता है।

मामा बोला—अरी सोना ! ओ सोना बेटी ! 'भगवान् जब देते हैं तब छप्पर फाड़कर देते हैं।' (वृन्दावन लाल वर्मा)

भजन और भोजन एकान्त में भला : भगवद्भजन और भोजन एकान्त में ठीक होता है।

भय बिन होइ न प्रीति : बिना भय के प्रेम नहीं होता।

श्री रामचन्द्र जी ने समुद्र से प्रार्थना की कि हम लोगों को लंका में जाने के लिए मार्ग दे दीजिए। परन्तु समुद्र ने उनकी बात नहीं मानी, तब गोसाईं जी कहते हैं :

विनय न मानत जलधि जड़, गये तीनि दिन बीति।
बोले राम सकोप तब, भय बिनु होय न प्रीति ॥

भरी मुट्ठी सवा लाख की : परदा न खुलने पर इज़्ज़त बनी रहती है।

भरे पेट पर शक्कर खारी : जब पेट भरा रहता है, तब स्वादिष्ट-से-स्वादिष्ट भोजन भी अच्छा नहीं लगता।

भरे समुन्दर घोंघा प्यासा : धन-धान्य से पूर्ण रहने पर भी दुःखी रहना।

भला कर भला हो, सौदा कर नफ़ा हो : भलाई का फल भला होता है; जो दूसरों की भलाई करता है उसकी भलाई भगवान् करते हैं।

भले आदमी की मुर्ग़ी टके-टके : शील-संकोच के कारण भले आदमी को बहुत हानि उठानी पड़ती है।

भले का ज़माना नहीं है : जब भलाई करने पर भी बुराई मिले।

मैंने उसकी इतनी सेवा की, लेकिन अन्त में गाली ही मिली। सत्य है, 'भले का...है।'

भले की बातें रस की खानि, बुरे की बातें दुःख निदान : सज्जन की बातों से सुख मिलता है, और दुर्जन की बातों से दुःख मिलता है।

भले घोड़े को एक चाबुक, भले आदमी को एक बात : बुद्धिमान् लोगों को संकेत मात्र काफ़ी होता है। एक बार बता देने से ही वह अपना काम ठीक करने लगते

हैं। बार-बार कहने की कोई आवश्यकता नहीं होती।

भवन बनावत दिन लगे, ढाहत लगे न बार : काम बनाने में समय लगता है; उसे बिगाड़ने में समय नहीं लगता।

भाई न दे, भाव दे : व्यवहार में मुलाहिज़ा नहीं करना चाहिए।

भाई भाई का नहीं होता : एक भाई दूसरे भाई की भलाई नहीं करता।

भाई भाव का, नहीं अपने दाव का : जो आपसे प्रेम करे वही आपका भाई है। जो व्यक्ति अपना स्वार्थ सिद्ध करने में लगा रहे, वह आपका भाई नहीं है।

भाई वही जो विपद सहाय : भाई वही है जो विपत्ति में सहायता करे।

भागते भूत की लंगोटी भली : जहां कुछ न मिलने की आशंका हो, वहां थोड़ी ही प्राप्ति से सन्तोष कर लेना अच्छा होता है।

मास्टर किशोरी लाल के जीवन का उत्साह भंग हो गया। हां, अध्यापकों में उन्हें 'भागते भूत की लंगोटी' हाथ आ जाने का-सा सन्तोष अवश्य मिल गया। (अमृतलाल नागर)

भागतों के आगे और मारतों के पीछे : कायर सबसे आगे-आगे भागते हैं पर रणक्षेत्र में सबसे पीछे रहते हैं।

भई, मैं तो इसी से तीन-चार दिन दरबार में नहीं गया। सुना, वे लोग लड़ने जाएंगे। मैंने कहा—जान थोड़ी ही भारी पड़ी है। यहां तो सदा 'भागतों के आगे और मारतों के पीछे।'

भाग्यं फलति सर्वत्र न विद्या न च पौरुषम् : भाग्य से ही मनुष्य को सुख मिलता है, विद्या या पौरुष से नहीं।

मुझे दुःख है कि आजकल वे कुछ कठिनाई में हैं किन्तु 'भाग्यं फलति सर्वत्र न विद्या न च पौरुषम्।'

भाग्यवान् का हल भूत जोतते हैं : सब लोग भाग्यवान् व्यक्ति की सहायता करते हैं और सब प्रकार से उसका लाभ होता है।

हम भोजन-वस्त्र के अतिरिक्त वेतन भी देने को तैयार हैं तब भी हमें नौकर नहीं मिलता। तुम्हारा नौकर खाने-कपड़े पर काम करता है। भाई, 'भाग्यवान् का...है।'

भाड़ में जाए या (चूल्हे में जाय) : नष्ट हो जाए, इस प्रकार का शाप

'भाड़ में जाय यह सम्पत्ति !' (यशपाल)

भात होगा तो कौए बहुत आवेंगे : धन होगा तो बहुत-से साथी मिलेंगे; माल रहेगा तो बहुत-से ग्राहक आवेंगे।

भादों का घाम और साझे काम : भादों की धूप बड़ी तेज़ और हानिप्रद होती है; साझे का काम ठीक नहीं होता।

भादों की छांछ भूतों की, कातिक की छांछ पूतों की : भादों में मट्ठा हानिकारक और कातिक में लाभप्रद होता है।

भारी ब्याज मूल को खाय : अधिक सूद पर रुपया देने से मूलधन भी डूब जाने का डर रहता है।

भा विधिना प्रतिकूल जबै, तब ऊंट चढ़े पर कूकर काटे : भाग्य के प्रतिकूल होने पर असम्भव हानि भी हो जाती है।

राजा नल के बुरे दिन आने पर भुनी हुई मछलियां भी तालाब में सरक गईं। ठीक है, 'भा विधिना...काटे।'

भावी प्रबल होती है : भवितव्यता को कोई नहीं मेट सकता।

सुनहु भरत भावी प्रबल, विलखि कहेउ मुनि नाथ।
हानि-लाभ जीवन-मरन, जस-अपयश विधि हाथ॥ (तुलसीदास)

भिन्नरुचिहिं लोक : संसार में लोगों की प्रकृति तथा रुचि भिन्न-भिन्न होती है।

'भिन्नरुचिहिं लोक', "जेते जग में मनूज हैं तेते अहैं विचार।" किसी को गाना प्यारा लगता है तो किसी को बजाना और किसी को आमोद-प्रमोद ही से प्रेम होता है।

भीख के टुकड़े बाज़ार में डकार : निर्धन आदमी का यह प्रकट करना कि वह धन-धान्य से परिपूर्ण है।

भीख मांगे और आंख दिखावे : किसी से कोई चीज़ ज़बरदस्ती मांगना।

वाह ! आप तो अच्छे मिले। मेरी चीज़ है। इच्छा होगी, तो दूंगा; न इच्छा होगी, तो न दूंगा। आप ऐंठ क्यों दिखाते हैं ? यह तो वही मसल हुई कि 'भीख मांगे...दिखावे।'

भीख में पछोड़ क्या : मुफ़्त मिली हुई चीज़ में दोष नहीं निकालना चाहिए। दे. 'दान की बछिया...जाते।'

आपने इस दुशाले को खरीदा तो नहीं है; दान में पा गए हैं। तब फिर इसकी इतनी आलोचना क्यों कर करते हैं ? 'भीख में पछोड़ क्या ?'

भीख में से भीख दे, तीनों लोक को जीत ले : जो मनुष्य भिक्षा में से भिक्षा देता है, उसे बड़ा पुण्य होता है।

भूख को भोजन क्या, और नींद को बिछौना क्या ? : भूख में सब खाना अच्छा लगता है और जब नींद लगती है तब बिछौने की ज़रूरत नहीं होती।

भूख न जाने बासी भात, प्यासा न जाने धोबी घाट : आतुर मनुष्य विचार शून्य हो जाता है।

घोर अकाल पड़ा हुआ था। जो जहां खाना देखता था, भूखे भेड़िये की तरह कूद पड़ता था, शुद्धाशुद्ध तथा भक्ष्याभक्ष्य का कोई विचार नहीं करता था। सच कहा है—'भूख न जाने...घाट।'

भूख में गूलर पकवान : भूख लगने पर निस्वाद भोजन भी स्वादिष्ट मालूम होता है।

भूख लगी तो घर की सूझी : भूख लगने पर घर याद आता है।

भूखा बंगाली भात-भात : जिस मनुष्य को जिस चीज़ के सेवन करने का अभ्यास पड़ जाता है, वह उसी को मांगता है।

चाह रही बहु सुन्दर बाम, तौ बिनु चैन नहीं घनश्याम।
लोग उक्ति परसिद्ध जु आली, रट ज्यों भात-भात बंगाली॥

भूखा सो रूखा : भूखे मनुष्य को बहुत जल्द क्रोध आता है।

भूखे को क्या रूखा, नींद को क्या तकिया : जिस मनुष्य को भूख लगी रहती है, उसे रूखा-सूखा भोजन भी अच्छा लगता है और जिस आदमी को नींद लगी रहती है, उसे तकिये की आवश्यकता नहीं होती है।

भूखे बेर अघाने गांड़ा : भूख में बेर खाना चाहिए और भोजन के बाद गन्ना या गंड़री चूसना चाहिए।

भूखे भजन न होहिं गोपाला : भूखे पेट कोई काम नहीं होता।

क्यों बाबा, तुम सवेरे-सवेरे भीख मांगने निकल पड़ते हो ? कभी-कभी रामभजन तो कर लिया करो। बाबू, 'भूखे भजन...गोपाला।'

भूखे सियार को सीदा मेवा : भूखे मनुष्य को साधारण भोजन भी बहुत मधुर लगता है।

भूखा सिंह न तिनका खाय : बड़ा आदमी कष्ट पड़ने पर भी छोटा काम नहीं कर सकता।

भूत की मिठाई सच्ची नहीं होती : वह पदार्थ जो भ्रम से दिखाई पड़े पर वास्तव में जिसका अस्तित्व न हो।

नित प्रति अवधि बदी सुखदाइ।
मिले न इक दिन कौन सुभाइ॥
निश्चय भई गाथ जो गाई।
सांची होत न भूत मिठाई॥

भूत जान नहीं मारना, हैरान करता है : दुष्ट लोग दूसरों को बहुत तंग करते हैं।

भूल गये राग-रंग, भूल गये छकड़ी, तीन चीज़ याद रही नोन तेल लकड़ी : गृहस्थी के झंझट में पड़ जाने पर मनुष्य को अनेक कष्ट उठाने पड़ते हैं।

मित्र, अब मेरी पुरानी बातें भूल जाइए। मैं वह नहीं हूं जो कालेज में था। सैर-सपाटे और आमोद-प्रमोद की सब बातें मेरे लिए स्वप्न हो गई हैं। मैं गृहस्थी के झंझटों से व्याकुल रहता हूं। किसी ने सच कहा है—'भूल गए...लकड़ी।'

भूला जोगी दूना लाभ : भुलक्कड़ जोगी एक ही घर में दो बार भीख मांगता है।

भेड़ की खाल में भेड़िया : देखने में सरल तथा भोले-भाले परन्तु वास्तव में ख़तरनाक।

जो कांग्रेस मेन 'भेड़ की खाल में भेड़िए' बने शिकार खेल रहे हैं, उन्हें निकाल बाहर करना चाहिए।

भेड़ पर ऊन कौन छोड़े ? : मूर्ख तथा धनी आदमी को सब मूंड़ने की चेष्टा करते हैं।

सरजू धनी परन्तु मूर्ख आदमी है। इसीलिए सब लोग उसे लूट रहे हैं। 'भेड पर ऊन कौन छोड़ता है ?'

भेड़ पूंछ भादों नदी, को गहि उत्तरे पार : भेड़ की पूंछ जैसी तुच्छ चीज़ पकड़कर क़ौन बरसात की भयंकर नदी को पार कर सकता है ? तात्पर्य यह है कि छोटे मनुष्यों के सहारे बड़े काम नहीं हो सकते।

सुशीला, तुम समझती हो कि इस दो अक्षर जानने वाले पंडित से पढ़कर तुम प्रभाकर परीक्षा में पास हो जाओगी। यह तुम्हारी दुराशा मात्र है। भला 'भेड़ पूंछ...पार।'

भेस से भीख मिलती है : वेश-भूषा देखकर लोग सम्मान करते हैं।

आप उनके यहां जा रहे हैं तो ज़रा अच्छे कपड़े पहन लीजिए अन्यथा आप का यथेष्ट सम्मान नहीं होगा। 'भेस से ही...है।'

भैंस के आगे बीन बजावे, वह बैठी पगुराय : मूर्ख के आगे उपदेशात्मक तथा अच्छी बातों का कहना व्यर्थ है।

कल टाउन हाल में 'साहित्य में जीवन' पर एक बहुत ही पांडित्यपूर्ण व्याख्यान हुआ था, किन्तु स्वागतमंत्री लाला चोखेलाल बैठे-बैठे ऊंघ रहे थे। मुझे उन्हें देखकर बड़ी हंसी आई और मैं मन-ही-मन कहने लगा, किसी ने ठीक कहा है—'भैंस के आगे...पगुराय।'

भैंस को अपने सींग भारी नहीं होते : अपने परिवार का पालन-पोषण किसी को बोझ नहीं मालूम होता।

अक्षयवर—तुम्हारे घर में इतने प्राणी हैं। तुम सबको खिलाते-पिलाते हो। मैंने अपना भाई तुम्हारे यहां भेज दिया था, जिससे वह वहां रहकर कुछ पढ़-लिख ले। परन्तु तुम्हारी स्त्री उसे न खिला-पिला सकी। क्या बात है ?

हरिहर—क्या तुमने सुना नहीं है कि 'भैंस को...होते ?'

भोगी सो रोगी : विलासी मनुष्य का स्वास्थ्य ठीक नहीं रहता।

भोर का मुर्ग़ा बोला, पक्षी ने मुंह खोला : सबेरा होते ही भूख लग जाती है।

भोले का दाता राम : सीधे आदमी को ईश्वर देता है।

भौंकते कुत्ते को रोटी का टुकड़ा : रिश्वती आदमी का पहले बहुत शोरगुल करने और फिर रिश्वत पाकर चुप हो जाना।

मैं चार घण्टे दरवाज़े पर खड़ा रहा, सिपाही ने जेल के अंदर घुसने ही नहीं दिया। इसलिए मैं भाई से न मिल पाया। तुम बहुत भोले हो। सिपाही तो यों ही किया करते हैं। रुपया-दो रुपया दे देते, यो कंधे पर चढ़ाकर छोड़ आता। 'भौंकते कुत्ते...टुकड़ा।'

भौंर न छाड़े केतकी तीखे कंटक जान : जिसका जिससे प्रेम होता है, वह हज़ारों बाधायें होने पर भी उसे नहीं छोड़ता।

अपने राष्ट्र-प्रेम के कारण सरदार भगतसिंह फांसी पर झूल गया और न जाने कितनी यातनाएं सहीं। इसी प्रकार सच्चा प्रेमी किसी प्रकार की बाधाओं से नहीं घबराता और अपने लक्ष्य को प्राप्त करने के लिए प्राण तक न्यौछावर कर देता है, जैसे कि 'भौंर न छांडे...जान।'

म

मंगनी के बैल के दांत नहीं देखते : मुफ़्त में मिली हुई चीज़ में ख़राबी नहीं देखी जाती, बल्कि उसे स्वीकार कर लिया जाता है। दे. 'दान की बछिया के दांत नहीं

देखे जाते।'

श्याम के मामा ने उसे अनेक चीज़ें दी थीं। जब श्याम उनमें से कुछ चीज़ों की आलोचना करने लगा तब उसके मामा ने कहा—'मंगनी के बैल... देखते।'

मंगाई छींट, लाया ईंट : जब एक चीज़ मंगाई जाए और लाने वाला दूसरी चीज़ लावे, तब इस कहावत का प्रयोग होता है।

मक्खी बैठी शहद पर, पंख गए लपटाय, हाथ मले और सिर धुने, लालच बुरी बलाय : लालच बहुत बुरी चीज़ होती है, इससे बहुत हानि होती है।

मक्षिका स्थाने मक्षिका : जैसी की तैसी नक़ल या अनुवाद।

हाजी साहब ने अनुवाद में 'मक्षिका स्थाने मक्षिका' वाली कहावत चरितार्थ कर दी।

मछली के बच्चों को तैरना कौन सिखावे : आदमी अपने जाति-स्वभाव या कुलरीति को स्वयं जान लेता है, उसे सिखाने की आवश्यकता नहीं पड़ती।

"मेवाराम ने बड़ी अच्छी तस्वीर बनाई है। उसने ऐसी चित्रकारी कहां से सीखी ?" अजी इसके बाप-दादा तो सब एक-से-एक चित्रकार हुए हैं। वही बात है कि 'मछली के बच्चों...सिखावे।'

मजनू को लैला का कुत्ता भी प्यारा : जिससे प्रेम होता है, उसकी सब वस्तुयें प्यारी होती हैं।

मढ़ूयो दमामा जात क्यों, कहुं चूहे के चाम : छोटे आदमी या वस्तु से बड़ा काम नहीं हो सकता।

कैसे छोटे मरन तैं, सरत बड़ेन के काम।
मढ़ूयो दमामा जात क्यों, कहुं चूहे के चाम॥ (वृन्द)

मन उमराव करम दरिद्री : जो दरिद्र मनुष्य अमीरों का-सा जीवन व्यतीत करना चाहता है, उस पर लोकोक्ति।

मन के लड्डुओं से भूख नहीं मिटती : कोरी कल्पनाओं से कार्य सिद्ध नहीं होता।

वृथा मरहु जनि गाल बजाई। मन मोदकनि की भूख मिटाई॥

(तुलसीदास)

मन के हारे हार है, मन के जीते जीत : साहस कभी नहीं छोड़ना चाहिए; भारी-से-भारी विपत्ति पड़ने पर भी पुरुषार्थ से काम लेना चाहिए।

लक्ष्मी बहिन ! 'मन के हारे हार है और मन के जीते जीत।' तुम अपने मन को दृढ़ करो।

मन चंगा तो कठौती में गंगा : यदि मन शुद्ध है तो घर में ही तीर्थाटन का फल मिल सकता है।

सुखिया—मेरे पास एक रुपया है। वह मुझसे ले लो; पर मुझे एक छनभर ठाकुर जी के चरनों में गिर लेने दो।

पंडित जी—अरी पगली, ठाकुर जी भक्तों के मन का भाव देखते हैं कि चरन पर गिरना। सुना नहीं है, 'मन चंगा तो कठौती में गंगा ?' (प्रेमचन्द)

मन चले का सौदा है : जो चीज़ जिसे अच्छी लगती है, उसी को वह ख़रीदता है।

मन माने मेला, चित माने चेला, नहीं तो सबसे भला अकेला : यदि मन रमे तो मेला है, चित्त माने तो चेला है, नहीं तो सबसे अच्छा अकेला है।

मन में अपने देखा सपने : जो मन में रहता है वही स्वप्न में दिखाई देता है।

मन में बसे सो सपना देखे : दे. 'मन में अपने देखा सपने।'

मन में भावै मुड़ी हिलावै : कोई बात किसी के मन में तो अच्छी लगे पर ऊपर से मना करे।

नायक कुछ कहता है जिस पर नायिका 'मन में भावै मुड़ी हिलावै' न्याय से निषेध करती है।

मन, मोती अरु दूध, रस, इनको एक सुभाव; फाटे से जुड़ते नहीं, कोटिन करे उपाय : मन, मोती, दूध और रस एक बार फट जाने पर फिर नहीं मिलते।

मरता क्या न करता : घोर विपत्ति में फंसा हुआ मनुष्य अनुचित-से-अनुचित काम करने को तैयार हो जाता है।

मैंने मैनेजर के पास चार बार अर्ज़ी भेजी। कुछ नहीं हुआ। अब मैं उनके खिलाफ़ एक लेख लिखाऊंगा। भाई, 'मरता क्या न करता ?'

मरा हाथी तौ नौ लाखी : बड़ा घर बिगड़ने पर भी अनेक से अच्छा होता है।

मरी गैया बामन के हाथ : निरर्थक चीज़ के दान देने पर उक्ति।

राम ने अपना फटा शामियाना सेवा-समिति को दान देना चाहा। इस पर मंत्री जी ने कहा, यदि आप दान देना चाहते हैं तो नया शामियाना दीजिए। आप तो 'मरी गैया बामन के हाथ' वाली कहावत चरितार्थ कर रहे हैं।

मरे को मारे शाह मदार : जो लोग निर्बलों को सताते हैं।

लल्लू तीन-चार दिन से बुख़ार में पड़ा था। ज़मींदार साहब ने वैसे ही उसे बुला भेजा। उसे ठण्ड लग गई और निमोनिया हो गई। ठीक ही कहा है—'मरे को मारे शाह मदार।'

मरे तो शहीद, मारे तो गाज़ी : विजय-पराजय दोनों में लाभ होने पर उक्ति है। धर्मयुद्ध के लिए उत्तेजित करने के उद्देश्य से प्रायः मुसलमान इसका प्रयोग करते हैं। श्रीकृष्ण ने अर्जुन को महाभारत में भाग लेने के लिए ऐसे ही वाक्य का प्रयोग किया था—हतो वा प्राप्यसि स्वर्ग जित्वा वा मोक्ष्यसे महीम्।

भाइयों, यह धर्म-युद्ध है। इससे हाथ बंटाना प्रत्येक मुसलमान का कर्त्तव्य है। जानते हो क्यों ? इसलिए कि 'मरे तो शहीद, मारे तो गाज़ी।'

मरे पर बैद : जब कोई काम नष्ट हो जाएं तब उसके करने का उपाय व्यर्थ होता है।

मर्गे अम्बोह जश्ने दारद : बहुत से लोगों की एक साथ मृत्यु उत्सव का रूप धारण कर लेती है, जब एक साथ अनेक लोगों पर विपत्ति आती है तब उसकी कटुता कम हो जाती है।

यह हो नहीं सकता कि तुम मरो और मैं अस्पताल में महफ़ूज़ पड़ा रहूं। 'मर्गे अम्बोह जश्ने दारद।' साथ-साथ मरण भी त्योहार होता है।

(रामवृक्ष बेनीपुरी)

मर्ज़ बढ़ता गया ज्यों-ज्यों दवा की : यदि किसी काम को सुधारने के लिए जितनी चेष्टा की जाए, वह उतना ही बिगड़ता जाए।

पुलिस ने और बदकारों को शह दी।
मरज़ बढ़ता गया ज्यों-ज्यों दवा की॥

मर्द का एक कौल होता है : मनुष्य को अपनी प्रतिज्ञा का पालन करना चाहिए।

मर्द का खाना औरत का नहाना, किसी ने जाना, किसी ने न जाना : मर्द को चाहिए कि खाने में देर न लगावे और स्त्री को नहाने में देर नहीं लगाना चाहिए।

मर्द की ज़बान और गाड़ी का पहिया चलता ही रहता है : जब कोई अपने वचन का पालन नहीं करता, तब व्यंग्य रूप से इस कहावत का प्रयोग किया जाता है।
आजकल के बहुतेरे भारत कुपुत्रों ने यह ढंग पकड़ रखा है कि 'मर्द की ज़बान...रहता है।'

मर्द मरे नाम को, नामर्द मरे पेट को : बहादुर लोग प्रतिष्ठा या ख्याति के लिए जान तक दे देते हैं किन्तु कापुरुष को सदैव अपने पेट की पड़ी रहती है।
राणा प्रताप ने तरह-तरह के दुःख सहे, परन्तु अकबर की अधीनता न स्वीकार की, क्योंकि वह स्वाभिमानी थे। इसके प्रतिकूल जागीर और मनसबदारी प्राप्त करने के लिए मानसिंह ने उसकी अधीनता स्वीकार कर ली। किसी ने सच कहा है कि 'मर्द मरे...पेट को।'

मलयागिरि की भीलनी चन्दन देत जराय : जिस वस्तु की बहुत अधिकता होती है अथवा जिस व्यक्ति से बहुत परिचय होता है उसका मान घट जाता है।

अति परिचय तें होत है, अरुचि अनादर भाय।
मलयागिरि की भीलनी, चंदन देत जराय॥ (वृन्द)

मशालची अंधा होता है : यदि कोई मनुष्य दूसरों को तो ज्ञानोपदेश दे, परन्तु स्वयं अज्ञान के अंधकार में पड़ा रहे।

महाजनो येन गतः स पन्थाः : जिस मार्ग से महापुरुष गए हैं, हमें उसी मार्ग का अनुसरण करना चाहिए।
ग्राम्य नारी तथा ग्रामीण नर के जीवन का परिचय केवल उन्मत्त काम-कला-सम्बन्धी नर्तनों के बैकग्राउंड में प्राप्त करने की प्रेरणा उन्होंने अपने गुरुओं से पा ली है। 'महाजनो येन गतः स पन्थाः' की नीति का अनुसरण करना हमारे तरुण अग्रपन्थी कवियों के लिए स्वाभाविक था।
(इलाचन्द जोशी)

महिमा घटी समुद्र की, रावन बसा पड़ोस : यदि सज्जन के निकट दुष्ट रहते हैं तो सज्जन को भी कलंक अवश्य लगता है।

मां का दूध पिया है : वीर है। जब किसी को वीर कहना होता है तब इस कहावत का प्रयोग करते हैं।
बुला लाओ अपने साथियों को; देख लूंगा किसने 'मां का दूध पिया है।'
(यशपाल)

मां का पेट, कुम्हार का आंवा, कोई गोरा कोई काला : जैसे कुम्हार के आंवे में कुछ बर्तन पककर लाल हो जाते हैं और जो अधपके रहते हैं, वे काले होते हैं, उसी प्रकार एक ही मां के लड़के कुछ गोरे और कुछ काले होते हैं।

मां के पेट से कोई सीखकर नहीं निकलता : काम सीखने से ही आता है।
तुम निराश क्यों होते हो ? चेष्टा करोगे, तो तुम्हें भी सुन्दर लेख लिखना आ जाएगा। 'मां के पेट...निकलता।'

मां तें पूत पिता ते घोड़ा, बहुत न होय तो थोड़ा-थोड़ा : मां का गुण पुत्र में और पिता का गुण घोड़े में कुछ-न-कुछ अवश्य आता है।

मां-बेटी गाने वाली, बाप-पूत बराती : ग़रीब आदमी की शादी पर कहावत है जिसमें किसी प्रकार की तड़क-भड़क नहीं होती।

मांग के खाना और मसजिद में सोना : अत्यन्त निर्धन तथा फक्कड़ होना।

मांगि के खैबो मसीद में सोइबो,
लेवे के एक न देवे के दोऊ। (तुलसीदास)

मांगना न आवे भीख, तो सुरती खाना सीख : यदि भीख मांगना न आता हो तो सुरती खाना सीखो क्योंकि तम्बाकू खाने वाले तम्बाकू चूक जाने पर ज़रूर दूसरों से मांगते हैं।

मांगे बनिया भीख न देय, मुंह मारि के सरबस ले लेय : बनिया मांगने से कुछ नहीं देता, धमकाने और डर दिखाने से बहुत कुछ दे देता है।

मांगे भीख पूछे गांव की जमा : दरिद्र मनुष्य के बढ़-बढ़कर बातें करने पर उक्ति।

मांगे-हड़, दे बहेड़ा : आदेश के विरुद्ध काम करने पर कहावत; कुछ-का-कुछ समझना; इसकी पर्याय लोकोक्ति है—कहे खेत की, सुने खलियान की।
अरे, ज़रा कानों की मैल निकलवा डाल। मैंने दवाई मांगी थी, तू दवात ले आया है, बुद्धू कहीं का। 'मांगे हड़, दे बहेड़ा।'

मांगना भला न बाप सों, जो पति राखें राम : मांगना बहुत बुरी चीज़ है; इसलिए किसी से कुछ न मांगना चाहिए।
अगर माल हाथ लगा तो कुछ दिन मौज़ से खाया और यदि पकड़े गये तो सम्मान-पूर्वक जेल की चहारदीवारी में सुरक्षित रहकर मशक्कत और पसीने की कमाई खाई। वहां न तो कोई ज़रिया माश पूछेगा और न कोई भिखमंगा कहेगा। इस पेशे के लोगों को कभी दूसरों के आगे दीन होकर हाथ नहीं पसारना पड़ता। 'मांगिबो भलो न बाप सों जो विधि राखे टेक।'

मांगने से मौत भी नहीं मिलती : मांगने से कुछ भी नहीं मिलता।

मांड़े-हलुए से काम : लाभ से मतलब, काम-से-काम।
हां जी, किसकी मुसलमानी और किसका कुफ्र ? यहां अपने 'मांड़े-हलुए से काम है।'

माघ नंगे बैसाख भूखे : अत्यन्त निर्धन व्यक्ति जिसको भोजन-वस्त्र न मिलता हो।
उसकी बात न करो। बेचारा अत्यन्त ग़रीब है। वह उन लोगों में है जिसके

विषय में कहा जाता है–'माघ नंगे बैसाख भूखे।'

माघ में गरमी जेठ में जाड़, कहैं घाघ हम होब उजाड़ : यदि माघ में गरमी और जेठ में जाड़ा पड़े, तो समझना चाहिए कि पानी नहीं बरसेगा और इस कारण अकाल पड़ेगा।

माघ में बादल लाल धरै, तब जान्यो सांचे पथरा परै : यदि माघ में लाल रंग के बादल हों, तब जानना चाहिए कि सचमुच पत्थर पड़ेगा।

माथ मुड़ाय फजीहत भए, जात पांत दोनों से गए : जब कोई व्यक्ति ऐसा काम करता है जिससे न तो वह इधर का रहता है न उधर का।

मान का पान अपमान का लड्डू : मान का पान अपमान के लड्डू से अच्छा होता है। तात्पर्य यह है कि सम्मानपूर्वक दी गई तुच्छ वस्तु भी अपमानपूर्वक दी हुई बहुमूल्य वस्तु से अच्छी होती है।

शंकर ने मेरी ओर चनों का रूमाल बढ़ाकर कहा–आइए, आप भी शामिल होइए। मेरे साथी ने कहा–वाह, बस चने ही। इस पर मैंने कहा–भाई, 'मान का पान...लड्डू।'

मान का पान बहुत है : यदि कोई सम्मानपूर्वक पान भी दे, तो उसे बहुत बहुमूल्य समझना चाहिए।

मान का बीड़ा हीरा के समान : यदि कोई सम्मानपूर्वक पान का एक बीड़ा भी दे, तो उसे हीरे के समान बहुमूल्य समझिए।

मान घटे नित के घर जाए : यदि कोई मनुष्य नित्य कहीं जाता है तो उसका मान घट जाता है।

मान न मान, मैं तेरा मेहमान : ज़बरदस्ती किसी के गले पड़ना।

वह ज़बरदस्ती उससे आत्मीयता न जनाएगा, 'मान न मान, मैं तेरा मेहमान' न बनेगा। (प्रेमचन्द)

मानो तो देव नहीं पत्थर : विश्वास से सब कुछ होता है। यदि मूर्ति पर विश्वास और श्रद्धा हो, तो वह देवता है नहीं तो पत्थर है।

देवेन्द्र की नित्य की मूर्तिपूजा देखकर मैंने कहा–क्यों, भाई; इस पत्थर के पूजने से क्या लाभ है ? उसने उत्तर दिया–भाई, 'मानो तो...पत्थर।'

माफ़िक होगा व्यय, तो कभी न होगा क्षय : यदि आमदनी के अनुसार खर्च होगा, तो कभी घाटा न पड़ेगा।

माय गुन गाय पिता गुन घोड़, बहुत नहीं तो थोड़हि थोड़ : माता का कुछ-न-कुछ गुण गाय में और पिता का कुछ-न-कुछ गुण घोड़े में अवश्य पाया जाता है।

माय गुन गाय, पिता गुन घोड़।
बहुत नहीं तो थोड़हि थोड़॥

माया को माया मिले, कर-कर लम्बे हाथ : धन ही धन को खींचता है, जिसके पास धन होता है उसको और धन मिलता है।

माया गंठ विद्या कंठ : गांठ का रुपया और कंठस्थ विद्या ही काम आते हैं।

माया तेरे तीन नाम, परसा परसू परसराम : मनुष्य के पास जितना धन रहता है, लोग उसका उतना ही सम्मान करते हैं।

यदि किसी का नाम परशुराम है और वह निर्धन है, तब लोग उसको परसा कहते हैं। जब उसकी दशा कुछ सुधर जाती है तब परसू और जब वह धनी हो जाता है तब उसे परशुराम कहते हैं।

मार के आगे या मार से भूत भागता है : मार से सब लोग डरते हैं।

खाती तो है ही नहीं। अब दो-चार बेंत पड़ें तो खाएगी। 'मार से भूत भागता है।'

मार गुसैयां तेरी आस : नौकर का मालिक के और पत्नी का पति के जुल्मों को लाचार होकर सहने पर उक्ति।

चन्द्रकान्ता का पति बड़ा निष्ठुर है। एक बार उसने उसको बहुत पीटा। बेचारी निराश्रय थी। कहीं जा नहीं सकती थी। इसलिए उसने बिलखकर कहा—'मार गुसैयां तेरी आस।'

मारतों के पीछे और भगतों के आगे : डरपोक मनुष्य जो लड़ाई के समय पीछे परन्तु भागने के समय सबसे आगे रहता है।

श्याम जी बड़े वाक्पटु थे। जब बातचीत आरम्भ करते थे तो ऐसा प्रतीत होता था कि उनके जैसा वीर मिलना दुर्लभ है। परन्तु वास्तव में वह उस श्रेणी के व्यक्ति थे जो 'मारतों के पीछे...आगे' वाली कहावत को चरितार्थ करते थे।

मार के टल रहो, खाकर पड़ रहो : मारकर हट जाना चाहिए और भोजन करके कुछ समय के लिए लेटकर विश्राम करना चाहिए।

मारे और रोने न दे : बलवान् आदमी के आगे निर्बल का बस नहीं चलता।

मारे घुटना फूटे आंख : किसी चीज़ की असलियत न जानकर उसे कोई और चीज़ कहना; झूठी बात कहना।

दुनिया अब उस मंज़िल पर पहुंच गई है कि एक वर्गमुक्त समाज दुनियाभर में स्थापित हो जाए। इस सिद्धान्त को विदेशी विचारधारा कहकर वर्जित या अछूत बताना ऐसा ही है कि 'मारे घुटना फूटे आंख।'

मारे सिपाही नाम सरदार का : काम करे एक आदमी और नाम हो दूसरे का।

मारे सो मीर : जो मनुष्य पहले मारता है वही मुनाफ़े में रहता है।

माल-ए-मुफ़्त दिल बेरहम : दूसरे का धन खर्च करने में किसी को कुछ दुःख नहीं होता।

बरातियों को बुरी तरह तेल और साबुन को खर्च करते हुए देखकर मैंने कहा—क्यों भाई, इन कीमतीं चीज़ों को इस तरह क्यों खर्च कर रहे हो ? वे कहने लगे—बाबू जी, समधी का माल है। इस पर मैंने कहा—'माल-ए-मुफ़्त ...बेरहम।'

मिज़ाज़ क्या है एक तमाशा, घड़ी में तोला घड़ी में माशा : अव्यवस्थित चित्त वाले व्यक्ति पर उक्ति है।

मिज़ाज़ बादशाह का, औकात भड़भूजे की : दरिद्र आदमी के लम्बे-चौड़े मनसूबे बांधने

पर उक्ति।

मिटे न मिटे रेख हथेली : जो कुछ भाग्य में लिखा रहता है, उसको कोई मिटा नहीं सकता।

मिट्टी भी छू दे तो सोना बन जाए : यह लोकोक्ति ऐसे भाग्यवान् व्यक्ति के विषय में कही जाती है, जिसके हर काम में लाभ हो।

अब तो इसका यह हाल है कि 'मिट्टी भी छू दे तो सोना हो जाए।'

मियां की जूती मियां के सिर : किसी मनुष्य की चीज़ से उसी को हानि पहुंचाना या उसी के ऊपर वार करना।

शकुन्तला मुझसे होली खेलने के लिए मेरे ही रंग के भरे बर्तन में से मेरे ऊपर पानी डालने लगी। इस पर मैंने कहा कि अपने पैसे खर्च करके रंग मंगाओ और तब होली खेलो। यह क्या बात है कि 'मियां की जूती मियां के सिर ?'

मियां की दाढ़ी वाहवाही में गई : दूसरों से अपनी झूठी तारीफ़ सुनकर अपना धन खर्च कर डालने पर उक्ति।

मियां फिरैं लाल गुलाल, बीबी के हैं बुरे हवाल : जो व्यक्ति अपने ऊपर तो बहुत अधिक खर्च करता है पर घर में कुछ नहीं देता।

मियां बीबी राज़ी तो क्या करेगा काज़ी : जब दोनों व्यक्ति आपस में मिल जाएं तो, दख़ल देने की ज़रूरत नहीं होती। दे. 'दो दिल राज़ी...काज़ी।'

यदि तुम सन्तुष्ट रहोगे तो कोई कुछ नहीं कहेगा। कहावत है न 'मियां बीबी राज़ी तो क्या करेगा काज़ी ?'

मियां रोते क्यों हो ? सूरत ही ऐसी है : रोनी सूरत पर लोकोक्ति।

मिल गये की राम-राम : झूठा मित्र !

मीठ बहुत जहं कीड़ा लागे : जहां अत्यन्त प्रेम होता है, वहां बिगाड़ भी हो जाता है।

मीठा बोल पूरा तोल : दुकानदार को चाहिए कि ग्राहक से मीठे बोल बोले और सौदा पूरा तौले।

मीठा-मीठा गप, कडुवा-कडुवा थू : अच्छी चीज़ों को स्वीकार करना और बुरी चीज़ों को न लेना।

दहेज़ लेत समय तो बहुत अच्छा लगा। अब गहने खरीदने पड़ रहे हैं, तो बहुत खराब लग रहा है। इसी को कहते हैं—'मीठा-मीठा...थू।'

मीर साहब की जान आली है, मुंह चिकना पेट खाली है : यह कहावत उन लोगों पर लागू होती है जिनके पास कुछ नहीं होता परन्तु जो झूठा दिखावा करते हैं।

मुंह देखे की प्रीति : दिखावटी प्रेम।

हमहिं छांड़ि मधुबन में बैठे, बरे कूर कूबरी।
स्वारथ लोभी मुंह देखे की, हमसों प्रीति करी॥

मुंह मांगी तो मौत भी नहीं मिलती : किसी की भी इच्छा पूर्णरूपेण पूरी नहीं होती चाहे वह कितनी भी तुच्छ क्यों न हो।

'बारह आने लगेंगे, लेना हो तो ले ले, नहीं तो दूसरी दुकान देख।' 'तू

तो लाला बड़ा सख्त है ! अच्छा चल, न तेरी न मेरी; ग्यारह आने ले। अब भी तो कुछ कम कर, मुंह मांगी...मिलती।'

मुंह में राम, बग़ल में छुरी : कपटपूर्ण व्यवहार।

अगर पुस्तक में लेखक का सिडीशन साबित हो सके, तो खुली अदालत में मुकदमा चलाइए, नहीं तो, धमकी देकर छोड़ दीजिए। 'मुंह में राम, बगल में छुरी', मुझे पसन्द नहीं।

मुंह लगाई डोमिनी, गावै ताल-बेताल : मुंह लगाने से साधारण आदमी का सिर बहुत चढ़ जाता है और अपनी हैसियत से बाहर बातें करता है।

तुमने अपने नौकर को मुंह लगा रखा है। इसलिए वह बहुत बढ़-बढ़कर बातें करता है। किसी ने सच कहा है–'मुंह लगाई डोमिनी...बेताल।'

मुई बछिया बाम्हन को दान : किसी को ऐसी वस्तु देना जो बिल्कुल बेकार हो !

वह बहुत कंजूस है। मुझे कभी भी कोई अच्छी वस्तु नहीं देते। जब उनकी चीज़ें पुरानी और बेकार हो जाती हैं तब मुझे देना चाहते हैं। इसी को कहते हैं–'मुई बछिया...दान।'

मुंह/मुख में राम-राम, बगल में कसाई के काम : जो लोग दूसरों को धोखा देने के लिए भांति-भांति के पाखंड करते हैं, उन पर उक्ति है। दे. 'बगल में छुरी, मुंह में राम-राम।'

तिलक लगाकर, कण्ठी-माला पहनकर, मैं राम-राम जपता हूं और इस धोखे से दूसरों की आंखों में धूल डालता हूं। 'मुख में राम-राम...के काम'– इस लोकोक्ति का मैं स्वरूप हूं। (वियोगी हरि)

मुंह/मुख हृदय का दर्पण है : हृदय के भाव मुख पर अंकित हो जाते हैं, किसी का मुंह देखने से उसके हृदय के भाव शांत हो जाते हैं।

लोग कहते हैं कि अधर्म से मुख की शोभा जाती रहती है। पर इन रमणियों का अधर्म उनकी शोभा को और भी बढ़ाता है। कहते हैं 'मुख हृदय का दर्पण है।' पर यह बात भी मिथ्या ही जान पड़ती है। (प्रेमचन्द)

मुझे दे सूप, तू हाथों फूंक : स्वार्थपूर्ण व्यवहार करना।

मेरे यहां कुआं खोदा जा रहा था। उसका पानी निकालने के लिए चरसा आया था। त्रिवेणी यादव भी कुआं खुदवा रहा था। वह मुझसे चरसा मांगने आया। मैंने उत्तर दिया–"तुम तो मुझे दे सूप...फूक' वाली कहावत चरितार्थ कर रहे हो।"

मुद्दई सुस्त गवाह चुस्त : जिसका काम हो, उसके सुस्त होने और दूसरे के उसके विषय में सतर्क होने पर लोकोक्ति।

भैरो ने कहा–'मुद्दई सुस्त गवाह चुस्त' हो सकता है। पहले चलकर पूछो, सूरदास की सलाह क्या है ? अगर मानने लायक हो, तो मानो, न मानने लायक हो, न मानो। (प्रेमचन्द)

मुफ़्त की शराब काज़ी को भी हलाल है : मुफ़्त की चीज़ सबको अच्छी लगती है, मुफ़्त मिली हुई बुरी चीज़ को भी लोग नहीं छोड़ते।

जैसे पक्का मुसलमान पांच बार नमाज़ पढ़ता है, वैसे आप पांच बार शराब पीते थे। 'मुफ़्त की शराब तो काज़ी को भी हलाल है,' फिर आप तो शराब के अफ़सर ही थे, जितनी चाहें पिएं। कोई हाथ पकड़ने वाला न था। (प्रेमचन्द)

मुफ़्त में निकले काम तो काहे दीजै दाम : अर्थ स्पष्ट है।

वाचनालय मेरे घर के पास है। वहां जाकर समाचार पत्र पढ़ लिया करता हूं। इसलिए मैं समाचारपत्र नहीं लेता हूं। 'मुफ़्त में निकले...दाम।

मुफ़लिसी में आटा गीला : दुःख-पर-दुःख पड़ना।

बैरिस्ट्री पढ़कर इन्हें यह नफ़ा हुआ,
बैरिस्ट्री चलती नहीं, घर-बार बिका।
अंगरेज़ी ठाठ अब निभेगा क्यों कर,
आटा हुआ मुफ़लिसी में अपना गीला। (रंजूर)

मुर्ग़ी के लिए तकुए का घाव भी बहुत होता है : ग़रीब और निर्बल के लिए ज़रा-सी हानि भी बहुत होती है।

क्यों भाई, तुम्हारे 10 रुपये क्या गुम हुए। तुमने ज़मीन-आसमान एक कर दिया। हां, साहब, आप अमीर आदमी है, आपको दस रुपए की क्या परवाह ? पर हम जैसे ग़रीबों को तो वही बहुत है। 'मुर्ग़ी के लिए ... होता है।'

मुर्दे पर जैसे सौ मन मिट्टी, वैसे एक मन और सही : जब बहुत अधिक हानि होती हो तब उसी के साथ थोड़ी और हानि भी सह ली जाती है।

अपना तो अब वही हाल था, 'मुर्दे पर जैसे...मिट्टी।'

मुलम्मे की ज़रूरत सोने को नहीं होती : जिसमें वास्तविक गुण होते हैं, उसे दिखावट या तड़क-भड़क की ज़रूरत नहीं होती।

महात्मा जी बहुत साधारण वस्त्र पहनते हैं, तथापि उनका आदर-स्वागत सभी जगह होता है, क्योंकि उनमें अनेक सद्गुण हैं। 'मुलम्मे की ज़रूरत ...होती।'

मुल्ला की दाढ़ी तबर्रुक में गई : जब किसी का सब धन वाहवाही में लुट जाए, तब इस कहावत का प्रयोग करते हैं।

अर्जुन सिंह एक साधारण व्यक्ति थे। परन्तु उन्हें अपनी प्रशंसा सुनने का बड़ा शौक़ था। जो कोई उनकी तारीफ करता था, उसे वह कोई-न-कोई पुरस्कार अवश्य देते थे। ऐसा करते-करते वह अकिंचन हो गए। 'मुल्ला की दाढ़ी...गई।'

मुल्ला की दौड़ मस्जिद तक : जहां तक किसी मनुष्य की पहुंच और शक्ति होती है वहीं तक वह काम कर सकता है।

'मुल्ला की दौड़ मस्जिद तक'—जब-तब मिलने पर हम बंधुवर डॉ. राम विलास शर्मा के कान खाने लगे। (अमृतलाल नागर)

मुल्ला न होगा तो क्या मस्जिद में अजान न होगी ? : किसी के बिना किसी का काम

नहीं रुकता।

आप सम्पन्न व्यक्ति और मेरे पुराने मित्र हैं। मुझे आशा थी कि इस समय आप मेरी सहायता करेंगे। परन्तु आप ऐसा नहीं करना चाहते, तो भी किसी-न-किसी प्रकार मेरा काम चल ही जाएगा। 'मुल्ला न होगा...होगी।'

मुश्क आं अस्त कि खुद बोयद न कि अचार गोयद : कस्तूरी सुगंध से पहचानी जाती हैं न कि विक्रेता के प्रशंसा करने से। गुणवानों की पहचान उनके गुणों से ही होती है, दूसरों की प्रशंसा करने से नहीं।

सच्चाई से मनुष्य गौरव पाता है, न कि मनुष्य से सच्चाई को पुष्टि मिलती है। जो सच्चाई अपने सच होने में किसी मनुष्य विशेष का प्रमाण चाहती है वह सच्चाई नहीं है। 'मुश्क आं अस्त...गोयद।'

मुसीबत अकेली नहीं आती : जब मनुष्य के दुर्दिन आते हैं तो उस पर बहुत-सी विपत्तियां पड़ती हैं।

कहावत है कि 'मुसीबत अकेली नहीं आती।' बिहार पर भी इस वर्ष मुसीबतों का पहाड़ टूट पड़ा हैं।

मूंड़ का नाम कपार कहावे : एक ही चीज़ के दो नाम होते हैं।

अरे भाई, जो राम है वही रहीम हैं। उनमें कोई अन्तर नहीं है। तुम लोग व्यर्थ बकवास करते हो। 'मूंड़ का नाम कपार कहावे।'

मूंड़ मुड़ायो सिगरे गांव, कौन-कौन को लीजै नाम : जहां सभी मूर्ख, दुष्ट या चोर आदि हों, वहां किस-किसका नाम लिया जाए ?

इस गांव के सभी लोग अशिष्ट और असभ्य हैं। यदि दो-चार ऐसे व्यक्ति होते तो उनका नाम भी लिया जाता। यहां तो 'मूंड़...नाम।'

मूंदहु आंख कतहुं कुछ नाहीं : आंख बन्द कर लेने पर कहीं कुछ दिखाई नहीं देता।

तुम्हारे हृदय में हमारे लिए द्वेष भरा हुआ है। इसलिए तुम हमें देखकर व्यर्थ जलते रहते हो। यदि तुम द्वेष भाव को निकाल दो तो सब ठीक हो जाये। 'मूंदहु आंख...नाहीं।'

मूंदि गई आंखें, तब लाखें केहि काम की : मर जाने पर धन किसी काम नहीं आता।

आखिर एक दिन मरना है और 'मूंदि गई...काम की ?'

मूंजी का माल, निकले फूटकर खाल : कंजूस आदमी का धन किसी को हज़म नहीं होता।

जब गोपाल को खेत में गड़ा हुआ बहुत-सा धन मिला तब बहुत प्रसन्न हुआ कि उसका जीवन चैन से कटेगा। परन्तु उसी दिन से उसके ऊपर कोई-न-कोई विपत्ति पड़ती जा रही है। मालूम होता है कि वह किसी कंजूस का धन है। 'मूंजी का माल...खाल।'

मूरख के समझाए तें ज्ञान गांठ को जाए : मूर्ख को समझाने से अपना ज्ञान भी जाता रहता है।

तुम व्यर्थ इसको समझाने की चेष्टा कर रहे हो। यह तुम्हारी बात कदापि न मानेगा। इसको समझाते-समझाते तुम्हारी बुद्धि भी भ्रष्ट हो जाएगी। कहावत है—'मूरख के समझाए तें ज्ञान गांठ को जाए।'

मूरख को मत सौंप तू चतुराई का काम : मूर्ख को चतुरता का काम नहीं सौंपना चाहिए।
इस मूर्ख को अतिथियों के स्वागत करने का काम मत सौंपे, नहीं तो सब गुड़ गोबर हो जाएगा। नीतिज्ञों से कहा है–'मूरख को मत...काम।'

मूरख वैद्य की मात्रा, वैकुंठ की यात्रा : मूरख वैद्य की दवा का सेवन करने से रोगी की मृत्यु हो जाती है।
आप उस मूर्ख से क्यों दवा कराने लगे ? उसकी दवा से कदाचित् ही कोई रोगी अच्छा होता है। मसल मशहूर है–'मूरख वैद्य...यात्रा।'

मूरख हृदय न चेत, जो गुरु मिलहिं बिंरचि सम : मूर्ख को चाहे कोई कितना ही समझावे, उसे ज्ञान नहीं हो सकता।

फूलहिं फलहि न वैंत, जद्यपि सुधा बरसहि जलद।
मूरख हृदय न चेत, जो गुरु मिलहिं विंरचि सम॥ (तुलसीदास)

मूल से ब्याज प्यारा होता है : पुत्र से पौत्र अधिक प्रिय होता है।
अवस्थी जी अपने पुत्र से जितना स्नेह किया करते थे, उससे कहीं अधिक अपने पौत्र से स्नेह करते हैं। कहावत है कि 'मूल से...होता है।'

मूस मोटायेगा तो लोढ़ा होगा : छोटा मनुष्य चाहे कितना ही बढ़ जाए, बड़ों का मुकाबिला नहीं कर सकता।
तुम साधारण कारोबार करते हो। उसमें चाहे तुम्हें कितना ही लाभ क्यों न हो, तुम टाटा और बिड़ला का मुकाबिला नहीं कर सकते। कहावत प्रसिद्ध है कि 'मूस मोटायेगा तो लोढ़ा होगा।'

मेंढकी को भी जुकाम हुआ है : जब कोई छोटा आदमी अपनी हैसियत से बाहर शान की बात करे।
सुखई ने कहा–मैं रोज़ दाल, चावल, रोटी, सब्ज़ी, घी और अचार खाता हूं। आज तुमने मुझे केवल साग-रोटी दिया है। खाया नहीं जाता। कल्लू ने उत्तर दिया–अच्छा, 'मेंढकी को भी जुकाम हुआ।'

मेरी तेरे आगे तेरी मेरे आगे : चुग़ली करने पर उक्ति।
मैं उससे दूर रहना चाहता हूं क्योंकि वह 'मेरी तेरे आगे और तेरी मेरे आगे' करता रहता है।

मेरी ही बिल्ली और मुझी से म्याऊं : अपने उपकार करने वाले पर ही आफ़त ढ़ांना, जिसके आश्रय में रहे, उसी को आंख दिखाना।
नैना मुझको चराने चली है ! 'मेरी बिल्ली और मुझी से म्याऊं !'

मेरे बाप ने घी खाया था मेरा हाथ सूंघ लो : अपने पूर्वजों के कृत्यों पर अभिमान करने पर।
तुम अपनी दशा और कार्यों को देखो। तुमने क्या विशेष कार्य किया है ? पूर्वजों के कृत्यों पर गर्व करना व्यर्थ है। यह तो वही हाल हुआ कि 'मेरे बाप...सूंघ लो।'

मेरे मन कछु और है विधना के कछु और : किसी की आकांक्षाएं सदैव पूरी नहीं होतीं।
मैं भी नौकरी की चाह में डाकखाने की आमदनी बढ़ाने में योग देने लगा

किन्तु रियासत की नौकरी मेरी गरुड़गति गामिनी कल्पना और उच्छृंखलतम स्वप्नों की दूरातिदूर सीमाओं से भी परे थी। 'मेरे मन कछु और है बिधना के कछु और' की बात थी।

मेरे लाला की उलटी रीत, सावन मास चिनावे भीत : समय के अनुकूल काम न करने वाले व्यक्ति पर उक्ति।

तुम बड़े विचित्र व्यक्ति हो। जब पढ़ने का समय होता है, तब खेलते हो और जब खेलने का समय होता है, तब पढ़ते हो। इसी को कहते हैं कि 'मेरे लाला...भीत।'

मेला में झमेला : मेले में प्रायः लड़ाई-झगड़ा हुआ करता है। जहां बहुत से लोग एकत्र होते हैं, वहां कुछ-न-कुछ झंझट अवश्य हो जाता है।

मेले में जाते तो हो, पर सतर्क रहना। कहीं ऐसा न हो कि किसी झमेले में फंस जाओ। मसल मशहूर है कि 'मेला में झमेला।'

मैं करूं तेरी भलाई, तू करे मेरी आंख में सलाई : भलाई के बदले में बुराई करने वालों पर।

मैं तो तुम्हारी भलाई करता रहता हूं और तुम हर समय मेरी जड़ खोदते रहते हो। तुम उस कहावत को चरितार्थ करते हो जो कहती है—'मैं करूं ...सलाई।'

मैंने तीन बार गुड़ खाया है : जब कोई स्वार्थी पुरुष अपने स्वार्थ को सिद्ध करने के लिए टिप्पस जमाता है, तब उससे दिल्लगी के तौर पर यह कहते हैं।

मैं मरूं तेरे लिए, तू मरे उसके लिए : जिसके लिए कोई प्राण दे और वह किसी दूसरे से प्रेम करे।

मोम की नाक है, जिधर चाहो घुमा लो : सीधे आदमी शीघ्र ही दूसरों के कहने में आ जाते हैं

राय साहब तो भोले-भाले आदमी हैं, उनका इसमें क्या अपराध ? उनसे तो आप जो कहें, उसे सत्य मान लेते हैं। मैंने ऐसा सीधा आदमी कहीं नहीं देखा। 'मोम की नाक...घुमा लो।'

मोरी के कीड़े मोरी ही में खुश रहते हैं : जैसा जिसका स्वभाव होता है, वह वैसे ही वातावरण में सुख मानता है।

वह देहात का रहने वाला व्यक्ति है और बालकपन से ही खेती करता है। इसलिए उसे गांव ही पसन्द आता है। नगर का जीवन उसे नापसन्द है। 'मोरी के कीड़े...हैं।'

मोहरों की लूट कोयलों पर छाप : जब बहुमूल्य वस्तुओं की बरबादी पर ध्यान न देकर साधारण चीज़ों की हिफ़ाज़त की जाए।

आजकल राजकीय परियोजनाओं की पूर्ति के लिए करोड़ों रुपये नष्ट किए जा रहे हैं परन्तु जब शिक्षकों के वेतन की वृद्धि का प्रश्न आता है, तब सरकार पैसे-पैसे की बचत करना चाहती है। इस प्रकार सरकार 'मोहरों की लूट...छाप' वाली कहावत चरितार्थ करती है।

मौत की दारू नहीं : मौत किसी प्रकार नहीं टाली जा सकती।

नेहरू जी ने स्वर्गीया कमला नेहरू जी की दवा कराने में कोई क़सर न उठा रखी परन्तु उनके सब प्रयत्न निष्फल हो गए। किसी ने सत्य कहा है कि 'मौत की दारू नहीं।'

मौनं स्वीकृति लक्षणम् : चुप रहना स्वीकृति का लक्षण है।

नेज स्थिर बैठा रहा, उसने कुछ नहीं कहा। पैकलिन ने बड़ी प्रसन्नता से कहा, 'मौनं स्वीकृति लक्षणम्।' धन्यवाद। यह कहकर वह चला गया।

म्याऊं की ठौर कौन पकड़े : जो ख़तरे का काम है, उसे करने के लिए कौन आगे बढ़े।

उसने बिगड़कर अपने साथियों से कहा—तुम लोग लाभ में तो भाग लेना चाहते हो, परन्तु जब 'म्याऊं का ठौर पकड़ना' होता है तब पीछे हट जाते हो।

य

यथा नाम तथा गुण : जैसा नाम वैसा गुण।

शर्माजी ने आरा से 'मनोरंजन' निकाला था। बड़ा सुन्दर मासिक पत्र था, 'यथा नाम, तथा गुण।' (रामवृक्ष बेनीपुरी)

यथा राजा तथा प्रजा : जैसा स्वामी होता है, वैसा सेवक होता है। जैसा अध्यापक होता है, वैसे ही छात्र होते हैं।

प्रसेनजित—शक्तिमती ने क्या-क्या नहीं किया—यह क्या किसी से छिपा है ?
मल्लिका—किन्तु इसके मूल कारण तो महाराज ही हैं। यह तो अनुकरण करती रही—'यथा राजा तथा प्रजा'—जन्म लेना तो इसके अधिकार में नहीं था, फिर आप इस अबला पर क्यों ऐसा दंड-विधान करते हैं ?

(जयशंकर प्रसाद)

यह मत जाने बावरे, कि पाप न पूछे कोय; साईं के दरबार में एक दिन लेखा होय : ईश्वर के दरबार मे पुण्य और पाप का विचार अवश्य होता है और प्रत्येक पाप के लिए दंड मिलता है।

यह मुंह और मसूर की दाल : जब कोई अपनी हैसयित से अधिक चीज़ की इच्छा करता है तब उससे ऐसा कहते हैं।

श्याम कहने लगा—मैं तो सिल्क का सूट बनवाऊंगा। मैंने कहा—ज़रा मुंह धो आओ; 'यह मुंह...दाल।'

यहां के बाबा आदम ही निराले हैं : यहां सब बातें विचित्र होती हैं।

ये सब चीज़ें तुम्हें विचित्र मालूम होती होंगी। तुम सोचते होंगे कि ऐसा तो अन्यत्र नहीं होता। पर याद रखो कि 'यहां के बाबा आदम ही निराले हैं।'

यहां कुम्हड़ बतिया कोउ नाहीं, तर्जनि देखत जो मरि जाहीं : यदि कद्दू की बतिया को तर्जनी उंगली दिखा दी जाए, तो वह मर जाती है। इसका अर्थ यह है कि यहां कोई ऐसा व्यक्ति नहीं है जो किसी के धमकाने से डर जाएगा।

जाइए, जाइए,, आप जैसे कितने आए और गए। हमें आपकी धमकी की परवाह नहीं है। 'यहां कुम्हड़...मरि जाहीं।'

यहां तुम्हारी टिक्की नहीं लगेगी : यहां तुम्हारी चाल सफल नहीं होगी।

यह इलाहाबाद है। यहां एक-से-एक बुद्धिमान् और विद्वान् रहते हैं। 'यहां तुम्हारी टिक्की नहीं लगेगी।'

यहां परिन्दा भी पर नहीं मार सकता : यहां कोई नहीं आ सकता।

दमयन्ती ने नल से कहा—मेरे पिता ने क़िले के फाटकों पर कड़ा पहरा बैठाया है। 'यहां परिन्दा...सकता।' तुम भीतर कैसे चले आए ?

या खाय घोड़ा या खाय रोड़ा : घोड़ा रखने और मकान बनवाने में बहुत खर्च होता है।

तुम समझते थे कि मकान बनवाना सरल काम है। देखो, तुम्हारे बीस हज़ार रुपये लग गए, तिस पर भी तुम्हारा मकान पूरा नहीं हुआ। अब तो तुम भली-भांति समझ गए होंगे कि 'या खाय...रोड़ा।'

या मारे भादों का घाम या मारे साझे का काम : भादों की धूप बहुत तेज़ और दुःखदायी होती है और साझे का काम कभी भी ठीक नहीं होता।

भाई, देखो, कोई काम साझे का ठीक नहीं होता। यदि साझे में दुकान खोलोगे तो पीछे पछताओगे और बेड़ा पार न होगा। याद रखो कि 'या मारे भादों...काम।'

या सुख की नींद सोओ या माला जपो : एक साथ दो काम नहीं हो सकते।

तुम चाहते हो कि सुख की नींद सोओ और परीक्षा में अच्छे अंकों से पास हो जाओ। यह दोनों काम नहीं हो सकते। यह कहावत याद रखो कि 'या सुख की नींद...माला जपो।'

योगी था सो उठ गया, आसन रही भभूत : पुराना गौरव समाप्त हो गया, अब केवल नाम शेष है।

डॉक्टर बोस की बात और थी। अब तो उनके लड़के बैठते हैं। वे भी डॉक्टरी पढ़े हैं। लेकिन वह बात कहा ? अब तो केवल नाम पुजता है। 'योगी था...भभूत।'

र

रंग कौए का सा, नाम महताब कुंअर : नाम के अनुसार रूप न होने पर।

ओह ! आपका यह रूप और नाम अनूप सुन्दरी ! इसी को कहते हैं—'रूप

कौए...कुंअर।'

रख पत, रखा पत : यदि आप दूसरों का सम्मान करेंगे, तो वे भी आपका सम्मान करेंगे।
हमें चाहिए कि हम सबके साथ शिष्टता का व्यवहार करें और उनका आदर करें। कहावत है–'रख पत, रखा पत।'

रघुकूल रीति सदा चलि आई, प्राण जाय पर वचन न जाई : रामचरित मानस में श्री रामचन्द्र जी का यह कथन है। अपनी प्रतिज्ञा की दृढ़ता दिखाने के लिए इसका प्रयोग किया जाता है।
मैं तो उसे वचन दे चुका हूं कि उसे पच्चीस रुपया महीना पढ़ाई के लिए दूंगा। अब चाहे दुकान में फ़ायदा हो या नुक़सान, मैं उसे यह धनराशि देता रहूंगा। 'रघुकुल रीति...जाई।'

रवि नहिं लखियत बार मसाल : मशाल जलाकर सूर्य को नहीं देखा जाता, अर्थात् गुणवान् मनुष्य स्वयं विख्यात हो जाता है, उसे किसी की संस्तुति या सहायता की आवश्यकता नहीं होगी।
आप इतने प्रतिभा सम्पन्न हैं कि स्वयं विख्यात हो जाएंगे और सब लोग आपका सम्मान करने लगेंगे। 'रवि नहिं...मसाल।'

रवि हू की इक दिवस में तीन अवस्था होत : किसी भी मनुष्य की दशा सदैव एक-सी नहीं रहती; हानि-लाभ तथा सुख-दुःख आते-जाते रहते हैं।
मित्र, आजकल तुम्हें व्यापार में घाटा हो रहा है। इससे तुम्हें घबड़ाना नहीं चाहिए क्योंकि सबके जीवन में सुख-दुःख आते रहते हैं।' कहावत प्रसिद्ध हैं–'रवि हू...होत।'

रसोई का विप्र, कसाई का कूकर : रसोई बनाने वाले ब्राह्मण और कसाई के कुत्ते भोजन की अधिकता के कारण मोटे-ताज़े होते हैं।

रस्सी जल गई, ऐंठन न गई या (ऐंठन बाकी है) : बरबाद हो जाने पर भी जब कोई अपनी टेक नहीं छोड़ता।
'रस्सी जल गई, ऐंठन बाकी है।' बाल-बाल तो कर्ज़ में बिंधे पड़े हैं आप, तब भी खानदानी रईस बनते हैं। (चतुरसेन शास्त्री)

रहमान को रहमान, शैतान को शैतान : जीवन में अच्छे लोगों को अच्छे लोग और बुरे लोगों को बुरे लोग मिलते हैं।
संसार विचित्र है। इसमें हर प्रकार के लोग रहते हैं। जो अच्छा आदमी होता है, उसे अच्छा आदमी मिलता है और जो बुरा आदमी होता है, उसे बुरा आदमी मिलता है। कहावत प्रसिद्ध है, 'रहमान को...शैतान।'

रहें क्यों एक म्यान असि दोय : दे. 'एक म्यान में दो तलवारें नहीं समा सकतीं।'
रहें क्यों एक म्यान असि दोय।
जिन नैनन में हरि रस छायो, तेहि क्यों भावै कोय॥

रहे बांस न बजे बांसुरी : कारण का नाश कर देने पर कार्य की उत्पत्ति अपने-आप बन्द हो जाती है।
कुन्दन डाकुओं के एक गिरोह का सरदार था। वह गांव वालों पर

तरह-तरह के अत्याचार करता था। उन लोगों ने यह निश्चय किया कि यदि हम लोग कुन्दन को मार डालें, तो सब उपद्रव अपने-आप शान्त हो जाएंगे। 'रहे बांस न बजे बांसुरी।'

रांड़ का रोना और पुरवा का बहना व्यर्थ नहीं जाता : रांड़ के रोने से किसी को हानि अवश्य पहुंचती है और पुरवा हवा के चलने पर वर्षा अवश्य होती है।

रांड़ का पुतवा, गोड़िनि का बछवा : रांड़ अपने पुत्र की और गोड़िनि अपने बैल की खूब सेवा करती है; इसलिए वे खूब मोटे-ताज़े रहते हैं।

रांड़ का सांड़, सौदागर का घोड़ा, खाय बहुत, चले थोड़ा : रांड़ का लड़का और सौदागर का घोड़ा—यह दोनों खाते तो बहुत अधिक हैं परन्तु काम बहुत कम करते हैं।

रांड़ के दिन रेंड़ तर भारी : विधवा के दिन बड़े दुःख से कटते हैं।

रांड़ मांड़ ही में मगन : ग़रीब आदमी थोड़ी ही आमदनी से संतुष्ट रहता है।

आजकल लोग कितना अधिक धन कमा रहे हैं। तुम केवल 300 रुपये प्रति मास पाते हो। उसी से सन्तुष्ट हो। इसी को कहते हैं—रांड़ मांड़ ही में मगन।'

रांड़, सांड़, सीढ़ी, संन्यासी, इनसे बचें तो सेवे कासी : यदि काशीवास करना हो तो-रांड़, सांड़, घाट की सीढ़ियां और संन्यासी—इन चारों से सावधान रहना चाहिए।

राई से पर्वत करै पर्वत राई मांहि : भगवान् जिस पर कृपा करते हैं उसको महान्-से-महान् बना देते हैं और जब रुष्ट होते हैं तब बड़े-से-बड़े आदमी को छोटा-से-छोटा बना देते हैं।

राक्षस के घर ब्याही जोय, भून-भान कलेवा होय : दुष्ट तथा नटखट लोगों के यहां सब चीज़ें टूट-फूट जाती हैं, कोई भी चीज़ साबुत नहीं बचती।

रोज़ लालटेनें आती हैं और रोज़ तोड़कर फेंक दी जाती हैं। कुछ नहीं तो दस लालटेनें ला चुका हूंगा; पर एक का भी पता नहीं। मालूम होता है किसी कुली का घर है, उसके भाग्य की भांति अंधेरा। 'राक्षस के घर ...कलेवा होय।' (प्रेमचन्द)

राखो मेल कपूर में, हींग न होय सुगंध : दुष्ट मनुष्य को चाहे कितने ही अच्छे वातावरण में रखा जाए, पर उसका स्वभाव नहीं बदलता।

मैंने तुमसे आरम्भ में ही कहा था कि उस लड़के को अपने घर में मत रखो। परन्तु तुमने मेरी बात पर ध्यान नहीं दिया था। अब पछताने से क्या होगा ? इसी से कहा है—'राखो मेल...सुगंध।'

राग ताल का हाल न जाने, दोनों हाथ मजीरा : जिसमें वास्तविक ज्ञान तो कुछ न हो, पर ऊपरी दिखावा बहुत हो, उस पर यह कहावत कही जाती है।

रागी, बागी, पारखी, नारी और नियाव; इन पांचों के गुरु नहीं उपजत अंग सुझाव : गाना, घोड़े की सवारी, रत्न-परीक्षा, नाड़ी का ज्ञान और न्याय करना—ये पांचों विद्याएं स्वभाव से ही उत्पन्न होती हैं। यदि ईश्वर की देन न हो, तो ये सिखाने से जल्दी नहीं आतीं।

राजहंस बिन को करै, नीर छीर को दोय : बिना पारखी के गुण-दोष का निर्णय कोई नहीं कर सकता।

आप काव्य-मर्मज्ञ हैं। आप ही इन कविताओं के गुण-दोष का विवेचन कर सकते हैं। 'राजहंस बिन...दोय।'

राजा करे सो न्याव, पांसा पड़े सो दांव : जो राजा करता है, वही न्याय होता है।

यहै बात सबकी कहैं, राजा करैं सुन्याव।
ज्यों चौपर के खेल में, पासो परै सुदाव॥ (वृन्द)

राजा का दान, प्रजा का स्नान : दान करने से राजा को जो पुण्य होता है, प्रजा को वही पुण्य तीर्थ में केवल स्नान से होता है। तात्पर्य यह है कि सबको अपनी शक्ति के अनुसार पुण्य करना चाहिए।

राजा के घर काज और हमारे घर ठक-ठक : जब राजाओं या ज़मींदारों के घर कोई उत्सव आदि मनाया जाता है, तब उसके लिए प्रजा से कर या बेगार आदि लिया जाता है।

राजा के घर मोतियों का अकाल : जब किसी स्थान में ऐसे पदार्थ का अभाव हो जहां उसके आधिक्य की आशा की जाती है।

भई, राजा का घर है, 'राजा के घर में मोतियों का अकाल ?'
(चतुरसेन शास्त्री)

राजा-जोगी किसके मीत : राजा और योगी किसी के मित्र नहीं होते।

हम संन्यासी हैं। हमने संसार का त्याग कर दिया है। हम कहीं पर अधिक दिन तक नहीं ठहरते और न किसी से मित्रता करते हैं। कहावत है– 'राजा-जोगी किसके मीत ?'

राजा नल पर विपत्ति पड़ी, भूजी मछली जल में पड़ी : विपत्ति काल में दैव विरोधी हो जाता है और असम्भव बातें भी सम्भव हो जाती हैं।

राजा भीम की क़ज़ा, राम की रज़ा : भीम भी ईश्वर की इच्छा से ही मरे हैं। ईश्वर की मर्ज़ी के बिना कोई काम नहीं होता।

रात करे घाघ धूप दिन करे छाया, कहैं घाघ अब वर्षा गया : यदि रात में खूब घटा घिर आए और दिन में बादल तितर-बितर हो जाएं और उनकी छाया पृथ्वी पर दौड़ने लगे, तो घाघ कहते हैं कि समझना चाहिए कि वर्षा व्यतीत हो गई है।

रात थोड़ी कहानी बड़ी/लम्बी : समय थोड़ा है पर काम बहुत करना है।

थोड़ी है रात और कहानी बहुत बड़ी,
हाली निकल सकें न दिल के गुबार। (हाली)

रात दिना घमछाहीं, घाघ कहैं बरखा अब नाहीं : कभी धूप हो और कभी बदली, तब घाघ कहते हैं कि समझाना चाहिए कि अब वर्षा नहीं होगी।

रात पड़े उपासी, दिन को खोजे बासी : जो व्यक्ति इतना ग़रीब हो कि रात को उपवास करे और सवेरे उठकर बासी खाना खोजे।

रात मां का पेट : जैसे मां के पेट में बच्चा निश्चिन्त रहता है, उसी प्रकार रात में निद्रा के समय हम सब कष्ट भूल जाते हैं।

रातों रोई एक न मरा या सारी रात कोसा पर एक भी न मरा : बहुत परिश्रम करने पर भी कुछ लाभ नहीं हुआ।

क्यों किशन, कल रात तो 9 बजे तक पढ़े थे, कम-से-कम 50 सवाल तो कर ही लिए होंगे ? नहीं भाई, एक सवाल में ही इतनी रात हो गई, फिर भी वह नहीं आया। मैंने हंसकर कहा—यह तो वही बात हुई कि 'रातों ...मरा।'

रात हटाई तड़के आई, भूख वेदना बुरी रे भाई : भूख बहुत कठिन होती है। रात को शान्त की जाती है प्रातःकाल फिर लग जाती है।

रानी को मांड़ ना, लोकनी को बुनिया : रानी को मांड़ नहीं मिलता है और नौकरानी को बुंदिया मिठाई दी जाती है। उलटा या बेमेल काम करने पर यह उक्ति है।

रानी को राजा प्यारा, कानी को काना प्यारा : अपनी-अपनी चीज़ सबको प्रिय लगती है।

रानी रूठेंगी अपना सोहाग लेंगी : मालिक अप्रसन्न होगा तब अपनी नौकरी से छुड़ा देगा।

तहसीलदार साहब तुम तो ऐसा धमकाते हो जैसे हम राजा साहब के हाथों बिक गए हों। 'रानी रूठेंगी अपना सोहाग लेंगी।' अपनी नौकरी ही न लेंगे, ले जाएं। (प्रेमचन्द)

रामजी की माया कहीं धूप कहीं छाया : ईश्वर की लीला विचित्र है। इस संसार में सब लोगों की स्थिति भिन्न-भिन्न होती है। कोई धनी होता है तो कोई ग़रीब; कोई सुखी होता है तो कोई दुःखी। दे. 'ईश्वर की माया...छाया।'

राम भरोसे बैठ के, सबका मुजरा लेत : भगवान् सबके अच्छे और बुरे कामों को देखते रहते हैं।

राम भरोसे बैठ के, सबका मुजरा लेत।
जैसी जाकी चाकरी, वैसा वाको देत॥ (कबीर)

राम तें अधिक राम कर दासा : भगवद्-भक्तों का यथोचित आदर-सत्कार करना चाहिए।

गांधी मिथ्याचारी गृहस्थ ? यह झूठी बात। हे राम ! साधु को न तो मिथ्या भाषण करना चाहिए और न सुनना ही। उन्हें भक्तों का आदर करना चाहिए। गोस्वामीजी ने लिखा है कि 'राम तें अधिक राम कर दासा।'

राम नाम में आलसी, भोजन में होशियार : जो आदमी काम में सुस्त, परन्तु भोजन में चुस्त हो।

वह बड़ा कामचोर है। कोई भी काम ठीक तरह से नहीं करता परन्तु भोजन करने के लिए सदैव तैयार रहता है। उसी की तरह के कितने ही और लोग भी आपको मिलेंगे, जो 'राम नाम में आलसी भोजन में होशियार' हैं।

राम-राम जपना, पराया माल अपना : ढोंगी मनुष्य के कपटाचार पर यह कहावत कही जाती है।

वह साधु नहीं है स्वादू है। इसका काम है—'राम राम...अपना।'

राम नाम लड्डू, गोपाल नाम घी, हरि का नाम मिस्री, तू घोल-घोल पी : सबको राम नाम का भजन करना चाहिए।

सबको भगवान् के नाम का कीर्तन करना चाहिए। प्रातः और संध्या राम का नाम लेने से आनन्द प्राप्त होता है और भव-बाधा दूर होती है। 'राम नाम...घोल-घोल पी।'

राम भरोसे जो रहै, परबत पर लहराय : ईश्वर के भरोसे पर रहने वाला मनुष्य सर्वदा सुखी रहता है।

कितने साधु-संन्यासी इन गिरि-कन्दराओं में आनन्दपूर्वक जीवन व्यतीत करते हैं। उन्हें किसी प्रकार की आधि-व्याधि नहीं सताती। 'राम भरोसे ...लहराय।'

राम मिलाई जोड़ी, एक अंधा एक कोढ़ी : दो मनुष्यों के एक ही तरह के होने पर यह कहावत है। दे. **'जैसे ऊधो वैसे माधो।'**

विनय और नगेन्द्र की अच्छी जोड़ी मिली है। दोनों महामूर्ख हैं। 'राम मिलाई...कोढ़ी।'

राम-राम रटना, चिउड़ा-दही सपना : किसी ऐसे साधू की उक्ति है जिसे चिउड़ा-दही बहुत प्रिय था। राम-राम जपना पड़ता है, परन्तु चिउड़ा-दही कभी नहीं मिलता।

राम सो रहीम : ईश्वर एक ही है। उसे चाहे जिस नाम से पुकारा जाए।

महात्मा जी कहा करते थे कि हिन्दू-मुसलमान व्यर्थ ईश्वर के नाम के पीछे लड़ा करते हैं। 'राम सो रहीम।' उनमें कुछ भी भेद नहीं है।

रामहिं केवल प्रेम पियारा, जानि लेहू जे जाननिहारा : भगवान् को केवल प्रेम प्यारा है, नियम नहीं।

भगवान् को ऊपरी तड़क-भड़क पसन्द नहीं है। यह आवश्यक नहीं है कि आप बड़े-बड़े मन्दिरों में ही उनकी पूजा करें। यदि आपके हृदय में प्रेम है, तो आप कहीं भी उनकी पूजा कर सकते हैं। भगवान् तो प्रेम के भूखे हैं। 'रामहिं केवल...जाननिहारा।'

रिन की फिकर न धन की सोच, कही कारन धमधूसर मोट : न ऋण की चिन्ता है और न धन की सोच है। इसी कारण खूब मोटे-ताज़े हैं।

रिस मारे रसायन पैदा होता है : क्रोध को वश में रखने से बहुत लाभ होता है।

आपको कभी क्रोध नहीं करना चाहिए। जब कभी क्रोध आवे, तब उसको वश में करने का प्रयास कीजिए। सदा स्मरण रखिए कि 'रिस मारे...होता है।'

रीते सरवर पर गए, कैसे बुझत पियास ? : निर्धन मनुष्य से किसी की आशा नहीं पूरी होती।

जाहीं सों कछु पाइए, करिए ताकी आस।
रीते सरवर पर गए, कैसे बुझत पियास॥ (वृन्द)

रुचै सो पचै : जिस चीज़ को रुचि से खाया जाता है, वह पच जाती है।

तुम उसका बनाया हुआ खाना रुचि से नहीं खाते। इससे वह तुम्हें हज़म नहीं होता। कहावत है—'रुचै सो पचै।'

रुपये की जात है : रुपये के ज़ोर से जाति का हेठा भी कुलीन हो जाता है।

यह अर्थयुग है। जिसके पास धन होता है, वह नीच परिवार में जन्म लेकर भी ऊंची जाति में सम्मिलित हो सकता है। कहावत प्रसिद्ध है कि 'रुपये की जात है।'

रुपये को रुपया कमाता है : रुपये से रुपया पैदा होता है।

उसके पास धन है। उससे वह कोई उद्योग खोलकर और अधिक धन पैदा कर सकता है। जिसके पास धन नहीं है, वह कैसे धन पैदा कर सकता है ? इसीलिए कहा गया है कि 'रुपया रुपये को कमाता है।'

रुपया तो शेख, नहीं तो जुलाहा : धन ही सें इज़्ज़त होती है।

जब तक उसके पास धन नहीं था, तब तक कोई उसकी इज़्ज़त नहीं करता था। पर जब उसके पास धन हो गया तब सब उसका सम्मान करने लगे। किसी ने बहुत ठीक कहा है कि 'रुपया तो...जुलाहा।'

रुपया परखे बार-बार, आदमी परखे एक बार : रुपये की परीक्षा बार-बार होती है परन्तु मनुष्य की परीक्षा एक ही बार होती है।

मैंने एक बार देख लिया कि आप अपने वचन को पूरा नहीं करते हैं। अब आप मुझसे कुछ भी कहें, मैं आपका विश्वास नहीं कर सकता। कहावत प्रसिद्ध है—'रुपया परखे...एक बार।'

रुपया हाथ का मैल है : रुपये को कुछ नहीं समझना चाहिए। जब किसी का रुपया उसके हाथ से निकल जाता है या जब कोई उदारतापूर्वक व्यय करता है, तब ऐसा कहते हैं।

अजी, रुपए गए तो कोई चिन्ता नहीं, इज़्ज़त तो बच गई। मैं रुपए की परवाह नहीं करता। 'रुपया...मैल है।'

रूखा-सूखा खाय के ठंडा पानी पीव : सन्तोष में ही सुख है।

रूखा सूखा खाय के, ठंडा पानी पीव।
देख पराई चूपड़ी, मत पछताओ जीव॥ (कबीर)

रूठे को मनाये नहीं, फटे को सिलाए नहीं, तो काम कैसे चले : रूठे हुए मनुष्य को मनाना ही पड़ता है और फटे हुए कपड़े को सिलाना ही पड़ता है। दे. 'फटे को न सिए...चले ?'

आप मुझसे पूछते हैं कि मैं उनको मनाने क्यों गया। यह विचित्र प्रश्न है। समाज में रूठों को मनाना ही पड़ता है। कहावत प्रसिद्ध है—'रूठे को ...कैसे चले ?'

रूठे बाबा दाढ़ी हाथ : जब बूढ़ा आदमी क्रोध करता है, तो अपनी ही दाढ़ी नोचता है; उससे कोई लाभ नहीं होता।

बेचारा अब बहुत बुड्ढा हो गया है। इसलिए उसके घरवाले उसका कहना नहीं मानते। वह भी किसी पर क्रोध नहीं करता क्योंकि वह जानता है

कि 'रूठे...हाथ।'

रूप की रोय करम की खाय, विधि करतूत जानि नहिं जाय : गुणवान् का अनादर और गुणहीन का सम्मान होता है। ब्रह्मा के इस रहस्यमय विधान को कोई नहीं जानता।

वह क़ानून का गंभीर पंडित है परं उसकी वकालत बिल्कुल नहीं चलती। इसके प्रतिकूल, उसका पड़ोसी कानून का विद्वान् न होने पर भी खूब रुपया कमाता है। इसीलिए कहा जाता है—'रूप की रोय...नाहिं जाय।'

रोज़गार और दुश्मन बराबर नहीं मिलते : रोज़गार और दुश्मन को पाकर नहीं छोड़ना चाहिए।

बड़े भाग्य से आपको विश्वविद्यालय में अध्यापन-कार्य मिला है। इसे मत छोड़िए। इस लोकोक्ति को स्मरण रखिए कि 'रोज़गार और दुश्मन बार-बार नहीं मिलते।'

रोज़ा बख्शवाने गए, नमाज़ गले पड़ गंई : यदि कोई व्यक्ति किसी छोटे कार्य से छुटकारा प्राप्त करने के लिए किसी अन्य व्यक्ति के पास जाए और उसके सिर उससे बड़ा कोई कार्य मढ़ दिया जाए तब इस कहावत का प्रयोग करते हैं। दे. 'नमाज़ छुड़ाने...पड़े।'

रोटी कारन लशकरी, रन में शीश कटाय; रोटी कारन रैन-दिन, गीत गवेसर गाय : रोज़ी के लिए मनुष्य कड़ा-से-कड़ा परिश्रम करता है।

पेट बड़ा अधम होता है। इसके लिए मनुष्य कठिन-से-कठिन और नीच-से-नीच काम करता है। कहावत प्रसिद्ध है कि 'रोटी कारन...गवेसर गाय।'

रोटी किस्मत की, हुक़्क़ा पांव दौड़ी का : रोटी भाग्य से मिलती है, परन्तु हुक़्क़ा उद्योग से मिल जाता है; अर्थात् यदि कोई व्यक्ति किसी के यहां पहुंच जाता है तब हुक़्क़ा-पानी से उसका आदर-सत्कार किया जाता है।

मेरे यहां कोई नहीं था। पहले कभी मैं यहां आया भी नहीं था। पर यहां पर मेरा अन्न-जल बदा था। अतएव मेरा आवेदन-पत्र स्वीकार हो गया और मेरी नियुक्ति हो गई। सच कहा है—'रोटी...दौड़ी का।'

रोटी ही का ब्याह है, रोटी ही का काज; सांच बड़ों ने है कहा, सबसे बड़ा अनाज : अन्न बहुत महत्वपूर्ण होता है। जिसके घर पर्याप्त अन्न होता है, उसके घर तरह-तरह की खुशियां मनाई जाती हैं।

तुमको बढ़िया-बढ़िया भोजन प्राप्त होता है। तुम भला अनाज का महत्व क्या जानो ? यदि दो-चार दिन भूखों मरना पड़े, तब तुम्हें मालूम हो कि अनाज कैसी उत्तम वस्तु है। किसी ने बहुत सच कहा है—'रोटी ही का ...अनाज।'

ल

लंका निशिचर निकर निवासा, यहां कहां सज्जन कर बासा : लंका में विभीषण के घर की दीवार पर राम नाम लिखा देखकर हनुमान जी ने यह शब्द कहे थे। इसका तात्पर्य यह है कि बुरी जगह में अच्छे लोग नहीं पाए जाते।

लंका में सब लोग उनचास हाथ के होते हैं : जब कहीं पर सब लोग एक-से-एक बढ़कर चतुर, विद्वान् या धूर्त हों।

'जब उसने देखा कि इस गांव के सब लोग डींग मारने में दक्ष हैं, तब उसने कहा—'लंका में...होते हैं।'

लंगड़े-लूले गए बरात, दो-दो जूते दो-दो लात : जो लोग किसी काम के नहीं होते, उनका कहीं आदर-सत्कार नहीं होता।

हम लोग बेकार आदमी हैं। किसी प्रकार उनकी सहायता नहीं कर सकते। इसलिए हमें उनके यहां नहीं जाना चाहिए, अन्यथा वही हाल होगा कि 'लंगड़े लूले...दो-दो लात।'

लकड़ी के बल बंदरी/बकरी नाचे : शरारती-से-शरारती लोग भी डंडे के भय से वश में आ जाते हैं।

नन्दू बहुत ऊधम मचाता फिर रहा था, लेकिन ज्योंही पिता जी को देखा झट से काम में लग गया। अब देखो सारा काम कितनी शीघ्रता से कर रहा है। मार का जो भय है। 'लकड़ी के बल...नाचे।'

लकीर के फ़कीर : पुरानी परम्पराओं का पालन करने वाला, रूढ़िवादी।

कबीरदास जी 'लकीर के फ़कीर' नहीं थे। वे आध्यात्मिक उन्नति के नए मार्ग का अन्वेषण करना चाहते थे।

लगा तो तीर, नहीं तो तुक्का ही सही : काम हो जाए तो अच्छा ही है, नहीं तो कोई बात नहीं।

यह बहकाना भी 'लग जाय तो तीर, नहीं ते तुक्का तो है ही।'

(महादेवी वर्मा)

लगी में और लगती है : जिस जगह चोट लगी रहती है, उसमें बार-बार चोट लगती है।

जब से मेरे अंगूठे में चोट लगी है, तब से मैं बहुत व्याकुल रहता हूं, क्योंकि उसमें बार-बार चोट लग जाया करती है। सच कहा है—'लगी में और लगती है।'

लगे खुशामद सब कहं प्यारी : खुशामद सबको अच्छी लगती है।

जो खुशामद करे ख़ल्क उससे सदा राज़ी है।
सच तो यह है कि खुशामद से खुदा राज़ी है॥ (नज़ीर)

लटे की जोय, सारे गांव की सलहज : ग़रीब आदमी को सब लोग तंग करते हैं।

मैं ग़रीब आदमी हूं। इसलिए सब लोग मुझे परेशान करते हैं। लोकोक्ति

विख्यात है कि 'लटे की...सलहज।'

लड़का ठाकुर बूढ़ दीवान, मामला बिगड़े सांझ बिहान : यदि मालिक लड़का हो और दीवान बूढ़ा हो तो सुबह-शाम मामला बिगड़ता ही रहता है क्योंकि वे एक-दूसरे का दृष्टिकोण नहीं समझ सकते हैं।

लड़का बगल में, ढिंढोरा नगर में : दे. 'गोद में छोरा, शहर में ढिंढोरा।'

लड़का रोवे बालों को, नाई रोवे मुंड़ाई को : लड़का रोता है कि मेरे बाल मूंड़ दिए गए हैं और नाई रोता है कि मूंड़न करने के पैसे मिलना चाहिए। तात्पर्य यह है कि सब लोग अपना-अपना स्वार्थ सिद्ध करना चाहते हैं।

लड़के की यारी, गधे की सवारी : लड़कों से मित्रता करना और गधे पर सवारी करना—ये दोनों काम बुरे हैं।

लड़कों की दोस्ती और ठेलों की सनसनाहट में जान का ख़तरा रहता है : लड़कों से मित्रता नहीं करनी चाहिए और जहां लोग ठेले चला रहे हों वहां नहीं जाना चाहिए। वे दोनों चीज़ें ख़तरनाक होती हैं।

लड़कों में लड़का और बूढ़ों में बूढ़ा : सर्वप्रिय मनुष्य।

वह बड़ा व्यवहार-कुशल है। जैसी परिस्थिति होती है वह अपने को वैसा ही बना लेता है। वह 'लड़कों में लड़का हो जाता है और बूढ़ों में बूढ़ा।'

लड़ाके के चार कान : लड़ाका आदमी लड़ाई करने के लिए दूसरों की बुराई बहुत जल्द सुनता है।

लड़ें न भिड़े, तरकस लिए फिरें : डींग मारने वाले आदमी के लिए ऐसा कहते हैं।

लड़े सांड़ बारी का भुरकुस : सांड़ों की लड़ाई में खेती की हानि होती है।

लड़े सिपाही, नाम हो सरदार का : सिपाही युद्ध में विजय प्राप्त करता है, परन्तु नाम सरदार का होता है। सिपाही को कोई नहीं जानता।

लड्डू न तोड़ो, चूरा झाड़ खाओ : पूंजी न छुओ, लाभ से अपना खर्च चलाओ।

मरते समय सेठ ने अपने लड़के से कहा—मैं तुम्हारे लिए दो लाख रुपए छोड़े जा रहा हूं। इसको व्यापार में लगा देना। 'लड्डू न तोड़ना, चूरा झाड़ खाना।'

ललही भवानी, मकरा का अच्छत : बुरे आदमी के साथ बुरा व्यवहार ही उचित होता है।

लाख जाए, पर साख न जाए : धन चाहे व्यय हो जाए, पर सम्मान बना रहे।

वह बड़ा आत्माभिमानी पुरुष है, बात का ऐसा पक्का कि जो कह देता है, उसे अवश्य पूरा करता है। वह कहता है—मेरे जीवन का आदर्श है, 'लाख जाए, पर साख न जाए।'

लाख तदबीर एक तरफ़ और एक तकदीर एक तरफ़ : भाग्य के सामने उद्योग कुछ नहीं कर सकता।

पहले मैं यह समझता था कि उद्योग करके मनुष्य सब कुछ कर सकता है, पर अब मैं इस परिणाम पर पहुंचा हूं कि 'लाख तदबीर एक तरफ़

और एक तकदीर एक तरफ़।'

लागि से करु, चाहे चरु चाहे परु : जो काम करना हो उसे लगन से करो; चाहे खाओ चाहे सो रहो।

लाचार में विचार क्या : विवश होने पर या गरज पड़ने पर मनुष्य विचारशून्य हो जाता है।

वह बड़ा स्वाभिमानी है। तुम्हारे पास आकर वह कभी भी अपमान न सहता। पर करे क्या ? बेचारा विवश हो गया था। किसी ने सच कहा है—'लाचार में विचार क्या ?'

लाचारी पर्वत से भारी : दरिद्रता बड़ी दुःखद होती है।

पहले तो वह बड़ा स्वस्थ था। पर दरिद्रता के कारण उसका शरीर घुलने लगा और वह सूखकर कांटा हो गया। कहावत प्रसिद्ध है—'लाचारी पर्वत से भारी।'

लाठी टूटे न सांप मरे : बिना किसी की हानि हुए स्वार्थ सिद्ध हो जाए।

उनके निराकरण का उपाय यह है कि सबका एक-एक कान या छिगुनी कटवा ली जाए—हत्या भी न करनी पड़े, मार्ग के रोड़े भी हट जाएं। 'लाठी टूटे न सांप मरे।' (अज्ञेय)

लाठी मारे पानी जुदा नहीं होता : लड़ाई-झगड़ा होने से सम्बन्धी अपना सम्बन्ध-विच्छेद नहीं कर लेते।

हम और आप रिश्तेदार हैं। यदि कभी हम लोगों में झगड़ा हो जाए, तो इसका यह अर्थ नहीं होता कि हम अपना सम्बन्ध-विच्छेद कर लें। कहावत है—'लाठी मारे...होता।'

लाठी हाथ की, भाई साथ का : यदि लाठी और भाई पास रहते हैं, तभी काम आते हैं।

क्या करूं, उस समय मेरी लाठी पास नहीं थी, इसलिए चोर तुमको मार कर भाग गए। यदि मेरे हाथ में लाठी रही होती, तो मैं एकाध चोर को अवश्य मार गिराता। किसी ने सच कहा है कि 'लाठी हाथ की, भाई साथ का' काम आते हैं।

लातों के देवता बातों से नहीं मानते : नीच लोग मार खाए बिना सीधे नहीं होते।

इसको इतना समझाया कि चोरी मत किया करो। पर यह अपनी आदत नहीं छोड़ता। आज इसको पीटा है। कल से यह चोरी नहीं करेगा। 'लातों के देवता बातों से नहीं मानते।'

लातों के भूत बातों से नहीं मानते : दुष्ट आदमी सीधे समझाने से नहीं मानता, दंड देने से मानता है।

मैंने तुम्हारे साथ भलमनसी का बर्ताव करना चाहा था, लेकिन मालूम हो गया कि 'लातों के भूत बातों से नहीं मानते।'

लात खाय पुचकारिए, होय दुधारू धैन : जिससे हमारा स्वार्थ सिद्ध होता है, हम उसकी डांट-फटकार भी सह लेते हैं। दे. 'दुधार गाय की लात भी सही जाती है।'

बिन स्वारथ कैसे सहै, कोऊ करुए बैन।
लात खाय पुचकारिए, होय दुधारू धैन॥ (वृन्द)

लात सही मूंकी सही, उलटे सहे कुदार; इन ओठन के कारने, सिर पर धरे अंगार : जब आदमी अपनी प्रिय वस्तु प्राप्त करने के लिए अनेक कष्ट सहे और अन्त में उसकी प्राप्ति हो, तब यह कहावत कही जाती है।

लाद दे, लदा दे, लादने वाला साथ कर दे : जब किसी व्यक्ति को कोई लाभ का काम बताया जाए और वह कहे कि साथ चलकर यह काम करवा दीजिए।

यह तो अच्छी दिल्लगी है कि अपना माल भी दो और उसे घर तक पहुंचा भी दो। 'लाद दे, लदा दे, लादने वाला साथ कर दे।' (प्रेमचन्द)

लाल गुदड़ी में नहीं छिपता : श्रेष्ठ, गुणवान् या मेधावी लोग दीन अवस्था में भी प्रकट हो जाते हैं।

वह बड़ा दीन बालक था। फटे-पुराने कपड़े पहनता था और सबसे पीछे बैठता था। किन्तु उसके अध्यापक ने शीघ्र पहचान लिया कि यह बड़ा मेधावी बालक है। 'लाल गुदड़ी में नहीं छिपता।'

लालच बुरी बला : लालच से बहुत हानि होती है। इसलिए लालच नहीं करना चाहिए।

रूई के व्यापार में एक बार ढाई सौ रुपये की हानि हुई। मुर्गी के लिए तकुए का घाव बहुत होता है। मैंने कान पकड़कर तौबा की और संकल्प किया, "अब लौं नसानी अब न नसैहों।" किन्तु 'लालच बुरी बला' है। मन अपना हठ नहीं छोड़ता।

लालने बहवः दोषाः ताड़ने बहवः गुणाः : प्यार से बच्चों की बहुत हानि होती है और दण्ड देने से उन्हें लाभ होता है।

जब स्वयं पितृदेव 'लालने बहवः दोषाः ताड़ने बहवः गुणाः' में विश्वास रखते थे तब अध्यापकों का क्या कहना है ? मेरे पिताजी के हुक्क़े की निगाली की कई बार मेरे पृष्ठ भाग पर परीक्षा हुई।

लाला का घोड़ा, खाय बहुत चले थोड़ा : किसी लाला के एक लड़का था। वह उसे खिलाते तो बहुत थे, पर काम उससे कम लेते थे। इसलिए जब किसी का नौकर या लड़का खाता तो बहुत है, पर काम कम करता है, तब कहते हैं।

लिखत सुधाकर लिखि गा राहू : जब किसी कल्याण की आशा की जाए, पर उसकी जगह पर अनिष्ट हो जाए।

पेन्शन देने में मेरे साथ उदारता हुई लेकिन नौकरी बनी रहती तो और भी अच्छा होता। उस पत्र को देखते ही मेरे शिष्य और मित्र पंडित रामनारायण बोले—'लिखत सुधाकर लिखि गा राहू।'

लिखें ईसा, पढें मूसा/खुदा : ऐसा घसीट लिखना कि लेखक के सिवा शायद ही कोई पढ़ सके, बहुत घसीट लिखना।

'लिखें, ईसा पढ़ें खुदा।' इन लोगों का लिखा ये ही पढ़ें। यह हिन्दी है या मोहनजोदड़ो के समय की लिपि। (उपेन्द्रनाथ अश्क)

लिखे न पढ़ें, नाम मुहम्मद फ़ाज़िल : नाम के अनुसार गुण न होना।

लीजे ससा आखेट पर, नाहर के सामान : छोटे से काम के लिए भी खूब अच्छी तैयारी करनी चाहिए।

मान लिया कि यह मुकदमा साधारण है तथापि आपको इसकी अच्छी तरह तैयारी कर लेनी चाहिए। कहावत प्रसिद्ध है—लीजे ससा... सामान।'

लीक-लीक गाड़ी चलै, लीकहि चले कपूत। लीक छांड़ि तीनों चलें, सायर, सिंह, सपूत : गाड़ी लीक पर चलती है, कपूत पुरानी परम्पराओं पर चलते हैं। परन्तु शायर, सिंह और सपूत पुरानी परम्पराओं का पालन नहीं करते, वे अपने लिए नए-नए मार्ग ढूंढ़ निकालते हैं।

लीपूं ओटा, मरे मोटा : महापात्रों के घर में 'ओटा' नाम की एक प्रतिमा रहती है। वे सदा उसकी पूजा करते हैं और मनाते रहते हैं कि किसी धनी व्यक्ति का देहान्त हो, जिससे उन्हें काफ़ी धन प्राप्त हो। इसलिए इस कहावत का अर्थ होता है, अपने लाभ के लिए किसी धनी आदमी की मृत्यु, हानि या बीमारी के लिए ईश्वर से प्रार्थना करना।

लुटिया डूबी रे हरदास, घोड़ा दाना खाय न घास : काम बिगड़ने के लक्षण दिखाई देना।

जब उसका पुत्र ज्वर में अंट-शंट बकने लगा, तब उसने समझ लिया कि अब कुशल नहीं है और वह बार-बार चिल्लाने लगा—'लुटिया डूबी... घास।'

लूट का चरखा नफ़ा : मुफ़्त में जो कुछ मिल जाए, वह अच्छा है।

जब मेले में भगदड़ पड़ गई, तब जो कुछ जिसके हाथ में आ गया उसको लेकर वह भगने लगा। सुरेश को रास्ते में पड़ा हुआ एक पुराना छाता मिल गया। उसने कहा—चलो, 'लूट का चरखा नफ़ा।'

लेता मरे कि देता : जो कर्ज़दार अपना कर्ज़ चुकाने की इच्छा नहीं रखता, वह कहता है कि या तो महाजन मरेगा या मैं।

इस समय कोई मुझे पांच हज़ार रुपए दे देता तो मेरा काम बन जाता। रह जाती कर्ज़ चुकाने की बात। तो उसकी मुझे चिन्ता नहीं है; क्योंकि यह कोई नहीं जानता कि भविष्य में क्या होगा। 'लेता मरे कि देता।'

लेना एक न देना दो : किसी से कुछ प्रयोजन न रखना।

जो तू आया जगत् में बंदे, गंदा काम करै मत कोय।
कबहुंक परै दुःख बहुतेरा, कबहुंक रहै सुख में सोय॥
भाई बंधु अरु कुटुम कबीला, मरघट लैं सब चलते रोय।
कहते नित्य न गाफ़िल हो, याह लेना एक न देना दोय॥

लेना-देना कुछ नहीं लड़ने को मौजूद : यह लोकोक्ति उस मनुष्य के विषय में कही जाती है जो अपने परिवार के लोगों और सम्बन्धियों आदि को कुछ देता तो नहीं,

पर हर समय लड़ने को तैयार रहता है।

लेवे के न देवे के नचावे के भर ताल : लेना-देना कुछ नहीं है पर काम पूरा कराना चाहते हैं।

लोभी गुरु और लालची चेला, दोऊ नरक में ठेलम ठेला : लालच बहुत बुरी चीज़ है। इसके लिए छोटे-बड़े सबको अनेक प्रकार के दुःख सहने पड़ते हैं।
जैसे आप लालची गुरु हैं वैसा ही आपको लालची चेला मिला है। इसी से आप लोगों में लड़ाई-झगड़ा बना रहता है। कहावत प्रसिद्ध है—'लोभी गुरु और लालची चेला, दोऊ नरक में ठेलम ठेला।'

लोहा करे अपनी बड़ाई, हम भी हैं महादेव के भाई : जब कोई नीच व्यक्ति किसी प्रतिष्ठित से अपना सम्बन्ध बताता है। यहां पर लोहे का अर्थ त्रिशूल है, जो शंकर जी का अस्त्र होने के कारण पूज्य माना जाता है।

लोहे को लोहा ही काटता है : जाति का बैरी जाति वाला ही होता है; दुष्ट का नाश दुष्ट ही के द्वारा होता है।
मैंने सोचा 'लोहे को लोहा ही काटता है।' अतः नंदू को काटने के लिए मैंने कुन्दन नामक गुंडे की सेवाएं प्राप्त कीं।

लोहारिन का बैल कुम्हारिन ले के सती होय : जब कोई दूसरे की चीज़ को सुरक्षित रखने के लिए बहुत चेष्टा करता है।
यह खेत तो तुम्हारा नहीं है। फिर इसकी रखवाली करने के लिए दूसरों से क्यों झगड़ा मोल लेते हो? इसी को कहते हैं कि 'लोहारिन...सती होय।'

व

वक्त की खूबी है : समय का प्रभाव है कि भलाई के बदले में बुराई मिलती है।
आप ही बताइए कि मैंने उसका क्या अहित किया है? जहां तक मुझसे हो सकता था, मैंने उसका उपकार ही किया है। किन्तु अब वह हाथ धो कर मेरे पीछे पड़ा है। यह 'वक्त की खूबी है।'

वक्त दे यारी तो कर घोड़े की सवारी, वक्त न दे यारी तो कर खा चरबेदारी : जैसा समय हो वैसा ही काम करना चाहिए। यदि समय अनुकूल हो तो घोड़े की सवारी करना चाहिये परन्तु यदि समय प्रतिकूल हो तो साईसी करके रोज़ी कमा लेना चाहिए।

वक्त पड़े बांका, तो गधे को कहै काका : विपत्ति पड़ने पर छोटे और नीच लोगों की भी खुशामद करनी पड़ती है।

मैं उसके जैसे नीच मनुष्य की खुशामद करने कभी न गया होता। परन्तु मैं विवश था। कहावत है—'वक्त पड़े...काका।'

वक्त पड़े पर जानिए को वैरी को मीत : जब विपत्ति पड़ती है तभी शत्रु और मित्र की पहचान होती है।

जब उसके अच्छे दिन थे तब वह उसके साथ रहते थे। लेकिन जब उस बेचारी विधवा का बेटा मर गया तब उसे छोड़कर चल दिए। सब सुख के साथी हैं, दुःख का साथी कोई नहीं है। ठीक है, 'वक्त पड़े...मीत।'

वक्त पर सब कुछ करना पड़ता है : कुसमय में छोटे से छोटा काम भी करना पड़ता है।

जब ज़मींदारी थी तब वह बड़े ठाट से रहता था। ज़मींदारी समाप्त हो जाने पर वह निर्धन हो गया और अब अपने हाथ से अपने खेत जोतता है। सच है, 'वक्त...पर पड़ता है।'

वक्त पीरी शबाब की बातें, ऐसी हैं जैसी ख्वाब की बातें : बुढ़ापे में बचपन की बातें स्वप्न-सी मालूम पड़ती हैं।

अब मैं 96 वर्ष का हो गया हूं। एक समय था जब मैं भी जवान था और मल्ल-युद्ध में दक्ष था। परन्तु अब वह सब बातें स्वप्न-सी मालूम पड़ती हैं। 'वक्त पीरी...बातें।'

वक्त-वक्त की रागिनी : जो काम ठीक समय पर किया जाता है, वही ठीक होता है।

प्रातःकाल हो गया है। तुम्हें उठकर अपनी पुस्तकों का अध्ययन करना चाहिए। इसके प्रतिकूल तुम अभी लम्बी ताने हुए हो। यह अच्छा नहीं लगता। 'वक्त-वक्त की रागिनी' ठीक होती है।

वक्त ही का गुलाम, वक्त ही का बादशाह : समय ही मनुष्य को सब कुछ बनाता है।

मनुष्य का जब जैसा समय आता है, तब उसे वैसा बनना पड़ता है। एक समय था जब अर्जुन के गांडीव की टंकार सुनकर बड़े-बड़े महारथी दहल जाते थे, पर बाद में कुछ भीलों ने उन्हें बंदी बना लिया। मनुष्य वक्त ही का गुलाम और वक्त ही का बादशाह होता है।

वली का बेटा शैतान : योग्य पिता का अयोग्य पुत्र, बुद्धिमान् पिता का मूर्ख पुत्र; सज्जन पिता का दुष्ट पुत्र।

उसके पिता तो बहुत बुद्धिमान् और सज्जन थे। वह न जाने कैसे इतना मूर्ख और दुष्ट हो गया। 'वली का बेटा शैतान' पैदा हो गया।

वह कौन-सी तपरी जो हमसे चपरी : वह कौन-सा घर है जो हमसे छिपा है ? हम सब जानते हैं।

तुम अभी कल के लड़के हो; तुम उस गांव का हाल क्या जानो ? मैं तो वहां आठ वर्ष तक रह चुका हूं और घर-घर का हाल जानता हूं। 'वह कौन-सी...चपरी।

वह गुड़ नहीं जो चींटे खाएं : तुमको यहां से कुछ भी प्राप्त नहीं होगा। यह कहावत कंजूसों के विषय में प्रयुक्त होती है।

वह बहुत धनी मनुष्य है। इसलिए आप आशा करते हैं कि अपने पुत्र के विवाह के पश्चात् वह आप लोगों को खूब दावतें देगा। परन्तु आपको चाहिए कि ऐसे भ्रान्त विचार अपने मन से निकाल दें। उसके विषय में याद रखिए—'वह गुड़...खाएं।'

वह दिन गए जब खलील खां फ़ाख्ता उड़ाते/मारते थे : आनन्द या आमोद-प्रमोद के दिन व्यतीत हो गए; उत्कर्ष का समय समाप्त हो गया।

आप पहले इतने सम्पन्न थे कि सब लोग आपका सम्मान करते थे। अब आप ऐसा दुःखमय जीवन क्यों व्यतीत कर रहे हैं? उन्होंने उत्तर दिया—'वह दिन...उड़ाते थे।'

वह दिन हवा हुए जब पसीना गुलाब था : वह समय व्यतीत हो गया जब मुझसे बहुत स्नेह किया जाता था और मेरी सुख-सुविधा का विशेष ध्यान रखा जाता था।

उन्होंने दूसरा विवाह कर लिया है और अब उनका सारा प्रेम दूसरी पत्नी पर केन्द्रित हो गया है। वह मुझसे पूर्णतः विरक्त हो गए हैं। 'वह दिन हवा हुए जब मेरा पसीना गुलाब था।'

वह पानी मुल्तान गया : जब कोई आदमी शेखी या ज़िद के कारण किसी मिलती हुई चीज़ को न ले अथवा अपने अनुकूल निर्णय को स्वीकार न करे, पर बाद में पछताकर उसी वस्तु या निर्णय के लिए आकांक्षा प्रकट करे और देने वाला उसकी प्रार्थना को स्वीकार न करे, तब व्यंग्य रूप से ऐसा कहा जाता है। तात्पर्य यह है कि पहली वाली बात बहुत दूर चली गई।

वह पुरुषा दिन-दिन पछतावे, जो आमद से दुगुना खावे : जो मनुष्य आमदनी से अधिक खर्च करता है, उसे अन्त में पछताना पड़ताना है।

वह पुरुषा अति दुःख पावे, सीख बड़ों से जो फिर आवे : जो मनुष्य बड़े लोगों की शिक्षा नहीं मानते, उन्हें बहुत दुःख सहना पड़ता है।

वह पुरुषा ले निपट भलाई, जिसको होवे खौफ़ इलाही : जो मनुष्य भगवान् से डरता है, वह अच्छे काम करता है।

बह मानस तो नित सुख पावे, सीख बड़ों की जो चित्त लावे : जो मनुष्य बड़ों की शिक्षा मानता है, वह सदैव सुख पाता है।

वह राजा मरता भला, जिसमें न्याव न होय; मरी भली वह इस्तरी, लाज न राखे जोय : अन्यायी राजा और निर्लज्ज स्त्री का मर जाना अच्छा है।

वही ढाक के तीन पात : ढाक या पलाश की टहनी में सदा तीन ही पत्ते होते हैं। इसलिए जब किसी क़ी अवस्था ज्यों-की-त्यों बनी रहे, उसमें पहले की अपेक्षा कुछ भी सुधार न हो, तब इस कहावत का प्रयोग करते हैं।

जब मैंने सेवा-कार्य आरम्भ किया था तब मुझे बड़ी-बड़ी आशायें थीं। मैं समझता था कि मेरी आर्थिक दशा बहुत सुधर जाएगी। परन्तु अब देखता हूं कि तीस वर्ष नौकरी करने के बाद आज भी मैं वैसा ही अकिंचन हूं जैसा पहले था। 'वही ढाक के तीन पात।'

वही तीन बीसी, वही साठ, वही चारपाई, वही खाट : एक चीज़ को विभिन्न नामों से पुकारा जाता है।

जोई श्याम सोई शम्भु सुजान, इनमें द्विविध भेद जनि मान।
कहै परवानो सब सुख पाठ, वोई तीन बीसी वोई साठ॥

वही दे, वही दिलाय : मनुष्य को जो कुछ प्राप्त होता है, वह ईश्वर की प्रेरणा से ही प्राप्त होता है, दूसरा कोई भी देने-दिलाने वाला नहीं है।

गर वह दिलाना चाहे, तो दुश्मन से भी दिलाय।
और जो न दे तो दोस्त भी, फिर अपना मुंह छिपाय॥
बिन हुक्म उसके, रोटी का टुकड़ा न हाथ आय।
गर चिल्लू पानी मांगे, तो हरगिज़ न कोई पिलाय॥
ग़ैर अज़ खुदा के, किसमें है कुदरत जो हाथ उठाय।
मकदूर क्या किसी का, वहीं दे वही दिलाय॥ (नज़ीर)

वही फूल जो महेश चढ़े : वही वस्तु अच्छी है, जो सज्जनों के काम आवे।

जो सुहात सिवराज को, तो कवित्त रसमूल।
जो परमेश्वर पै चढ़ैं, तेई सांचे फूल॥ (भूषण)

वहम की दवा तो लुकमान के पास भी नहीं है : बुद्धिमान्-से-बुद्धिमान् मनुष्य भी शक्की आदमी का स्वभाव ठीक नहीं कर सकता।

उसे मन में यह सन्देह घर कर गया है कि उसे एक प्रेत तंग करता है। मैंने यथाशक्ति हर प्रकार का प्रयास किया कि उसके इस सन्देह का निराकरण कर दूं। पर मुझे तनिक भी सफलता न मिली। सच, कहा है कि 'वहम की दवा...नहीं है।'

वाकी गति वाही जाने : भगवान् की बात भगवान् ही जानते हैं, दूसरा नहीं जानता।

भगवान् की माया विचित्र है। उसको कोई नहीं जानता। संसार में किसे कब सुख मिलेगा और कब दुःख, यह किसी को नहीं मालूम है। यदि किसी को मालूम है तो केवल भगवान् को। 'वाकी गति वाही जाने।'

वा सोने को जारिए, जासों टूटै कान : वह सुन्दर या बहुमूल्य वस्तु भी व्यर्थ है, जिससे सुख के बदले में दुःख हो। पूरा दोहा निम्नलिखित है :

करिए सुख को होत दुख, यह कहो कौन सयान।
वा सोने को जारिए, जासों टूटै कान॥ (वृन्द)

वाह पीर औलिया, पकाई खीर हो गया दलिया : जब कोई अच्छा काम करने जाए और बुरा हो जाए, तब ऐसा कहते हैं, इस पर एक कहानी है।

एक बार एक स्त्री खीर पका रही थी। घूमते-फिरते वहां एक औलिया (फ़कीर) पहुंच गया। उसने पूछा—क्या पका रही हो ? स्त्री ने सोचा कि खीर बताऊंगी तो शायद फ़कीर मांगेगा। इसलिए उसने कहा—दलिया पका रही हूं। फ़कीर ने कहा—'तथास्तु' और चला गया। स्त्री ने देखा कि बटुई में खीर सचमुच दलिया में परिवर्तित हो गई है। तब उसने उपर्युक्त मसल कही।

वाह पुरुषा तेरी चतुराई, मांगा गुड़ ला दी खटाई : जब किसी मनुष्य से एक काम करने को कहा जाए और वह दूसरा काम कर दे।

वाह बहू तेरी चतुराई, देखा मूसा कहे बिलाई : झूठा बहाना करने वाले पर उक्ति।

विधि का लिखा को मेटनहारा : होनहार कभी नहीं मिटती, वह होकर रहती है।

रूपसिंह कितना तन्दुरुस्त और शक्तिशाली जवान था। तीन दिन के बुखार में ही उसकी तबीयत इतनी अधिक खराब हो गई कि कुछ कहा नहीं जा सकता। उसके बाप ने हज़ारों रुपए खर्च किए, डॉक्टरों पर डॉक्टर बुलवाये, फिर भी बेचारा बच नहीं सका। सच है–'विधि का लिखा को मेटनहारा।'

विनाश काल में बुद्धि उलटी हो जाती है : (विनाश काले विपरीत बुद्धिः)–जब मनुष्य का विनाश समीप होता है, तो उसकी बुद्धि नष्ट हो जाती है।

सबकी समय विनास में, उपजति मति विपरीत।
रघुपति मार्‌यो लंकपति, जो हरि लै गयो सीत॥ (वृन्द)

विपत्ति कभी अकेली नहीं आती : मनुष्य के ऊपर कई विपत्तियां साथ-साथ आती हैं।

पिता की मृत्यु, छोटी बहन के कलंक और स्वयं अपने दुर्भाग्य ने उसे बुरी तरह झकझोर दिया था। कहते हैं कि 'विपत्ति कभी अकेली नहीं आती।'
(शिवानी)

विश्वासः फलदायकः : जिसका जैसा विश्वास होता है, वैसा ही उसको फल मिलता है।

गुरु द्रोण में एकलव्य की असीम श्रद्धा थी। उसने वन में जा उनकी एक मूर्ति स्थापित की और उसी में गुरुभाव मान आप-ही-आप धनुष चलाने का अभ्यास करने लगा। इस प्रकार अभ्यास करते-करते एकलव्य बाणों का संधान; प्रयोग और संहार करने में खूब निपुण हो गया। "विश्वासः फलदायकः" की कहावत पूर्ण रूप से चरितार्थ हुई।

विष का कीड़ा विष ही में सुख मानता है : दुष्ट को दुष्टता, नीच को नीचता, बुरे को बुराई और पापी को पाप ही अच्छा लगता है।

ऊधौ, मन माने की बात।
दाख छुहारा छाड़ि अमृत फल, विषकीरा विष खात॥ (सूरदास)

विष का वृक्ष भी लगाकर नहीं काटा जाता : पालन-पोषण करने के बाद दुष्ट-से-दुष्ट मनुष्य को भी हानि नहीं पहुंचाई जाती।

पालि कै कृपालु ब्याल-बाल को न मारिए,
औ काटिए न नाथ ! विष हू को रूख लाइके। (तुलसीदास)

विष सोने के बर्तन में रखने से भी अमृत नहीं हो जाता : भले मानसों के साथ में रहने से दुष्ट आदमी अच्छे नहीं हो जाते।

कभी किसी का स्वभाव भी बदला है ? हज़ कर आया तो आपने क्या समझा था कि चोरी करना भी छोड़ आया ? 'विष सोने के बर्तन में रखने से अमृत नहीं हो जाता।'

विषस्य विषमौषधम् : ज़हर की दवा ज़हर है।

आपके शरीर में कुत्ते का ज़हर फैल गया है। उसके प्रभाव का निराकरण करने के लिए आपको यह दूसरा ज़हर दिया जा रहा है क्योंकि 'विषस्य विषमौषधम्।'

वीर भोग्या वसुन्धरा : पृथ्वी वीरों के पास रहती है।

रमणीय वन-पर्वत के बीच एक सुकुमारी राजवधु को साथ लिए दो वीर आत्मावलम्बी राजकुमारों को विपत्ति के दिनों को सुख के दिनों में परिवर्तित करते पाकर वे 'वीर भोग्या वसुन्धरा' की सत्यता हृदयंगम करते हैं।

वे ही मियां दरबार को, वे ही चूल्हा फूंकने को : जब एक ही व्यक्ति को घर से बाहर तक का सब काम करना पड़े, तब इस लोकोक्ति का प्रयोग करते हैं।

श

शंका डायन मनसा भूत : शंका ही डायन और मनसा ही भूत है।

मैंने तुम्हें कितनी ही बार समझाया कि भूत नाम की कोई चीज़ नहीं होती; उसका कोई अस्तित्व नहीं होता। पर बालकपन से ही यह संस्कार तुम्हारे अन्दर ऐसा प्रबल हो गया है कि तुम मेरी बात मानते ही नहीं। किसी ने बहुत ठीक कहा है कि 'शंका डायन मनसा भूत।'

शंख बाजे, सत्तर बला भागे : जहां ईश्वर की पूजा होती है, वहां से विपत्ति भागती है।

तुम्हारे यहां कभी पूजा-पाठ नहीं होता, इसलिए तुम अनेक विपत्तियों में फंसे रहते हो। ईश्वर का कीर्तन कराओ, कथा कहलाओ, तो सब विपत्तियां अपने-आप भागेंगी। कहावत प्रसिद्ध है—'शंख बाजे, सत्तर बला भागे।'

शकल चुड़ैल की मिज़ाज परियों का : जब कुरूपों का स्वभाव रूपवानों जैसा होता है।

शकल भूत की सी नाम अलबेले लाल : जब कोई बहुत कुरूप होता है, परन्तु उसका नाम बहुत सुन्दर होता है।

शक्करख़ोर को शक्कर मिल ही जाती है : जो जिस तरह का होता है उसकी स्थिति के अनुकूल सामान जुट जाता है।

राजा साहब दिल्ली आए, स्टेशन पर बिड़ला जी मिल गए, मोटरकार और सब सामान का बन्दोबस्त हो गया। 'शक्करख़ोर...जाती है।'

शक्करख़ोर को शक्कर, मूंजी को टक्कर : जो जिस योग्य होता है, ईश्वर उसको वैसी ही चीज़ें देता है।

जिहिं जेतौ निहिचै तितौ, देव देइ पहुंचाय।
शक्करखोरे को मिलै, जैसे शक्कर आय॥ (वृन्द)

सठ सन विनय, कुटिल सन प्रीति : दुष्टों से विनय और कपटियों से प्रेम नहीं करना

चाहिए।

यह तुलसीदास की चौपाई की अर्द्धाली है। जब श्री रामचन्द्र जी ने तीन दिन तक समुद्र से प्रार्थना की और वह प्रसन्न नहीं हुआ तब उन्होंने लक्ष्मण से कहा :

सठ सन विनय कुटिल सन प्रीती। सहज कृपिन सन सुंदर नीती॥
ममतारत सन ज्ञान कहानी। अति लोभी सन विरति बखानी॥
क्रोधिहिं शम कामिहिं हरि कथा। असर बीज बये फल जथा॥
(तुलसीदास)

शठे शाठ्यमाचरेत् : दुष्टों के साथ दुष्टता का व्यवहार करना चाहिए।
जब तक 'शठं प्रति शाठ्यं आचरेत्' के पुराने गुरुमंत्र से काम नहीं लिया जाएगा तब तक भारत के अपमान का प्रतिशोध नहीं हो सकेगा और न पाकिस्तान के हमले और जेहाद की तैयारियां ही बन्द हो सकेंगी।

शतं विहाय स्नातव्यं, सहस्र विहाय भोक्तव्यम् : सौ काम छोड़कर नहाना चाहिए और हज़ार काम छोड़कर भोजन करना चाहिए।
तुम समय से न तो स्नान करते हो और न भोजन। इसी से तुम्हारा स्वास्थ्य गिरता जा रहा है। स्वास्थ्य ठीक रखने के विषय में संस्कृत में कहावत है—शतं विहाय स्नातव्यं, सहस्रम् विहाय भोक्तव्यम्।

शतरंज नहीं सदरंज है : शतरंज खेलने वालों को सैकड़ों रंज होते हैं।

शनैः कंथा शनैः पंथाः : कथरी धीरे-धीरे सी जाती है और यात्रा धीरे-धीरे की जाती है। तात्पर्य यह है कि काम धीरे-धीरे होता है।
वे मितभाषी थे। उनको केवल पढ़ाने से काम था। परीक्षा-प्रेमी विद्यार्थियों के आदर्श गुरु थे। नपे-तुले पैरा-फ्रेज़ टकसाली रुपयों की भांति खनाखन निकलते आते थे। मुझ जैसे वार्तालाप प्रेमी 'शनैः कंथा शनैः पंथाः' के अनुगामी, ठहर-ठहरकर पास होनेवाले विद्यार्थियों के लिए उनकी पढ़ाई मथुरा के चौबों की भाषा में सूखी चिनाई-सी लगती थी।

शनैः विद्या वित्तञ्च : विद्या और धन की प्राप्ति धीरे-धीरे होती है।
मैं परीक्षाओं के सम्बन्ध में 'शनैः विद्या वित्तञ्च' के सिद्धान्त में विश्वास करता था और अपने विषयों के विशेष अध्ययन के लिए, अतिरिक्त मास की भांति कॉलेज में भी एक अधिक वर्ष देना श्रेयकर समझता था।

शर्म की बहू नित भूखी मरे : जो खाने-पीने में शर्माता है, उसका पेट कभी नहीं भरता।
बाबू जी, किसी बात की शर्म मत करिएगा। जिस चीज़ की ज़रूरत पड़े मांग लीजिएगा, अपना ही घर समझिए। सुरेश ने कहा—नहीं, साहब, खाने-पीने में काहे की शर्म। जिस चीज़ की जरूरत पड़ेगी मांग लूंगा; कोई भूखा थोड़ा ही रहना है। आपने नहीं सुना—'शर्म की...मरे।'

शहर का रामराम, देहात का दाल-भात : शहर में नमस्कार से और देहात में भोजन से लोगों का आदर-सत्कार किया जाता है।

शाखामृग की यह प्रभुताई, शाखा-त्ते-शाखा पर जाई : छोटा मनुष्य केवल छोटा ही काम

कर सकता है, बड़ा काम नहीं कर सकता। छोटे मनुष्य की पहुंच केवल थोड़ी दूर तक होती है। (शाखामृग=बंदर)

शागिर्द कहर उस्ताद गज़ब : जब नौकर और मालिक दोनों अत्याचारी होते हैं।
बाबू साहब ऐसे ज़मींदार थे कि प्रजा उनके नाम से थर्राती थी। वैसा ही उनको एक कारिन्दा भी मिल गया था। 'शागिर्द कहर उस्ताद गज़ब'। दोनों का रोब रिआया पर छाया हुआ था।

शागिर्द रफ़्ता-रफ़्ता वा उस्ताद मिदा शुदा : शिष्य भी धीरे-धीरे गुरु हो जाता है।
यदि अभ्यास करोगे तो तुम भी एक दिन निपुण वक्ता हो जाओगे। आरम्भ में तो हर काम में कठिनाई होती है। पर यदि मनुष्य उसमें बराबर लगा रहे, तो एक-न-एक दिन उसका विशेषज्ञ हो जाता है। 'शागिर्द...शुदा।'

शादी ख़ाना आबादी : शादी से घर बसता है।
तुम्हारा घर बहुत उदास दिखाई पड़ता है, क्योंकि तुम अकेले हो। इसी से कहता हूं कि शादी कर लो, तो घर गुलज़ार हो जाएगा। कहावत है—'शादी ख़ाना आबादी।'

शाहजहां बूढ़े बग़ल में दड़ी, खाते-पीते विपत्ति पड़ी : जब किसी को बुढ़ापे में कष्ट होता है, तब कहते हैं। इस कहानी का निकास शाहजहां के जीवन से है, जिसको बुढ़ापे में उसके पुत्र औरंगज़ेब ने क़ैद कर लिया था।
उसको लड़कपन में बहुत सुख मिला था। जवानी भी चैन से कटी थी। परन्तु जब वह बूढ़ा हुआ तब उसके ऊपर बड़ी विपत्ति पड़ी। इसलिए एक दिन अपनी स्थिति पर व्यंग्य करते हुए उसने कहा—'शाहजहां...पड़ी।'

शिकारी शिकार खेलें, बेवकूफ़ साथ-साथ फिरें : कामवालों के साथ निकम्मों के रहने पर लोकोक्ति !
रामचन्द्र—शिकार न खेलना, घूम ही आना।
रामनाथ—घूमने का वहां कौन-सा स्थान है ? वही मसल है कि 'शिकारी शिकार खेलें, बेवकूफ़ साथ-साथ फिरें।' सो जनाब, मैं बेवकूफ़ तो हूं नहीं।

शिवि दधीचि हरिचंद नरेसू, धरम हेतु सब सहेउ कलेसू : धर्म-पालन तथा परोपकार के हेतु कष्ट उठाने के लिए सबको तैयार रहना चाहिए।

शुक्रवार की बादरी, रहे सनीचर छाय; ऐसा कहते भड्डरी, बिनु बरसे न जाय : अर्थ स्पष्ट है।

शुभ काम का शीघ्र ही हो जाना अच्छा है : अच्छे काम के करने में विलम्ब नहीं करना चाहिए। संस्कृत में इसकी समानार्थी लोकोक्ति 'शुभस्य शीघ्रम्' है।
जब आपको सब संसाधन उपलब्ध हैं, तब आपको तुरन्त मकान बनवा लेना चाहिए। कहावत प्रसिद्ध है—शुभ काम...है।'

शुभस्य शीघ्रम् : शुभ काम को जल्द कर देना चाहिए।
सुबाहु—शशिकला को स्वयंवर में जाने की आवश्यकता नहीं है। उसका पाणिग्रहण आज रात को ही महाराज सुदर्शन के साथ साधारण रीति से

महल में कर देना चाहिए।

राज-पुरोहित—'शुभस्य शीघ्रम्'।

शेखी सेठ की, धोती भाड़े की : जब कोई झूठी शेखी मारता है।

यह बड़ी-बड़ी डींगें मारता है। उसकी बातों का विश्वास मत करना। वह 'शेखी...भाड़े की' कहावत को चरितार्थ करता है।

शेखों को शेखी पठानों की टर, यहां न धोवेंगे, धोवेंगे घर : यह उक्ति शेखों और पठानों के स्वभाव पर है जो बहुत शेखी मारते हैं और अकड़ दिखाते हैं।

शेखों की शेखी मशहूर है। तुम भी शेख हो। इसलिए तुम्हारी बातों पर मुझे विश्वास नहीं होता। कहावत प्रसिद्ध है—'शेखों...घर।'

शेर का एक ही भला : यदि लड़का सपूत हो, तो एक ही अच्छा है।

आपके एक ही पुत्र है परन्तु वह बहुत ही सपूत है। वह आपका नाम विख्यात करेगा। किसी ने बहुत ठीक कहा है कि 'शेर का...भला।'

शेर का बच्चा शेर ही होता है : वीर का पुत्र वीर ही होता है।

पं. गोतीलाल नेहरू जैसे बुद्धिमान्, साहसी, देशभक्त तथा विद्वान् थे, वैसे ही सुयोग्य उनके पुत्र पं. जवाहरलाल नेहरू हुए थे। किसी ने सच कहा है कि 'शेर का...होता है।'

शेर भूख सहता है पर घास नहीं खाता : सज्जन और महात्मा कष्ट पड़ने पर भी नीच काम नहीं करते।

करै न कबहूं साहसी, दीन हीन कौन बात।
भूख सहै पै घास को, नहिं भक्खै मृगराज॥ (वृन्द)

शैतान जान न मारे, हैरान तो ज़रूर करे : जब कोई ज़बरदस्त आदमी या बड़ा अधिकारी किसी छोटे आदमी या मातहत को बहुत सताता है, तब कहते हैं।

स

संख/शंख बजाओ सोओ साधू, जो सुख पावे काया : आजकल के साधुओं पर व्यंग्य है जो शंख बजाते हैं और मौज़ करते हैं।

संख बाजे सत्तर बला भागे : दे. 'शंख बजे सत्तर बला भागे।'

संग घोड़ा पैदल चले, तीर चलावे बीनि; थाती धरे दमाद घर, जग में भकुआ तीनि : साथ में घोड़ा रहने पर भी जो पैदल चले, जो लड़ाई में ज़मीन पर से बीनकर बाण चलावे और जो अपनी संचित पूंजी दामाद के घर धरोहर रखे, वे तीनों मूर्ख होते हैं।

संगत अच्छी बैठ के, खैये नागर पान; खोटी संगत बैठ के कटै नाक अरु कान : अच्छी संगत करने से मनुष्य को आनन्द प्राप्त होता है और बुरी संगत करने से दुःख

होते हैं।

संगत ही गुन ऊपजै, संगत ही गुन जाए : सज्जनों का साथ करने से मनुष्य में अच्छे-अच्छे गुण आते हैं और बुरे लोगों का साथ करने से हमारे अन्दर अनेक बुराइयां आती हैं।

संगति फल देखिय तत्काला, काक होहिं पिक बकहु मराला : सत्संग का बहुत महात्म्य होता है क्योंकि इससे दुर्जन भी सज्जन हो जाते हैं।

संतोषं परमं सुखम् : सन्तोष सबसे बड़ा सुख है।

राज न रहा, पेन्शन ही सही। रोज़गार न रहा, सूद ही सही। वह भी नहीं तो घर ही सही, 'संतोषं परमं सुखम्', रोटी ही को सराह-सराहकर खाते हैं।

संतोषी सदा सुखी : संतोषी आदमी सदा सुखी रहता है।

संवर जाए सो काम, पल्ले पड़े सो दाम : जो काम पूरा हो जाए, उसी को काम समझना चाहिए और जो धन अपने पास आ जाए, उसी को धन समझना चाहिए।

संसार भेड़िया धसान है : संसार में अधिकतर लोग ऐसे होते हैं जो किसी बात पर स्वयं विचार नहीं करते वरन् दूसरों की देखादेखी अच्छे या बुरे काम करते हैं।

देखादेखी करत सब, नाहिंन तत्वविचार।
या को यह अनुमान है, भेड़ चाल संसार॥ (वृन्द)

सईसों का काल, मुंशियों की बहुतायत : जब शिक्षित लोग मारे-मारे फिरते हैं और उनको काम नहीं मिलता, परन्तु अशिक्षितों को काम मिलता है।

सकल तीर्थ कर आई तुमड़िया, तौ भी न गई तिताई : प्राकृतिक या जन्मगत दोष किसी प्रकार दूर नहीं होता।

सखी का बोलबाला, सूम का मुंह काला : दानी मनुष्य का सर्वत्र सम्मान होता है परन्तु कंजूस को कोई नहीं पूछता।

सखी की कमाई में सबका साझा : जो मनुष्य दानी होता है, वह अपनी कमाई में से बहुत-से लोगों को दान देता है।

सखी की नाव पहाड़ चढ़े : दानी मनुष्य को कठिन-से-कठिन काम में भी सफलता मिलती है।

सखी से सूम भला, जो तुरंत दे जवाब : टाल-मटोल करने वाले से साफ़ इन्कार कर देने वाला अच्छा होता है।

सेठजी के यहां दस दिन से चंदे के लिए जाते हैं। रोज़ कल पर टाल देते हैं। जी ऊब गया। इससे तो अच्छा यही होता कि साफ़ इन्कार कर देते। हैरान तो न होना पड़ता। 'सखी से...जवाब।'

सच और झूठ में चार अंगुल का फ़र्क होता है : आंख और कान में चार अंगुल का फ़र्क होता है। जो बात आंख से देखी जाती है, उसे सब लोग सच मानते हैं; परन्तु जो बात कान से सुनी जाती है, उसे कोई सच नहीं मानता।

अन्तर अंगुरी चार को, सांच झूठ में होय।
सब माने देखी भई, सुनी न माने कोय॥ (वृन्द),

सच कहना आधी लड़ाई मोल लेना है : प्रायः लोग सच्ची बात को पसन्द नहीं करते। इसलिए सच कहने वालों से लोगों की लड़ाई हो जाया करती है।
मैं तुम्हारे मामले में कुछ नहीं कहना चाहता, क्योंकि झूठ कहना मेरी प्रकृति के विरुद्ध है और 'सच कहना आधी लड़ाई मोल लेना है।'

सच कहे सो मारा जाए : सच्ची बात कहने से लोग प्रायः अप्रसन्न होते हैं और सच कहने वाले को हानि पहुंचाते हैं।
सांच कहें ते पनही खावें, झूठे बहु विधि पदवी पावें।

सच का ज़माना नहीं : जब मनुष्य सच बोले और उसकी बात मानी न जाए।
मेरी सच्ची बात पर किसी ने विश्वास नहीं किया, लेकिन छज्जू की बात सबने मान ली, जो सरासर झूठ बोल रहा था। आखिर मुझे अपना-सा मुंह लेकर लौटना पड़ा। ठीक है, 'सच का ज़माना नहीं है।'

सच्चा जाए, रोता आए; झूठा जाए, हंसता आए : आजकल के न्यायालयों पर व्यंग्य है, जहां असत्य की ही विजय होती है।

सच्ची बात सहदुल्ला कहें, सब के चित से उतरे रहें : जो मनुष्य सत्यभाषी होते हैं, उन्हें लोग पसंद नहीं करते।

सच्चे का बोलबाला, झूठे का मुंह काला : सच्चे आदमी को सदा यश मिलता है और झूठे को अपयश।

सत्तर चूहे खाकर बिल्ली हज को चली : जब कोई आजन्म पाप करके पीछे पुण्य करने लगता है।
बुढ़िया को तो राम नाम से मतलब है। 'सत्तर चूहे खाकर हज करने चली है।' (प्रेमचन्द)

सत्य समान धर्म नहिं दूजा : सत्य के समान दूसरा कोई धर्म नहीं है।
शास्त्रों में सत्य की बड़ी महिमा बतलाई गई है। सत्य को ही नारायण कहा गया है। अतएव सत्य नारायण की पूजा की जाती है। इसी कारण कहा गया है कि 'सत्य...दूजा।'

सत्यं ब्रूयात्, प्रियं ब्रूयात्, न ब्रूयात् सत्यम प्रियम् : सत्य बोलना चाहिए, प्रिय वचन कहना चाहिए, परन्तु कटु सत्य नहीं कहना चाहिए।
इस युगान्त दीर्घ जीवन-शून्य जीवन में स्त्री ने क्या पाया, यह कहना बहुत प्रिय न जान पड़ेगा, परन्तु इतना तो 'सत्यं ब्रूयात्, प्रियं ब्रूयात्' के अनुसार भी कहा जा सकता है कि इस व्यवहार से उसके मन में जीवन को जानने की उत्सुकता जाग्रत हो गई। (महादेवी वर्मा)

सत्यं, शिवं, सुन्दरम् : सत्य, कल्याणकारी तथा सुन्दर।
फिर आओ हम-तुम दोनों मिल हत्यारों के कठिन पाप को क्षमा करें, वे नहीं जानते 'सत्य और शिव औ' सुन्दर।' (भगवतीचरण वर्मा)

सत्यमेव जयते नानृतम् : सत्य की ही विजय होती है, झूठ की नहीं।
आनन्दस्वरूप ने मुस्कराकर कहा—शास्त्री जी, 'सत्यमेव जयते' का सिद्धान्त यथार्थ है न ?

सदा के उजड़े, नाम बस्ती ख़ां : गुण के विपरीत नाम होने पर इस कहावत का प्रयोग करते हैं।

मुट्ठीभर हड्डी है और नाम है गजराज सिंह। 'सदा...बस्ती ख़ां' वाली कहावत आप ही जैसे लोगों पर चरितार्थ होती है।

सदा दिवाली सन्त घर, जो घी-मैदा होय : यदि घर में भोजन आदि का प्रबन्ध हो, तो सन्त के घर सदा दीवाली रहती है, अर्थात् सदा आनन्द-ही-आनन्द रहता है।

सदा नाव कागज़ की चलती/बहती नहीं : कपट का व्यवहार थोड़े ही दिनों तक चलता है।

यदि आप सबके साथ सच्चाई का व्यवहार करेंगे, तो सदा आपकी मर्यादा बनी रहेगी। इसके प्रतिकूल यदि आप कपट का व्यवहार करेंगे, तो थोड़े ही दिनों में आपको लोग पहचान जायेंगे। याद रखिये—'सदा नाव...नहीं।'

सदा समय बलवान् पै, नाहिं पुरुष बलवान् : समय बड़ा प्रबल होता है। जब जैसा समय आता है, तब मनुष्य को वैसा ही बनना पड़ता है। शुभ समय में मनुष्य विजय प्राप्त करता है और प्रतिकूल समय में उसकी पराजय होती है।

सदा समय बलवान पै, नाहिं पुरुष बलवान।
काबरि लरि गोपी लई, विरथ भए रथवान॥ (वृन्द)
(काबरि=भील; रथवान=अर्जुन)

सपूती रोवे टूकों को और निपूती रोवें पूतों को : जिसके पास पुत्र-पुत्री हैं, उसके पास धन नहीं है, जिससे उनका भली प्रकार भरण-पोषण हो सके और जिसके पास धन है, वह पुत्र-पुत्रियों के लिए तरसता है।

भगवान् की माया को समझना असम्भव है। इस जगत् में कोई भी पूर्णतया सुखी नहीं है। प्रत्येक व्यक्ति किसी-न-किसी वस्तु के अभाव से पीड़ित है। जिसके सन्तान है, उसके पास धन नहीं है और जिसके पास धन है, उसके सन्तान नहीं है। यह लोकोक्ति बहुत सच है कि 'सपूती...को।'

सपूतों के कपूत और कपूतों के सपूत : जब अच्छे आदमियों के कुपुत्र होते हैं और बुरे आदमियों के सुपुत्र होते हैं।

यह संसार बड़ा विचित्र है। प्रकृति के नियम के अनुसार योग्य लोगों के योग्य पुत्र और अयोग्य लोगों के अयोग्य पुत्र होने चाहिए। परन्तु ऐसा सदैव होता नहीं है। प्रायः 'सपूतों के कपूत और कपूतों के सपूत' हुआ करते हैं।

सब एक ही थैले के चट्टे-बट्टे हैं : एक पिता के पुत्र, एक परिवार के सदस्य और एक साथ के रहने वाले जिनकी राय एक-सी हो अथवा जिनका स्वार्थ एक समान हो।

अंग्रेज़ों से यह आशा नहीं करनी चाहिए कि वे अफ्रीका के यूरोपियों के विरुद्ध वहां के भारतीयों और हब्शियों की सहायता करेंगे, क्योंकि अंग्रेज़ और अफ्रीका-निवासी यूरोपीय 'सब एक ही थैले के चट्टे-बट्टे हैं।'

सब कुत्ते गया को जाएं, तो पत्तल कौन चाटेगा या (सब कुत्ते स्वर्ग को जाएं, तो जूठी

पत्तल कौन चाटेगा) : जब कोई अयोग्य मनुष्य कोई काम करने को जाए और न कर सके।

सबै सहायक सबल के, कोउ न निबल सहाय : सभी लोग बलवानों की सहायता करते हैं, निर्बलों की कोई सहायता नहीं करता।

सबै सहायक सबल के, कोउ न निबल सहाय।
पवन जगावत आग को, दीपहिं देत बुझाय॥ (वृन्द)

सबके गुरु गोबर्द्धन दास : जो सबसे बड़ा दुष्ट समझा जाता है, उसके विषय में ऐसा कहते हैं।

ये चारों लड़के तो दुष्ट हैं, परन्तु इन सबका सरदार परसू है। यही सब उपद्रवों की जड़ है। यही दूसरों को दुष्टता करने को प्रेरित करता है। 'सबके गुरु गोबर्द्धन दास।'

सबके दांव अंडे-बच्चे, हमारे दांव कुड़क : जब अन्य लोगों को तो सफलता प्राप्त होवे पर आप स्वयं असफल हो जाएं।

मेरा भाग्य ही ऐसा है कि जहां सबकी सफलता प्राप्त होती है वहीं मैं असफल हो जाता हूं और मेरी सब योजनायें नष्ट हो जाती हैं। 'सबके दांव...कुड़क।'

सबके दाता राम : सबको देने वाले ईश्वर हैं। भगवान् सबका भरण-पोषण करते हैं। यह मलूकदास के दोहे का चतुर्थ चरण है। पूरा दोहा इस प्रकार है :

अजगर करैं न चाकरी, पंछी करैं न काम।
दास मलूका कहि गए, सबके दाता राम॥ (मलूकदास)

सबके पांव नउनियां धोवे, धोवत आप लजाय : जब कोई दूसरों का काम तो करता है; परन्तु अपना काम करते हुए झेंपता है।

क्यों, भाई, तुम मालिक के यहां जाकर सब काम करते हो, पर अपना काम करते हुए लजाते हो। यह तो वही हाल हुआ कि 'सबके पांव... लजाय।'

सबको ठेल, मैं अकेल : जो स्वार्थी व्यक्ति ऐसा चाहता है कि दूसरों को हानि पहुंचा कर मैं ही लाभ उठाऊं, उसके लिए ऐसा कहते हैं।

तुम उसके साझे में व्यापार मत करो, क्योंकि वह बड़ा स्वार्थी है। सारा लाभ स्वयं ले लेगा और तुमको कुछ न देगा। उसका आदर्श है—'सबको ठेल, मैं अकेल।'

सब गुण भरा ठकुरवा मोर, अपने पहरू अपने चोर : जब रक्षक ही भक्षक हो।

मैंने तुमको अपना कारिन्दा बनाया था कि तुम मेरी जायदाद की रक्षा करोगे। परन्तु तुमने स्वयं मेरे दो खेत अपने नाम लिखा लिए। यह तो वही हाल हुआ कि 'सब गुण...चोर।'

सब गुण भरी बैंतरा सोंठ : सर्व गुण-सम्पन्न व्यक्ति; हरफ़नमौला आदमी।

गुप्तजी अंग्रेज़ी, हिन्दी, संस्कृत तथा इतिहास सब पढ़ा लेते हैं। सुन्दर कवितायें लिख लेते हैं। टाइप कर लेते हैं। भोजन बना लेते हैं। 'सब गुण

भरी बैंतरा सोंठ' वाली कहावत को वह अक्षरशः चरितार्थ करते हैं।

सब ठाट पड़ा रह जावेगा, जब लाद चलेगा बंजारा : जब मनुष्य की मृत्यु हो जाती है, तब उसका सब लौकिक ऐश्वर्य यहीं छूट जाता है।

तुम लोग ऐसे विषयान्ध हो रहे हो कि पलभर भी उस अन्तिम दिन की 'सब ठाट पड़ा रह जावेगा, जब लाद चलेगा बंजारा' की सुध नहीं करते।

सब तीरथ बार-बार, गंगा सागर एकें बार : गंगा सागर का महत्त्व सब तीर्थों से अधिक है।

कहते हैं—'सब तीरथ बार-बार, गंगा सागर एके बार।' जो किसान पैसे से ज़्यादा मज़बूत हैं, वे गंगा सागर की यात्रा पर जा रहे हैं।

सब दिन न होत/जात एक समान : मनुष्य सदैव सुख-सम्पन्न नहीं रहता, कभी-न-कभी उसे विपत्ति का सामना करना पड़ता है।

सब दिन एकहिं से नहिं होते।
तब अलि ससि सीरौ अब तातौ, भयो विरह जरि मोतैं।

(सूरदास)

सब दिन बरसै दखिना बाय, कभी न बरसै बरखा पाय : जब दक्षिणी हवा चलती है, तब सब दिनों में पानी बरसता है; परन्तु बरसात में दक्षिणी हवा से पानी नहीं बरसता।

सब दिन साहु के एक दिन चोर के : साहु सर्वदा धन एकत्र करते हैं परन्तु चोर एक दिन में चुरा ले जाते हैं।

सब मद मदै, विद्यामद उन्माद : थोड़ी विद्या मनुष्य को पागल बना देती है।

सब रामायण पढ़ गए, सीता केकी जोय : मूर्खतापूर्ण प्रश्न करने पर व्यंग्योक्ति है।

सब शकल लंगूर की, एक दुम की कसर है : जब किसी मनुष्य की शक्ल या पोशाक बहुत भद्दी होती है।

सबेरे का भूला शाम को लौट आए तो भूला नहीं कहलाता : दे. 'तड़के/सुबह का भूला शाम को लौट आए तो भूला नहीं कहलाता।'

सबतें कठिन जाति अपमाना : अपनी जाति का अपमान सहना लोगों के लिए कठिन होता है।

जद्यपि जग दारुन दुख माना। सब तें कठिन जाति अपमाना॥

(तुलसीदास)

सबसे बेहतर है मियां, साहब-सलामत दूर की : दूर रहना अच्छा है, क्योंकि बहुत घनिष्ठता से आदर घट जाता है। तुमको चाहिए कि उससे बहुत अधिक घनिष्ठता न पैदा करो। यदि ऐसा करोगे, तो वह तुम्हारा सम्मान न करेगा। कहावत है—'सबसे बेहतर...दूर की।'

सबसे भली चुप : चुप रहने से बहुत से कार्य हो जाते हैं; 'मौन स्वार्थ साधनम्।'

क़ानूनन् प्रत्येक आदमी अपने-अपने दास-दासियों पर पूर्ण अधिकार रखता है। दास-दासियों को जान से मारकर भी वह कोई दंड नहीं पा सकता।

जब क़ानून ने उसे इतना अधिकार दे रखा है तो कोई क्या कर सकता है ? अतएव 'सबसे भली चुप।

सबसे भले मूसलचंद, करें न खेती भरें न दंड : मुफ़्तख़ोर लोग सबसे मज़े में रहते हैं, क्योंकि उन्हें किसी चीज़ की चिन्ता नहीं रहती।

सबसे भले हैं मूढ़, जिन्हें न व्याप्त जगत-गति : जो लोग अपनी धुन में व्यस्त रहते हैं और संसार की गतिविधि से अप्रभावित रहते हैं, उनका जीवन चिन्ताहीन रहता है।

राजा साहब मन में मुंशी जी पर झुंझलाये। ऐसे प्राणी भी संसार में हैं जिन्हें अपने विलास के आगे किसी वस्तु की परवाह नहीं होती। शंखधर से मेरा और इनका एक-सा संबंध है, पर यह अपने संगीत में मस्त हैं और मैं शंकाओं से व्यग्र हो रहा हूं। सच है–'सबसे भले हैं मूढ़, जिन्हें न व्याप्त जगत-गति।' (प्रेमचन्द)

सब्र का फल मीठा होता है : सब्र करने से बहुत लाभ होता है।

मैं उसे दिलासा देने की भरसक चेष्टा करती, 'सब्र का फल मीठा होता है', निम्मी। (शिवानी)

सब्र की डाल में मेवा लगता है : जो मनुष्य सब्र करता है, वह सुखपूर्वक रहता है।

अपने पड़ोसियों की चार बातें सह लिया करो। व्यापार में ईमानदारी से जो लाभ होता है, उससे सब्र कर लिया करो। बेईमानी मत करो। इससे तुम्हारा जीवन सुखपूर्वक व्यतीत होगा, कहावत है–'सब्र की डाल...लगता है।'

सभी जो चमकता है, सोना नहीं होता : जो ऊपर से आकर्षक मालूम होता है, वह आवश्यक रूप से बहुमूल्य नहीं होता।

'सभी जो चमकता है, वह सोना नहीं होता।' मैं जिस व्यक्ति को विनम्रता की प्रतिमूर्ति समझे हुए था, वह इतना बर्बर भी हो सकता है, इसकी कल्पना मैंने कभी नहीं थी। (उपेन्द्रनाथ अश्क)

सभी बात खोटी, मुख्य दाल-रोटी : भोजन सबसे महत्त्वपूर्ण है। उसकी तुलना में अन्य सभी चीज़ें महत्वहीन हैं।

समझ का घर दूर है : बुद्धि बड़ी कठिनाई से मिलती है।

तुमको इतना समझाया, पर तुमने कुछ भी नहीं समझा, अभी तक वैसे ही उल्टी-पुलटी बातें कर रहे हो। इसी से कहा है कि 'समझ का घर दूर है।'

समझदार की मिट्टी खराब है : समझदार आदमी को ही अधिकाधिक काम सौंपा जाता है।

तुम व्यर्थ इतना खेद करते हो। मालिक तुम्हें बुद्धिमान् समझते हैं। इसलिए वह तुम्हें अधिक दायित्व का काम सौंपते हैं। कहावत है–'समझदार... है।'

समय पड़े की बात, बाज़ पर झपटे बगुला : बुरा समय आने पर कमज़ोर लोग भी बलवानों पर हमला करते हैं या सताते हैं।

शर्मा जी को मैनेजरी से हटाकर एक मामूली जगह दे दी गई है। कल चपरासियों को भी उनसे भला-बुरा कहते देखकर मुझे ध्यान आया कि किसी ने ठीक कहा है, 'समय पड़े...बगुला।'

समय पाय तरुवर फरै, केतिक सींचो नीर : समय आपने पर ही सब काम होते हैं; अनेक प्रयत्न करने पर भी कोई काम समय के पहले नहीं होता। पूरा दोहा निम्नांकित है :

कारज धीरे होत है, काहे होत अधीर।
समय पाय तरुवर फरै, केतिक सींचो नीर॥ (वृन्द)

समय बलवान् होता है या (समय होत बलवान्) : समय बड़ा प्रबल होता है। जब जैसा समय आता है तब मनुष्य को वैसा ही आचरण करना होता है।

कैकयी को क्यों दोष दूं ? सचमुच समय बली है;
मेरी बातें तुम्हें इसी से, लगती नहीं भली हैं।

समरथ को नहिं दोष गुसाईं : सामर्थ्यवान् पुरुष के लिए सब कुछ क्षम्य है। दूसरी अर्धाली है–रविपावक सुरसरि की नाईं। जब कोई धनवान् या बड़ा अधिकारी कोई कुकर्म करता है, तब व्यंग्य रूप से ऐसा कहा जाता है।

बेचारे ग़रीब चंदू की लड़की कुंआरी है और ज़रा बड़ी हो गई है। इसलिए सारे मुहल्ले वाले उसकी आलोचना करते हैं। लेकिन डिप्टी साहब से कोई कुछ नहीं कहता जिनकी 26 वर्ष की कुंआरी लड़की कालेज में पढ़ रही है, और जिसे सारे मुहल्ले वाले जानते हैं। ठीक है भाई, 'समरथ... गुसाईं।'

समुन्दर सोख को दरिया क्या ? : जो मनुष्य बड़े-बड़े काम सरलता से कर लेता है, उसे छोटे काम करने में कोई कठिनाई नहीं होती।

उनसे वैर न करो। उन्होंने तुमसे अधिक बलवान्, बुद्धिमान् और प्रभावशाली लोगों को उखाड़ फेंका है। तुम किस खेत की मूली हो ? 'समुन्दर सोख को दरिया क्या ?'

सयाना कौआ ज़रूर गलीज़ खाता है : जो लोग बहुत चालाक होते हैं, वह बुरी तरह से धोखा खाते हैं।

बाबू नन्दन लाल, आप ऐसे सयाने कौआ इन बगुलों के दल में कैसे फंसे ? आपको तो अपनी चालाकी का दावा था। "क्या खूब फंसा क़फ़स में यह पुराना चंडूल, लगी गुलशन की हवा दुम का हिलाना गया भूल।" सच है, 'सयाना कौआ...है।'

सयाने को गू तीन जगह : जो बहुत चतुर होते हैं, वही धोखा खाते हैं।

इस कहावत के निकास पर एक कहानी है। एक बार दो मित्र कहीं जा रहे थे। दोनों के पैर में कहीं विष्ठा लग गई। उनमें से एक व्यक्ति बड़ा सीधा-सादा था। उसने पैर को धो डाला। परन्तु जो चालाक था, उसने कहा–"क्या पता कि यह विष्ठा है ?" इसलिए उसने पैर में हाथ लगाकर देखा। जब इससे भी पता न चला, तब उसने हाथ को नाक में लगाकर

सूंघा। इस प्रकार उसके शरीर में तीन जगह विष्ठा लग गई।

सयाने को ज़रा इशारा, मूरख को कोड़ा सारा : बुद्धिमान् मनुष्य संकेत से ही सब बातें समझ लेते हैं।

बाबू, मैंने यथाशक्ति तुम्हें चेताने में कोई बात उठा नहीं रखी। मानना न मानना तुम्हारे अधीन है। 'सयाने को...सारा।'

सरग से गिरी खजूर में अटकी : एक दुःख से छुटकारा पाते ही दूसरे दुःख में फंस जाने पर कहावत है।

सरनाम बनिया और बदनाम चोर : जब कोई व्यापारी बहुत प्रसिद्ध हो जाता है, तक लोग समझते हैं कि उसके पास बहुत अधिक धन है, इसलिए सरकार उसके ऊपर अनेक कर लगाती है, डाकू डाका मारने की चेष्टा करते हैं। उसी प्रकार जब कोई चोर बदनाम हो जाता है, तब कहीं भी चोरी होने पर पुलिस उसको पकड़ती है और तंग करती है। इस प्रकार सरनाम बनिया और बदनाम चोर दोनों मारे जाते हैं।

सरबस खाय भोग करि नाना, समरभूमि भे दुर्लभ प्राना : जब कोई व्यक्ति ऐश्वर्य में तो हमारा साथी रहे परन्तु आवश्यकता पड़ने पर साथ छोड़ दे।

सर्राफ़ की थैली में खोटा-खरा एक : यदि नीच परिवार का सम्बन्ध कुलीन परिवार से हो जाता है तो वह भी कुलीन हो जाता है।

आपके कुलीन परिवार में विवाह करने से मेरा लाभ होगा और आपकी कोई हानि न होगी। मेरे परिवार का सम्मान बढ़ जायेगा। कहावत प्रसिद्ध है—'सर्राफ़ की...एक।'

सवाल दीगर, जवाब दीगर : जब सवाल कुछ हो और जवाब कुछ मिले, तब ऐसा कहते हैं।

नहीं, महोदय, मेरा प्रश्न यह नहीं था। मेरा प्रश्न था कि 'माया क्या है ?' परन्तु आप कुछ और उत्तर दे रहे हैं। 'सवाल दीगर, जवाब दीगर।'

सर्वनाशे समुत्पन्ने अर्द्धं त्यजति पण्डितः : जब किसी चीज़ के पूर्णतया नष्ट हो जाने का समय आ जाता है, तब बुद्धिमान् लोग आधा भाग व्यय करके आधा बचा लेते हैं।

उसने मेरे खेत को शिकमी लिखा लिया था और डर था कि सारा खेत मेरे हाथ से निकल जाएगा। इसलिए मैंने आधा खेत उसको देकर सुलह कर ली। 'सर्वनाशे समुत्पन्ने अर्द्धं त्यजति पंडितः।'

सर्वं परवशं दुःखं सर्वमात्मवशं सुखम् : परतन्त्रता में दुःख-ही-दुःख और स्वतन्त्रता में सुख-ही-सुख होता है।

जब कुछ लोगों ने उनसे कहा कि आजकल की अपेक्षा अंग्रेज़ों के राज में हम लोग अधिक सुखी थे तब उन्होंने उत्तर दिया—नहीं, नहीं, ऐसा मत कहिए। 'सर्वं परवशं दुःखं सर्वमात्मवशं सुखम्।'

सर्वे गुणाः काञ्चनमाश्रयन्ति : धन में सभी गुण होते हैं। जिसके पास धन होता है, लोग

उसकी बहुत प्रशंसा करते हैं, कोई उसकी निन्दा नहीं करता। पूरा श्लोक निम्नांकित है :

यस्यास्ति वित्तं स नरः कुलीनः स पण्डितः स गुणवान् गुणज्ञः।
स एव वक्ता स च दर्शनीयः सर्वे गुणाः कांचनमाश्रयन्ति॥

(भर्तृहरि)

ससुराल सुख को सार, जो रहे दिना दो-चार : यदि ससुराल में थोड़े दिन तक रहा जाए, तो वहां अनेक सुख मिलते हैं। परन्तु वहां अधिक दिन तक नहीं रहना चाहिए।

सस्ता माल बहता पानी : सस्ता माल बहते हुए पानी की तरह होता है। वह अधिक दिन तक नहीं टिकता।

सस्ता रोवे बार-बार, महंगा रोवे एक बार : सस्ती चीज़ खरीदने में पैसा तो ज़रूर कम लगता है, परन्तु बार-बार उसकी मरम्मत करानी पड़ती है। इस प्रकार रुपया भी खर्च होता है, और तकलीफ़ भी होती है। परन्तु महंगी चीज़ खरीदने पर बार-बार ऐसा नहीं करना पड़ता।

सस्ता हंसावे, महंगा रुलावे : जब अन्न सस्ता बिकता है तब लोग प्रसन्न होते हैं और जब महंगा बिकता है तब दुखी होते हैं।

सस्ते को देखभाल कर लेना चाहिए : सस्ती चीज़ में साधारणतया कोई-न-कोई खराबी होती है। इसलिए उसे देखभाल कर लेना चाहिए।

सहज पके, सो मीठा होय : जो काम सरलता से हो जाए, कोई कष्ट न उठाना पड़े, वही अच्छा है।

सहरी खाय सो रोज़ा रक्खे : मुसलमान रोज़े के दिनों में प्रातःकाल दिन निकलने से कुछ पहले खाना खा लेते हैं। इस खाने को सहरी कहते हैं।

सहरी भी न खाऊं तो काफ़िर न हो जाऊं : बिना कष्ट सहे लाभ प्राप्ति की इच्छा पर व्यंग्योक्ति है।

सहस्र गोपी एक कन्हैया : जब एक व्यक्ति या वस्तु के अनेक चाहने वाले हों।

सैकड़ों आदमी स्वामी जी को अपने यहां जाने का आमंत्रण देने लगे। स्वामी जी बड़े असमंजस में पड़ गए। इसी बीच एक मसखरा बोल उठा—यह तो 'सहस्र गोपी एक कन्हैया' वाली लोकोक्ति चरितार्थ हो गई।

सहसा करि पछितांय विमूढ़ा : मूर्ख लोग बिना सोचे-समझे काम कर डालते हैं, फिर बाद में पछताते हैं।

सहसा करि पाछे पछिताहीं। कहहिं वेद बुध ते बुध नाहीं॥

(तुलसीदास)

साईं अपने चित्त की, भील न कहिए कोय; तब लग मन में राखिए, जब लग कारज होय : जब तक काम पूरा न हो जाए, तब तक अपना संकल्प किसी को नहीं बताना चाहिए, क्योंकि ऐसा करने से काम में बाधा पड़ने की आशंका रहती है।

साईं अवसर के पड़े, को न रहै दुःख द्वन्द्व : कुसमय आने पर सबको कष्ट सहना

पड़ता है।

साईं अवसर के पड़े, को न सहै दुख द्वन्द।
जाय बिकाने डोम घर, वै राजा हरिचंद॥ (गिरधर कविराय)

साईं इस संसार में, भांति-भांति के लोग; सबसे मिलि के बैठिए, नदी नाव संयोग : इस संसार में भिन्न-भिन्न प्रकार के लोग रहते हैं। उन सबसे मिलकर रहना चाहिए, क्योंकि न जाने कब किससे काम पड़ जाए।

साईं को सांच प्यारा, झूठे का मालिक न्यारा : भगवान् सच्चे लोगों पर कृपा रखते हैं; झूठों का ईश्वर ही कोई दूसरा होता है।

साईं तहां न बैठिए, जहं कोउ देय उठाय : सभा या दरबार में अपने पद के अनुसार स्थान ग्रहण करना चाहिए, जिससे कोई वहां से उठा न दे।

राजा के दरबार में, जैये समया पाय।
साईं तहां न बैठिए, जहं कोउ देय उठाय॥ (गिरधर कविराय)

सांच कहे मुंह मारा जाय, झूठ कहे तो जग पतियाय : संसार में लोग सच बात का विश्वास नहीं करते, पर झूठ का विश्वास करते हैं।

सांच को आंच क्या ? : सच्चे मनुष्य को कोई भय नहीं होता।

कलम में बड़ा ज़ोर है बाबू जी ! 'सांच को आंच क्या ?'
बड़े-बड़े कांपते हैं आपके अख़बार से। (रांगेय राघव)

सांच को आंच नहीं : सच्चे व्यक्ति को किसी प्रकार का डर नहीं होता।

सब पर मुसीबत आती है; परन्तु 'सांच को आंच नहीं आती।' (रांगेय राघव)

सांच बराबर तप नहीं, झूठ बराबर पाप : सत्य सबसे बड़ी तपस्या है और झूठ सबसे बड़ा पाप है। दोहे की दूरारी पंक्ति इस प्रकार है :

जाके हिरदय सांच है, ताके हिरदय आप। (कबीर)

सांची बात गोपालहिं भावै : भगवान् को सच्ची बात ही प्रिय लगती है।

आप चाहे मुझे कितना ही प्रलोभन दें परन्तु मैं सत्य ही कहूंगा, क्योंकि मैंने मनुष्य का आश्रय छोड़कर भगवान् का आश्रय लिया है और भगवान् को सच्ची बातें ही प्रिय होती हैं। 'सांची बात गोपालहिं भावै।'

सांचे का रंग रूखा : सच्ची बात लोगों को बुरी लगती है। वह सत्यवादी है और उसे जो कुछ कहना होता है, उसे साफ़-साफ़ कहता है। इसलिए लोग उसे पसंद नहीं करते। कहावत है—'सांचे का रंग रूखा।'

सांझे धनुष सकारे मोरा, यह दोनों पानी के बोरा : यदि शाम को इन्द्रधनुष दिखाई पड़े और सबेरे मोर बोलें तो जानना चाहिए कि वर्षा बहुत होगी।

सांप अपने बिल में सीधा ही जाता है : बाहर मनुष्य चाहे जैसा व्यवहार करे, परन्तु अपने घर में उसे निष्कपट होना चाहिए।

सांप का काटा पानी नहीं मांगता : जिस मनुष्य को सांप काट लेता है, वह मर जाता है। जिस मनुष्य का मंत्री कपटी होता है, उसका शीघ्र ही नाश हो जाता है।

सांप का काटा सोवे, बिच्छू का काटा रोवे : सांप के काटने से मनुष्य की मृत्यु हो जाती

है परन्तु बिच्छू के डंक मारने से उसे बहुत पीड़ा होती है जिसके कारण वह रोता-चिल्लाता है।

सांप का बच्चा संपोलिया : शत्रु का पुत्र भी शत्रु ही होता है, उसका विश्वास नहीं करना चाहिए।

सांप का सिर ही कुचलते हैं : दुष्ट मनुष्य का पूर्ण रूप से दमन करना चाहिए, जिससे वह फिर दुष्टता करने लायक न रह जाए।

चाणक्य ने चन्द्रगुप्त को समझाते हुए कहा—सम्राट, ये लोग बड़े आततायी हैं। इन्हें ऐसा कुचल देना चाहिए जिससे यह फिर सिर न उठा सकें। 'सांप का सिर ही कुचलते हैं।'

सांप की तो भाप बुरी : सांप की सांस भी विषैली होती है। तात्पर्य यह है कि दुष्टों से दूर रहना चाहिए।

सांप के मुंह में छंछूदर, निगले तो अन्धा उगले तो कोढ़ी : जब कोई बहुत विकट परिस्थिति में होता है।

अपने साले के परिवार को अपने घर में ठहराकर वह बड़ी विकट परिस्थिति में पड़ गया है। बराबर कलह मचा रहता है। न तो उसे रखते बनता है और न निकालते। 'सांप के मुंह...कोढ़ी।'

सांपों को दूध पिलाने से केवल विष बढ़ता है : यदि दुष्ट को अच्छी शिक्षा दी जाए, तो उसका उलटा ही प्रभाव होता है।

मूरख को हित के वचन, सुनि उपजत है कोप।
सांपहिं दूध पिवाइए, वाके मुख विष ओप॥ (वृन्द)

सांप काटना छोड़ दे, पर फुफकार न छोड़े : जब कभी कोई आदमी दूसरों को हानि पहुंचाना छोड़ दे परन्तु अपने बचाव के लिए केवल रोब-दाब दिखाता रहे, तब ऐसा कहते हैं।

सांप तो सिर पर और बूटी पहाड़ पर : जब विपत्ति निकट होती है और उसका उपचार दूर होता है, तब कहते हैं।

यह कैसे खेद का विषय है कि देश में जब अन्न की इतनी अधिक कमी है और उसकी पूर्ति के लिए, अधिक अन्न उपजाने और उसके स्थानापन्न साधनों को खोजने पर इतना अधिक ज़ोर दिया जा रहा हो, तब दूध का उत्पादन बढ़ाने के लिए वैसा ज़ोरदार प्रयत्न नहीं किया जाता। सरकार की पशु-रक्षा और नस्ल सुधारने संबंधी नीति से हम अनभिज्ञ नहीं हैं परंतु वह नीति 'सांप सिर पर और बूटी पहाड़ पर' उक्ति चरितार्थ करने वाली है।

सांप निकल चला गया, लकीर पीटने से क्या लाभ है ? : यदि आदमी अवसर पर चूक जाए तो बाद में पछताने से कोई लाभ नहीं होता।

जब तक आवेदन-पत्र स्वीकार करने का मुझे अधिकार था, तब तक तुमने मुझसे कुछ नहीं कहा। उपयुक्त समय व्यतीत हो जाने पर तुम मेरे पास आए हो। 'सांप निकल...क्या ?'

सांप भी मर जाए और लाठी भी न टूटे : काम भी बन जाए और हानि भी न हो। एक

ग़रीब की रोटी का सवाल है। मैं दिलोजान से उसको बचाना चाहता हूं, मगर अपना अनिष्ट करके नहीं। उसी की तरकीब निकालनी है। 'सांप भी...न टूटे।'

सांभर जाए अलोन खाए : यदि कहीं पर किसी चीज़ की अधिकता हो और वहां पर भी वह किसी व्यक्ति को न मिले।

आपके यहां घी-दूध की अधिकता है परन्तु मेरा ऐसा अभाग्य है कि मुझे यहां भी न तो घी मिला और न दूध। मुझ पर वही कहावत चरितार्थ होती है, जो कहती है–'सांभर जाए अलोन खाए।'

सांभर में पड़ा, सो सांभर हुआ : मनुष्य जैसी संगत में पड़ता है, वैसा हो जाता है।

ये लोग बहुत दुष्ट आदमी हैं। यदि तुम इनका साथ करोगे, तो तुम भी बिगड़ जाओगे। 'सांभर में...हुआ।'

साइत से सुतार भला : शुभ मुहूर्त से शुभ अवसर अच्छा होता है।

साजन-साजन मिल गए, झूठे पड़े बसीठ : लड़ाई-झगड़ा करने के पश्चात् जब दो आदमी मिल जाते हैं, और लड़ाई लगाने वाला कहीं का नहीं होता।

मैंने तुमसे पहले ही कहा था कि तुम उन दोनों में झगड़ा न लगाओ, क्योंकि वे बड़े घनिष्ठ मित्र हैं। परन्तु तुमने मेरी बात न मानी। देखो, अब दोनों फिर मिल गए और तुम कहीं के न हुए। 'साजन-साजन... बसीठ।'

साझे की मां, गंगा न पावे : साझे का कोई काम ठीक नहीं होता।

साझे की हंड़िया चौराहे में टूटे-फूटे : साझे के काम में बड़ा झगड़ा-झंझट होता है और वह अवश्य चौपट हो जाता है।

साझे की होली सबसे भली : जो उत्सव बहुत से लोग मिलकर मनाते हैं, उसमें बहुत आनन्द आता है।

साठा सो पाठा, बीसी तो खीसी : मनुष्य साठ वर्ष का होने पर भी जवान रहता है; परन्तु स्त्री बीस वर्ष की आयु में बूढ़ी हो जाती है।

फिर माया आप ही नयनों का रसवाण छोड़कर बोली : 'साठा तो पाठा होता है।' (अमृतलाल नागर)

सात पांच की लाकड़ी/लाठी, एक जने का बोझ : यदि बहुत-से लोग किसी की थोड़ी-थोड़ी सहायता करें तो उसका काम पूरा हो जाता है; अर्थात् एकता में बहुत शक्ति होती है।

कहै न दक्षिन बात निज, सुनो कहाउत जोय।
सात-पांच की लाकड़ी, बोझ एक का होय॥

साथ तो हाथ का दिया ही चलता है : हम लोग इस संसार में जो कुछ दान देते हैं, वही परलोक में साथ देता है।

सब रुपया बैंक में मत जमा कर दिया करो। ग़रीबों का थोड़ा-बहुत उपकार भी कर दिया करो। जब मरोगे, तो सारा धन यहीं छूट जायेगा। दान ही परलोक में साथ देता है। कहावत है–'साथ तो...चलता है।'

साबित क़दम को सब जगह ठांव : जो व्यक्ति परिश्रमी होता है, उसका सब जगह

ठिकाना लगता है।

सारा नगर जल गया, बीबी फ़ातमा को ख़बर ही नहीं : जब कोई ऐसा स्वार्थी हो कि उसको अड़ोस-पड़ोस की बिल्कुल ही ख़बर न हो।

रामकुमार—सुनते हैं, कल रात को यहां कुछ झगड़ा हुआ था।
कृष्ण सहाय—हां, झगड़ा तो बहुत हुआ था। क्या आप नहीं जानते ? 'सारा नगर...नहीं।'

सारी उम्र काठ में रहे, चलते वक्त पांव से गए : यह कहावत ऐसे अभागे मनुष्य पर कहते हैं, जो उम्रभर तो जेल में रहा हो और जब जेल से मुक्त हुआ तो तब उसके पैर बेकार हो गये हों।

सारी उम्र भाड़ ही झोंका : व्यर्थ ही आयु बिताई, ग़रीब-के-ग़रीब ही बने रहे।

उसने कारखाने में बड़े परिश्रम से काम किया। परन्तु उसका लाभ मालिक की जेब में गया। उस बेचारे ने 'सारी उम्र भाड़ ही झोंका।'

सारी ख़ुदाई एक तरफ़, जोरू का भाई एक तरफ़ : स्त्रैण पुरुष साले की बहुत इज़्ज़त करते हैं।

रमेश अपने साले से बहुत स्नेह करता है। आप चाहे कितना ही समझावेंगे पर वह इस बात को स्वीकार नहीं करेगा कि उसका साला अपराधी है। वह 'सारी ख़ुदाई...एक तरफ़' वाली कहावत को अक्षरशः चरितार्थ करता है।

सारी ख़ुदाई एक तरफ, फ़ज़ले इलाही एक तरफ़ : ईश्वर की शक्ति सबसे अधिक होती है। यदि किसी मनुष्य पर ईश्वर की कृपा होती है, तब सारा संसार भी उसका अनिष्ट नहीं कर सकता।

सारी चोट निहाई के सिर : जो व्यक्ति घर में सबसे बड़ा होता है, सब उत्तरदायित्व उसी के सिर पड़ता है।

तुम्हारे पिता की मृत्यु हो गई। अब घर में तुम्हीं सबसे बड़े हो। इसीलिए परिवार का सारा दायित्व तुम्हारे ऊपर आ पड़ा है। 'सारी चोट निहाई के सिर।'

सारी देग में एक ही चावल टटोला जाता है : एक मनुष्य को देखकर उसके साथियों के स्वभाव, व्यवहार आदि का पता लग जाता है; नमूना देखकर पूरी राशि का हाल जान लिया जाता है।

आपके विद्यालय के दो विद्यार्थियों से मेरी बातचीत हुई है। इससे मैं समझ गया हूं कि आपके यहां किस प्रकार के विद्यार्थी शिक्षा ग्रहण करते हैं। अन्य विद्यार्थियों से मिलने की मुझे कोई आवश्यकता नहीं है। 'सारी देग ...जाता है।''

सारी रात मिमियानी और बच्चा एक ही बियानी : जब कोई शोर-गुल तो बहुत करे पर काम कम करे।

सारी रामायण हो चुकी, सीता किसकी जोय : जब कोई ऐसा मूर्ख हो कि बहुत समझाने पर भी बात न समझे या सुनकर भूल जाए।

अख़बार पढ़ते-पढ़ते बी.ए. के एक लड़के ने अपने साथी से पूछा, "भाई, मुसोलिनी किसकी ओर से लड़ा था ?" उसके साथी ने उत्तर दिया, "भाई, तुमने तो यही मसल की कि 'सारी रामायण...जोय।'

सालिग्राम की बटिया जैसी छोटी वैसी बड़ी : जाति में कोई छोटा-बड़ा नहीं होता, सब बराबर होते हैं।

यह बिरादरी का भात है। इसमें सब बराबर हैं। वह लड़का है तो क्या हुआ ? वह भी हमारे लिए उतना ही मान्य है जितने वयस्क लोग। 'सालिग्राम...बड़ी।'

सालिग्राम जैसे सोये वैसे बैठे : जो सब अवस्थाओं में एक-सा हो।

वह स्थितप्रज्ञ है। सुख-दुःख का उसके ऊपर कोई प्रभाव नहीं पड़ता। चाहे उसकी प्रशंसा करो, चाहे निन्दा करो, वह परवाह नहीं करता। 'सालिग्राम जैसे सोये वैसे बैठे।'

सावन के अंधे को हरा-ही-हरा सूझता है : उन लोगों के लिए व्यंग्य रूप से कहते हैं जिन्होंने अनुचित रूप से या अकस्मात् कुछ प्राप्त कर लिया है और समझते हैं कि सब लोग ऐसा ही करते हैं।

दिन ब दिन हैं बिगड़ रहे लेकिन, हैं वही काम और वही धंधे।
क्यों हरा ही हरा न सूझेगा, जबकि सावन के आप हैं अंधे।
(अयोध्यासिंह उपाध्याय)

सावन के रपटे और हाकिम के डपटे का कुछ डर नहीं : जब कभी कोई फिसलकर गिर पड़ता है तब उसे लज्जा आती है, किन्तु सावन में फिसलन अधिक होती है। इसलिए बहुत-से लोग फिसलते रहते हैं। अतएव सावन में फिसल कर गिरने पर कोई लज्जित नहीं होता। इसी प्रकार हाकिम भी अपने मातहतों को डांटते-फटकारते हैं। इसलिए उनकी डांट-फटकार से लज्जित नहीं होना चाहिए।

सावन खीर जो खाय सकारे, मिरग चाल कुरचालें मारे : सावन में प्रातःकाल जो खीर खाता है, वह हरिण की तरह उछलता फिरता है।

सावन घोड़ी भादों गाय, माघ मास में भैंस बिआय, जी से जाय या खसमें खाय : सावन में घोड़ी, भादों में गाय और माघ मास में भैंस बियाने से या तो आप ही मर जाती है या उसका मालिक मर जाता है।

सावन मास बहै पुरवैया, खेले पूत बला ले मैया : जब सावन महीने में पुरवैया हवा चलती है तब वर्षा अधिक होती है। इससे फ़सल अच्छी होती है और सब लोग आनन्द मनाते हैं।

सावन मास बहै पुरवैया, बेचो बरदा कीनो गैया या **(बरदा बेचि लीहा धेनु गैया) :** जब सावन मास में पुरवैया हवा बहती है तब वर्षा अधिक होती है। इसलिए बैल बेच कर गाय खरीद लेना चाहिए, जिससे दूध मिले।

सावन में हुए सियार, भादों में आई बाढ़; ऐसी बाढ़ कभी नहीं देखी थी : जब कोई कम उम्र का आदमी बूढ़ों की-सी बातें करता है।

सावन शुक्ला सप्तमी, छिप के ऊगे भान; कहे घाघ सुन घाघनी बरखा होय उठान : श्रावण शुक्ला सप्तमी को यदि बादल में से सूर्य उदय हो तो समझना चाहिए कि वर्षा का अन्त हो गया है।

सावन शुक्र न दीसै, निश्चय पड़े अकाल : सावन के महीने में जब शुक्र तारा दिखाई न पड़े तब अकाल पड़ता है।

सावन सूखा न भादों हरा या (सावन हरे न भादों सूखे) : सदा एक ही दशा में रहने वाले पर उक्ति है।

क्यों, साहब, आपने इस लड़ाई से कुछ नहीं कमाया; लोग तो लखपति बन गए। वे कहने लगे–'अजी, बाबूजी, यहां तो वह हिसाब है कि 'सावन हरे न भादो सूखे।'

सावन सोवे साथरे, माघ खुरैरी खाट; आपहिं वे मर जायंगे, जो जेठ चलेंगे बाट : सावन में सीलन बहुत रहती है, इसलिए चटाई पर सोना हानिकारक होता है; माघ में सर्दी बहुत होती है; इसलिए नंगी चारपाई पर नहीं सोना चाहिए; जेठ में गर्मी बहुत पड़ती है; इसलिए यात्रा नहीं करनी चाहिए।

सावां साठी साठ दिन, बरखा होवे रात-दिन : यदि लगातार वर्षा होती रहे, तो सावां और साठी नामक अनाज साठ दिन में तैयार हो जाते हैं।

सास का ओढ़ना, बहू का बिछौना : सास का पद बहू से ऊंचा होता है, परन्तु आजकल की चाल विपरीत है। इसलिए व्यंग्य रूप से यह उक्ति कही जाती है।

सास, कोठे पर की घास : आजकल की बहुयें सास को कुछ नहीं समझती। इसलिए यह व्यंग्योक्ति कही जाती है।

सास न नन्दी, आप ही अनन्दी : जिस स्त्री के न तो सास हो और न ननद बल्कि अकेली ही आनन्द करती हो, उस पर यह उक्ति है; तात्पर्य है एकान्त में या अकेले आनन्द करना।

सास भी रानी, बहू भी रानी, कौन भरे कुएं का पानी : जब दो व्यक्तियों में से दोनों ही सुकुमार हो, तो काम कौन करे ?

सासरा, सुख बासरा : 1. ससुराल में ही रहने से लड़की को सुख मिलता है।
2. जो लोग सुसुराल में बहुत रहते हैं, उन पर व्यंग्योक्ति है।

सिंह के वंश में उपजा सियार : वीर के वंश में कायर के जन्म लेने पर।

हमारा वंश वीरों का है। इसमें एक से बढ़कर एक वीर ने जन्म लिया है। तुम ऐसे कायर कैसे हो गए ? 'सिंह के वंश में उपजा सियार।'

सिंह बचा जो लंघन, तो भी घास न खाय : दे. 'शेर भूख सहता है, पर घास नहीं खाता।'

सिंह से सरवर करे सियार : जब कभी कोई कमज़ोर आदमी किसी बलवान् का सामना करना चाहता है।

सिंहन के लेहड़े नहीं, साधु न चले जमात : महान् अथवा वीर पुरुष कम हुआ करते हैं।

वह समय उत्पादन-बाहुल्य का नहीं था। उस समय एम.ए. वालों के घान-

से-घान नहीं उतरते थे। 'सिंहन के लेहड़े नहीं, साधु न चले जमात।'

सिखाये पूत दरबार नहीं चढ़ते : जो व्यक्ति किसी को कुछ सिखा-पढ़ाकर गवाही के लिए भेजता है, उसको विजय नहीं प्राप्त होती।

न्यायाधीश ने वकील से कहा—यह गवाह बिलकुल झूठ कह रहा है। यह मुकदमे के बारे में कुछ नहीं जानता। 'सिखाये पूत दरबार नहीं चढ़ते।'

सिधरी चाल चले, रोहू के सिर बीते : जब छोटे आदमी अपराध करते हैं और बड़ों पर विपत्ति आती है, तब इस लोकोक्ति का प्रयोग करते हैं। ('सिधरी' एक प्रकार की छोटी मछली होती है।)

सिफ़ारिशी घोड़ी इराकी को लात मारे : स्वामी के बल पर किसी अयोग्य पुरुष द्वारा किसी योग्य पुरुष के तिरस्कार किए जाने पर।

सिपाही की रोटी सिर बेचे की : अपनी जान खतरे में डालकर सिपाही अपनी रोज़ी कमाता है।

सिपाही बोला—तुम मुझसे व्यर्थ ईर्ष्या करते हो। तुम सुरक्षित जीवन व्यतीत करते हो परन्तु मेरा प्राण सदैव संकट में रहता है। मसल मशहूर है कि 'सिपाही...की।'

सिर पर जूती, हाथ में रोटी : बहुत अपमानपूर्वक रोज़ी कमाने पर लोकोक्ति।

तुमने बड़ी ग़लती की जो इस अराजकीय विद्यालय में अध्यापन करने लगे। इसमें बहुत अपमान सहकर नौकरी करनी होती है। 'सिर पर...रोटी' वाली कहावत यहां पूर्णतः चरितार्थ होती है।

सिर बड़ा सरदार का, पैर बड़ा गंवार का : बुद्धिमान् मनुष्य का सिर और गंवार का पैर बड़ा होता है।

जब लोग इतनी बड़ी ब्रिटिश सरकार को 'टॉप हेवी' कहने में नहीं चूकते, तो मेरे मकान को 'बॉटम हेवी' कहने से क्या मुंह बन्द किया जाता ? 'टॉप हेवी' के लिए तो एक बहाना भी है—'सिर बड़ा सरदार का' मेरे पास कोई ऐसा बहाना भी न था।

सिर मुंड़ाते ओले पड़े : यदि किसी कार्य का श्रीगणेश करते ही कोई विघ्न पड़ जाए, तब इस कहावत का प्रयोग करते हैं।

पत्रकार-जीवन का अनुभव भी कोई लुभावना नहीं था। 'सिर...पड़े' की कहावत चरितार्थ हुई थी। (रामवृक्ष बेनीपुरी)

सिर सहलावें, भेजा खावें : ऊपर से मधुर बातें कहने और भीतर से जड़ खोदने पर लोकोक्ति।

वह बड़ा मिष्टभाषी है। उससे सतर्क रहना। वह 'सिर सहलावें, भेजा खावें' वाली कहावत चरितार्थ करता है।

सिरे की भेड़ कानी : नेता के अयोग्य होने पर ऐसा कहा जाता है।

'सिरे की भेड़ कानी' की भांति ब्राह्मण ही, जो हिन्दू जाति का सिरा और हिन्दुस्तान के सब कुछ हैं, इस लक्षण के हुए, तो औरों की कौन कहे ?

सीख उसको/वाको दीजिए जाको सीख सुहाय, सीख न दीजे बानरा जो घर बये का जाय :

शिक्षा उसको देनी चाहिए, जिसको वह अच्छी लगे।

सीख देत औरन को पांड़ा, आप भरें पापों का भांड़ा : जो व्यक्ति दूसरों को तो शुभ कर्म करने का उपदेश देता है परन्तु स्वयं पाप करता है।

सीढ़ी-सीढ़ी छत पर चढ़ते हैं : काम धीरे-धीरे सीखा जाता है।

सीधा घर खुदा का : खुदा का घर न्यायालय को कहते हैं, जहां जाने में किसी के लिए कोई रुकावट नहीं होती।

यदि तुम समझते हो कि मैंने तुम्हारे साथ बेईमानी की है तो तुम अदालत में मेरे ऊपर दावा करके अपना हिस्सा मुझसे वसूल कर सकते हो। 'सीधा घर खुदा का।'

सीधी उंगली से घी नहीं निकलता : सीधेपन से काम नहीं चलता।

हमने आरज़ू-मिन्नत से काम निकालना चाहा था, पर मालूम हुआ, सीधी उंगली से घी नहीं निकलता। (प्रेमचन्द)

मज़हब में तर्क नहींद है, है धर्म अक्ल के बाहर।
तुम दख़ल न दो कामों में मेरे, चुपके बैठो घर॥
मैं करना रहम न जानूं, यह पढ़ी नहीं है पट्टी।
सीधी उंगली से हरगिज़, निकला है कभी नहीं घी॥

सीधे का मुंह कुत्ता चाटता है : सीधे मनुष्य से कोई नहीं डरता।

वाह, लोगों में इतना ही बूता होता तो किसी की गाड़ी पकड़ी ही क्यों जाती ? 'सीधे का मुंह कुत्ता चाटता है।' (प्रेमचन्द)

'सीधे का मुख श्वान चाटते', यह सिद्धांत अटल है राम।
अन्यायी के साथ न्याय भी करना है, कायर का काम॥

सुख कहना जन से, दुःख कहना मन से : सुख की बात सबसे कहनी चाहिए; परन्तु दुःख की बात किसी से नहीं कहनी चाहिए।

रहिमन निज मन की व्यथा, मन ही राखो गोय।
सुनि अठिलैहैं लोग सब, बांटि न लैहैं कोय॥ (रहीम)

सुख बढ़ै मोटापा चढ़ै : जब मनुष्य को सुख मिलता है, तब वह मोटा होता है।

सुख में निद्रा दुःख में राम : जब मनुष्य सुख में रहता है, तब उसका समय चैन से कटता है; पर जब उस पर दुःख पड़ता है, तब उसे भगवान् की याद आती है।

सुख में पड़ी सभागी, भूस में लोटन लागी : जब कोई व्यक्ति धन पाकर इतराने लगता है।

सुख में बामा, दुःख में राम : सुख का समय तो भोग-विलास में कटता है, पर जब विपत्ति पड़ती है तब मनुष्य को भगवान् याद आते हैं।

सुख में सोवे कुम्हार, जाकी चोर न लेवे मटिया : निर्धन मनुष्य निश्चिन्त रहते हैं क्योंकि उन्हें चोरी का डर नहीं रहता।

सुनि-सुनि गीता फूटे कान, तऊ न उपज्यो रंचक ज्ञान : मूर्ख को चाहे कितना ही समझाया जाए, उसे ज्ञान नहीं हो सकता।

मैंने बहुत सत्संग किया, कथा सुनी और पुस्तकें पढ़ीं, पर मेरा ज्ञान-चक्षु नहीं खुला बल्कि मैं निरा अज्ञानी ही बना रहा। 'सुनि सुनि...रंजक ज्ञान'।

सुनिए दो तो कहिए एक : मनुष्य को चाहिए कि औरों की बात अधिक सुने और अपनी बात कम कहे।

कहे एक जब सुन ले इनसान दो।
कि हक ने ज़बां एक दी कान दो॥ (ज़ौक)

सुनिए सबकी, कीजिए मन की : बातें तो सबकी सुन लेना चाहिए, परन्तु जो बात अपने को अच्छी लगे, उसी के अनुसार काम करना चाहिए।

मेरे पुत्र ने कहा—देखिए, बाबूजी, आपके पास अभी बहुत-से आदमी आवेंगे और तरह-तरह की बातें करेंगे, लेकिन आप किसी की बात में न आएं। मैं बोला—भाई, मैं इतना मूर्ख नहीं हूं, मैं सब समझता हूं। तुम किसी तरह की चिन्ता न करो। मेरा तो वह हिसाब है कि 'सुनिए...मन की।'

सुनु खगेश अस को जग माहीं, प्रभुता पाय जाहि मद नाहीं : कागभुशुंडी जी ने यह अर्द्धाली गरुड़ जी से कही थी। इसका तात्पर्य यह है कि ऐश्वर्य प्राप्त होने पर संसार में सभी को अभिमान हो जाता है।

सुन्नी न शीया, जी में आया सो कीया : जो मनुष्य किसी मत को नहीं मानता बल्कि अपनी इच्छा के अनुसार स्वतंत्र रूप से व्यवहार करता है।

राफ़ेद बाल, जवानी का ज़वाल : बाल पकने से प्रकट हो जाता है कि जवानी ढल गई है।

सुबह होती है शाम होती है, उम्र यों ही तमाम होती है : धीरे-धीरे सारा जीवन व्यतीत हो जाता है।

इस शुभ कार्य को तुम शीघ्र कर डालो; इसे स्थगित मत करते चलो अन्यथा इसे पूरा न कर पाओगे और सारा जीवन व्यतीत हो जाएगा। किसी ने सच कहा है—'सुबह होती है...होती है।'

सुबह का भूला/भूला-भटका शाम को घर आ जाए, तो उसे भूला-भटका नहीं कहते : यदि कोई व्यक्ति शुरू में ग़लती करे परन्तु बाद में सुधर जाए तो उसकी ग़लती क्षम्य होती है। दे. 'तड़के का भूला...कहलाता।'

उम्र में मैं तुम्हारे बाप के बराबर हूं। तुम्हारे ही भले की कहता हूँ। 'सुबह का भूला-भटका शाम को घर आ जाए तो उसे भूला-भटका नहीं कहते।' फिर, भूल-चूक को भगवान् भी माफ़ करते हैं और हमारे बाबूजी भगवान् ही का रूप हैं। (चतुरसेन शास्त्री)

सुर नर मुनि सबकी यह रीती, स्वारथ लागि करहिं सब प्रीति : संसार में जितने प्राणी हैं, सब स्वार्थ के लिए ही दूसरों से प्रेम करते हैं।

सुहाते की लात, न सुहाते की बात : (1) लोग मित्र की लात सह लेते हैं परन्तु शत्रु की बात भी नहीं सहते।

(2) जहां से कुछ प्राप्ति की आशा होती है, वहां पर लोग कड़वी बातें भी सह लेते हैं, परन्तु जहां से कुछ मिलने की आशा नहीं होती, वहां वे साधारण बात से भी क्रुद्ध हो जाते हैं।

सूई चोर, सो बज्जर चोर : जो व्यक्ति सूई जैसी छोटी चीज़ चुरा लेता है, उसे बहुत भारी चोर समझना चाहिए।

सूई न जाए, वहां फावड़ा घुसेड़ दे : छोटी-सी बात को बहुत बढ़ाकर कहना; तिल को ताड़ कर देना।

मैंने तो उससे केवल यह कहा था कि मुझे थोड़ा ज्वर आ गया है। उसने सर्वत्र यह खबर फैला दी कि मुझे मियादी बुखार हो गया है और मैं महीनों से चारपाई पर पड़ा हूं। जहां 'सूई न जाए, वहां फावड़ा घुसेड़ दिया।'

सूका की बाछी जनम की हत्या : छोटे अपराध या ग़लती के लिए निरन्तर दुःख देने वाले दण्ड पर ऐसा कहते हैं। (सूका=25 पैसे)

तुमको इतने थोड़े धन के लिए बेईमानी नहीं करनी चाहिए थी। इससे तुम्हारा चरित्र दूषित हो गया और सब लोग तुम्हें बेईमान कहने लगे। तुम्हारा यह कलंक अब धुल नहीं सकता। तुमने 'सूका की बाछी जनम की हत्या' वाली कहावत चरितार्थ कर दी।

सूखा ढाक, बढ़ई का बाप : जब ढाक की लकड़ी सूख जाती है तब वह बहुत कड़ी हो जाती है और उसको चीरने में बढ़ई को बहुत कठिनाई होती है।

यह ढाक की सूखी लकड़ी है। इसको चीरना सरल नहीं है। ढाक जब गीला होता है तब सरलता से कटता है पर सूख जाने पर वह बहुत कड़ा हो जाता है। कहावत है—'सूखा ढाक, बढ़ई का बाप।'

सूखा हाड़ ठाठ भई भारी, अब क्या लादोगे व्यापारी : जब बुढ़ापा आ जाता है, तब मनुष्य कोई काम नहीं कर सकता।

ग़रीबी को मंगल अपने अक्खड़पन से हमेशा धता बताए रहा, लेकिन उम्र के प्रहारों से वह अपने को बचा नहीं सका। उसकी एक-एक चोट उसे धीरे-धीरे जर्जर बनाती रही और आज उस पर यह कहावत लागू है—'सूखा हाड़...व्यापारी।' (रामवृक्ष बेनीपुरी)

सूखे धानों पानी पड़ा : जब कोई काम बिगड़ने को हो और किसी तरह सहायता पाकर सुधर जाए।

घर आयो घनश्याम लखि, उठे रोम तिय देह।
कहैं उक्ति ज्यों बरसई, सूखे धाननि मेंह॥

सूखे सर में हंस न जाए : किसी भी कंजूस आदमी के पास कोई गुणी व्यक्ति नहीं जाता।

जो लोग दानी होते हैं, उनके पास गुणी लोग प्रायः आते-जाते रहते हैं, परन्तु जो कृपण होते हैं, उनके पास कोई नहीं जाता। कहावत है—'सूखे सर में हंस न जाए।'

सूत दिया नहिं तार, कोरी से तकरार या (सूत न कपास कोरी से लट्ठम-लट्ठा) : बिना कारण लड़ाई करने पर लोकोक्ति।

सूप के फटके सूप में नहीं रहते : जहां की चीज़ रहती है वहीं चली जाती है। दूसरे के लड़के को चाहे कितने ही प्रेम से पाला जाए अन्त में वह अपना नहीं होता।

बात ए जवाहिर जगत बीच ज़ाहिर है।
सूप के उलारों कहीं सूप ही में रहतो॥

सूप बोले तो बोले या (हंसे तो हंसे) चलनी भी बोले या (हंसे) जिसमें बहत्तर छेद : जिसमें स्वयं अनेक अवगुण हैं, उसे चाहिए कि दूसरों की हंसी न उड़ावे या दूसरों को उपदेश न दे।

पैंतीस साल की उम्र नहीं हुई है। अभी से जनाब ने ऐनक लगा ली है, झुर्रियां पड़ गई हैं, गाल पिचक गए हैं और हमें उपदेश देने आए हैं कि स्वास्थ्य रक्षा कैसे करनी चाहिए। 'सूप बोले...छेद।'

सूम का माल अकारथ जाए : कृपण मनुष्य का धन व्यर्थ नष्ट होता है।

सेठ बड़ा कृपण था। उसने अपने जीवन में न तो अच्छा भोजन किया और न अच्छे कपड़े पहने। इस प्रकार उसने जो धन एकत्र किया था उसकी रक्षा उसका नालायक लड़का न कर सका। उसकी आंख में धूल झोंककर लोगों ने सब रुपया ले लिया। किसी ने सच कहा है—'सूम का माल अकारथ जाय।'

सूरदास कारी कामरि पर चढ़त न दूजो रंग : दुष्टों की दुष्टता, नीचों की नीचता और मूर्खों की मूर्खता दूर नहीं होती।

वह बहुत दुष्ट प्रकृति का मनुष्य है। महात्मा जी ने कई वर्ष तक उसे अपने आश्रम में रखा। उसे अनेक प्रकार की शिक्षा दी और धर्मशास्त्र पढ़ाया। परन्तु उसके चरित्र में कोई परिवर्तन नहीं हुआ। 'सूरदास कारी कामरि पर चढ़त न दूजो रंग।'

सूरज के सनीचर : योग्य माता-पिता के अयोग्य सन्तान होने पर लोकोक्ति।

तुम्हारे पिता बहुत लायक आदमी थे। गांव में जब कोई उत्सव होता था तो वही उसके संचालक चुने जाते थे। उन्हीं के पुत्र तुम हो, जिससे कोई सीधे मुंह बात भी नहीं करता। इसी को कहते हैं—'सूरज के सनीचर।'

सूरज को क्या दीपक लेकर देखते हैं ? : तेजस्वी, बुद्धिमान् तथा विद्वान् पुरुष स्वयं विख्यात हो जाते हैं; उनकी ख्याति फैलाने के लिए किसी की आवश्यकता नहीं होती।

तिन कहं कहिय नाथ किमि चीन्हें। देखिय रबि कि दीप कर लीन्हें॥
(तुलसीदास)

सूरज धूल डालने से नहीं छिपता : यदि कोई सज्जन, प्रतिभाशाली या गुणवान् हो तो शिकायत करने से वह बुरा नहीं हो जाता।

चक्खन, तुम चाहे कितनी बुराई करो पर इससे गांधीजी बुरे नहीं हो सकते। 'सूरज धूल...छिपता।'

सूरा सो पूरा : बहादुर लोग सब कुछ कर सकते हैं।

*तुम वीर की सन्तान हो। **यदि साहस न छोड़ोगे,** तो कठिन-से-कठिन काम*

भी कर डालोगे। कहावत है–'सूरा सो पूरा।'

सेंत की गंगा हराम के गोते : जब कोई मुफ़्त मिली हुई चीज़ को व्यर्थ खर्च करता है।
उनके यहां सब चीज़ें मुफ़्त आती हैं। इससे उनका बड़ा अपव्यय होता है। सच कहा है–'सेंत की गंगा हराम के गोते।'

सेज की मक्खी भी बुरी होती है : सौत बुरी होती है। यह कहावत स्त्रियां अपनी सौतों के लिए कहती हैं।
चाहे वह कितनी ही अच्छी क्यों न हो, मेरे लिए तो दुःखदायी ही है, क्योंकि मेरी सौत है। कहावत है–'सेज की मक्खी भी बुरी होती है।'

सेज चढ़ते ही रांड : विवाह के बाद ही विधवा हो जाना। इस कहावत का प्रयोग तब करते हैं, जब कोई जीती बाज़ी हार जाए।

सेर को सवा सेर : यदि कोई मनुष्य अपने को बहुत बुद्धिमान् या बलवान् समझता हो और उसका पाला उससे भी बुद्धिमान् आदमी से पड़ जाए।
सोमाहुति खिलखिलाकर हंस पड़े : कहो देवा, मिल गया न 'सेर को सवा सेर।' (अमृतलाल नागर)

सेरभर धनिया शाहजहांपुर में कोठी : जब कोई बहुत थोड़ी पूंजी वाला व्यक्ति बहुत बढ़-बढ़कर बातें करता है।

सेवा करे तो मेवा खावे/पावे : जो सेवा करता है, वह उत्तर फल पाता है।
यदि तुम अपनी गाय को खूब खिलाओ-पिलाओगे, तो काफ़ी दूध देगी। यदि उसे नौकर पर छोड़ दोगे, तो उसका दूध समाप्त हो जायेगा। कहावत है–'सेवा करे तो मेवा खावे।'

सेवैं पक्षी सरस तरु, निरस भए उड़ि जांय : जब तक मनुष्य के पास धन रहता है, तब तक उसके अनेक साथी रहते हैं; पर जब उसके पास धन नहीं रहता, तब कोई उसका साथ नहीं देता।
जब तक तुम्हारे पास सम्पत्ति थी जब तक अनेक लोग तुमको घेरे रहते थे। अब तुम निर्धन हो गए हो; इसलिए कोई तुम्हारे पास नहीं आता। यह संसार का नियम है। 'सवैं पक्षी...उड़ि जांय।'

सैयां भए कोतवाल अब डर काहे का : जब किसी का कोई मित्र या सम्बन्धी किसी उच्च पद पर नियुक्त हो जाता है और उससे उसे लाभ मिलने की सम्भावना होती है।
इधर नोहरा के विषय में कनबतियां होती रहीं–नोहरा ने आज़ गुलाबी साड़ी पहनी है। अब क्या पूछना है, चाहे रोज़ एक साड़ी पहने। 'सैयां भये कोतवाल अब डर काहे का।' (प्रेमचन्द)

सैर कर दुनिया की गाफ़िल, ज़िन्दगानी फिर कहां ? ज़िन्दगी गर कुछ रही, तो नौजवानी फिर कहां ? : मनुष्य को देशाटन अवश्य करना चाहिए, विशेषकर नौजवानी में जब शरीर में शक्ति रहती है।
नवीनता के उपासक के लिए जब 'सैर कर...फिर कहां ?' की उमंग हृदय में विलोड़ित होने लगी, तो फिर नए मार्ग से जाने का लोभ संवरण करना कठिन था।

सो घर सत्यानाश, जहां है अतिबल नारी : जिस घर में स्त्री का प्राबल्य होता है, वह नष्ट हो जाता है।

सोटे चल अब तेरी बारी : सब प्रकार से हारकर अन्तिम उपाय का अवलम्बन करना, अन्य उपायों से असफल होने पर मारपीट का अवलम्बन करना।

सो ताको सागर जहां, जाकी प्यास बुझाय : जिस मनुष्य का जिससे काम चलता है, वही उसके लिए धनी, मानी और सज्जन होता है।

अति अगाध अति औथरो, नदी कूप सर बाय।
सो ताको सागर जहां, जाकी प्यास बुझाय॥ (बिहारी)

सोच के चलना मुसाफ़िर यह ठगों का गांव है : संसार धोखे की जगह है; इसलिए मनुष्य को बहुत सतर्क रहना चाहिए।

वत्स, संसार में अनेक प्रलोभन हैं, जिनमें पड़कर मनुष्य अपना बहुमूल्य जीवन नष्ट कर देता है। इसलिए तुम्हें सदैव सोच-विचारकर आचरण करना चाहिए। किसी ने सच कहा है–'सोच के...गांव है।'

सोचना, जी मोचना : चिन्ता करने से मनुष्य को दुःख होता है।

इस संसार में ऐसा कोई मनुष्य नहीं है, जिसे केवल सुख-ही-सुख मिलता हो और कभी दुःख न होता हो। इसलिए संसार की गति देखकर सन्तोष करो और चिन्ता मत करो क्योंकि 'सोचना, जी मोचना।'

सोते का पानी पाक : बहता हुआ पानी पवित्र होता है।

यह पानी थोड़ा है तो क्या हुआ ? बहता तो है ! इसे पवित्र समझो। कहावत है–'सोते का पानी पाक।'

सोते को जगावे, मचले को क्या जगावे ? : यदि कोई मनुष्य सचमुच सोया हो, तो उसे जगाया जा सकता है, परन्तु मचलकर पड़े हुए आदमी को नहीं जगाया जा सकता। तात्पर्य यह है कि अज्ञानी को समझाया-बुझाया जा सकता है, परन्तु दुराग्रही को नहीं।

जानि बूझि अजुगति करै, तासों कहा बसाय।
जागत ही सोवत रहै, तिहि को सकै जगाय॥ (वृन्द)

सोते को सोता कब जगाता है ? : जो स्वयं अज्ञानी है, वह दूसरे अज्ञानी को क्या शिक्षा दे सकता है ?

मित्र, मुझे स्वयं कोई आध्यात्मिक अनुभूति नहीं है। मैं आपको क्या ज्ञानोपदेश दे सकता हूं ? 'सोते को...जगाता है ?'

सोना चांदी आग ही में परखे जाते हैं : दुःख पड़ने ही पर यह जाना जाता है कि कौन मनुष्य कैसा है।

उस पर अनेक विपत्तियां आईं तथापि उसने सत्य का त्याग नहीं किया। सच कहा है–'सोना चांदी...जाते हैं।'

सोना छुए मिट्टी हो जाए : अभागे मनुष्य को किसी काम में सफलता नहीं मिलती।

मैं बड़ा अभागा मनुष्य हूं। मुझे किसी भी काम में सफलता नहीं मिलती। यदि मैं 'सोने को छू दूं तो वह मिट्टी हो जाए।'

सोना जाने कसे और मानुस जाने बसे : जब सोना कसौटी पर कसा जाता है, तब उसके खरे या खोटे होने की पहचान होती है और जब किसी मनुष्य के निकट रहा जाए, तब उसके गुण-दोष का ज्ञान होता है।

आप उनसे दूर रहते हैं। इससे आप उनकी इतनी प्रशंसा करते हैं। यदि आपको उनके साथ निवास करना पड़ता तो आप अपनी सम्मति अवश्य बदल देते। कहावत प्रसिद्ध है कि 'सोना जाने...बसे।'

कसे कनकु मनि पारिखि पाएं। पुरुष परिखयहि समय सुभाए॥

(तुलसीदास)

सोने का नेवाला खिलाइए और शेर की नज़रों से देखिए : लड़कों का पालन-पोषण समुचित रूप से करना चाहिए, उनको अच्छा भोजन-वस्त्र देना चाहिए, परन्तु साथ ही उन पर कड़ी निगरानी रखनी चाहिए, जिससे वे बिगड़ न जाएं।

सोने की कटारी पेट में नहीं मारी जाती : किसी की रोज़ी नहीं छीनना चाहिए।

अति अनीति लहिए न धन, जौ प्यारो मन होय।
पाए सोने की छुरी, पेट न मारै कोय॥ (वृन्द)

सोने की कटोरी में कौन भीख न देगा ? : जिसके पास सम्पत्ति रहती है, अवसर पड़ने पर सभी उसको ऋण देते हैं।

सोने की बड़ेरी फूस का छप्पर : दो बेमेल वस्तुओं के संयोग पर लोकोक्ति।

सोने की हंसिया न उगलते बनती है न निगलते : यदि कोई सुन्दर व्यक्ति या वस्तु मिले पर उसे एक भय से ग्रहण न किया जा सके कि कुछ इष्ट मित्र रुष्ट होंगे तब इस लोकोक्ति का प्रयोग करते हैं।

सलीम ने सोचा कि अपने शहर में जब यह खबर पहुंचेगी कि मैंने अमर को गिरफ़्तार किया है, तो मुझ पर कितने जूते पड़ेंगे। शान्ति कुमार तो नोच ही खायेंगे और शकीना तो शायद मेरा मुंह देखना भी पसन्द न करे। इस ख़याल से वह कांप उठा। 'सोने की हंसिया न उगलते बनती थी न निगलते।' (प्रेमचन्द)

सोने में सुगंध : जो वस्तु सभी तरह अच्छी हो।

भाषा के स्वाभाविक प्रवाह के साथ जब सुकुमारता का सम्मिलन हो जाता है, तो 'सोने में सुगंध' की कहावत चरितार्थ हो जाती है।

जैसो गुण दीनो दई, तैसे रूप निबंध।
ये दोनों कहां पाइए, सोना और सुगंध॥

सोने में सोहागा : दे. 'सोने में सुगंध।'

भगवद् भजन के बाद उद्‌बोधन तो 'सोने में सोहागा' है।

सोया और मरा बराबर होता है : जो आदमी गहरी नींद सोता है, उसको कुछ होश-हवास नहीं रहता। इसलिए ऐसा कहते हैं।

मैं ऐसा सो गया था कि मुझे पता ही नहीं चला कि वह कब आए और कब गए। इसी से कहते हैं कि 'सोया...होता है।'

सोया और चूका : जो सोता है वह खोता है, जो व्यक्ति समय पर काम नहीं करता,

वह अपने प्रयास में सफल नहीं होता।

मैंने तुमसे कहा था कि बीस तारीख को मुझसे मिलना तो तुम्हारा काम हो जाएगा। पर अब एक महीने के बाद तुम मेरे पास आए हो। अब मैं कुछ करने में असमर्थ हूं। 'सोया सो चूका।'

सोवेगा सो खोवेगा, जागेगा सो पावेगा : जो मनुष्य आलसी और निष्क्रिय होता है, उसको कुछ नहीं मिलता, परन्तु जो परिश्रमी और सक्रिय होता है, उसे बहुत कुछ मिलता है।

यदि तुम परिश्रम से अध्ययन करोगे, तो परीक्षा में अवश्य उत्तीर्ण हो जाओगे, किन्तु यदि परिश्रम न करोगे, तो कभी भी पास न होगे। कहावत है–'सोवेगा...पावेगा।'

सोवे राजा का पूत या जोगी अवधूत : राजपुत्र तथा साधु-फ़कीर निश्चिन्त जीवन व्यतीत करते हैं।

स्वामी जी, मैं गृहस्थ हूं। मैं भला निश्चिन्त जीवन कैसे व्यतीत कर सकता हूं ? आप लोग अलबत्ता निश्चिन्त रहते हैं। कहावत है–'सोवे...अवधूत।'

सौ अनजान न एक सुजान : एक बुद्धिमान् सौ मूर्खों से उत्तम होता है।

मैं यह नहीं चाहता कि मेरे सैकड़ों मूर्ख मित्र हो। मेरी यह इच्छा रहती है कि मेरे थोड़े ही मित्र हों, परन्तु वे सब बुद्धिमान् हों। मैं 'सौ अनजान न एक सुजान' वाली कहावत में विश्वास करता हूं।

सौ की हानी सहस्र बखानी : किसी बात को बहुत बढ़ा-चढ़ाकर कहना।

तुम डींग मारने में बहुत निपुण हो। पांच रुपए खर्च करते हो तो पचास बताते हो। इस प्रकार तुम 'सौ की हानी सहस्र बखानी' वाली कहावत को चरितार्थ करते हो।

सौ कपूतों से एक सपूत भला : अनेक कुपुत्रों से एक सुपुत्र संतान अच्छी होती है।

मेरे चार पुत्र हैं। वे सब मूर्ख और दुष्ट हैं। इससे तो अच्छा हुआ होता कि मेरे एक ही पुत्र हुआ होता परन्तु वह सपूत होता। 'सौ...भला।'

सौ खोटों का वह सरदार, जिसकी छाती एक न बाल : जिस मनुष्य की छाती पर बाल नहीं होता, वह बहुत खोटा होता है।

सौ गज़ पानी में रहे, मिटै न चकमक आग : चाहे कोई कितना ही प्रयत्न क्यों न करे, जन्म-सिद्ध गुण-दोष दूर नहीं होते।

वह जन्म से ही कुटिल है। तुम उसको चाहे कितनी ही अच्छी शिक्षा दो, वह अपनी प्राकृतिक कुटिलता नहीं छोड़ सकता। कहावत है–'सौ गज़ ...आग।'

सौ गाथा सूआ पढ़े, अन्त बिलाई खाय : किसी अच्छे आदमी की दुर्गति होने पर।

वह बड़ा पंडित था। उसने कई शास्त्रों का अध्ययन किया था परन्तु मरने से पहले उसकी बहुत दुर्दशा हुई। 'सौ गाथा...खाय' वाली लोकोक्ति उसके विषय में चरितार्थ हो गई।

सौ गुंडा, न एक मुछमुंडा : एक मुछमुंडा सौ गुंडों से अधिक दुष्ट होता है।

बाबू साहब मूछ मुंड़ाने वालों को बहुत बुरा समझते थे और प्रायः कहा करते थे–'सौ गुंडा न एक मुछमुंडा।'

सौ गोतिन न एक पड़ोसिन : एक पड़ोसी दूर रहने वाले सैकड़ों जाति-बिरादरी वालों से अधिक सहायता कर सकता है।

आप मेरे पड़ोसी हैं। अवसर पड़ने पर आप मेरी जितनी सहायता कर सकते हैं, उतनी दूर रहने वाले सैकड़ों भाई-बिरादरी नहीं कर सकते। यह कहावत बहुत सच है कि 'सौ गोतिन, न एक पड़ोसिन।'

सौ चंडाल न एक कंगाल : एक कंगाल सैकड़ों चांडालों से बुरा होता है।

यह बहुत कंगाल है और कोई भी कुकर्म कर सकता है। यदि उसका विश्वास करोगे, तो धोखा खाओगे। कहावत प्रसिद्ध है–'सौ चंडाल, न एक कंगाल।'

सौ चाईं न एक पछाहीं : पछाहीं बड़े धूर्त होते हैं।

वाह ! मित्र, ऐसा क्यों न करोगे ? आखिर पछाहीं जो ठहरे। लोकोक्ति प्रसिद्ध है–'सौ चाईं, न एक पछाहीं।'

सौ डंडी न एक बुंदेलखंडी : एक बुंदेलखंडी अन्य प्रान्तों के सौ कसरतियों का सामना कर सकता है; तात्पर्य यह है कि बुंदेलखंडी बहुत शक्तिशाली होते हैं।

सौ दंड/डंड न एक लिपटन्त : एक पकड़ कुश्ती में सौ दंड करने से अधिक व्यायाम होता है।

पहलवान ने अपने शागिर्द से कहा–आओ एक पकड़ कुश्ती लड़ लो, फिर दंड-बैठक करना। 'सौ दंड न एक लिपटन्त।'

सौ दवा न एक हवा : साफ़ हवा सौ दवा से अधिक आरोग्यवर्द्धक होती है।

एक तो तुम गंदी गली में रहते हो, दूसरे मकान तुम्हारा ऐसा है जिसमें न हवा आती है न धूप। फिर तुम्हारा स्वास्थ्य कैसे ठीक रह सकता है चाहे तुम कितनी दवा क्यों न करो ? कहावत है–'सौ दवा, न एक हवा ?'

सौ दिन चोर का, एक दिन साहु का : यदि कोई आदमी कई बार अपराध करके बच जाए, पर एक बार पकड़े जाने पर उसे पूरा-पूरा दंड मिले।

जात हुते पिय परतिय धाम, मारग मांहि मिली निज बाम।
बोली लोग उक्ति अवगाहु, सौ दिन चोर तो एक दिन साहु॥

सौ नकटों में एक नाक वाला नक्कू : यदि बहुत-से बुरे आदमियों के बीच एक अच्छे आदमी को रहना पड़े तो वह बुरा बन जाता है।

सुरेश ने जिस कार्यालय में नौकरी करना शुरू किया वहां सब लोग खुल कर रिश्वत लेते थे। परन्तु उसने सच्चाई और ईमानदारी का जीवन व्यतीत करने का संकल्प किया था। इसलिए सब लोगों ने मिलकर उसको बदनाम कर दिया। इस प्रकार 'सौ नकटों...नक्कू' वाली कहावत चरितार्थ हो गई।

सौ पूराचरन न एक हूराचरन : लाठी के एक हूरे की मार सौ पुरश्चरण के बराबर होती है।

तुम अपने शत्रु की मृत्यु के लिए पुरश्चरण की व्यवस्था कर रहे हो। मैं इसको व्यर्थ समझता हूं। यदि एक बार अच्छी तरह उसकी पिटाई करवा

दो, तो वह तुम्हारा विरोध करना छोड़ देगा। किसी ने सच कहा है–'सौ पूराचरन न एक हूराचरन।'

सौ वक्ता को एक चुप्पा हरा देता है : सौ बोलने वाले आदमियों को एक चुप रहने वाला आदमी हरा देता है।

सब लोग मिलकर उसकी हंसी उड़ाने लगे। परन्तु उसने चुप्पी साध ली और किसी की बात का जवाब नहीं दिया। अन्त में वे लोग हार मानकर चुप हो गए। किसी ने सच कहा है–'सौ वक्ता को एक चुप्पा हरा देता है।'

सौ में फूला, हज़ार में काना, सवा लाख में ऐंचा-ताना : जिसकी आंख में फूली हो, काने और ऐंचाताने लोगों से सावधान रहना चाहिए क्योंकि वे बहुत कुटिल होते हैं।

सौ में सती, लाख में यती : सैकड़ों स्त्रियों में एक सती होती है और लाखों मनुष्यों में कोई एक सच्चा साधु होता है।

यों तो तुमको हज़ारों साधु-संन्यासी दिखाई पड़ेंगे, परन्तु उनमें से अधिकतर नाम-मात्र के साधु होते हैं। वास्तविक साधु तो विरले ही होते हैं। कहावत है–'सौ में...यती।'

सौ सयाने एक मत : सब बुद्धिमानों की एक राय होती है।

भिन्न-भिन्न देशों के कवियों की उक्तियां कई बार ऐसी मिलती हैं मानो वे एक-दूसरे की नकल हों। परन्तु वस्तुतः ऐसा नहीं होता; वह उनकी विचार-शैली की समानता का फल होता है। इसलिए कहते हैं–'सौ सयाने एक मत।'

सौ सोनार की, एक लोहार की : कमज़ोर की सौ चोट और बलवान् की एक चोट बराबर होती है।

बालू बड़ी देर से किशन की पीठ पर थप्पड़ मार रहा था। अन्त में किशन ने उसका हाथ पकड़कर कहा–देखो, अगर मेरा एक भी घूंसा पड़ा तो कमर टूट जायेगी। जानते हो 'सौ सोनार...की ?'

सौ-सौ चूहे खाय के बिलाई हज को चली या **(सौ-सौ चूहे खाय के बिलारी बैठी तप को) :** जीवनभर तो कुकर्म और पाप किया, अब धर्म-कर्म करने चले हैं।

मनोहर सिंह एक बड़े ज़मींदार थे। उन्होंने सारा जीवन तो दुष्कर्म और विषय-भोग में व्यतीत किया था। परन्तु जब वह बूढ़े हुए, तो तीर्थ-यात्रा करने निकले। यह देखकर उनके पड़ोसी ने कहा–'सौ-सौ चूहे...चली।'

सौ हत्या करने पर बाघ भी मारा जाता है : अन्त में पापी का अवश्य नाश हो जाता है।

भगवान् कुछ दिनों तक पापी को क्षमा करते हैं, पर अन्त में उसका नाश कर देते हैं। कहते हैं कि 'सौ हत्या...जाता है।'

सौत की मूरत भी बुरी होती है : सौत सब स्त्रियों को अप्रिय लगती है।

जालपा ने अपने पति से कहा–मैं नहीं चाहती कि तुम दूसरा विवाह करो, क्योंकि 'सौत की मूरत भी बुरी होती है।'

सौत भली, सौतेला बुरा : सौतेला लड़का सौत से भी बुरा होता है।

चन्द्रावती बोली—सौतेली मां होने के कारण मैं तुम्हें बहुत अप्रिय हूं और तुम मुझे हर तरह से हानि पहुंचाना चाहते हो। कहावत है—'सौत भली, सौतेला बुरा।'

स्थानभ्रष्टा न शोभन्ते केशाः दन्ताः नखाः नराः : बाल, दांत, नख और मनुष्य अपने स्थान से गिरकर शोभा नहीं पाते।

राजमाता जी ने मुझे निजी काम-काज की देखभाल के लिए कुछ दिनों रोकने की इच्छा प्रकट की, किन्तु मैंने उनकी कृपा का लाभ उठाना उचित न समझा क्योंकि 'स्थानभ्रष्टाः न शोभन्ते केशाः दन्ताः नखाः नराः।',

स्वर्ग से गिरा तो खजूर में अटका : एक विपत्ति से छूटकर दूसरी में फंसना।

रमजानी जब ऋण में चोटी तक डूब गया तब अपील में उसकी आंशिक जय हुई। किन्तु स्वर्ग से गिरा तो खजूर में अटका। महाजन ने मौक़ा देखकर डिग्री जारी करा दी।

स्वारथ न परमारथ : व्यर्थ का काम जिससे न तो अपना ही लाभ हो और न दूसरे ही का; जिस काम से न यह लोक सिद्ध हो, न परलोक।

तुम उसके शिष्य क्यों बनते हो ? वह अत्यन्त स्वार्थी और कुटिल है। वह तुम्हारी कुछ भी सहायता न करेगा। इस प्रकार तुम्हारा कोई लाभ न होगा—'स्वारथ न परमारथ।'

स्त्रियश्चरित्रं पुरुषस्य भाग्यं देवो न जानाति कुतो मनुष्य : स्त्री के चरित्र और मनुष्य के भाग्य को देव भी नहीं जानते, मनुष्य की क्या गिनती है।

उपर्युक्त सुभाषित उन दिनों कलकत्ते के बहुत से सुसंस्कृत बंगालियों के मुंह से निकला करता था और क्यों न निकलता ? नलिनी का अपने पति से झगड़ा हुआ था। जान ब्लाकले उसके प्रथम 'लवर' (प्रेमी) थे। झगड़े के पहले भी वे उससे मिलने आया करते थे। नलिनी के कान्त से अलग हो जाने के बाद तो उनकी मोटर, उसके होटल की ओर दिन में कई बार जाती नज़र आने लगी।

ह

हंसता ठाकुर खंसता चोर, इन दोनों का आया छोर : जो ठाकुर प्रायः हंसता रहता है, उसके असामी उसका रोब नहीं मानते और जिस चोर को खांसी आती है, वह पकड़ा जाता है।

हंसते घर बसते : हंसी-मज़ाक करते-करते घर बस जाता है, अर्थात् विवाह हो जाता है।

अति उपहास से तिय दुख पाय, झूठी कह्यौ सखी समुझाय।
लोग उक्ति मन में नहि लहै, हंसते ही घर बसते कहै॥

हंसना बाम्हन, खंसना चोर, कूपढ़ कायथ, कुल का बोर : हंसने वाला ब्राह्मण, खांसने वाला चोर और अनपढ़ कायस्थ अपने कुल को डुबा देते हैं।

हंसा थे सो उड़ गये, कागा भये दीवान : जब किसी सज्जन, योग्य या गुणवान् पुरुष के स्थान पर किसी दुर्जन, अयोग्य या गुणहीन व्यक्ति का आधिपत्य हो जाता है।

जब वह घर का मालिक था, तब उसके यहां किसी चीज़ की कमी नहीं थी; सब लोग सुखपूर्वक जीवनयापन करते थे। परन्तु जब से उसका भतीजा मालिक हुआ है, तब से हर चीज़ का अभाव हो गया है। एक दिन खिन्न होकर उसने कहा—'हंसा थे...दीवान।'

हंसि लोढ़ा करै लड़ाई, हम शम्भु नाथ के भाई : हंसकर लोढ़ा लड़ाई करता है कि हम शंकर जी के भाई हैं, क्योंकि लोढ़ा और शिवलिंग दोनों पत्थर के बनते हैं। इस लोकोक्ति का प्रयोग तब करते हैं जब कोई अयोग्य व्यक्ति किसी योग्य व्यक्ति से प्रतिद्वन्द्विता करता है।

हंसिया अपनी ही ओर खींचती है : सज्जन अपने परिवार वालों तथा सम्बन्धियों का सदैव ध्यान रखते हैं।

मैंने तुमसे पहले ही कह दिया था कि वह तुम्हारा भाई है और सदैव तुम्हारा साथ देगा; वह तुम्हारे शत्रु का साथी कदापि नहीं हो सकता। किसी ने सच कहा है कि 'हंसिया...खींचती है।'

हंसिये दूर, पड़ोसी नाहिं : दूर वालों से हंसी-मज़ाक करना चाहिए, पड़ोसी से नहीं करना चाहिए।

तुम प्रायः अपने पड़ोसियों से हंसी-मज़ाक किया करते हो। तुम्हारी यह आदत अच्छी नहीं है। कभी-न-कभी उनसे तुम्हारी लड़ाई अवश्य हो जाएगी। कहावत है—'हंसिये दूर, पड़ोसी नाहिं।'

हंसी में खंसी : बहुत हंसी-दिल्लगी की बात करते-करते लड़ाई-झगड़े की नौबत आ जाती है।

हंसे तो औरों को, रोवे तो अपने को : जब दूसरों पर दुःख पड़ता है तब मनुष्य हंसता है और जब अपने ऊपर पड़ता है तब वह रोता है।

जब मुझे ज्वर आया था, तब तुम हंसते थे। अब तुम्हें ज्वर आ रहा है, इससे तुम रोते हो। बुद्धिमानों ने सच कहा है—'हंसे तो...अपने को।'

हंसे तो हंसिये, अड़े तो अड़िए : जो मनुष्य हमारे साथ जैसा व्यवहार करे, उसके साथ हमें वैसा ही व्यवहार करना चाहिए।

यदि तुम मुझसे स्नेह करोगे, तो मैं भी तुमसे स्नेह करूंगा। पर यदि तुम मुझसे अकड़ोगे, तो मैं भी तुमसे अकड़कर रहूंगा। मेरा आदर्श है—'हंसे तो...अड़िए।'

हज-का-हज और बनिज-का-बनिज : एक पंथ दो काज।

तुम बड़े चतुर हो। माघ में प्रयाग जाओगे, तो संगम में स्नान करोगे और हाई कोर्ट में अपनी अपील भी दाखिल करोगे। इस प्रकार 'हज-का-हज

होगा और बनिज-का-बनिज।'

हज़ार इलाज, एक परहेज़ : संयम करने ने जितना लाभ होता है दवाओं के सेवन से उतना लाभ नहीं होता।

तुम दवा तो बहुत करते हो, परन्तु संयम नहीं करते। इससे तुम्हें अभीष्ट लाभ नहीं होता। सच्ची बात तो यह है कि यदि तुम संयमपूर्वक जीवन व्यतीत करो, तो दवा करने की आवश्यकता ही न पड़े। कहावत प्रसिद्ध है—'हज़ार इलाज, एक परहेज़।'

हज़ार दवा, एक दुआ—ईश्वर से प्रार्थना करने से जो लाभ होता है, वह हज़ारों दवाइयों से नहीं हो सकता।

आप दवा तो अवश्य करते हैं, परन्तु परम पिता से प्रार्थना नहीं करते। यदि आप सच्चे हृदय से ईश्वर से प्रार्थना करें, तो आप देखेंगे कि उससे आपको जितना लाभ होता है, उतना हज़ारों दवाइयों से नहीं होता। मनीषियों ने कहा है—'हज़ार दवा और एक दुआ।'

हज़ारों टांकी सहकर महादेव होते हैं : बिना कष्ट सहे कोई मनुष्य उन्नति नहीं कर सकता।

वह चाहता है कि उसकी उन्नति तो हो जाए, पर उसे कोई कष्ट न उठाना पड़े। किन्तु ऐसा होना असम्भव है। बिना परिश्रम किए और कष्ट सहे किसी का उत्कर्ष नहीं हो सकता। 'हज़ारों टांकी सहकर महादेव होते हैं।'

हज्जाम का उस्तरा, वही मेरे सिर पर, वही तेरे सिर पर : जब दो मनुष्यों के साथ एक ही प्रकार का व्यवहार होता है।

जिस मालिक की नौकरी तुम करते हो, उसी की मैं भी करता हूं। जैसी कठोरता से वह तुमसे काम लेता है, वैसी ही कठोरता का व्यवहार मुझसे भी करता है। 'हज्जाम का...तेरे सिर पर।'

हज्जाम के आगे सबका सिर झुकता है : स्वार्थ-सिद्धि के लिए सबको सिर झुकाना पड़ता है।

बलबीर इतने बड़े काश्तकार हैं। इनके खेतों में हज़ारों मन गल्ला पैदा होता है। परन्तु कचहरी में काम अटका है। बाबू से गिड़गिड़ा रहे हैं। सच कहा है—'हज्जाम के आगे...झुकता है।'

हड़ लगे न फिटकरी, रंग चोखा ही आवे : बिना कुछ खर्च किए काम सुचारु रूप से सम्पन्न हो जाए।

सरला को एक मास्टर साहब पढ़ाने आते हैं। विमला उनके पास बैठकर पढ़ लेती है। एक दिन उन्होंने उससे कहा—क्यों विमला, तुम तो मुफ़्त में ही काम चला लेती हो। 'हड़ लगे...आवे।'

हथिया पूंछ डोलावे, घर बैठे गेहूं आवे : यदि हथिया नक्षत्र के अन्तिम भाग में वर्षा हो जाए तो गेहूं की उपज खूब होती है।

हथिया बरसे चित्रा मंडराय, घर बैठे किसान रिरियाय : यदि हथिया और चित्रा दोनों नक्षत्रों में वर्षा होती है, तो खेती नष्ट हो जाती है। इसलिए किसान को बहुत दुःख

होता है।

हथियार हाथ का : जो शस्त्र हाथ में रहता है, वही काम आता है।

आए तो परीक्षा देने और स्केल तथा परकार घर पर छोड़ आए हो। अब काम कैसे करोगे ? जानते नहीं कि 'हथियार हाथ का' काम आता है ?

हनता को हनिए, दोष-पाप नहिं गनिए : यदि कोई व्यक्ति आपको या दूसरे को मारता हो, तो उसको मारना पाप नहीं है।

यदि आवश्यक होगा, तो कल मैं स्वयं कुछ सेना लेकर शत्रु पर पीछे से आक्रमण करूंगा। जैसे होगा, मैं धोखा देकर ही शत्रु का नाश कराऊंगा। कहा है—'हन्ता को हनिए, पाप-दोष नहिं गनिए।'

हनोज़ दिल्ली दूर अस्त : अभी दिल्ली दूर है; अभी उद्देश्य-सिद्धि में देर है।

आपने रामायण और महाभारत पढ़ लिया तो क्या हुआ ? केवल पुस्तकों के अध्ययन से सच्चा ज्ञान नहीं प्राप्त होता। 'हनोज़ दिल्ली दूर अस्त'।

हम चौड़े बाज़ार सकरा : यदि कोई व्यक्ति अपने को बड़ा और दूसरों को छोटा सिद्ध करने की चेष्टा करे।

हम तुम दोनों हैं महारानी, कौन किसी को देवे पानी : यदि दो व्यक्तियों में से प्रत्येक सुकुमार हो और काम न करना चाहता हो।

हमने क्या घास खोदी है ? : जो मनुष्य अपने को बहुत बुद्धिमान् समझता है, वह दूसरों से ऐसा कहता है।

तुम बड़े काबिल बनते हो और मेरी एक भी बात नहीं मानते। 'मैंने क्या जीवनभर घास खोदी है ?'

हम राजा तू रानी, कौन भरे गगरी से पानी : यदि दो व्यक्तियों में से प्रत्येक अपनी-अपनी ऐंठ में रहे तो काम कौन करेगा ?

हम सांप नहीं कि जियें चाटकर मिट्टी : यदि किसी व्यक्ति से काम तो लिया जाए, पर उसको खाना या मज़दूरी न दी जाए, तब वह ऐसा कहता है।

हमहुं कहब अब ठकुर सोहाती : अब मैं भी स्वामी को पसंद आने वाली बातें ही कहूंगा। उसके हित-अहित की बात का ध्यान छोड़ दूंगा। मंथरा ने यह पंक्ति कैकेयी से कही थी। पूरी अर्द्धाली निम्नलिखित है :

हमहुं केहब अब ठकुर सोहाती। नाहित मौन रहब दिन राती॥

हमारे घर आओगे, तो क्या लाओगे ? तुम्हारे घर आवेंगे, तो क्या खिलाओगे ? : जो व्यक्ति हर दशा में अपना ही लाभ चाहता है।

हयात और मौत किसी के बस की नहीं : जीना और मरना किसी के वश की बात नहीं है।

भाई, अब शोक न करो। तुमने यथाशक्ति अपने वृद्ध पिता की दवा-दारू की, पर वे अच्छे न हुए। इससे अधिक तुम कर ही क्या सकते थे ? 'हयात...नहीं।'

हरका माने, परका न माने : यदि नए मनुष्य को मना किया जाए, तो वह मान जाता

है परन्तु यदि किसी परचे हुए मनुष्य को मना किया जाए, तो वह नहीं मानता है।

हर गुन गावे धक्का खावे, शरीर डोलावे टक्का पावे : यदि किसी स्थान पर साधुओं का निरादर हो परन्तु नर्तकियों का आदर-सत्कार हो।

हर जैसे को तैसा : (1) जो जैसा करता है, उसको वैसा ही फल मिलता है। (2) जिसकी जैसी भावना होती है, भगवान् उसको वैसे ही दिखाई पड़ते हैं।

कोई भगवान् की उपासना विष्णु और कोई शिव अथवा शक्ति के रूप में करता है और भगवान् उसको उसी रूप में फल देते हैं। 'हर जैसे को तैसा।'

हरफ़नमौला : सर्वगुण-सम्पन्न (व्यंग्य में प्रयुक्त); तात्पर्य सर्व-अवगुण-सम्पन्न।

जो तुम्हारा विश्वास करेगा वह कुएं में गिरेगा। 'तुम हरफ़नमौला' हो।

हर रोज़ ईद नेस्त कि हलुआ ख़ुर्द कसे : प्रत्येक चीज़ के लिए समय होता है।

तुम तो काम से कोसों दूर रहते हो और रोज़ छुट्टी ही मनाना चाहते हो। याद रखो कि 'हर रोज़...ख़ुर्द।'

हर सट्टे गुड़ मीठा : जब कोई चाहता है कि हर बार मेरी ही जीत होवे।

वह चाहता है कि हर मुकदमे में उसको विजय प्राप्त हो और उसके प्रतिद्वन्द्वियों को नीचा देखना पड़े। भला 'हर सट्टे में गुड़ कैसे मीठा' हो सकता है ?

हर साल जुल्लाब, हर माह कै; हर हफ़्त हम्माम, हर रोज़ मै : प्रतिवर्ष एक बार जुलाब, हर मास में एक बार वमन, हर सप्ताह में एक बार गर्म जल से स्नान, और प्रतिदिन दवा के रूप में थोड़ी-सी शराब पीने से स्वास्थ्य ठीक रहता है।

हर-हर गाओ, ढोल बजाओ : ईश्वर-भजन करो और आनन्द मनाओ।

हराम की कमाई हराम में गंवाई : जो रकम चोरी, डाका, जुआ, तस्करी से मिलती है, वह फ़ज़ूल खच हो जाती है।

यों तो रुपया सबको अच्छा लगता है परन्तु जो मनुष्य ईमानदारी से थोड़ा धन कमाता है, वह सुखी रहता है। इसके विपरीत जो मनुष्य बेईमानी से रुपया पैदा करता है, वह दुःखी रहता है और उसका धन भी व्यर्थ नष्ट हो जाता है। मसल है—'हराम...गंवाई।'

हरि को भजे सो हरि का होई : जो भगवान् का भजन करता है, वह उसका प्रिय भक्त हो जाता है।

जाति-पांति पूछै नहिं कोई। हरि को भजै सो हरि का होई॥

हरिना समझ समझ बन चरना : हे हरिण, सावधानीपूर्वक वन में चरना, क्योंकि अनेक खतरे रहते हैं। जब किसी व्यक्ति को सावधान करना होता है तब ऐसा कहते हैं।

हरी खेती गाभिन गाय, मुंह पड़े तब जानी जाए : जब तक काम पूरा न हो जाए तब तक उसका कोई ठिकाना नहीं समझना चाहिए, जब तक काम अधूरा रहे तब

तक निश्चिन्त नहीं होना चाहिए।

यद्यपि हमारा मुकदमा अच्छा है तथापि जब तक जज साहब फ़ैसला न सुना दें, तब तक यह नहीं समझना चाहिए कि हमारी डिग्री अवश्य हो जायगी। "हरी खेती...जाय।'

हरे रूख/पेड़ पर सब कोई बैठते हैं : धनी लोगों का साथ सभी देते हैं।

मित्र, तुम धनी आदमी हो, इसलिए सभी लोग तुम्हारा साथ देंगे। मैं निर्धन हूं, मेरा साथ कोई नहीं देगा। 'हरे रूख पर सब कोई बैठते हैं।'

हर्दी न छोड़े ज़र्दी, बुलबुल न छोड़े रंग : किसी की प्रकृति नहीं बदलती।

वह जन्म से कुटिल है। तुम चाहे उसको कितनी ही अच्छी शिक्षा क्यों न दो, वह अपनी आदत नहीं छोड़ सकता। 'हर्दी...रंग।'

हलक़ का न तालू का, यह माल मियां लालू का : ऊपरी आमदनी; जो धन बिना परिश्रम किए हुए प्राप्त हुआ हो।

अगर वह रुपए गिर गए तो मुझे इसकी परवाह नहीं है। मैंने उनके लिए परिश्रम नहीं किया था। 'हलक़ का...लालू का।'

हलक़ रोवे, जीभ टोवे : किसी को बहुत थोड़ा खाना देने पर उक्ति।

जब मैं उसके यहां भोजन करने गया, तब उसने मेरे सामने एक कचौड़ी और ज़रा-सी सब्ज़ी रखी। मैं पछताने लगा कि यहां व्यर्थ आया। 'हलक़ रोवे, जीभ टोवे' वाला हाल हुआ।

हलक़ से निकली खलक़ में पड़ी : जो बात हमारे मुंह से निकल जाती है, वह सारे संसार में फैल जाती है।

कृपया यह बात किसी से मत कहना, नहीं तो सब लोग इसे जान जाएंगे। याद रखो—'हलक़ से...पड़ी।'

हल्दी लगे न फिटकरी, पटाक बहू आन पड़ी : किसी काम के मुफ़्त में हो जाने पर उक्ति।

हल्दी लगे न फिटकरी रंग चोखा उतरे : दे. 'हड़ लगे न फिटकरी रंग चोखा ही आवे।'

हलवा खाने को मुंह चाहिए : जब कोई अयोग्य व्यक्ति कोई अच्छी चीज़ चाहता है, तब व्यंग्य रूप में ऐसा कहते हैं। तात्पर्य यह है कि अच्छी चीज़ें योग्य व्यक्तियों को ही मिलती हैं।

हलवा पूरी बांदी खाए, पोता फेरने बीबी जाए : जब घर का मालिक तो परिश्रम करे और नौकर-चाकर आराम करें।

आपने ऐसे-ऐसे नौकर रखे हैं जो कुछ काम नहीं करते; तिस पर भी आप उनसे कुछ नहीं कहते। उलटे काम न होने पर मुझे डांटते हैं। यह तो वही हाल हुआ कि 'हलवा पूरी...जाए।'

हलवाई की जाई और सोवे साथ कसाई : जब ऊंचे वंश का कोई व्यक्ति नीचों का साथ करता है।

हलवाई की दुकान और दादा जी का फ़ातिहा : दूसरे के माल लुटाने अथवा दूसरे के धन से अपना काम चलाने पर उक्ति।

तुम्हें क्या ? रुपया तो मेरा खर्च होगा। तुम्हें तो केवल शाबाशी लूटने से

मतलब है। 'हलवाई की दुकान...फातिहा।'

हलाल में हरकत, हराम में बरकत : जब अच्छे लोग दुःख पाते हैं और बुरे लोग सुख से जीवन व्यतीत करते हैं।

आजकल का समय उलटा है। जो सज्जन हैं, वे कष्ट भोगते हैं और जो दुर्जन हैं, वे मौज़ उड़ाते हैं। वही मसल है कि 'हलाल...बरकत।'

हवा किस दिशा में बह रही है : ज़माने का रुख क्या है ?

मिस्र के प्रदर्शनकारियों ने सोवियत दूतावास पर जाकर यह नारा लगाया कि हमें सहायता और अस्त्र-शस्त्र दिए जाएं ताकि हम पश्चिमी साम्राज्यवादियों से लड़ सकें। मिस्र सरकार स्वयं इस तरह के नारे के विरुद्ध होगी, किन्तु इससे यह प्रकट होता है कि आज 'हवा किस दिशा में बह रही है।'

हांडी का एक ही चावल देखते हैं : किसी परिवार, जाति या देश के एक ही आदमी को देखने से पता चल जाता है कि शेष लोग कैसे होंगे।

आपके विद्यालय के कुछ छात्रों से बातचीत करके मैं समझ गया हूं कि आपके कालेज में कैसे विद्यार्थी पढ़ते हैं। अन्य विद्यार्थियों से वार्ता करने की कोई आवश्यकता नहीं है। 'हांडी का...देखते हैं।'

हांडी न डोई, घर-घर हमारी रसोई : फ़कीर और साधु लोग ऐसा कहते हैं, जिनके पास गृहस्थी का कोई सामान नहीं होता और जो दूसरों के घरों में तैयार किया हुआ खाना खाते हैं।

हांडी में होगा सो डोई में आप ही आवेगा : जो बात दिल में होगी, वही मुंह से निकलेगी।

आपके मुंह से जो शब्द निकले, उनसे पता चलता है कि मेरे प्रति आपकी क्या भावना है। मसल मशहूर है कि 'हांडी में...आवेगा।'

हाकिम की अगाड़ी और घोड़े की पिछाड़ी से बचना चाहिए : अफ़सर के सामने बार-बार नहीं जाना चाहिए; क्योंकि वह किसी समय रुष्ट हो सकता है। इसी प्रकार घोड़े के पीछे जाने से बचना चाहिए; क्योंकि वह किसी समय लात मार सकता है।

हाकिम के आंख नहीं कान होते हैं : (1) न्यायाधीश देखकर नहीं केवल सुनकर न्याय करते हैं।

(2) जो अफ़सर अपनी आंखों से अपने अधीनों के काम को देखकर पुरस्कार या दंड नहीं देते बल्कि दूसरों के कहने पर ऐसा करते हैं, उनके विषय में ऐसा कहा जाता है।

हाकिम के डपटे और कीचड़ के रपटे का किसने बुरा माना है ? : लोगों को चाहिए कि हाकिम के डांटने और कीचड़ से फ़िसलने की लज्जा न करें।

जज साहब ने अर्दली से कहा—मैंने तुम्हें बेकार डांट दिया था। उसका बुरा मत मानना। अर्दली ने उत्तर दिया—नहीं, हुजूर 'हाकिम के डपटे... माना है ?'

हाकिम हारे, मुंह में मारे : जब कोई अधिकारी या बड़ा आदमी अनुचित बात करने पर

लज्जित या निरुत्तर हो जाता है, परन्तु धमकी देकर अपनी बात मनवा लेता है।

बड़े बाबू की बातें सुनकर जिलाधिकारी निरुत्तर हो गए, पर अपनी प्रतिष्ठा बनाए रखने के लिए उन्होंने फिर धौंस जमाई। इस पर बाबू ने कहा— साहब, आपने तो अच्छी तरह समझ लिया कि मैं निरपराध हूं। तब भी आप मुझे डांटते ही जा रहे है। इसी से कहा—'हाकिम हारे, मुंह में मारे।'

हाज़िर मारे गाफ़िल रोवे : अवसर पर जो मौजूद रहता है, वह लाभ उठाता है; परन्तु जो चूक जाता है, वह पछताता है।

मैंने आपसे कहा था कि 15 नवम्बर को मुझसे मिलिएगा। परन्तु आप नहीं आए। यदि आप आए होते, तो आपका काम हो गया होता। परन्तु अब समय बीत गया। कहावत है—'हाज़िर मारे, गाफ़िल रोवे।'

हाथ कंगन को आरसी क्या : जो वस्तु प्रत्यक्ष है, उसे सिद्ध करने के लिए प्रमाण की आवश्यकता नहीं होती। दे. 'कर कंगन को आरसी।'

अजी, मैं तो कहता हूं कि 'हाथ कंगन को आरसी क्या ?' आप सुशील को अपने साथ ही ले जाइए, वे खुद अपनी आंखों से देख लें कि क्या लड़का सूरत से कम्यूनिस्ट लगता है। (अमृतलाल नागर)

हाथ की लकीरे नहीं मिटतीं : होनहार होकर रहती है, जो कुछ भाग्य में बदा होता है, उसें भोगना ही पड़ता है।

तुम व्यर्थ उस तांत्रिक के चक्कर में पड़े हो। वह चाहे कितना ही तंत्र-मंत्र करे पर तुम्हारे भाग्य को नहीं बदल सकता। कहावत है—'हाथ की लकीरें नहीं मिटतीं।'

हाथ कौड़ी न बाज़ार लेखा : जिस मनुष्य के पास कुछ न हो और बाज़ार में जिस पर कोई विश्वास न करता हो, उसके लिए ऐसा कहते हैं।

हाथ-पांव की काहिली मुंह में मूंछें जांय : जो आलसी है और हाथ-पांव नहीं चलाता, उसको भरपेट भोजन नहीं मिलता।

हाथ बेचा है कुछ जाति नहीं बेची है : यदि कोई मालिक कभी अपने नौकर से ऐसा काम करने कहता है, जो उसकी जाति या धर्म की मर्यादा के विरुद्ध हो, तब नौकर उपर्युक्त कहावत कहता है।

डॉक्टर साहब ने अपने महाराज से कहा—ज़रा मेरे जूतों में पालिश लगा दो। महाराज ने उत्तर दिया—सरकार, मैं ब्राह्मण हूं, जूता नहीं छू सकता। मैंने 'हाथ बेचा है, जाति नहीं।'

हाथ भरे का अहै लड़ैया, नौ गज़ की है पूंछ : किसी छोटे आदमी के बहुत डींग मारने पर।

हाथ में न गात में, मैं धनवन्ती जात में : जिन लोगों के हाथ में न तो पैसा है और न शरीर पर वस्त्र है परन्तु जो झूठी कुलीनता की शेखी मारते हैं, उन पर व्यंग्य है।

तुमने शीला की शेखी सुनी। एक ग़रीब घर की स्त्री है। किसी प्रकार भोजन-वस्त्र मिल जाता है; तिस पर अभिमान ऐसा मानो किसी राजवंश

की गृहलक्ष्मी हों। ऐसे ही लोगों के लिए कहा जाता है कि 'हाथ में... जात में।'

हाथ में लिया कांसा तो रोटियों का क्या सांसा : जब भिक्षा मांगने पर तैयार हो गए तब भला रोटियों की क्या कमी होगी ?

हाथ सुमरनी बग़ल कतरनी : जो लोग धर्मात्मा का ढोंग बनाकर दूसरों को ठगते हैं।

मुख में चार वेद की बातें, तन पर धन पर-तिय की घातें।
धनि बगुला भक्तनि की करनी, हाथ सुमरनी पेट कतरनी॥

हाथ सूखा, फ़कीर भूखा : जब कोई भूखा फ़कीर किसी निर्धन के पास जाता है और वह उसे कुछ नहीं दे सकता।

याचक मेरे पास आया और पेट दिखाकर गिड़गिड़ाने लगा। मेरे पास एक पैसा भी नहीं था। मैं बहुत खिन्न हुआ और मन में कहा–'हाथ...भूखा।'

हाथ से मारे, भात से न मारे : हाथ से चाहे किसी को मार ले, परन्तु किसी की रोज़ी-रोटी नहीं मारनी चाहिए।

आपने बहुत बुरा किया जो अपने चपरासी को बर्खास्त कर दिया; कुछ दंड दे देते, जुर्माना लगा देते, पर नौकरी से न छुड़ाते तो अच्छा रहता। बुद्धिमानों ने कहा है कि किसी को चाहे 'हाथ से...मारे।'

हाथी का दांत, घोड़े की लात, मूंज़ी का चंगुल : इन तीनों से बचना चाहिए।

हाथी का दांत निकला जहां निकला : हाथी का दांत जब एक बार मुंह से बाहर निकल जाता है तब फिर मुंह के भीतर नहीं जाता। तात्पर्य यह है कि जब मनुष्य दुष्चरित्र हो जाता है तब नहीं सुधरता।

रामू अब बेहया हो गया है। उसकी आदतें ऐसी बिगड़ गई हैं कि वे किसी प्रकार सुधर नहीं सकतीं। 'हाथी का दांत...निकला।'

हाथी का पीर अंकुश : हाथी को वश में करने के लिए अंकुश का प्रयोग करना पड़ता है। तात्पर्य यह है कि दुष्टों को दंड दिए बिना काम नहीं चल सकता।

वह बड़ा दुष्ट है, समझाने से कभी न मानेगा। उसे दण्ड दो, तो वह रास्ते पर आ जाएगा। मसल मशहूर है–'हाथी का पीर अंकुश।'

हाथी का बोझ हाथी ही उठाता है : बड़ों का भार बड़े ही उठाते हैं; योग्य व्यक्ति ही कठिन काम कर सकते हैं।

बड़े-बड़े कौं विपति तैं, निहचै लेत उधारि।
ज्यों हाथी को कीच तैं, हाथी लेत निकारि॥ (वृन्द)

हाथी का सूंड़ हाथी को भारी नहीं लगता : अपना भार अपने को भारी नहीं लगता।

भाई, दूसरे के लड़कों का पालन-पोषण कठिन है। अपने परिवार का पालन-पोषण तो सब प्रसन्नतापूर्वक करते हैं। 'हाथी का सूंड़...लगता।'

हाथी के दांत खाने के और, दिखाने के और : कपटी मनुष्य कहते कुछ हैं और करते कुछ हैं, दूसरों को सदुपदेश देना और स्वयं जघन्य कार्य करना।

कहिबा कछु करिबौ कछु, है जग की विधि दोय।
देखन के अरु खान के, और दुरद-रद होय॥ (वृन्द)

हमें चाहिए कि हम यह भी ध्यान रखें कि हर दुनियादार की बातें विश्वास योग्य नहीं हैं। 'हाथी के दांत खाने के और होते हैं, दिखाने के और।'

हाथी के पांव में सबका पांव समाता है : बड़े लोगों के साथ छोटों की भी गुज़र हो जाती है।

एक भेष के आसरे, जाति बरन छिप जात।
ज्यों हाथी के पाव में, सबको पांव समात॥ (वृन्द)

हम लोगों की अनुमति का प्रश्न क्या है ? 'हाथी के पांव में सबका पांव समा जाता है।' हम क्या हैं; आपके प्रश्रय में कुछ व्यवसाय कर लेते हैं। (यशपाल)

हाथी-घोड़े बहते जाएं, गधा कहे कितना पानी : यदि किसी काम को करने में बड़े-बड़े आदमी असफल हो जाएं, और कोई छोटा आदमी उसको करने के लिए तैयार हो।

हाथी चला/फिरे बज़ार, कुत्ते भूकैं हज़ार : बड़े आदमी छोटों की शिकायतों की परवाह नहीं करते।

जब राजा राममोहन राय ने सती प्रथा का विरोध आरम्भ किया, तब अनेक हिन्दुओं ने उनकी घोर निन्दा की, परन्तु उन्होंने उसकी परवाह न की वरन् अपने संकल्प पर अटल रहे। इसी से कहा गया है–'हाथी चला...हज़ार।'

हाथी जाए गांव-गांव, जिसका हाथी उसका नांव : यदि किसी व्यक्ति का कोई कुटुम्बी या सम्बन्धी उन्नति करता है, तो उसका भी नाम होता है।

मित्र, अब तो आपका मित्र जिलाधिकारी हो गया है। इससे आपकी ख्याति चारों और फैल गई है। कहावत है–'हाथी जाए...नांव।'

हाथी निकल गया, दुम रह गई : काम का अधिक भाग समाप्त हो गया, केवल थोड़ा भाग शेष है; कठिन काम समाप्त हो गया है, केवल आसान शेष है।

आप किताब कल ले जाइए। किताब तो सब समाप्त हो गई, केवल परिशिष्ट शेष है। 'हाथी निकल...रह गई।'

हाथी मरा भी तो नौ लाख का : राजा-नवाब चाहे बिगड़ भी जाएं, तो भी वे मामूली आदमियों से श्रेष्ठ होते हैं।

स्त्री गाली सह लेती है, मार भी सह लेती है, पर मायके की निन्दा उससे नहीं सही जाती। आनन्दी मुंह फेरकर बोली, 'हाथी मरा भी तो नौ लाख का।' वहां इतना घी नित्य नाई-कहार खा जाते हैं। (प्रेमचन्द)

हानि-लाभ जीवन-मरण, यश-अपयश विधि हाथ : वशिष्ठ जी ने भरत जी को समझाते हुए जो दोहा कहा था, यह उसकी दूसरी पंक्ति है। पूरा दोहा निम्नलिखित है–

सुनहु भरत भावी प्रबल, बिलखि कहेउ मुनि नाथ।
हानि-लाभ जीवन-मरन, यश-अपयश विधि हाथ॥ (तुलसीदास)

हारिल की लकड़ी, पकड़ी सो पकड़ी : हठी मनुष्य अपना हठ नहीं छोड़ता।

हमारैं हरि हारिल की लकरी।
मन क्रम वचन नंद नंदन उर, यह दृढ़ करि पकरी। (सूरदास)

हारे के हरि/हर नाम : जो मनुष्य धनहीन अथवा शरीर से निर्बल हो जाता है और जिसका कुछ वश नहीं चलता, वह ईश्वर की शरण जाता है।

जब तक तुम्हारे शरीर में बल था और घर में धन था, तब तक तुमने हम लोगों पर अनेक अत्याचार किए और अब निर्बल और निर्धन हो जाने पर भगवद्‍भक्ति करना चाहते हो। सच है–'हारे के हरि नाम।'

हारूं तो हूरूं, जीतूं तो थूरूं : जो मनुष्य सब तरह से ज़बरदस्ती करना चाहता है।

आप धनवान् हैं, और भगवान् ने आपके शरीर में शक्ति दी है। इसलिए आप सब तरह से मेरे साथ ज़बरदस्ती करना चाहते हैं। वही हाल है कि 'हारूं...थूरूं।'

हिकमत-ए-चीन, हुज्जत-ए-बंगाला : चीनी लोग हिकमती होते हैं और बंगाली लोग हुज्जती होते हैं।

हित अनहित पशु पक्षिउ जाना : जानवर और चिड़ियां भी अपनी भलाई और बुराई को जानती हैं; या अपने दोस्त और दुश्मन को पहचानती हैं।

मुनि गुनि निकट बिहंग मृग जाहीं। बाधक बधिक बिलोकि पराहीं॥
हित अनहित पसु पछिउ जाना। मानुष तनु गुन ज्ञान निधाना॥

(तुलसीदास)

हिन्दी न फ़ारसी, लाला जी बनारसी : यदि कोई अशिक्षित व्यक्ति बहुत ठाट-बाट से रहता हो, तो ऐसा कहकर उस पर व्यंग्य करते हैं।

जानते एक अक्षर भी नहीं हैं, लेकिन ठाट ऐसा बनाए फिरते हैं मानों कोई शास्त्री हों। 'हिन्दी न फ़ारसी...बनारसी।'

हिम्मत-ए मरदां-मदद-ए-ख़ुदा : जो मनुष्य साहसी और परिश्रमी होता है, उसकी सहायता ईश्वर भी करते हैं।

भाग्य के भरोसे रहना मूर्खता है। हाथ-पर-हाथ धरे बैठे रहने से कुछ नहीं मिलता। तुम यत्न करो, भाग्य तुम्हारी सहायता करेगा। 'हिम्मते...ख़ुदा।'

हिल न सकूं, मोर तीन बखरा : जो लोग काम नहीं करना चाहते परन्तु लाभ का अधिकतम भाग चाहते हैं।

पति मन हरै न बसन बनावै, कहै सौति घर में नहिं आवै।
लोग उक्ति ज्यों कहैं प्रबीन, उठि न सकै भाग चहै तीन॥

हिलाओ न डोलाओ, मुझे बैठे ही खिलाओ : जो लोग बिना परिश्रम किए ही भोजन-वस्त्र की कामना करते हैं।

तुम लोग इनसे काम लेना चाहते हो। यह बात इन्हें बहुत अखरती है। यह चाहते हैं कि इन्हें 'हिलाओ न...खिलाओ।'

हिसाब जौ-जौ, बख्शीश सौ-सौ : मनुष्य को चाहिए कि हिसाब तो कौड़ी-कौड़ी का करे, चाहे ईनाम में सैकड़ों रुपए दे दे।

यह सरकारी रुपया है। इसका हिसाब प्रत्येक व्यक्ति को देना पड़ता है। इससे आपको बुरा मानने की ज़रूरत नहीं है। हां, यदि आपका काम अच्छा रहेगा तो ईनाम के रूप में आपको एक अच्छी धनराशि मिलेगी। 'हिसाब

जौ-जौ बख़्शीश सौ-सौ।'

हींग जाए, पर बास न जाए : (1) मनुष्य के देहान्त हो जाने पर भी उसकी कीर्ति जीवित रहती है।

(2) धन नष्ट हो जाने पर भी मनुष्य की बुरी आदतें नहीं छूटतीं।

हींग लहसुन में ना मिले, घन कस्तूरी बास : हींग और लहसुन की दुर्गन्ध ऐसी तेज़ होती है कि कपूर और कस्तूरी से भी नहीं जाती। तात्पर्य यह है कि दुष्टों का स्वभाव सज्जनों के साथ रहने पर भी नहीं बदलता।

हींग लगे न फिटकरी, रंग चोखा आवे : दे. 'हड़ लगे न फिटकरी रंग चोखा आवे।'

हुई फ़ज़र चूल्हे पर नज़र : प्रातःकाल होते ही भोजन की चिन्ता लगती है।

जब मैं देहात में थी, तब मज़े से दोपहर को भोजन बनाती थी। परन्तु जब से शहर में आई हूं तब से प्रातःकाल होते ही चूल्हा जलाना पड़ता है। 'हुई फ़ज़र चूल्हे पर नज़र।'

हुए तो जैसे, न हुए तो जैसे : जिससे अपना कुछ लाभ न हो, उसका रहना और न रहना बराबर है।

हुकूमत की घोड़ी, छः पंसेरी दाना : हाकिम की घोड़ी छः पंसेरी दाना खाती है। वास्तविक बात तो यह है कि वह एक ही पंसेरी खाती है। शेष सब बीच वाले खा जाते हैं। जब किसी सरकारी काम पर बहुत अधिक रुपया खर्च हो जाता है जितना वास्तव में खर्च नहीं होना चाहिए, तब कहते हैं।

हुज़ूरी की मज़दूरी भली : मालिक की उपस्थिति में ही काम करना अच्छा रहता है।

हेमदान गजदान ते, बड़ो दान सम्मान : सम्मान के बराबर और कोई दान नहीं होता। (हेमदान=सोने का दान; गजदान=हाथी का दान)

आप दान तो हम लोगों को अवश्य देते हैं, पर आपके यहां हम लोगों का यथेष्ट सत्कार नहीं होता। गोपाल बाबू के यहां हमें उतना दान तो नहीं मिलता, पर वह हमारा बहुत सम्मान करते हैं। इससे सब लोग उनके यहां से सन्तुष्ट होकर लौटते हैं। 'हेमदान गजदान ते, बड़ो दान सम्मान।'

है सबका गुरुदेव रुपैया : संसार में धन ही सब कुछ है।

जब तक वह निर्धन था तब तक कोई उसकी बात भी न पूछता था। परन्तु जब से उसके पास धन हो गया है, तब से सैकड़ों बड़े आदमी उसके पीछे लगे रहते हैं और उसकी हां-में-हां मिलाते रहते हैं। कहावत प्रसिद्ध है—'है सबका गुरुदेव रुपैया।'

होंठ से निकली, हुई पराई बात : जो बात हम कह देते हैं, वह गुप्त नहीं रह सकती; उसे सब लोग जान जाते हैं।

गुरुजी ने हम लोगों को समझाया कि जो बात गुप्त रखना चाहते हो, उसे किसी से मत कहो, अन्यथा सब लोग जान जाएंगे। होंठ से निकली, हुई पराई बात।'

होंठों से अभी दूध की बू न गई : अभी तुम बिल्कुल बच्चे हो।

अभी तुम हो कितने दिन के ? भला मेरा मुकाबला कैसे कर सकते हो ?

तुम्हारे 'होंठों से तो अभी दूध की बू भी नहीं गई है।'

होड़ का कार, जी का भार : जिस व्यापार या व्यवसाय में अन्य लोगों का मुकाबिला करना होता है, उसमें बहुत चिन्ता रहती है।

पहले इस मौहल्ले में केवल मेरी ही दुकान थी। इसलिए मैं जिस चीज़ को जिस भाव चाहता था, बेचता था। परन्तु अब कई दुकानें खुल गई हैं। 'होड़ का कार, जी का भार।'

होड़ लीजे जोड़, उधार दीजे छोड़ : बाज़ी में जीता हुआ धन कदापि नहीं छोड़ना चाहिए चाहे उधार दिया हुआ धन भले ही छोड़ दिया जाए।

उसने मेरे साथ एक हज़ार रुपए की बाज़ी लगाई थी। मैंने बाज़ी जीत ली है। अब मैं वह धन उससे अवश्य वसूल करूंगा, क्योंकि मेरा सिद्धान्त है–'होड़ लीजे जोड़, उधार दीजे छोड़।'

होत का बाप, अनहोत की मां : सम्पत्ति में पिता और विपत्ति में मां काम आती है।

जब तक सुरेश स्वस्थ था और धनोपार्जन करता था तब तक सब उसको हाथों पर लिए रहते थे। परन्तु जब वह क्षय रोग से ग्रस्त हो गया और चारपाई पर पड़ गया, तब कोई उसकी बात नहीं पूछता था। उसका पिता भी उसके निकट नहीं जाता था। केवल उसकी मां उसकी सेवा किया करती थीं। किसी ने ठीक कहा है–'होत का बाप, अनहोत की मां।'

होत की जोत है : जब तक दीपक में तेल रहता है तभी तक प्रकाश होता है। तात्पर्य यह है कि जब तक धन रहता है तभी तक सब कुछ रहता है।

जब तक उसके पास धन था तब तक सब लोग उसकी हां-में-हां मिलाते थे और उसका आदर-सत्कार करते थे। परन्तु जब वह निर्धन हो गया, तब उसके सब सम्बन्धी और मित्र उससे विरक्त हो गए। सच है–'होत की जोत है।'

होनहार बिरवान के होत चीकने पात : जिस व्यक्ति को भविष्य में महत्त्वशाली बनना होता है, उसके वैसे होने के लक्षण बचपन से ही दिखाई देने लगते हैं। यह वृन्द कवि के दोहे की दूसरी पंक्ति है। पहली पंक्ति निम्नांकित है :

कुल सपूत जान्यौ परै, लखि सुभ लच्छन गात।

स्वामी रामतीर्थ को बचपन से ही सत्संग का बड़ा शौक़ था। राम और कृष्ण की कथायें सुनकर उनकी आंखें सजल हो जाती थीं, रोम-राम में प्रेम का संचार हो जाता था। सच है–'होनहार बिरवान...पात।'

होनहार मिटती नहीं, होवे बिस्से बीस : जो कुछ भाग्य में बदा होता है, वह अवश्य घटित होता है।

दुर्योधन के भाग्य में बदा था कि वह महाभारत के युद्ध में मारा जाए और उसके द्वारा कौरवों का विनाश हो। इसलिए उसने किसी की बात न सुनी। कहावत है–'होनहार मिटती...बीस।'

होनहार हिरदै बसै, बिसर जाए सब सुद्ध; जैसी हो होतव्यता/भवितव्यता तैसी उपजै बुद्ध जैसी होनहार होती है वैसी ही मनुष्य की बुद्धि हो जाती है।

भवितव्यता बड़ी प्रबल होती है। वह मनुष्य से ऐसे-ऐसे काम करा लेती है, जिनसे बाद में उसे बड़ा खेद होता है। किसी ने सच कहा है—'होनहार हिरदै बसै...उपजै बुद्ध।'

होनहार हो के रहती है : दे. 'होनहार हिरदै बसै...उपजै बुद्ध।'

जानहार सो जाय अरु, होनहार है आय।
रावन तें लंका गई, बसे विभीषन पाय॥ (वृन्द)

होनी होय सो होय : दे. 'होनहार हो के रहती है।'

अनहोनी के होन को, ताकत हैं सब कोय।
अनहोनी होती नहीं, होनी होय सो होय॥

होनी थी सो हो ली : जो कुछ होना था सो हो गया; अब उसका सोच करना व्यर्थ है।

नेकी बदी हुती जो लिखी भाल में
होनी हुती सो तो हो चुकी री।

होहिं न दोउ एक संग भुआला, हसब ठठाइ फुलाइब गाला : दो विपरीत काम एक साथ नहीं हो सकते।

या तो जीवन में आमोद-प्रमोद करो और ऐहिक जीवन का रस लूटो अथवा तपस्या करके ईश्वर का सान्निध्य प्राप्त करो। इन दोनों कामों में परस्पर बहुत विरोध है और ये दोनों साथ-साथ नहीं किए जा सकते। 'होहिं न दोउ...गाला।'

हौज़ भरे तो फ़ौव्वारे छूटें : आमदनी हो तो ख़र्च किया जाए।

तुम कहते हो दीवाली आई है, कुछ खर्च करो। अरे भाई, घर में कुछ है ही नहीं, खर्च क्या करूं? 'हौज़ भरे, तो फ़ौव्वारे छूटें।'

उर्दू की लोकोक्तियां

अ

अँधे को दाद न फ़रियाद अँधा मार बैठेगा : सिरफिरे आदमी से बात करना बेकार है

जिस तरह से अँधे को दाद न फ़रियाद अँधा मार बैठेगा, वैसे ही तुम से बात करना है। मेरी गलती थी जो तुम्हें समझाने चला आया।

अक़्ल का चिराग़ गुल होना : समझ में फ़र्क़ आना

क्या उलटी-सीधी बातें कर रहे हो? मेरी बात समझते क्यों नहीं? क्या तुम्हारी अक़्ल का चिराग गुल हो गया है?

अक़्ली गुद्दा लगाना : अटकल से बात करना, अटकलें लगाना

अक़्ली गुद्दा मत लगाओ, इस बात का कोई ठोस हल तलाश करो।

अजब ज़ात शरीफ़ हैं : बहुत बदतमीज़ हैं

तुम्हारा बेटा भी अजब ज़ात शरीफ है, अपने उस्ताद तक को भी कुछ नहीं समझता।

अज़ाब मोल लेना : ख़ुद ही किसी मुसीबत में पड़ जाना

तुमसे दोस्ती करके तो मैंने ज़िंदगी भर का अज़ाब मोल ले लिया है।

अमलदारी उठ जाना : हुकूमत ख़त्म होना

1860 के दशक में दिल्ली को छोड़कर मुगल शासकों की अमलदारी पूरे उत्तर भारत से उठ चुकी थी।

अमली सूरत इख़्तियार करना : किसी काम का पूरा हो जाना

तुम देखोगे कि मेरी योजना जब अमली सूरत इख़्तियार करेगी, तो यह देश की उन्नति में कितनी सहायक सिद्ध होगी।

अर्श पर झंडा गाड़ना : बहुत बड़ा काम करने का दावा करना

एक परीक्षा पास करके तुम ऐसे इतरा रहे हो मानो अर्श पर झंडा गाड़ दिया हो।

अर्श पर दिमाग़ होना : बहुत घमंड होना

इस दुनिया में तुम्हारी हस्ती ही क्या, केवल एक मिट्टी का लोथड़ा; फिर क्यों तुम्हारा दिमाग़ अर्श पर रहता है?

अल-ख़ामोशी नीम-रज़ा : चुप रहना कुछ-कुछ रज़ामंदी की निशानी है

यदि युवती से विवाह के बारे में पूछा जाए और वह ख़ामोश रहे तो यह उसकी स्वीकृति होती है क्योंकि अल-ख़ामोशी नीम रज़ा है।

अहमद की पगड़ी महमूद के सिर : एक का इल्ज़ाम दूसरे के सिर

इस कलियुग में अपना अपराध छुपाने के लिए लोग अहमद की पगड़ी महमूद के सिर पर बाँधने से ज़रा भी नहीं हिचकिचाते।

आ

आँखों से हया धो डालना : बेशर्म हो जाना

अपनी आँखों से हया मत धो, कुछ तो अपने बड़ों का सम्मान करो।

आक़बत बिगाड़ना : गुनाहगार बनना

अपने माँ-बाप को बुरा कहकर अपनी आक़बत क्यों बिगाड़ रहे हो?

आक़बत के बोरिये समेटना : उम्र भरे गुनाह करते जाना

ज़िन्दगी भर आक़बत के बोरिये समेटते रहे उम्र के आखिरी दौर में तो कुछ अच्छा काम कर जाओ।

आपकी जूतियों का सदक़ा है : जो कुछ भी है सब आपकी बदौलत है

मेरे बुज़ुर्गो, मेरे पास जो कुछ भी धन-दौलत है वह सब आपकी जूतियों का सदक़ा ही है।

आप से गया जहान से गया : जो अपने काम न आये वह मरे हुए के बराबर है

जो आदमी अपनी ही रोज़ी रोटी नहीं कमा सके, वह किसी काम का नहीं होता। उसके बारे में तो यही कहा जा सकता है कि जो आप से गया जहान से गया।

आब आब होना : शर्मिंदा होना

भरी महफ़िल में अगर शरीफ़ आदमी को कोई तेज़ आवाज़ में ज़रा भी कुछ कह दे तो यह उसके आब आब होने के लिए काफ़ी है।

आबनूस का कुंदा : बहुत ज़्यादा काला होना

माँ-बाप इतने गोरे और बेटा ऐसा जैसे कि आबूनस का कुंदा।

आबरू ख़ाक में मिलाना : बे-इज़्ज़त करना

ठाकुर साहिब की लड़की ने घर से भागकर उनकी आबरू ख़ाक में मिला दी।

आबरू पर दाग़ लगना : बदनाम होना,

ख़ानदानी आदमी कोई ऐसा काम नहीं करता जिससे उसकी आबरू पर दाग़ लगे।

आ बे लौंडे जा बे लौंडे : काम के बहाने दौड़ाना

अच्छा मालिक वही होता है जो नौकर को भी इंसान समझे और हमेशा उसे आ बे लौंडे जा बे लौंडे नहीं कहता रहे।

आशिक़ी ख़ाला जी का घर नहीं : आशिक़ी बहुत मुश्किल काम है

तुम आशिक़ी करने चले हो और सबसे डरते भी हो, मेरे दोस्त आशिक़ी ख़ाला जी का घर नहीं कि हर कोई इसको करने का साहस कर सके।

इ

इल्लत लगाना : आदत लगाना

चाय हो या शराब, इल्लत हर चीज़ की बुरी है।

इश्क़ व मुश्क छिपाये नहीं छिपती : प्यार व खुशबू हर हाल में ज़ाहिर होती है

एक न एक दिन यह क़िस्सा सामने आना ही था क्योंकि इश्क़ व मुश्क छिपाये नहीं छिपते।

इस्मत पर हर्फ़ आना : बदनामी होना

बेटी! यह बात ध्यान में रखना कि तुम से कोई ऐसा काम न हो जिससे मेरी या तुम्हारी इस्मत पर हर्फ़ आए।

ई

ईद का चाँद होना : बहुत दिनों के बाद दिखाई देना

तुम तो आजकल बिल्कुल ईद का चाँद हो गए हो।

ईद के पीछे टर : समय गुज़र जाने के बाद खुशी मनाना

कल मेरा विवाह था और तुम आज आए हो। इसी को कहते हैं कि ईद के पीछे टर मनाने चले आए।

उ

उँगली कटाकर शहीदों में दाख़िल होना : छोटा काम करके बड़ा काम करने का दावा करना

जब सारा इंतज़ाम हो गया तो विवाह का इंतज़ाम देखने आए हो, क्या उँगली कटाकर शहीदों में दाख़िल होना चाहते हो।

उम्र का पैमाना भर जाना : ज़िंदगी पूरी हो जाना

मियाँ, अब तो कोई नेक काम कर लो, तुम्हारी उम्र का पैमाना भी अब भरने को है।

ऐ

ऐन-ग़ैन होना : होश उड़ना

अपना झूठ सामने आते ही उसकी हालत ऐन-ग़ैन हो गई।

ऐश व इशरत में पड़ना : ज़िंदगी के मज़े उड़ाना

ऐश व इशरत में पड़कर अपनी ज़िंदगी मत बर्बाद करो, कोई ढंग का काम करो।

औ

औरों को नसीहत अपने तईं फ़ज़ीहत : औरों को नसीहत दें मगर ख़ुद उस पर अमल न करना

आजकल के मौलवियों और साधुओं का बिगड़ा हुआ हाल देखकर तो यही कहने को जी चाहता है, कि औरों को नसीहत अपने तईं फ़ज़ीहत।

क

क़ज़ा आना : मौत आना

तुम चाहे कहीं रहो, तुम्हारी क़ज़ा वहीं पर आ जाएगी।

क़दम बोसी करना : पाँव छूकर सम्मान देना

मेरे बुज़ुर्ग आप मेरे घर तशरीफ़ लाएं। मेरा दिल चाहता है कि मैं आपकी क़दम बोसी करूँ।

कन्ने ढीले होना : घमंड चकनाचूर हो जाना

भारत के हाथों टैस्ट सीरीज़ गँवाने के बाद ऑस्ट्रेलियन टीम के कन्ने ढीले हो गए।

कफ़ ए अफ़सोस मलना : दुख मनाना

मैंने तुमसे पहले ही कहा था कि कोई भी काम करने से पहले योजना बनाना अच्छा होता है, अब नुक़सान होने के बाद कफ़ ए अफ़सोस मलने

से क्या फ़ायदा।

क़फ़न फाड़कर चीख़ना : अचानक चिल्ला उठना

क्या तुमने कोई भूत देख लिया जो ऐसे कफ़न फाड़कर चीख़ रहे हो?

क़ब्र में पाँव लटकाए बैठना : मरने के क़रीब होना

क़ब्र में पाँव लटकाए बैठे हो अब तो सुधर जाओ।

कबाब में हड्डी : किसी के बीच में बिना ज़रूरत पड़ना

तुम दोनों दोस्त अपनी बातें करो मैं तो जा रहा हूँ, मैं कबाब में हड्डी क्यों बनूँ!

क़ब्ज़े पर हाथ डालना : दूसरे के अधिकार हथियाना

दूसरे के क़ब्ज़े पर हाथ डालना हर किसी के बस की बात नहीं, यह तो कोई बहुत ही चालाक आदमी कर सकता है।

क़यामत का सामना करना : सख़्त मुसीबत का सामना करना

भूकम्प के बाद लोगों को जीवन की कठिनाइयों के कारण क़यामत का सामना करना पड़ा।

क़लई खुल जाना : सच सामने आ जाना

सत्ता से हटते ही नेता जी की क़लई खुल गई।

कशमकश का शिकार होना : उहापोह में पड़ना

मैं तुम्हारे सामने बहुत पहले ही विवाह का प्रस्ताव रखना चाहता था, मगर माता-पिता के कारण कशमकश में था।

क़हर बरपा करना : बर्बादी का काम करना

तैमूर ने दिल्ली पर ऐसा क़हर बरपा किया कि लोग त्राहि-त्राहि कर उठे।

क्या पिद्दी क्या पिद्दी का शोरबा : छोटी सी चीज़ की क्या हैसियत है

क्या पिद्दी क्या पिद्दी का शोरबा, मगर पाकिस्तान भारत को नेस्तनाबूद करने की धमकी देने से बाज़ नहीं आता।

क़ज़िया पाक करना : मार डालना

अगर अबकी बार तुम मेरे घर मुझसे लड़ने आए तो मैं एक बार में तुम्हारा क़ज़िया पाक कर दूँगा।

क़ाफ़िया तंग होना : परेशान होना

अभी तुम मुझे जानते नहीं हो। मैंने अच्छे-अच्छों का काफ़िया तंग कर दिया है।

क़ायम मुक़ाम होना : दूसरे की जगह काम करना

लाल बहादुर शास्त्री की मृत्यु के पश्चात गुलज़ारी लाल नंदा उनके क़ायम मुक़ाम बने।

क़ायल माक़ूल होना : लाजवाब करना, झूठ साबित करना

तुम चाहे कितनी कोशिश कर लो मगर मुझे क़ायल माक़ूल न कर सकोगे।

किस मुँह से कोसूँ : बुरा कहना चाहने पर भी बुरा न कह पाना

मुसीबत के समय उसने मुझे सहारा दिया है अब उसे किस मुँह से कोसूँ।

ख

ख़ता करे बीवी पकड़ी जाए बांदी : ग़लती किसी की और सज़ा किसी दूसरे को मिले

बेटे के व्यापार में घाटे की भरपाई पिता ने अपनी सारी जमापूँजी देकर की। यह तो वही बात हुई कि ख़ता करे बीवी पकड़ी जाए बांदी।

ख़्याली पुलाव पकाना : ऐसी बातें सोचना जो मुमकिन न हों

अब ख़्याली पुलाव पकाना छोड़कर हक़ीक़त को समझो। तुम्हारे पिता उस लड़की से शादी करने को रज़ामंद नहीं होंगे तो तुम अपना घर कैसे बसाओगे।

ख़स्ताहाल होना : आर्थिक तंगी

इस महंगाई के दौर में तो बहुत से लोग ख़स्ताहाल हो गए हैं।

ख़ंदक़ पार करना : रुकावट दूर करना

सीमा सुरक्षा बल के जवानों ने दुश्मन की चौकी ध्वस्त करके खंदक पार कर ली।

ख़ाक न धूल बकाईन के फूल : बहुत ज़्यादा कंगाल आदमी

ख़ाक न धूल बकाईन के फूल और बात कर रहे हो पूरे गाँव को दावत खिलाने की।

खाना हज़म न होना : बेचैन होना

तुम्हारी आदत है कि जब तक तुम अपनी बात न कह लो तुम्हारा खाना हज़म ही नहीं होता।

ख़ार खाना : किसी से दुश्मनी रखना

साथ-साथ काम करने वालों से ख़ार खाना अच्छी बात नहीं है।

ख़िदमत से अज़मत : सेवा से मेवा मिलता है

उस्ताद की ख़िदमत किए जाओ क्योंकि ख़िदमत से ही अज़मत मिलती है।

ख़ुदी और ख़ुदाई में बैर है : ख़ुदा घमंड को पसंद नहीं करता

अपने आप पर इतना घमंड मत करो नहीं तो बर्बाद हो जाओगे, क्योंकि ख़ुदी और ख़ुदाई में बैर होता है।

ख़ुमार चढ़ना : किसी चीज़ के मद में डूबना

नेता जब तक किसी पद पर रहता है उस पर अपने पद का ख़ुमार चढ़ा रहता है और वह चुनाव से पहले किए सारे वादे भूल जाता है।

ख़ुर्रांट जिन्न को शीशे में उतारना : बहुत ज़्यादा चालाक आदमी को क़ाबू में करना

सरदार पटेल तो ख़ुर्रांट से ख़ुर्रांट जिन्न को भी शीशे में उतारना जानते थे।

ख़ुशामद से आमद है : चापलूसी से कुछ हासिल करना

मालिक की बात पर विरोध कैसा प्रकट करना, यह तो इस संसार की रीत है कि ख़ुशामद से आमद है।

ख़ेमे में चले जाना : किसी गिरोह में शामिल होना

आजकल के भ्रष्ट नेता सत्तापक्ष के ख़ेमे में चले जाने को बड़ी शान की बात समझते हैं।

ख़ैरात के टुकड़े और बाज़ार में डकार : दूसरों के धन को अपना समझकर संतुष्टि प्रकट करना

कहीं ऐसा भी होता है कि ख़ैरात के टुकड़े खाओ और बाज़ार में डकार लो, अपने पास का थोड़ा सा धन भी मन को शांति प्रदान करता है।

ग

गंजे को ख़ुदा नाख़ून न दे जो गंज खुजाए : ख़ुदा हर व्यक्ति को उसके हिसाब से ही अधिकार देता है

तुम कहते हो कि अगर मैं चुनाव जीत गया तो अपने विरोधियों को मिट्टी में मिला दूँगा, मगर भाई तुम चुनाव जीतोगे ही नहीं क्योंकि ख़ुदा गंजे को नाख़ून नहीं देता जो गंज खुजाए।

ग़ज़ब जोतना : हँगामा मचाना

मैंने ज़रा सा मज़ाक़ ही तो किया था, तुमने क्यों इतना ग़ज़ब जोत रखा है।

ग़टपट होना : आपस में गठजोड़ करना

ज़रूरत पड़ने पर राजनेता अपने विरोधियों से भी गटपट करने लगते हैं।

गठरी हलाल बक़चा मुरदार : थोड़े में ईमानदारी और ज़्यादा में बेईमानी

नेता कोई दूध का धुला नहीं होता, बस अंतर इतना होता है कि कुछ अपने लिए गठरी हलाल बक़चा मुरदार मानते हैं

गधे को हलवा पूरी ख़ुश्का खिलाना : बेवक़ूफ़ को बड़ा काम देना या सम्मान देना

भ्रष्ट लोगों को सत्ता दिलाकर जनता ने ऐसा ही किया जैसे कि उसने गधों को हलवा पूरी ख़ुश्का खिला दिया हो।

ग़ारत होना : बर्बाद होना

तुम्हारी रोज़-रोज़ की इस बक-बक ने मेरा सकून ग़ारत कर दिया है।

गुल गपाड़ा करना : बहुत ज़्यादा शोर मचाना

जहाँ कुछ बच्चे इकट्ठे होते हैं वहाँ गुल गपाड़ा तो मचता ही है।

ग़ोता खाना : धोखा खाना

तुम मुझे ग़ोता नहीं दे सकते, मैं तुम्हारी आदत को अच्छी तरह जानता हूँ।

घ

घर के पीरों को तेल का मलीदा : अपनों की बेक़द्री

भारत में इतने अच्छे डॉक्टर हैं, इसके बावजूद भी अगर कोई इलाज कराने को विदेश जाता है तो उसके लिए यही कहा जा सकता है कि वे घर के पीरों को तेल का मलीदा खिलाने वालों में से है।

घोड़े जोड़े की ख़ैर : घर-बार और इज़्ज़त बनी रहे

यह सारा कार्यक्रम अच्छी तरह गुज़र जाए तो समझो कि घोड़े और जोड़े की ख़ैर बनी रही।

च

चाँद पर ख़ाक नहीं पड़ती : अच्छे कभी बुरे नहीं हो सकते

गाँधी जी को चाहे कोई कितना ही बुरा क्यों न कह ले कोई फ़र्क नहीं पड़ेगा, क्योंकि सब जानते हैं कि चाँद पर ख़ाक नहीं पड़ती।

चट मँगनी पट ब्याह : किसी काम को जल्द से जल्द पूरा करना

उन्होंने तो पहली बार मिलने के तीन बाद ही विवाह करके चट मँगनी पट ब्याह की कहावत चरितार्थ कर दी।

चरागाह बनना : सब के इस्तेमाल की जगह बनना

भारतीय राजाओं की आपसी शत्रुता के कारण ही मध्य एशिया के आक्रमणकारियों ने भारत को अपनी चरागाह बना रखा था।

चार चुल्लू ख़ून चढ़ाना : बहुत ज़्यादा ख़ुशी देना

रामचन्द्र जी का अयोध्या वापसी का समाचार सुनकर नगरवासियों में ऐसा उत्साह पैदा हुआ मानो उनको चार चुल्लू ख़ून चढ़ा दिया गया हो।

चिराग़ी चढ़ाना : भेंट चढ़ाना

भ्रष्ट अधिकारी को जब तक चिराग़ी न चढ़ाओ तब तक वह कोई भी काम करने को राज़ी नहीं होता है।

चींटियों भरा कबाब : झगड़े भरी चीज़

ईराक की तेल संपदा योरोपीय और अमरीकी देशों के बीच में चींटियों भरे कबाब के समान है।

चुप की दाद ख़ुदा देता है : अच्छा काम कभी बेकार नहीं जाता

परोपकारी व्यक्ति चुपचाप समाज की भलाई में लगे रहते हैं क्योंकि चुप की दाद तो ख़ुदा देता है।

छ

छाती पर चढ़कर ढाई चुल्लू लहू पीना : सामने रहकर बहुत ज़्यादा तकलीफ़ पहुँचाना

शिवाजी ने मुगल साम्राज्य के बीच में ही अपना राज्य स्थापित कर लिया और मुगलों की छाती पर चढ़कर ढाई चुल्लू लहू पीते रहे।

ज

ज़बान शीरीं और मुल्क बाँका : मीठा बोलने वाले को सब प्यार करते हैं

यदि तुम चाहते हो कि लोग पीठ पीछे भी तुम्हें अच्छा कहें तो अपना व्यवहार बदलो क्योंकि याद रखो कि ज़बान शीरीं और मुल्क बाँका होता है।

ज़ब्ती में आना : कब्ज़े में आना

1947 में जो लोग भी पाकिस्तान पलायन कर गये, उनकी सारी जायदाद सरकार की ज़ब्ती में आ गई।

ज़म का पहलू निकालना : बुराई करने की वजह ढूँढना

तुम चाहे कितने ही ज़म के पहलू निकालते रहो, मगर हमारी प्रतिष्ठा को कोई नुकसान नहीं पहुँचा सकते।

ज़मीन आसमान के क़ुलाबे मिलाना : झूठ-सच बातें करना

ज़मीन आसमान के क़ुलाबे मिलाना छोड़कर कुछ काम करके दिखाओ।

ज़र के आगे ज़ोर नहीं चलता : रुपये पैसे के आगे किसी का वश नहीं चलता

मज़दूर चाहे कितना भी ताक़तवर क्यों न हो मगर वह अपने मालिक से नहीं जीत सकता, क्योंकि ज़र के आगे ज़ोर नहीं चलता।

ज़र को ज़र ही खींचता है : धन से ही धन कमाया जा सकता है

यह इस युग की बात नहीं सदैव से ऐसा ही होता आया है कि ज़र को ज़र ही खींचता चला आया है।

ज़र्रा ज़हूर : थोड़ा बहुत

मुझसे दान दहेज में अधिक की आशा न रखना क्योंकि मेरे पास जो कुछ ज़र्रा ज़हूर है वह मेरी बेटी ही है, इसके अलावा मेरे पास कुछ नहीं है।

ज़रूरत ईजाद की माँ है : आवश्यकता आविष्कार की जननी है।

आदमी इतना मजबूर नहीं है कि किसी चीज़ के न मिलने पर उसका काम रुके। वह कोई बदल पैदा कर ही लेता है क्योंकि ज़रूरत ईजाद की माँ होती है।

ज़रा अक़्ल के नाख़ून लो : सोच समझकर बात करो

मेरे भाई! ज़रा अक़्ल के नाख़नू लो। ऐसा कैसे हो सकता है कि मैं तुमको इतना प्यार भी करूँ और तुम्हारा बुरा भी चाहूँ।

ज़र्रे को आफ़ताब बनाना : छोटे व्यक्ति को बहुत बड़ा पद देना

मुझे यह नौकरी देकर आपने ज़र्रे को आफ़ताब बना दिया।

ज़र्फ़ पैदा करना : हौसला पैदा करना

लोगों की कड़वाहट का सामना करने का अपने अंदर ज़र्फ़ पैदा करो, तब ही तुम इस दुनिया में कामयाब होगे।

जवानी में मांझा ढीला : ताक़त की उम्र में ही सुस्ती दिखाना

आजकल के युवाओं का कुछ न पूछो, उनकी जीवन शैली के कारण उनका तो जवानी में ही मांझा ढीला हो गया।

जान आफ़त में होना : बहुत ज़्यादा परेशान होना

जब दो शक्तिशाली लोगों के बीच दुश्मनी होती है तो उनके साथ वालों की जान आफ़त में आ ही जाती है।

जान की जान गई ईमान का ईमान गया : हर ओर से नुक़सान

अपने सलाहकारों की सलाह न मानकर तुम्हारे साथ व्यापार करने पर तो मेरी जान की जान गई ईमान का ईमान गया।

जान पर आसमान टूटना : बहुत बड़ी मुसीबत में घिर जाना

बारिश के कारण बाँध टूटने का समाचार सुनकर गाँववालों की जानो पर आसमान टूट पड़ा।

जान सलीब पर टँगना : घोर चिन्ता में पड़ना

आजकल जब घर का कोई सदस्य यात्रा पर जाता है दुर्घटनाओं की आशंकाओं के कारण जब तक वह वापिस नहीं आता घर के लोगों की जान सूली पर टँगी रहती है।

ज़ानू पर सिर झुकाना : सोच में डूबना

जैसे ही भारत विभाजन का समाचार फैला, हर बुद्धिमान भारतवासी का सिर ज़ानू पर झुक गया।

ज़ामनी पर छोड़ना : ज़िम्मेदारी पर छोड़ना

जज साहिब, यह मेरा छोटा भाई है। मैं वायदा करता हूँ कि यह अब फिर कभी कोई अपराध नहीं करेगा। इसको मेरी ज़ामनी पर छोड़ दीजिए।

ज़हूर में लाना : सामने लाना

कल तक तो तुम कह रहे थे कि तुम्हें कुछ नहीं मालूम, आज ऐसा क्या हो गया जिसको तुम ज़हूर में लाना चाहते हो।

ज़ालिम की दाद ख़ुदा के घर : सताने वाले को सज़ा ख़ुदा देता है

कोई बात नहीं अगर तुम ज़ुल्म करोगे तो याद रखो कि ज़ालिम की दाद ख़ुदा के घर है।

ज़ाहिर व बातिन एक सा होना : बातों और कामों में एक सा दिखाई देना

अच्छा आदमी वही है जिसका ज़ाहिर व बातिन एक सा हो।

जितनी देग़ उतनी खुरचन : फ़ायदा पूँजी के हिसाब से होता है

केवल बीस हज़ार रुपये से कारोबार शुरू करने के बाद उससे तीस हज़ार रुपये महीने की आमदनी की उम्मीद करते हो। क्या तुम्हें नहीं मालूम कि जितनी देग़ होगी उतनी ही खुरचन होगी।

ज़िंदगी दोज़ख़ बनाना : बुरी हालत कर देना

तुम मेरा पीछा क्यों नहीं छोड़ देते, तुम्हारी जुए की आदत ने मेरी ज़िंदगी दोज़ख़ बना रखी है।

ज़िंदगी दूभर करना : बहुत परेशान करना

तुमने तो मेरी ज़िंदगी दूभर कर दी, कोई पल चैन ही नहीं लेने देते।

ज़िद बाँधना : हठ करना

तुमने तो उस लड़की से शादी करने की ज़िद ही बाँध ली है।

जिसका खाना उसी पर गुर्राना : जिससे फ़ायदा उठाना उसी पर गुस्सा करना

भाई के घर में रहते हो और भाभी से झगड़ते हो। यह तो वही बात हुई जिसका खाना उसी पर गुर्राना।

जुमा-जुमा आठ दिन की पैदाइश : छोटे मुँह बड़ी बात

तुम्हारी जुमा जुमा आठ दिन की पैदाइश है जबकि मैंने अपना पूरा जीवन समाज सेवा में लगा दिया है। उसके बावजूद तुम मुझे सिखा रहे हो कि समाज सेवा कैसे की जाती है।

ज़ेहन नशीन करना : अच्छी तरह समझना

तुम इसको ज़ेहन नशीन कर लो कि एक सच्चा भारतीय अपनी जान देना गवारा करता है, देश का सम्मान देना नहीं।

ज़ेहन में नहीं बैठना : किसी बात का समझ में न आना

मैं तुमको समझा-समझा कर हार गया मगर तुम्हारे ज़ेहन में मेरी बात क्यों नहीं बैठ रही है।

ज़ेहन से उतर जाना : भूल जाना

तुम इतने समय बाद आए हो कि तुम्हारा नाम ही मेरे ज़ेहन से उतर गया।

ट

टके टके का मोहताज होना : बहुत ज़्यादा गरीब होना

अच्छी तनख्वाह है, फिर महीने के अंत में तुम टके-टके के मोहताज क्यों हो जाते हो।

त

तनतना दिखाना : डराना, धमकाना

मुझे किस चीज़ का तनतना दिखा रहे हो, क्या मैं तुमसे कुछ कम हूँ।

तबक़ उलट जाना : बुरे दिन आना

उनके बेटे का देहांत क्या हुआ उनके ख़ानदान का तो तबक़ ही उलट गया।

तबल पर चोट पड़ना : जंग का ऐलान होना

तबल पर चोट पड़ते ही अकबर और राणा प्रताप की सेनाओं के बीच भयंकर युद्ध छिड़ गया।

तस्लीम बजा लाना : सलाम करना

जब कभी भी अपने बड़ों से मिलो तो उन्हें तस्लीम बजा लाओ।

तस्बीह पढ़ना : हर वक़्त किसी की याद में रहना

वह अपनी बीवी को बहुत चाहता था इसीलिए उसके न रहने पर भी उसकी तस्बीह पढ़ता रहता है।

तबियत हिरन हो जाना : दिमाग़ ठीक हो जाना

तुम्हारा भाई बहुत ज़्यादा बक-बक कर रहा था, मेरे एक चाँटा मारते ही उसकी तबियत हिरन हो गई।

तबियत पर गिरानी होना : किसी चीज़ का दिल पर बुरा अहसास महसूस करना

तुम्हारे झूठ बोलने की आदत से मेरी तबियत पर गिरानी होती है।

तबेले की बला बंदर के सिर : किसी के अपराध को किसी और के सिर पर डालना

वाह मेरे दोस्त यह भी खूब रही चोरी की तुमने और सज़ा दिलवा दी अपने साथी को, लगता है तुम तो तबेले की बला बंदर के सिर बाँधने में माहिर हो।

तरेह दे जाना : टाल जाना

गुस्सा तो बहुत आता है पर मैं उसके बुरे व्यवहार को तरेह दे जाता हूँ।

ताअन करना : ताना मारना

किसी शरीफ़ आदमी पर ताअन करना बहुत बुरी बात है।

ताअना बुलंद करना : शोर मचाना

किसी के घर जाकर ताअना बुलंद करना बहुत बड़ी बद-तहज़ीबी है।

ताक़ पर बैठा उल्लू भर भर माँगे चुल्लू : नीच प्रकृति का होने के बाद भी अपने से अच्छे लोगों पर हुक्म चलाना

राजनीति ऐसा खेल है जहां कई बार यह कहावत सटीक बैठती है कि ताक़ पर बैठा उल्लू भर-भर माँगे चुल्लू।

ताक़ में ईमान रखना : बेईमानी करना

आजकल के अधिकतर नेता ताक़ में ईमान रखकर चुनाव में भाग लेते हैं और इसमें कोई बुराई भी नहीं समझते।

ताक़त ताक़ होना : ताक़त ख़त्म होना

बुढ़ापे में तो हर आदमी की ताक़त ताक़ पर हो जाती है।

ताज़िया ठंडा होना : अमीर आदमी की धन दौलत ख़त्म हो जाना

वैश्विक मंदी ने तो बड़े-बड़े उद्योगपतियों के ताज़िये ठंडे कर दिये।

तायर ए अक़्ल उड़ जाना : होश व हवास चले जाना

रात को गोलियों की गड़गड़ाहट सुनकर मेरे तो तायर ही परवाज़ कर गए।

तुफ़ है तेरी औक़ात पर : किसी को अत्यधिक नीच समझना

तुफ़ है उसकी औक़ात पर जो अपने माँ-बाप की इज़्ज़त नहीं कर सकता।

तूल देना : बात को लंबा करना

बस बहुत हो चुका अब बात को तूल मत दो और अपना झगड़ा यहीं पर ख़त्म कर दो।

तोमार बाँधना : बहुत झूठ बोलना

अंग्रेज़ इतिहासकारों ने भारतीय इतिहास के बारे में बहुत ज़्यादा तोमार बाँधे हैं।

द

दरिया को कूज़े में बंद करना : थोड़े शब्दों में अधिक कहना

रहीम ने बड़ी से बड़ी बात अपने छोटे से दोहे में कहकर दरिया को कूज़े में बंद करने का कमाल कर दिखाया है।

दहलीज़ पर क़दम रखना : किसी के घर के अंदर जाना

पुराने लोग बेटी के घर का पानी पीना तो दूर, उसकी दहलीज़ पर क़दम रखना भी गवारा नहीं करते थे।

दादा के माल पर फ़ातिहा पढ़ना : पराई कमाई पर बड़ाई लेना

भारत में कंप्यूटर युग की शुरुआत का श्रेय राजीव गाँधी को जाता है। यदि कोई और नेता यह कहता है कि भारत में कंप्यूटर का युग उसके कारण शुरू हुआ तो समझ लो कि उसने दादा के माल पर फ़ातिहा पढ़ा।

दायरे में बाँधना : सीमित करना

समाज के विकास को समय के दायरे में मत बाँधो, यह तो ऐसी धारा है जो जितनी मुक्तभाव से बहेगी उतना ही प्रभाव छोड़ेगी।

दार पर चढ़ाना : फाँसी पर चढ़ाना

गुरु तेगबहादुर ने दार पर चढ़ना मंज़ूर किया मगर अपना धर्म छोड़ना स्वीकार नहीं किया।

दिल का गुब्बार निकलना : दुश्मनी या शिकायत दूर होना

कोई बात नहीं तुम मुझको जो चाहे कह लो क्योंकि मैं चाहता हूँ कि तुम्हारे दिल का गुब्बार निकल जाए।

दिल के फफोले फोड़ना : बुरा भला कहकर मन को हल्का करना

वैसे तो मैंने तुम्हारे बारे में कुछ गलत नहीं कहा था मगर तुम मुझे बुरा कहकर अपने दिल के फफोले फोड़ना चाहो तो फोड़ सकते हो।

दिल को दिल से राह होना : चाहने वाले से चाहत होना

जहाँ दिल को दिल से राह होती है, वहाँ किसी के रोकने से प्यार करने वाले नहीं रुकते हैं।

दिल मसोस कर रह जाना : मजबूर होकर चुप रह जाना

बाज़ार में सुंदर नेकलेस देखकर खरीदना तो चाहती थी पर कीमत सुन दिल मसोस कर रह गई।

दुम में नम्दा बाँधना : किसी को विवश करना या किसी काम से ज़बरदस्ती रोक देना

तुम कैसे कह सकते हो कि मेरा काम नहीं करोगे, मेरे अंदर इतनी ताक़त है कि मैं तुम्हारी दुम में नुम्दा बाँधकर तुमसे अपना काम करवा सकूँ।

न

नाख़ून से गोश्त जुदा नहीं होता : अपनों को छुड़ाया नहीं जा सकता

बहू तुम मेरे बेटे को मुझसे अलग करने की जितनी चाहे कोशिश कर लो, मगर क्या कभी नाख़ून से गोश्त जुदा होता है।

नादिरशाही-गर्दी : बहुत ज़्यादा ज़ुल्म

यह लोकतंत्र है इसमें किसी की भी नादिरशाही-गर्दी नहीं चल सकती।

नींद काफ़ूर होना : नींद ग़ायब हो जाना

व्यापार में घाटा होने के कारण आजकल मेरी नींद काफ़ूर हो गई है।

नीम हकीम ख़तरा ए जान : नातजुर्बेकार से काम ख़राब होने का अंदेशा रहता है

अनाड़ी आदमी से अपना काम कराओगे तो नुकसान ही उठाओगे, क्योंकि नीम हकीम ख़तरा ए जान ही होता है।

प

परे के परे साफ़ कर देना : बहुत से लोगों को मारना

युद्ध-भूमि में महाराणा प्रताप जिधर भी निकल जाते थे वह दुश्मन के परे के परे साफ़ कर देते थे।

पाँचों हवास ठिकाने लगना : बहुत ज़्यादा घबराना

नए मकान में भूत की मौजूदगी का पता लगते ही चतुर्वेदी जी के तो पाँचों हवास ठिकाने लग गए।

पाजामे में डालकर पहन लेना : मान सम्मान न करना

आजकल बच्चों ने तो अपने बड़ों को पाजामे में डालकर पहन रखा है, अपने बड़ों की किसी भी बात को तवज्जोह नहीं देते।

पाँव में सनीचर बँधा होना : बराबर भटकते रहना

साधुओं के पाँव में सनीचर बंधा होता है, इसीलिए वह कहीं नहीं ठहरते।

पिनक में होना : नशे में होना

अपने धनी होने की पिनक में किसी का अपमान न करो।

पेशानी पर बल न पड़ना : कोई फ़िक्र या असर न होना

जीवन में वही सफल होता है जो कठिनाइयों का सामना करने के बाद भी अपनी पेशानी पर बल नहीं पड़ने देता।

पैमाना छलक जाना : बर्दाश्त से बाहर होना

अब अपनी बकवास बंद करो, नहीं तो मेरे सब्र का पैमाना छलक जाएगा।

फ

फ़रो-गुज़ाश्त करना : अनदेखी करना

मैंने आपसे अपने घर आने की कई बार गुज़ारिश की मगर आपने हर बार फ़रो-गुज़ाश्त कर दी।

फ़लीता दिखाना : झगड़े की शुरुआत के लिए बहाना पैदा करना

इधर की उधर लगाकर प्रेम-भाव को समाप्त करने के लिए फ़लीता मत दिखाओ।

फ़िक़रा चुस्त करना : आवाज़ कसना

तुम्हारी उससे क्या दुश्मनी है जो तुम उस पर फ़िक़रा चुस्त कर रहे हो।

फ़िक़रा चल जाना : झूठी बात का प्रभाव होना

आज तो तुम्हारा फ़िक़रा चल गया और बॉस ने तुम्हारी छुट्टी की दरख़्वास्त मंजूर कर ली।

फ़िक़रों में आना : धोखा खा जाना

तुम जैसे झूठे आदमी के फ़िक़रों में तो कोई मूर्ख आदमी ही आ सकता है।

फ़ित्ना बेदार करना : झगड़ा या बुराई को दोबारा फैलाना

राजनीतिज्ञों ने मंदिर-मस्जिद का मुद्दा उठाकर सांप्रदायिकता के सोये हुए फ़ित्ने को बेदार कर दिया।

ब

बंदर को हल्दी की गिरह मिली पंसारी बन बैठा : ओछा आदमी थोड़ी सी दौलत पाकर घमंडी हो जाता है

केवल एक लाख रुपये की लॉटरी निकल आने पर तुम तो बंगला खरीदने की बात कर रहे हो, इसी को तो कहते हैं कि बन्दर को हल्दी की गिरह मिली और वह पंसारी बन बैठा।

बड़े बर्तन की खुरचन भी बहुत है : बिगड़े हुए धनी से भी लाभ होता है

माना कि आजकल राजा महाराजाओं का ज़माना नहीं रहा, मगर यह बात ध्यान में रखो कि बड़े बर्तन की खुरचन भी बहुत होती है।

बात ज़ेहन पर चढ़ना : किसी बात को अच्छी तरह दिमाग़ में बैठाना

मंथरा के द्वारा राम को वनवास भेजने के लिए कही गई बात कैकयी के ज़ेहन पर चढ़ गई।

बात में फ़र्क़ आ गया : इज़्ज़त घट गई

नेता जी चुनाव क्या हारे उनकी बात में भी फर्क आ गया।

बातों का जमा-ख़र्च : ख़ाली बातें

सिर्फ़ बातों के जमा-ख़र्च से काम नहीं चलने वाला, जब तक बाज़ार का उधार नहीं चुकाओगे व्यापार नहीं कर पाओगे।

बालाई मलीदा करके रख देना : चौपट कर देना

तुमने अगर मुझे अपनी योजना में शरीक नहीं किया तो मैं तुम्हारी योजना को बालाई मलीदा करके रख दूँगा।

बाला ए ताक़ रखना : भुला देना

ज़िंदगी एक इम्तिहान है, अगर तुम्हारी किसी से खटपट हो भी जाए तो पिछले सारे संबंधों को बाला ए ताक़ नहीं रखा जाता।

बिस्मिल्लाह करना : शुरू करना

अच्छे काम में देरी नहीं करनी चाहिए, अब जल्दी से बिस्मिल्लाह करो।

म

मुँह का निवाला मुँह में हाथ का हाथ में रह जाना : ज्यों का त्यों रह जाना

जैसे ही दोस्त की मौत का समाचार मिला मेरा मुँह का निवाला मुँह में और हाथ का हाथ में रह गया।

मुँह फ़क़ हो जाना : घबरा जाना

सिपाही को देखते ही चोर का मुंह फ़क़ हो गया।

मग़ज़ के कीड़े झाड़ना : दिमाग़ ठीक कर देना

अब चुपचाप यहाँ से चले जाओ नहीं तो मैं तुम्हारे मग़ज़ के कीड़े झाड़ दूँगा।

मग़ज़ खाना : फ़ालतू की बातें करते रहना

क्या तुम्हारे पास और कोई काम नहीं है जो तुम मेरा मग़ज़ खा रहे हो।

मग़ज़पच्ची करना : बराबर बहस करना

खुदा के लिए तुम अब मेरा पीछा छोड़ो तुम्हारी तो आदत है दूसरों के साथ मग़ज़पच्ची करना।

मज़मून गढ़ना : तोहमत लगाना

मैं तुम्हारी बात पर कैसे यक़ीन करूँ, क्या मैं नहीं जानता कि तुम मज़मून गढ़ने में माहिर हो।

मर गए मरदूद जिनकी फ़ातिहा न दरूद : जिसके मरने के बाद उनके लिए दान-पुण्य करने वाला कोई न हो

अपने परिवार को अपना समझो और उनके साथ प्रेम भाव से रहो नहीं तो याद रखो तुम्हारे मरने पर तुम्हारे लिए कोई कुछ नहीं करेगा और मोहल्ले वाले यही कहेंगे कि मर गए मरदूद जिनकी फ़ातिहा न दरूद।

मसीहा बने फिरना : भलाई करते फिरना

शहर भर के तो मसीहा बने फिरते हो और अपने बच्चों की ओर से बिल्कुल बेपरवाह रहते हो।

मिज़ाजपुर्सी करना : ख़ैर-ख़ैरियत पूछना

सुना है तुम्हारे पिता जी बीमार हैं, मैं आज उनकी मिज़ाजपुर्सी करने तुम्हारे घर आने ही वाला था।

मिज़ाज सातवें आसमान पर होना : बड़ा घमंड होना

तुम इतने ख़ूबसूरत तो नहीं हो कि हर वक्त तुम्हारे मिज़ाज सातवें आसमान पर रहते हैं।

मिट्टी ठिकाने लगाना : काम तमाम करना

मुझे धमकी मत दो, मैंने अच्छे अच्छों की मिट्टी ठिकाने लगा दी है।

मिट्टी देना : दफ़नाना

उसको देखो अभी-अभी अपने बाप को मिट्टी देकर आया है और आते ही अपनी माँ को घर से बाहर निकाल दिया।

मिट्टी पलीद करना : अपमानित करना

नवाब साहिब के सामने कोई भी आदमी ऊँची आवाज़ में नहीं बोलता है मगर उनके अपने बेटे ने ही उनकी मिट्टी पलीद कर रखी है।

मुग़ालते में डालना : धोखे में डालना

तुमने अपना प्यार दिखाकर मुझे मुग़ालते में डाले रखा, वर्ना मैं तुम्हारे झांसे में आने वाला नहीं था।

य

यहाँ फ़रिश्तों के भी पर जलते हैं : यहाँ तक किसी की पहुँच नहीं हो सकती

तुम यहाँ पूरी तरह सुरक्षित हो, यहाँ फ़रिश्तों के भी पर जलते हैं।

यहीं से सलाम करते हैं : दूर से बेज़ारी ज़ाहिर करते हैं

मैं उससे दोस्ती नहीं चाहता उसे तो हम यहीं से सलाम करते हैं।

यार ज़िंदा सोहबत बाक़ी : अब नहीं तो फिर सही

चिंता न करो मैं अपना पैसा वापिस ले ही लूँगा। यार ज़िंदा सोहबत बाक़ी।

यारों की तो फ़क़त मूँछें ही मूँछें हैं : हमारे पास कुछ नहीं है

हमारे पास रुपये पैसों की पूछते हो, यारों की तो फ़क़त मूँछें ही मूँछें हैं।

र

रकाब में पैर होना : चलने को तैयार होना

जब कभी भी तुम मुझे पुकारोगे मैं तुम्हारी सहायता के लिए फ़ौरन आ जाऊँगा क्योंकि मैं अपनों की सहायता करने के लिए हमेशा अपना पाँव रकाब में रखता हूँ।

रौ में बहना : जज़्बात में बहना

रौ में बहकर वह अपनी सारी कहानी कह गया।

रौब ग़ालिब करना : किसी को अपने प्रभाव में ले लेना

पंडित जवाहरलाल नेहरू का व्यक्तित्व अच्छे अच्छों पर रौब ग़ालिब करता था।

रौवाँ पसीजना : मन में रहम पैदा होना

चंगेज़ खां इतना ज़ालिम था कि एक बेबस माँ को अपने बच्चे की लाश पर रोते हुए देखकर भी उसका रौवां न पसीजा।

ल

लनतरानी करना : शर्म दिलाने के लिए बुरा-भला कहना

तुम कैसी सास हो जो हर समय अपनी बहू पर लनतरानी करती रहती हो।

लबादा ओढ़ना : असलियत को छिपाना

पुलिस के छापे के बाद ही उसकी असलियत पता चली, नहीं तो वह ऐसे ही शराफ़त का लबादा ओढ़े रहता।

लाख का घर ख़ाक कर देना : दौलत और इज़्ज़त ख़त्म कर देना

अभी तुम्हारे बाप को मरे हुए दिन ही कितने हुए हैं और तुमनें उनका लाख का घर ख़ाक कर दिया।

लानत का शोरबा फट फट की रोटी : अपमान की रोज़ी रोटी

लानत के शोरबे और फट फट की रोटी से तो भूखा रहना ही अच्छा है।

लाम काफ़ सुनाना : बुरा-भला कहना

बच्चों को हर समय लाम-काफ़ सुनाना अच्छी बात नहीं।

लाहौल भेजना : लानत भेजना

अजी मियाँ! उसका तो ज़िक्र ही मत करो, उस पर तो लाहौल भेजो।

व

वर्क़ के वर्क़ स्याह करना : विरोध में बहुत ज़्यादा लिखना

जसवंत सिंह के विरोध में लोगों ने वर्क़ के वर्क़ स्याह कर डाले, मगर उनकी किताब की लोकप्रियता पर कोई असर नहीं पड़ा।

वली को वली पहचानता है : हर क़िस्म के आदमी को उसी क़िस्म का आदमी पहचानता है

जिस प्रकार वली को वली पहचानता है उसी प्रकार नरसिंहा राव मनमोहन सिंह को प्रशासनिक पद से उठाकर राजनीति में ले आए, इसका ही परिणाम है कि आज मनमोहन सिंह आज भारत के सफ़ल प्रधानमंत्री हैं।

वाजिब जानना : ज़रूरी जानना

जीवन में सफ़लता के लिए ईमानदारी को वाजिब जानना चाहिए।

वाही तबाही फिरना : आवारा फिरना

जब माँ-बाप बच्चों पर ध्यान नहीं देते हैं तो बच्चे वाही तबाही फिरते ही रहते हैं।

स

सदक़े जाना : मर मिटना

तुम्हारे प्यार और सेवा भावना पर तो सदक़े जाने को दिल चाहता है।

सबर की सिल छाती पर रखना : सहन करना

तुम क्या जानो जब किसी प्रिय व्यक्ति की मृत्यु होती है तो सबर की सिल छाती पर रखकर जीना पड़ता है।

सरोकार न रखना : कोई संबंध न रखना

जब हमारे तुम्हारे मिज़ाज नहीं मिलते तो यही बेहतर रहेगा कि हम तुम एक दूसरे से कोई सरोकार न रखें।

सहरा की ख़ाक छानना : किसी की खोज में बहुत ज़्यादा परेशान होना

मैंने अपने खोए बेटे के लिए सहरा की ख़ाक छान ली मगर मुझे उसका कोई पता-ठिकाना नहीं मिला।

सात पुश्तों तक चढ़ जाना : पुरखों तक को बहुत बुरा कहना

बहुत सी औरतों की यह आदत होती है कि वह लड़ते समय दूसरी औरत की सात पुश्तों तक चढ़ जाती हैं।

सातवें आसमान से बातें करना : बहुत बढ़-चढ़कर बात करना

ज़रा सी कामयाबी से वह आसमान से बातें करने लगा है।

साबुन का बुलबुला हवा में उड़ाना : बेकार या अस्थायी काम करना

अब तुम उम्र के उस मुक़ाम पर हो कि तुम्हें कोई ढंग का काम करना चाहिए, इस उम्र में साबुन का बुलबुला हवा में उड़ाने से काम नहीं चलेगा।

सिज्दा करना : सिर झुकाना

कर्ज़दार को तो महाजन के सामने सिज्दा करना ही पड़ता है।

सितम बरपा करना : ज़ुल्म करना, झगड़ा करना

तुम कैसे पति हो जो इतना प्रेम करने वाली पत्नी पर सितम बरपा करते रहते हो।

सुर्ख़ाब के पर लगे होना : निराली बात होना

तुम्हारे अंदर ऐसे कौन से सुर्ख़ाब के पर लगे हैं जो तुम चाहते हो कि तुम्हारा वेतन सारे लोगों से अधिक हो।

सुब्हान तेरी क़ुदरत : अल्लाह तेरी क़ुदरत के क्या कहने

सुब्हान तेरी कुदरत, तू चाहे तो राजा को रंक और रंक को राजा बना सकता है।

सूरज सवा नेज़े पर आना : बहुत ज़्यादा गर्मी होना

मई-जून की दोपहर में सूरज सवा नेज़े पर आ जाता है।

सूरत इख़्तियार करना : ढंग अपनाना

ज़रा सी बात थी जिसने इतने भयानक दंगे की सूरत इख़्तियार कर ली।

सूरत पर झाड़ू फिरना : नफ़रत का इज़हार करना

औरतों का क्या है जहाँ किसी ने उन्हें कुछ कह दिया वह उसकी सूरत पर झाड़ू फेरने को तैयार रहती हैं।

सूरत न शक्ल भाड़ से निकल : बहुत ज़्यादा बदसूरत होना

तुम उसकी क्यों इतनी तारीफ़ कर रही हो, उसकी तो सूरत न शक्ल भाड़ से निकल जैसी सूरत है।

सोहबत गरम होना : बेतकल्लुफ़ी के साथ सभा करना

आज रात को हमारे घर पर आना ज़रूर क्योंकि और दोस्त भी आ रहे हैं और सब मिल बैठकर सोहबत गरम करेंगे।

सौ गज़ वारें एक गज़ न फाड़ें : बातें ज़्यादा करना काम बिल्कुल न करना

आजकल का ज़माना यह नहीं है कि सौ गज़ वारें एक गज़ न फाड़ें। आजकल तो उसी की पूछ है जो ठोस काम करे।

सौ जान से आशिक़ होना : बहुत ज़्यादा प्रेम करना

सोहनी का सुंदर चेहरा देखते ही महिवाल उस पर सौ जान से आशिक़ हो गया।

ह

हलक़ पर छुरी फेरना : बहुत ज़्यादा ज़ुल्म करना

अपने नौकरों के साथ थोड़ी बहुत कठोरता से पेश आना तो सही हो सकता है मगर उनके हलक़ पर छुरी फेरना कहाँ का इंसाफ़ है।

हश्र बरपा करना : बहुत ज़्यादा झगड़ा बावेला मचाना

कुछ लोगों की आदत होती है दूसरों के समारोह में जाकर हश्र बरपा कर देते हैं।

हसरत बाक़ी रहना : इच्छा अधूरी रहना

आकस्मिक मृत्यु के कारण भारत को अपने जीवनकाल में ही आत्म-निर्भर बनाने की राजीव गाँधी की हसरत बाक़ी रह गई।

हाकिम की अगाड़ी घोड़े की पिछाड़ी से डरना चाहिए : मालिक के सामने आने से बचना चाहिए, पता नहीं किस बात पर बिगड़ जाए। इसी तरह घोड़े के पीछे खड़ा होना भी ख़तरनाक है।

बड़े से बड़ा तीसमार ख़ां भी अपने मालिक की निकटता नहीं चाहता क्योंकि वह जानता है कि हाकिम की अगाड़ी और घोड़े की पिछाड़ी से डरना चाहिए।

हाजत रफ़ा करना : किसी का काम निकालना, ज़रूरत पूरी करना

बस्ती के धनी लोगों का तो काम ही है निर्धन लोगों की हाजत रफ़ा करना और गरीबों का काम है उनका सम्मान करना।

हालत ग़ैर होना : बुरी हालत होना

भूख हड़ताल के कारण विनोबा भावे की जब हालत ग़ैर होने लगी तो सरकार में हड़कंप मच गया।

हिसाब बे बाक़ करना : लेन-देन का फ़ैसला कर देना

बस, अब और बहस मत करो। अपना हिसाब बेबाक़ करके अपना रास्ता लो।

हील ए रिज़्क़ बहाना ए मौत : रोज़ी-रोटी कोई न कोई काम करने से मिलती है और मौत की कोई न कोई वजह होती है

ईश्वर की मर्ज़ी के बिना कुछ भी नहीं होता, मगर फिर भी हर काम के पीछे कोई कारण होता ही है क्योंकि हील ए रिज़्क बहाना ए मौत।

हुज्जत तमाम करना : एतराज़ की कोई गुंजाइश न छोड़ना

गाँधी जी ने अपने भाषणों के द्वारा अंग्रेज़ों के सामने भारत की स्वतंत्रता के बारे में हुज्जत तमाम कर दी, अंततः अंग्रेज़ों को भारत को स्वतंत्रता देनी ही पड़ी।

❑❑❑